Datenbanktheorie

Zum Andenken an

E.F.Codd, 1923 – 2003,

den genialen Erfinder der relationalen Datenbank

Hanswalter Buff

Datenbanktheorie

Bibliografische Information Der Deutschen Bibliothek:
Die Deutsche Bibliothek verzeichnet diese Publikation in der
Deutschen Nationalbibliografie; detaillierte bibliografische
Daten sind im Internet über <http://dnb.ddb.de> abrufbar.

Herstellung: Books on Demand, Norderstedt

ISBN 3-0344-0201-5

Inhaltsverzeichnis

7

8

Vorwort

Der Erfolg der relationalen Datenbanken beruht auf der Tatsache, dass sie aus einer mathematischen Theorie entstanden sind, die in ihrem Kern einfach und klar strukturiert ist und sich konzentriert auf die Unabhängigkeit der Daten. Die in Konkurrenz zum relationalen Modell stehenden Codasyl Standardisierungs-Versuche sind vor allem deshalb gescheitert, weil sie Vollständigkeit anstrebten indem sie Daten und Programme gleichzeitig und in allen ihren möglichen gegenseitigen Verflechtungen vereinheitlichen wollten. Man kann mit mathematischen Modellen eben immer nur Teilaspekte des Realen beschreibend beleuchten oder bestimmen, aber niemals das Ganze.

Das vorliegende Buch beschränkt sich auf die wichtigsten Aspekte der Theorie relationaler Datenbanksysteme, die der Student auch als erstes kennenlernen sollte und die sich zum grossen Teil in mathematisch klaren Strukturen darstellen lassen. Derselbe Stoffumfang wird in vielen Lehrbüchern besprochen, aber die Art der Darstellung liegt hier so vor, wie ich sie mir selber als ersten Einstieg gewünscht hätte, aber nirgends gefunden hatte.

Das erste Kapitel ist eine kurze Einführung in das mathematische Modell der Relationen, ähnlich denen, wie sie in vielen Lehrbüchern vorkommen. Das zweite Kapitel hingegen stellt eine meist vernachlässigte Theorie dar, ohne die man gewisse Aufgabenstellungen der Abfragesprache SQL kaum lösen kann, nämlich die Theorie der relationalen Bags.

Tabellen und Abfrageergebnisse in relationalen Datenbanken sind leider im Allgemeinen Bags, keine Relationen. Deshalb werden in diesem Kapitel auch Unterschiede zwischen der Welt der Relationen und derjenigen der Bags gezeigt. Dass es Identitäten gibt, die in der Relationenwelt gelten, aber in der Bagwelt nicht, ist noch einfach einzusehen. Etwas überraschend ist hingegen das Umgekehrte, nämlich die Existenz von Identitäten, die in der Bagwelt gelten, aber nicht in der Relationenwelt. Man kann also zum Beispiel zwei SQL Abfragen formulieren, die in jedem kommerziell erhältlichen Datenbanksystem dasselbe Resultat liefern, dies aber nicht tun würden in einem Datenbanksystem, das die Welt der Relationen implementiert hätte statt die Welt der Bags.

Das nächste Kapitel beschreibt die Abfragesprache SQL, unter starkem Einbezug der vorher dargestellten Theorie der relationalen Bags. Es enthält viele Aufgaben, die zum grossen Teil abstrakte Formulierungen von in der Praxis aufgetauchten Problemstellungen sind, und die teilweise für einen Anfänger rechte Knacknüsse sein können.

Das Kapitel über das Design von relationalen Datenstrukturen enthält die Darstellung eines Dialektes der Entity Relationship Diagramm Sprache, der zusammen mit dem Begriff des korrekten Diagramms viele Vorteile hat gegenüber anderen leider weit verbreiteten Dialekten. Der übliche Zugang zur Entwicklung von relationalen Datenstrukturen besteht aus konzeptionellem Design von Diagrammen, Abbildung in Relationen und anschliessender Normalisierung dieser Relationen. Nun besagt zwar die klassische Normalisierungstheorie, dass man jedes beliebige Design in sogenannte dritte Normalform überführen könne. Ziel des Designs muss aber erstens die stärkere Boyce-Codd Normalform sein, da nur bei dieser das Datenbanksystem die Einhaltung garantieren kann, und zweitens müssen die referentiellen Integritätsbedingungen passend in die normalisierten Strukturen eingebunden werden können. Beides ergibt sich in unserem Dialekt von selbst.

Trotzdem gehört das nächste Kapitel über die Normalisierung zur klassischen Ausbildung im Datenbank Design. Darin wird grosser Wert gelegt einerseits auf mathematische Strenge, aber anderseits auch auf den direktesten Zugang zum Wesentlichen. Viele Lehrbücher unterscheiden irrtümlicherweise zum Beispiel nicht, ob in einer Definition irgendetwas gelten muss für alle Abhängigkeiten, die in einer gegeben Menge von Abhängigkeiten enthalten sind, oder aber für alle Abhängigkeiten, die aus der Menge folgen. Es werden auch neuere Ergebnisse der theoretischen Fachliteratur berücksichtigt, zum Beispiel im Zusammenhang mit der Verwirrung über die fünften Normalformen.

Vor einigen Jahren war es kaum möglich, ohne eine gewisse Grundkenntnis der Funktionalität des Optimizers grosse Anwendungen mit schwierigen SQL Zugriffen zu schreiben, die auch schnelle Antwortzeiten ergaben. Dies hat sich zwar ein wenig geändert, die Praxis zeigt aber, dass der Datenbank Spezialist auch heute noch mit entsprechenden Fragestellungen konfrontiert wird. Trotz unterdessen aufgetauchter Hilfs- und Analyse-Programme braucht er nach wie vor gewisse Kenntnisse, die im Kapitel Optimizer vermittelt werden, das ebenfalls viele Aufgaben enthält.

Das anschliessende Kapitel über Concurrency enthält wieder eher eine Darstellung, wie sie in anderen Lehrbüchern auch stehen könnte, mit Ausnahme vielleicht der dezidierten Stellungnahme und Klärung des Begriffes der Serialisierbarkeit, der in der theoretischen Literatur zur Concurrency anders verwendet wird als im SQL Standard.

Das letzte Kapitel über Recovery/Restart enthält hauptsächlich eine Beschreibung der klassischen Problemstellung der Wiederherstellung von Daten in Systemen, anhand des weit verbreiteten und wahrscheinlich besten Paradigma mit Namen Aries. Es wäre von Vorteil, wenn sich die nächste Generation von Anwendungsentwicklern wieder vermehrt an gewisse Datenbanksystem Prinzipien der Sicherung von Daten gegen Verlust erinnern würde, anstatt die Lösung vieler Probleme im Neustart des ganzen Rechners zu sehen.

Die vorliegenden Unterlagen sind für einen Anfänger in Sachen Datenbanken begreifbar, allerdings nur wenn er ein gewisses Verständnis für mathematische Darstellungen und Strukturen hat. Es ist zu empfehlen, die im Text gestreuten Aufgaben an der Stelle zu lösen, wo sie auftauchen. Lösungen zu allen Aufgaben befinden sich je am Schluss eines Kapitels.

Es ist nützlich, wenn der Studierende Zugang hat zu einem Datenbanksystem, wo zum Beispiel der Umgang mit SQL ein wenig geübt werden kann. Absolut notwendig ist dies aber nicht, gerät er doch mit dem Eintritt in die Praxis ohnehin in eine Umgebung, die an der Schule kaum simuliert werden kann, wo von Firma zu Firma die technischen Gepflogenheiten anders sind und neu gelernt werden müssen, und vor allem, wo er froh sein wird um jede an der Schule gewonnene Einsicht in die langfristig stabilen theoretischen Strukturen. Auch in der Praxis führt kein Weg an theoretischen Ueberlegungen vorbei, wo es zum Beispiel darum geht, eine mehrseitige und mehrfach verschachtelte Abfrage daraufhin zu untersuchen, ob sie das macht was man will.

Da ich als Schweizer weder die hochdeutsche noch die englische Sprache beherrsche, wäre alle Mühe um einen einheitlichen Sprachstil umsonst. Wenn die englische Sprache daran ist, die deutsche zu verdrängen, so ist das im Gebiet der Technik noch am wenigsten schlimm, zumal das Pentagon mit Codasyl auch versucht hat, den Unterschied zwischen Cobol und Englisch zu verringern (ein Engländer würde vielleicht sagen, er sehe keinen Unterschied zwischen Cobol und Amerikanisch, wohl aber zwischen Cobol und Englisch).

Dieses Buch ist in meiner Freizeit und auf privater Basis entstanden. Trotzdem möchte ich der Schweizerischen Rückversicherung AG danken für zwei Dekaden der Möglichkeit, in praktischer Tätigkeit von verschiedenen Blickwinkeln des Management und der Technik die Datenwelt aus der Nähe kennenzulernen. Die Schweizer Rück hat schon früh eine grosse Tradition der Handhabung von relationalen Datenbanksystemen erlangt, weil sie lange vor allgemeiner Erhältlichkeit ein prominentes System zu Testzwecken erhielt, das sofort auf grosses Interesse gestossen ist.

Danken möchte ich auch Dr. Werner Kreis, ehemaliger Leiter Informatik, für die damalige Gelegenheit, eine Vorlesung Datenmanagement an der Hochschule St.Gallen halten zu können, und Yury Zaytsev, GIO der Schweizer Rück, für die Erlaubnis, Datenbanken an der Zürcher Hochschule Winterthur unterrichten zu dürfen, sowie in beiden Fällen meinem langjährigen direkten Vorgesetzten Markus Bienz. Danken möchte ich auch Dr. Manfred Kaufmann, erfahrener Leiter Datenbank Support, der die vorliegenden Unterlagen in Winterthur mehrmals jeweils an einer Parallelklasse getestet hat, sowie Prof. Arnold Aders von der Zürcher Hochschule Winterthur für sein engagiertes Mitmachen.

Zürich, im Mai 2003

Hanswalter Buff

Das mathematische Modell der Relationalen Datenbank

Vorbemerkungen

Die Idee der relationalen Datenbank stammt von E.F.Codd, erstmals publiz ert im Juni 1970 unter dem Titel

'A Relational Model of Data for Large Shared Data Banks'　　　(Codd 1970).

In der Folge wurden die Idee als mathematische Theorie von Codd und anderen weiterentwickelt, und gleichzeitig entstanden die ersten Prototypen von Datenbanksystemen relationaler Struktur. Die Datenbanksysteme weichen bis heute und wohl auch in Zukunft in wesentlichen Punkten von der idealen Welt der relationalen Strukturen ab. Umso wichtiger wird es, wenigstens in den Grundzügen zu verstehen, was idealerweise eine relationale Datenbankstruktur wäre.
Vorausgesetzt werden hier einige Basiskenntnisse der Mengenlehre.

Relation und Relationenformat

Betrachten wir die Clubs eines Freizeitangebotes. Die Clubs haben einen Namen, ein Gründungsdatum und einen Jahresbeitrag.
Dann wäre zum Beispiel

　　　　< Tennis　　　　, 1.1.1976 ,　5.00 >

ein Club, oder

　　　　< Tischtennis　　, 1.10.1990 , 15.00 >, oder
　　　　< Schwimmclub , 31.7.1988 , 10.00 >.

Jeder Club ist also ein **Tupel**, auch n-Tupel genannt, hier mit $n = 3$. Die erste Komponente, den Namen, kann man auffassen als Characterstring fester Länge, aber etwas eingeschränkter auch als Element einer gewissen Menge, die alle in Frage kommenden Clubnamen enthält. Die zweite und dritte Komponente ist je als Datum respektive zweistellige Dezimalzahl beschreibbar.

Jedes Tupel ist somit ein Element der Menge (des kartesischen Produktes)

　　　　STRING X DATUM X DEZIMALZAHL ,

und die Menge aller Clubs, bezeichnen wir sie mit 'Clubs',

　Clubs = { < Tennis　　　　, 1.1.1976 ,　　5.00 >,
　　　　　< Tischtennis　　, 1.10.1990 , 15.00 >,
　　　　　< Schwimmclub , 31.7.1988 , 10.00 > },

ist eine Teilmenge des betrachteten kartesischen Produkts:

Clubs $\subseteq$ STRING X DATUM X DEZIMALZAHL .

Zu einem früheren Zeitpunkt gab es vielleicht einen Club weniger,

Clubs2 = { <Tennis   , 1.1.1976 ,   5.00>,
           <Schwimmclub , 31.7.1988 , 10.00>},

und später gibt es vielleicht mehr:

Clubs3 = { <Tennis   , 1.1.1976 ,   5.00>,
           <Tischtennis   , 1.10.1990 , 15.00>,
           <Schwimmclub , 31.7.1988 , 10.00>,
           <Schach   , 2.8.1995 ,   20.00>}.

Solche Teilmengen, Clubs, Clubs2, Clubs3, usw jenes kartesischen Produktes sind
Relationen.
Die Relationen gehen also im Laufe der Zeit in andere über. Das Bleibende aber ist deren
gemeinsames **Format** als Teilmengen von

STRING X DATUM X DEZIMALZAHL.

Es ist praktisch, die Komponenten der Tupel mit je einem Namen zu versehen (obwohl das
nicht nötig wäre, man könnte ja auf die Position verweisen, das Datum zum Beispiel ist in
jedem Tupel an zweiter Stelle).
Vergibt man aber Namen, zum Beispiel 'Clubname', 'Gründungsdatum' und 'Jahresbeitrag',
so ändert sich die Struktur sofort. Solange die Namen eindeutig sind, ist man nämlich nicht
mehr auf die Reihenfolge dieser Namen,

< Clubname, Gründungsdatum, Jahresbeitrag >

angewiesen, sondern nur noch auf deren Menge,

{Clubname, Gründungsdatum, Jahresbeitrag}

(welches dieselbe Menge ist wie {Gründungsdatum, Clubname, Jahresbeitrag} oder wie
{Jahresbeitrag, Gründungsdatum, Clubname} usw).

Diese Namen nennt man **Attribute.**

Natürlich müsste man dann sagen, welches Attribut welche Werte tragen kann, durch
Angabe einer Menge pro Attribut, die je als **Domäne** (englisch "domain") bezeichnet wird:

dom(Clubname) = STRING,
dom(Gründungsdatum) = DATUM,
dom(Jahresbeitrag) = DEZIMALZAHL.

Damit könnte ein Element einer Relation auch aufgefasst werden als Abbildung

t: {Clubname, Gründungsdatum, Jahresbeitrag} $\rightarrow$ STRING $\cup$ DATUM $\cup$ DEZIMALZAHL,

mit der Eigenschaft dass

$$t(\text{Clubname}) \in \text{STRING},$$
$$t(\text{Gründungsdatum}) \in \text{DATUM und}$$
$$t(\text{Jahresbeitrag}) \in \text{DEZIMALZAHL}$$

sein muss.

In der Literatur findet man beide Modelle (das **Tupelmodell** wo die Reihenfolge eine Rolle spielt, und das **Abbildungsmodell** wo sie keine Rolle spielt). Codd selber hat das Tupelmodell bevorzugt, sagte aber bereits in (Codd 1970), dass die Reihenfolge der Attribute unwichtig sei.
In Datenbanken kann der Benutzer bei Darstellungen die Reihenfolge beliebig ändern, und trotzdem **hat jede Darstellung eine Reihenfolge**. Das Absehen von der Reihenfolge ist eine mathematische Abstraktion, welche die Wirklichkeit verfremden kann (aber wenn man es weiss, hält sich der Schaden in Grenzen).

Wenn für den Benutzer des Modells diese Reihenfolge unwichtig ist, dann muss er mit den Namen auf die Attribute zugreifen können, daher spielen die Attribute mit deren Namen eine wichtige Rolle.

Wir haben gesehen, dass unsere Club Relationen als Mengen von Tupeln im Laufe der Zeit in andere übergehen mit demselben Format. Für ein Datenbanksystem, das solche Relationen verwaltet, wird es wichtig sein, auch das Format an sich zu kennen, denn das Format hat eine Existenz für sich, unabhängig von Tupelmengen (man denke zum Beispiel an die leere Menge, das Format kann existieren auch wenn die zugehörige Relation keine Tupel enthält).

Wir nennen dieses Format **Relationenformat** und schreiben symbolisch

Clubtyp(Clubname, Gründungsdatum, Jahresbeitrag).

In der Literatur findet man auch die Bezeichnung Relationenschema, aber das Wort Schema ist durch die neueren SQL Standards mit einer anderen Bedeutung besetzt worden.
Das Relationenformat hat auch einen eigenen Namen, 'Clubtyp', bekommen. Eine Relation 'Clubs' zu diesem Format ist dann also eine Menge von Tupeln, nämlich eine Teilmenge von

dom(Clubname) X dom(Gründungsdatum) X dom(Jahresbeitrag).

Operationen auf Relationen

Wichtig in (Codd 1970) war, dass jede Operation auf Relationen als Ergebnis wieder eine Relation liefert, dass man also durch die Anwendung der erlaubten Operationen nicht aus der Welt der Relationen herausfällt. Aus dieser Abschlusseigenschaft stammt der Name **Relationenalgebra**.

Betrachten wir die Relation

$$\text{Clubs} = \{ <\text{Tennis} \quad , 1.1.1976 , \quad 5.00>,$$
$$<\text{Tischtennis} \quad , 1.10.1990 , \ 15.00>,$$
$$<\text{Schwimmclub} \ , 31.7.1988 , \ 10.00> \}.$$

Eine Variable t für die Tupel von Clubs, t$\in$Clubs, kann dann die Werte

<Tennis   , 1.1.1976 ,   5.00>, <Tischtennis   , 1.10.1990 , 15.00> und
<Schwimmclub , 31.7.1988 , 10.00>

annehmen.

Hat t den Wert

    t = <Tennis   , 1.1.1976 ,   5.00>,

so kann man mit den Attributen die einzelnen Komponenten von t ansprechen, nämlich

    t(Clubname) = Tennis,
    t(Gründungsdatum) = 1.1.1976 und
    t(Jahresbeitrag) = 5.00.

Die gewählte Notation lehnt sich, wie man sieht, eher ans Abbildungsmodell an (aktuelle Systeme verlangen bei Characterconstants, also zum Beispiel 'Tennis   ', die Angabe von Apostrophen, damit die Sprache mehr Freiheit zulässt, dh ein Dateninhalt kann dann gleich heissen wie ein Attribut und ist trotzdem unterscheidbar).
In SQL wird dann anstelle der Bezeichnung t(Clubname) die Pascal-Notation t.Clubname stehen.

Nun wollen wir aus der Relation Clubs eine neue herstellen, Clubs4, welche nur diejenigen Tupel t enthält, bei denen das Gründungsdatum $\geq$ 1.1.1980 ist. Dazu brauchen wir einen Operator σ ("sigma"), mit dem man Operationen der **Selektion** bezeichnet (ursprünglich benannte Codd die Selektion als 'Restriktion').

$$\sigma_{\text{Gründungsdatum} \geq 1.1.1980} (\text{Clubs}) = \{t \in \text{Clubs} \mid t(\text{Gründungsdatum}) \geq 1.1.1980\}$$

Die entstehende Relation Clubs4 = $\sigma_{\text{Gründungsdatum} \geq 1.1.1980}$ (Clubs) ist dann also die folgende

Clubs4 = { <Tischtennis   , 1.10.1990 , 15.00>,
           <Schwimmclub , 31.7.1988 , 10.00>}.

Ein anderes Beispiel wäre

$$\sigma_{\text{Jahresbeitrag} < 12.00} (\text{Clubs4}) = \{ <\text{Schwimmclub} , 31.7.1988 , 10.00> \}.$$

Natürlich ist

$$\sigma_{\text{Jahresbeitrag} < 12.00} (\text{Clubs4}) = \sigma_{\text{Jahresbeitrag} < 12.00} (\sigma_{\text{Gründungsdatum} \geq 1.1.1980} (\text{Clubs})).$$

Gemäss diesem Formalismus wäre zum Beispiel

$$\sigma_{\text{Gründungsdatum} \geq 1.1.2000} (\text{Clubs}) = \{\} ,$$

also die leere Menge. An sich stimmt es auch, dass die Relation 'Clubs' keine Tupel enthält mit Gründungsdatum $\geq$ 1.1.2000, aber das Ergebnis wäre eigentlich eine leere Relation des Relationenformates Clubtyp(Clubname, Gründungsdatum, Jahresbeitrag). An dieser Stelle versagt also der gewählte Formalismus der Mengenlehre.

Entgehen könnte man der Problematik dadurch, dass man eine Relation definiert nicht nur als Tupelmenge, sondern als Paar, bestehend aus einem Relationenformat und einer Tupelmenge, aber wir wollen den Formalismus nicht übertreiben.

Aufgabe 1:

Gegeben ist ein Relationenformat R(A,B,C), wobei die Domänen der Attribute alle aus Zahlenbereichen bestehen, also dom(A) = dom(B) = dom(C) = natürliche Zahlen, sowie eine Relation r = {<1,2,3>, <4,5,6>, <7,8,9>}.
Man berechne $\sigma_{B=1}(r)$, $\sigma_{B=2}(r)$, $\sigma_{B=3}(r)$, $\sigma_{A=1}(\sigma_{B=2}(r))$, $\sigma_{C=9}(\sigma_{A=7}(r))$, $\sigma_{A=4}(\sigma_{B=5}(\sigma_{C=6}(\sigma_{A=4}(r))))$, $\sigma_{A=4}(\sigma_{B=5}(\sigma_{C=6}(\sigma_{A=7}(r))))$, $\sigma_{C=9}(\sigma_{C=7}(r))$.

Projektion

Eine weitere Operation auf Relationen ist die Projektion (auf einen Teil der Attribute). Zwar entsteht wieder eine Relation, aber im Allgemeinen zu einem anderen Format. Betrachten wir wieder unsere Relation

    Clubs = {<Tennis   , 1.1.1976 ,   5.00>,
            <Tischtennis   , 1.10.1990 , 15.00>,
            <Schwimmclub , 31.7.1988 , 10.00>}.

Angenommen, wir sind nur noch am Clubnamen und am Jahresbeitrag interessiert. Dann können wir eine Projektion auf <Clubname, Jahresbeitrag> machen, nämlich

$$\pi_{\text{Clubname,Jahresbeitrag}}(\text{Clubs}) = \{<t(\text{Clubname}),t(\text{Jahresbeitrag})> \mid t \in \text{Clubs}\}.$$

Die entstandene Relation gehört dann zu einem anderen Relationenformat, das wir mit Clubtyp2 bezeichnen können und das wie folgt aussieht:

    Clubtyp2(Clubname,Jahresbeitrag).

Gemäss obiger Definition von $\pi_{\text{Clubname,Jahresbeitrag}}(\text{Clubs})$ kommt dann natürlich folgende Relation heraus:

    $\pi_{\text{Clubname,Jahresbeitrag}}(\text{Clubs})$ = {<Tennis   ,   5.00>,
                        <Tischtennis   , 15.00>,
                        <Schwimmclub , 10.00>}.

Aufgabe 2:

Gegeben ist die Relation

    Clubs5 = {<Tischtennis   , 1.10.1990 , 15.00>,
            <Schwimmclub , 31.7.1988 , 10.00>,
            <PC   , 1.10.1990 , 15.00>}.

Wie sieht dann die Relation $\pi_{\text{Gründungsdatum,Jahresbeitrag}}(\text{Clubs5})$ aus?

Man beachte, dass die Ergebnisrelation dieser Aufgabe aus zwei Tupeln besteht, und nicht etwa aus drei, wie man auf den ersten Blick erwarten könnte.

Der Grund ist der, dass Relationen Mengen sind, und zwar in beiden oben skizzierten mathematischen Modellen (Mengen von Tupeln oder Mengen von Abbildungen), und Mengen können keine doppelten Elemente enthalten (ein Element ist entweder in einer Menge drin oder nicht, und wenn ja, dann nur einmal). **Dies ist ein ganz wesentlicher Punkt**, und es hat den Erfinder der relationalen Datenbankwelt, Codd, furchtbar geärgert, dass bereits die ersten erhältlichen Datenbanksysteme Tabellen (die für die Relationen stehen sollten) zuliessen mit doppelten und mehrfachen identischen Zeilen. Zu recht, denn mit der Abweichung vom Begriff der Relation als Menge verscherzt man sich auf einen Schlag ein ganzes Paradies an Möglichkeiten der einfachen und klaren Strukturierung.

Zurück zu unserem Beispiel $\pi_{Clubname,Jahresbeitrag}(Clubs)$. Es wäre dann

$$\pi_{Jahresbeitrag}(\pi_{Clubname,Jahresbeitrag}(Clubs)) = \{<5.00>, <15.00>, <10.00>\}.$$

Was wäre dann aber $\pi_{Clubname,Jahresbeitrag}(\pi_{Jahresbeitrag}(Clubs))$?

Da ist die erste Projektion, $\pi_{Jahresbeitrag}$, definiert, weil das Relationenformat von Clubs den Jahresbeitrag unter seinen Attributen hat, die zweite, $\pi_{Clubname,Jahresbeitrag}$, hingegen nicht, weil $\pi_{Jahresbeitrag}(Clubs) = \{<5.00>, <15.00>, <10.00>\}$ in seinem Format den Clubnamen nicht mehr enthält.

Projektionen sind also im Allgemeinen nicht vertauschbar, im Gegensatz zu Selektionen.

Aufgabe 3:

Sind Projektionen und Selektionen miteinander vertauschbar ('kommutierbar')?

Aufgabe 4:

Gegeben ist ein Relationenformat R(A,B,C,D), wobei die Domänen der Attribute alle aus Zahlenbereichen bestehen, also dom(A) = dom(B) = dom(C) = dom(D) = natürliche Zahlen, sowie eine Relation $r = \{<0,1,0,1>, <1,0,1,0>, <0,1,1,0>, <1,1,0,0>\}$.
Man berechne $\pi_{B,C,D}(r)$, $\pi_{C,D}(r)$, $\pi_A(r)$, $\pi_{C,D}(\pi_{B,C,D}(r))$, $\pi_{B,C,D}(\pi_{C,D}(r))$, $\pi_{A,C}(\pi_{A,B,C}(\sigma_{B=1}(r)))$, $\pi_{A,C}(\sigma_{A=0}(\pi_{A,B,C}(\sigma_{B=1}(r))))$, $\pi_{A,C}(\sigma_{D=0}(\pi_{A,B,C}(\sigma_{B=1}(r))))$, $\pi_{A,C}(\sigma_{B=0}(\pi_{A,B,C}(\sigma_{D=1}(r))))$.

Der Join Operator

Nun nehmen wir an, wir hätten ein weiteres Relationenformat

Mitglied(Name, Clubname)

mit passenden Domänen sowie eine Relation

$$\text{Mitglied1} = \{<\text{Meier} \quad , \text{Tischtennis} \quad >,$$
$$<\text{Meier} \quad , \text{Tennis} \quad >,$$
$$<\text{Müller} \quad , \text{Tennis} \quad >\}.$$

Wir erinnern uns an die Relation

$$\text{Clubs} = \{<\text{Tennis} \qquad , 1.1.1976 , \quad 5.00>,$$
$$<\text{Tischtennis} \quad , 1.10.1990 , 15.00>,$$
$$<\text{Schwimmclub} , 31.7.1988 , 10.00>\}$$

zum Relationenformat

Clubtyp(Clubname, Gründungsdatum, Jahresbeitrag)

und nehmen an, das Attribut Clubname sei bei beiden Relationenformaten dasselbe (also insbesondere mit den gleichen Domänen). Diese Annahme nutzen wir aus und fügen die beiden Relationen Mitglied1 und Club an der Stelle des Attributes Clubname zusammen. Wir zimmern sie zusammen und bilden den **Join** (ein joiner ist ein Schreiner). Dadurch entsteht ein neues Relationenformat (nennen wir es MitgliedClub)

MitgliedClub(Name,Clubname,Gründungsdatum,Jahresbeitrag),

dessen Attributmenge die Vereinigung der jeweiligen Attributmengen der Ausgangsformate ist (wir machen das etwas formaler weiter unten).
Gleichzeitig entsteht eine neue Relation zu diesem neuen Format, welche wir symbolisch mit Mitglied1 ⋈ Club bezeichnen und welche aus folgender Menge von Tupeln besteht:

Mitglied1 ⋈ Club =
$\{t \in \text{dom}(\text{Name}) \; \mathsf{X} \; \text{dom}(\text{Clubname}) \; \mathsf{X} \; \text{dom}(\text{Gründungsdatum}) \; \mathsf{X} \; \text{dom}(\text{Jahresbeitrag}) \mid$
$<t(\text{Name}),t(\text{Clubname})> \; \in \text{Mitglied1} \; \wedge$
$<t(\text{Clubname}),t(\text{Gründungsdatum}),t(\text{Jahresbeitrag})> \; \in \text{Club}\}.$

Mitglied1 ⋈ Club besteht also aus allen Tupeln, deren Einschränkung auf die Attribute von Mitglied1 ein Tupel in Mitglied1 ergibt und gleichzeitig die Einschränkung auf die Attribute von Club ein Tupel in Club ergibt.
Noch anders ausgedrückt, besteht Mitglied1 ⋈ Club aus allen Kombinationen von Tupeln aus Mitglied1 und Tupeln aus Club, welche an den gemeinsamen Attributen (hier nur Clubname) übereinstimmen.

Damit ergibt sich die folgende Menge von Tupeln:

$$\text{Mitglied1} \bowtie \text{Club} = \{<\text{Meier} \quad , \text{Tischtennis} \quad , 1.10.1990 , 15.00>,$$
$$<\text{Meier} \quad , \text{Tennis} \qquad , 1.1.1976 , \quad 5.00>,$$
$$<\text{Müller} \quad , \text{Tennis} \qquad , 1.1.1976 , \quad 5.00>\}$$

Betrachten wir ein weiteres, etwas abstrakteres Beispiel.

Gegeben sind die Relationenformate R(A,B,C,D) und S(B,D,E) mit Zahlenbereichen als Domänen für alle Attribute. Wir nehmen wiederum an, dass die Attribute mit denselben Namen in beiden Formaten dieselben seien (in der Literatur wird diese Annahme oft als 'weak universal relation assumption' bezeichnet, bei (Codd 1970) und der anfänglichen relationalen Literatur ist die Annahme eine stillschweigende).

Des weiteren seien Relationen r und s gegeben zu den Formaten R und S, nämlich
$r = \{<1,2,3,4>, <5,6,7,8>\}$ und $s = \{<2,4,0>, <2,4,1>, <2,4,3>, <6,7,8>\}$.

Dann ist $r \bowtie s$ eine Relation zum Relationenformat RS(A,B,C,D,E) (die Namenswahl 'RS' für das Format ist willkürlich), und zwar
$r \bowtie s = \{<1,2,3,4,0>, <1,2,3,4,1>, <1,2,3,4,3>\}$.

Aufgabe 5:

Was wäre im betrachteten Beispiel $r \bowtie \pi_{B,D}(s)$?

Im Beispiel bleibend betrachten wir noch den Join von zwei Relationen, die keine gemeinsamen Attribute haben, also zum Beispiel den Join von $\pi_{A,B,C}(r)$ und $\pi_{D,E}(s)$. Es ist $\pi_{A,B,C}(r) = \{<1,2,3>, <5,6,7>\}$ zum Format R2(A,B,C) und $\pi_{D,E}(s) = \{<4,0>, <4,1>, <4,3>, <7,8>\}$ zum Format S2(D,E).

Aus der Definition des Join ersieht man, dass in diesem Fall, wo die entsprechenden Relationenformate kein Attribut gemeinsam haben, eine dem kartesischen Produkt der Mengen r und s isomorphe Struktur herauskommt.

Aufgabe 6:

Man berechne $\pi_{A,B,C}(r) \bowtie \pi_{D,E}(s)$.

Es gibt neben dem hier besprochenen Join, den man auch als **natural Join** bezeichnet, noch Erweiterungen in zwei Richtungen. Erstens betrachtete schon Codd auch sogenannte Θ-Joins ("theta join"), wobei Θ für eine Bedingung steht, die allgemeiner sein kann als die Gleichheit gleich heissender Attribute, und zweitens gibt es noch Join Operationen, welche auch die "non matching" Tupel in Betracht ziehen (äussere Joins) sowie joinähnliche Konstruktionen (semijoins), auf die wir uns vorläufig nicht einlassen, da es hier nur um das Einüben in die Grundstrukturen geht.

Leichte Erweiterung der formalen Notation

Um den Formalismus zu reduzieren, müssen wir ihn paradoxerweise etwas erweitern. Für ein Relationenformat R(A,B,C,....) (endliche Liste von Attributen) wollen wir statt

$$dom(A) \ X \ dom(B) \ X \ dom(C) \ X \ ....$$

abgekürzt nur noch dom(R) schreiben. Und für ein Tupel t schreiben wir t(R) anstatt $<t(A),t(B),t(C),.....>$.

Des weiteren haben wir gesehen, dass beim Join im Allgemeinen aus zwei Relationenformaten ein neues drittes entsteht. Seien R und S zwei Relationenformate, und zwar $R(A_1,A_2,.....,A_m)$ und $S(B_1,B_2,.....,B_n)$.

Jetzt konstruieren wir aus $(A_1, A_2, \ldots, A_m)$ und $(B_1, B_2, \ldots, B_n)$ eine neue Folge von Attributen, $(A_1, A_2, \ldots, A_m) + (B_1, B_2, \ldots, B_n)$, so wie das der Bildung des (natural) Joins entspricht:

Ist jedes der B_j in $\{A_1, A_2, \ldots, A_m\}$ enthalten, so ist
$(A_1, A_2, \ldots, A_m) + (B_1, B_2, \ldots, B_n) = (A_1, A_2, \ldots, A_m)$.
Ist aber mindestens ein B_j nicht in $\{A_1, A_2, \ldots, A_m\}$ enthalten, so ist
$(A_1, A_2, \ldots, A_m) + (B_1, B_2, \ldots, B_n) = (A_1, A_2, \ldots, A_m, C_1, C_2, \ldots, C_k)$, wobei die Folge $(C_1, C_2, \ldots, C_k)$ dadurch aus $(B_1, B_2, \ldots, B_n)$ entsteht, dass man diejenigen der B_j herausstreicht, welche in $\{A_1, A_2, \ldots, A_m\}$ enthalten sind und für die übrigen die Reihenfolge beibehält.

Bei gegebenen R und S bezeichnen wir nun mit R·S das so entstandene Format
$(A_1, A_2, \ldots, A_m) + (B_1, B_2, \ldots, B_n)$.

Als Beispiel mit R(A,B,C,D) und S(B,D,E) wäre R·S (A,B,C,D,E) und S·R (B,D,E,A,C).
Man kann sich nun überlegen, dass für drei Formate R, S und U das Format (R·S)·U dasselbe ist wie R·(S·U) (was heisst, dass man die Klammern weglassen kann).

Damit lässt sich der Join zweier Relationen r und s zu den Formaten R und S viel übersichtlicher formulieren, nämlich

$$r \bowtie s = \{t \in \mathrm{dom}(R \cdot S) \mid t(R) \in r \wedge t(S) \in s\}.$$

Wir wollen diese Schreibweise auch für Projektionen verwenden. Sind zum Beispiel R, S und U Relationenformate mit U = R·S, und R(A,B,C,...), sowie u eine Relation zum Format U, so schreiben wir statt $\pi_{A,B,C,\ldots}(u)$ entsprechend $\pi_R(u)$. Es ist dann natürlich

$$\pi_R(u) = \{t(R) \mid t \in u\}.$$

Mit dieser vereinfachten Schreibweise lässt sich nun auch die folgende Aufgabe besser lösen.

Aufgabe 7:

Man beweise das Assotiativgesetz für Joins,

$$(r \bowtie s) \bowtie u = r \bowtie (s \bowtie u),$$

für beliebige Relationen r, s und u (damit darf die Beklammerung weggelassen werden).

Aufgabe 8:

Gegeben ist eine Relation r zum Format R(A,B,C) für welche gilt
$$\pi_A(r) \bowtie \pi_B(r) \bowtie \pi_C(r) = r.$$
Was lässt sich dann über den Ausdruck $\pi_{A,B}(\sigma_{C=c}(r)) \bowtie \pi_{B,C}(\sigma_{A=a}(r))$ sagen?

Aufgabe 9:

Gegeben ist eine Relation r zum Format R(A,B,C,D) sowie ein Ausdruck $\tau(r)$, in dem genau die Operationen $\bowtie$, $\sigma_{A=a}$, $\sigma_{B=b}$, $\sigma_{C=c}$ und $\sigma_{D=d}$ vorkommen (je eventuell mehrmals), wie *zum Beispiel* $(r \bowtie \sigma_{A=a}(r)) \bowtie \sigma_{B=b}(\sigma_{D=d}(\sigma_{C=c} (\sigma_{A=a} (r)) \bowtie \sigma_{B=b}(r)))$. Was lässt sich sagen zur Vereinfachung eines *beliebigen* solchen Ausdruckes $\tau(r)$?

Verlustfreie Zerlegung

Weil es für die (in einem späteren Kapitel dargestellte) Normalisierungstheorie wichtig ist, befassen wir uns jetzt mit der Frage, ob man eine Relation durch Projektionen so in zwei Teile aufspalten kann, dass man durch Join der Teile wieder die ursprüngliche Relation zurückerhält.

Seien R, S und U Relationenformate mit U = R·S, und u eine Relation zum Format U. Dann ist

$$u \subseteq \pi_R(u) \bowtie \pi_S(u).$$

Dies sieht man leicht ein. Es ist nämlich

$\pi_R(u) \bowtie \pi_S(u) = \{t\in dom(R \cdot S) \,|\, t(R)\in \pi_R(u) \wedge t(S)\in \pi_S(u)\} \supseteq \{t\in dom(U) \,|\, t\in u \wedge t\in u\} = u$
(für jedes $t\in dom(R \cdot S) = dom(U)$ gilt: wenn $t\in u$, dann $t(R)\in \pi_R(u)$).

Aufgabe 10:

Man zeige anhand eines Beispieles, dass in $u \subseteq \pi_R(u) \bowtie \pi_S(u)$ im Allgemeinen "$\subseteq$" nicht durch "$=$" ersetzt werden kann.

Gilt aber $u = \pi_R(u) \bowtie \pi_S(u)$, so ist $\pi_R(u) \bowtie \pi_S(u)$ eine **verlustfreie Zerlegung** in $\pi_R(u)$ und $\pi_S(u)$ ("lossless decomposition").

Man beachte, dass es auf den ersten Blick etwas merkwürdig anmutet, hier von Verlustfreiheit zu sprechen, da das Gegenteil, eine nicht verlustfreie Zerlegung, also eine verlustbehaftete Zerlegung, dann vorliegt, wenn $\pi_R(u) \bowtie \pi_S(u)$ echt mehr Tupel enthält als die Relation u. Also man kriegt mehr und hat trotzdem einen Verlust.

Dies ist eine typische informationstheoretische Situation. Der Verlust bezieht sich auf den **Informationsgehalt**, welchen man zum Beispiel misst anhand der Länge einer Beschreibung desselben. Man sieht das anhand der Lösung der letzten Aufgabe. Stellt man sich statt zweier Werte (0 und 1) eine Million vor, dann steckt in $\pi_R(u) \bowtie \pi_S(u)$ nur die Information dieser Million sowie die Angabe, man solle jeden Wert mit jedem zu einem Paar bilden. Das sind dann eine europäische Billion Paare, aber deren Beschreibung braucht höchstens eine Million Angaben plus eine kleine Beschreibung. Das u kann nun aber aus $\pi_R(u) \bowtie \pi_S(u)$ entstanden sein durch Wegstreichen von zehn Millionen dieser Billion Paare. Lassen sich diese weggestrichenen Paare nun nicht durch einen einfachen Algorithmus beschreiben, so muss man damit rechnen, dass man sie aufzählen muss, womit die Beschreibung von u dann wesentlich länger wäre als die Beschreibung von $\pi_R(u) \bowtie \pi_S(u)$. Damit steckt dann eben in u wesentlich mehr Information als in $\pi_R(u) \bowtie \pi_S(u)$ (obwohl u als Menge echt kleiner ist als $\pi_R(u) \bowtie \pi_S(u)$).

Aufgabe 11:

Seien r und s Relationen zu den Formaten R und S. Wie steht $\pi_R(r\bowtie s)$ zu r?

Aufgabe 12:

Sei das Format U = R·S gegeben und dazu die Relation u. Man beweise die Identität

$$\pi_R(\pi_R(u) \bowtie \pi_S(u)) = \pi_R(u).$$

Aufgabe 13:

Seien die Formate R und S gegeben und dazu die Relationen r und s. Man beweise die Identität

$$\pi_R(r\bowtie s) \bowtie \pi_S(r\bowtie s) = r\bowtie s.$$

Aufgabe 14:

Seien die Formate R und S gegeben und dazu die Relationen r und s. Man beweise die Identität

$$r\bowtie s = r\bowtie(r\bowtie s).$$

Aufgabe 15:

Sei X ein Subformat von R, das heisst R·X = R.
Wie hängen $\pi_X(r\bowtie s)$ und $\pi_X(\pi_X(r)\bowtie s)$ zusammen?

Aufgabe 16:

Sei A ein Attribut im Format R, r eine Relation zu R, s eine Relation zum Format S und $a\in\mathrm{dom}(A)$.
Man beweise die Identität $\sigma_{A=a}(r\bowtie s) = \sigma_{A=a}(r)\bowtie s$.

Aufgabe 17:

Gegeben ist die Relation $r = \{<0,1>\}$ zum Format R(A,B), die Relation $s = \{<1,0>\}$ zum Format S(B,C) und $u = \{<0,1>\}$ zu U(C,A). Man berechne $r\bowtie s\bowtie u$.

Aufgabe 18:

Gegeben sind die Relationenformate

> Gast(Besucher,Restaurant),
> Sortiment(Restaurant,Biersorte), und
> Vorzug(Besucher,Biersorte),

sowie je eine Relation, g zum Format Gast, s zu Sortiment und v zu Vorzug. Man wandle die folgenden Prosaabfragen in relationale Ausdrücke um und umgekehrt:

a) Für den Besucher Meier alle Restaurants, die er besucht und die seine bevorzugte Biersorte im Sortiment haben.

b) Für das Restaurant Ochsen alle Biersorten, die es im Sortiment haben müsste, damit jeder Gast sein Vorzugsbier erhalten könnte.

c) Alle Besucher, die ein Restaurant als Gast besuchen, welches eine von ihnen bevorzugte Biersorte im Sortiment führen.

d) $\pi_{Besucher}(\sigma_{Restaurant\,=\,Ochsen}(g) \bowtie s \bowtie v)$

Denkt man anhand der letzten Aufgabe ein wenig über die möglichen Prosaabfragen nach, die mit unseren bisher angetroffenen relationalen Operationen ausdrückbar sind, so sieht man schnell, dass noch einiges fehlt. Zum Beispiel die Abfrage "Für den Besucher Meier alle Restaurants, die er besucht und die seine bevorzugte Biersorte nicht im Sortiment haben" wäre mit den bisherigen Operationen $(\sigma, \pi, \bowtie)$ nicht zu formalisieren.

Weitere Operationen auf Relationen

Da Relationen Mengen sind, ist es ganz natürlich, auch an die üblichen Mengenoperationen Vereinigung, Durchschnitt und Differenz zu denken.

Sind r_1 und r_2 Relationen zum Relationenformat R, so ist deren

Vereinigung (**Union**)	$r_1 \cup r_2 = \{t \in dom(R) \mid t \in r_1 \lor t \in r_2\}$
Durchschnitt (**Intersection**)	$r_1 \cap r_2 = \{t \in dom(R) \mid t \in r_1 \land t \in r_2\}$
Differenz (**Difference**)	$r_1 \setminus r_2 = \{t \in dom(R) \mid t \in r_1 \land t \notin r_2\}$.

Eine Bemerkung ist hier am Platz. Näher an praktischen Implementierungen von Datenbanken wäre hier ein Formalismus, welcher ausdrücklich verlangt, dass es zu jedem Zeitpunkt nur eine Relation zu einem Format geben kann, und der entsprechend die obigen Operationen erklären würde für Relationen r zum Format R und s zum Format S, wobei dann dom(R) = dom(S) sein muss ("union compatible").

Heissen dann aber in der Reihenfolge einander entsprechende Attribute in R anders als in S (deren Domänen müssen übereinstimmen), dann wird eine Art Umbenennung von Attributen notwendig, die man als weitere Operation einführen müsste, sowie eine Metaoperation des

Formatwechsels, damit gesagt werden kann, wie das Format der Ergebnisrelation aussieht. Wir verzichten aber auf diese Komplizierung und betrachten nur in dieser Hinsicht unproblematische Fälle.

Aufgabe 19:

Man formuliere für die Relationen der vorhergehenden Aufgabe die im Text schon erwähnte Abfrage, die bisher nicht als (zusammengesetzte) relationale Operation geschrieben werden konnte, nämlich "Für den Besucher Meier alle Restaurants, die er besucht und die seine bevorzugte Biersorte nicht im Sortiment haben".

Aufgabe 20:

Weitere Bieraufgaben in Prosa zur Formulierung mit relationalen Operationen:

a) Die Restaurants, welche den Bier Geschmack aller ihrer Gäste vollständig verfehlen, oder gar keine Gäste haben.

b) Die Restaurants, welche keine Gäste haben.

c) Die Restaurants, die zwar Gäste haben, aber keine Bier trinkenden.

d) Die Restaurants mit lauter Bier trinkenden Gästen, welche keines ihrer Vorzugsbiere erhalten können.

e) Die Restaurants, in denen Meier alle seine Vorzugsbiere erhalten würde.

Die letzte Frage der vorhergehenden Aufgabe entspricht einem allgemeinen Muster, welches hier als letzte der Operationen der Relationenalgebra vorgestellt werden soll.

Gegeben sind die Relationenformate W und V, welche keine Attribute gemeinsam haben sollen, sowie eine Relation v zu V und eine Relation u zum Format W·V.

Dann ist die **Division** $u \div v$ eine Relation zum Format W und wie folgt definiert:

$$u \div v \; = \; \{t \in \pi_W(u) \mid \{t\} \bowtie v \subseteq u\}.$$

Damit könnte man die erwähnte Prosaabfrage "Die Restaurants, in denen Meier alle seine Vorzugsbiere erhalten würde" leicht als

$$s \div \pi_{Biersorte}(\sigma_{Besucher = Meier}(v))$$

formulieren. Man muss es nur noch einsehen, was wir mit der nächsten Aufgabe schaffen wollen.

Aufgabe 21:

Gegeben sind die Relationenformate R und S, welche keine Attribute gemeinsam haben sollen, sowie eine Relation s zu S und eine Relation u zum Format R·S. Man beweise

$$u \div s = \pi_R(u) \setminus \pi_R((\pi_R(u) \bowtie s) \setminus u).$$

Aufgabe 22:

Noch eine Bieraufgabe (man ahnt es schon, mit Division): Gesucht sind die Restaurants, welche alle Biersorten im Sortiment haben, welche überhaupt im Sortiment irgend eines Restaurants sind.

Die Division ist in gewissem Sinne die Umkehrung der Multiplikation, wie folgende Aufgabe zeigt:

Aufgabe 23:

Gegeben sind die Relationenformate R und S, welche keine Attribute gemeinsam haben sollen, sowie Relationen r zu R und s zu S. Man beweise $(r \bowtie s) \div s = r$.

Die vorhergehende Aufgabe erklärt ein wenig den Namen Division für die Operation $u \div s$. Man kann aber auch im allgemeinen Fall (wo u nicht unbedingt ein Join ist) einen Vergleich mit der ganzzahligen Division machen. Aus der Definition $u \div s = \{t \in \pi_R(u) \mid \{t\} \bowtie s \subseteq u\}$ folgt nämlich direkt, dass $u \div s$ die maximale Relation r (zum Format R) ist für welche $r \bowtie s \subseteq u$ ist (bei der ganzzahligen Division ist i:k das maximale j für welches $j \cdot k \leq i$ ist).

Aufgabe 24:

Gegeben ist eine Relation zum Format R(A,B,C). Man zeige

$$(r \div \pi_C(r)) \div \pi_B(r) = \{t(A) \mid t \in r \land \{t(A)\} \bowtie \pi_B(r) \bowtie \pi_C(r) \subseteq r\}.$$

Als Beispiel könnte man sich ein Relationenformat

$$\text{Trinken(Besucher,Restaurant,Biersorte)}$$

vorstellen sowie eine Relation r zu diesem Format (die Attribute sind zwar dieselben wie beim Beispiel in den Bieraufgaben, aber die Datenstruktur ist völlig anders).
Dann würde

$$(r \div \pi_{\text{Biersorte}}(r)) \div \pi_{\text{Restaurant}}(r)$$

diejenigen Besucher liefern, welche jedes vorkommende Bier in jedem vorkommenden Restaurant trinken.

Gruppierungsoperationen

Da es oft vorkommt, dass über Teilgruppen Summen, Anzahl, Maxima usw gebildet werden müssen, lohnt es sich, wenn man sich bereits in dieser strukturierten Welt der Relationen ein paar Gedanken dazu macht.
Wir beschränken uns aber auf die Summenbildung, um den Formalismus nicht unnötig aufzublähen.

Seien R ein Relationenformat, S ein Teilformat von R (dh R·S = R), X ein Attribut von R aber nicht von S (dh R·X = R, aber S·X≠S) sodass dom(X) die Summenbildung zulässt, sowie eine Relation r zum Format R gegeben.

Dann bezeichne

$$\text{sum}(r,X) = \Sigma_{t \in r} \, t(X)$$

die Summe aller Werte t(X) des Attributes X aller Tupel t von r (r ist eine Menge!).
Damit definieren wir die Gruppierung über die Attribute von S:

$$\Sigma_{S,X} (r) = \{ <t, \text{sum}(\{t\} \bowtie r, X)> \mid t \in \pi_S(r)\}.$$

$\Sigma_{S,X}(r)$ ist also eine Relation zum Format S·X, dessen Tupel aus den Tupeln von $\pi_S(r)$ bestehen, jeweils versehen mit der Summe aller t(X) der t∈r, die auf S übereinstimmen.

Ein **Beispiel**: Ist R(A,B,X) und S(A) gegeben sowie $r = \{<a_1,b_1,2>, <a_1,b_2,3>, <a_2,b_1,4>\}$, dann ist $\Sigma_{S,X}(r) = \{<a_1,5>, <a_2,4>\}$.

Aufgabe 25:

Zusätzlich sei noch ein Teilformat V von S gegeben (dh S·V = S). Man beweise

$$\Sigma_{V,X} (\Sigma_{S,X}(r)) = \Sigma_{V,X}(r).$$

Die Cube Operation

Wir haben gesehen, dass $\Sigma_{S,X}(r)$ sozusagen alle Subtotale in bezug auf S bringt. Nun ist man oft auch an sämtlichen Subtotalen für alle Teilformate S von R (die X nicht enthalten) interessiert, vor allem im sogenannten Datawarehousing (Mitte der 90er Jahre zum zweiten Mal Mode gewordener Begriff für flexibles Auswerten von Daten).

Weil alles in derselben Relation zum Format R Platz haben soll, füllen wir die Tupel von $\Sigma_{S,X}(r)$ in den restlichen Attributen mit den Werten 'all' auf (aktuelle Systeme nehmen auch Blanks oder NULLs, wir kommen später darauf zurück), und nehmen dabei an, dass die entsprechenden Domänen das zulassen.

Sei also für ein Relationenformat W

$$\alpha\lambda\lambda(W)$$

dasjenige Tupel t, welches an allen Attributen den Wert 'all' hat, dh t(A) = 'all' für alle Attribute A von W.

Damit können wir $\Sigma_{S,X}(r)$ auffüllen zu

$$\alpha\Sigma_{S,X}(r) := \Sigma_{S,X}(r) \bowtie \{\alpha\lambda\lambda((R\backslash S)\backslash X)\},$$

wobei $(R\backslash S)\backslash X$ die von X und den Attributen von S verschiedenen Attribute von R meint (an denen aufgefüllt werden muss).

Damit definieren wir den Summen **Cube Operator**

$$\alpha\lambda\lambda\Sigma_{R,X}(r) := \Sigma_{R\backslash X,X}(r) \cup \bigcup\{\alpha\Sigma_{S,X}(r) \mid R\cdot S=R \wedge S\cdot X\neq S\} \cup \{<\{\alpha\lambda\lambda(R\backslash X), sum(r,X)>\}.$$

Hat r gleich viele Elemente wie $\pi_{R\backslash X}(r)$, so ist die Gruppierung $\Sigma_{R\backslash X,X}(r)$ mit r identisch. Wir nehmen dazu das selbe Beispiel wie oben, nämlich:

Gegeben ist R(A,B,X) sowie $r = \{<a_1,b_1,2>, <a_1,b_2,3>, <a_2,b_1,4>\}$, dann ist

$$\begin{aligned}
\alpha\lambda\lambda\Sigma_{R,X}(r) = \{ &<a_1,b_1,2> \\
,&<a_1,b_2,3> \\
,&<a_1,all,5> \\
,&<a_2,b_1,4> \\
,&<a_2,all,4> \\
,&<all,b_1,6> \\
,&<all,b_2,3> \\
,&<all,all,9>\}.
\end{aligned}$$

Es bezeichne **card(M)** die Anzahl der Elemente der Menge M.

Aufgabe 26:

Der Cube Operator kann eine Relation ziemlich aufblähen. Man gebe minimale und maximale Abschätzungen für card($\alpha\lambda\lambda\Sigma_{R,X}(r)$) in Ausdrücken von card(r) und card($\pi_A(r)$) für die von X verschiedenen Attribute A von R. Dabei darf card($\pi_{R\backslash X}(r)$) = card(r) angenommen werden.

Schlüssel, Superschlüssel, Primärschlüssel, Fremdschlüssel

Der Begriff Schlüssel (englisch "key") gehört zu den buntesten in der Datenbankwelt. Man findet etwa (in der englischen Literatur) 'designated key', 'implicit key', primary key', 'foreign key', *the* primary key', 'superkey', 'candidate key', 'nonredundant primary key', und so weiter und so fort (in der deutschen Literatur entsprechend, phasenweise verneudeutscht).

Inhaltlich in eine leicht andere Richtung, ins Prozedurale, geht 'search key', 'Suchschlüssel'. Hier geht es um das schnelle Finden eines Objektes, insbesondere aber auch um das Finden an sich. Durch die (Such-) Schlüsselangabe soll das ganze Objekt aufgefunden, aufgeschlüsselt werden können. Dies ist in der Datenbankwelt der Ursprung des Begriffes Schlüssel und gleichzeitig auch heute noch seine zentrale Bedeutung. Es soll nicht zwei verschiedene Objekte mit dem gleichen Schlüssel geben.

Bei Relationen geht es um die Frage, welche Attributwerte eines Tupels das ganze festlegen. Betrachten wir als Beispiel das Relationenformat

$$\text{Mitarbeiter(Personalnummer,Name,Vorname,Abteilung)}$$

und dazu die Relationen (zum Beispiel zu den Zeitpunkten 1,2,....,6 und 7)

$$r_1 = \{ <17,\text{Meier,Joseph,A}> \\ , <17,\text{Meier,Joseph,B}> \},$$

$$r_2 = \{ <16,\text{Meier,Joseph,A}> \\ , <17,\text{Meier,Joseph,B}> \\ , <18,\text{Meier,Johannes,A}> \\ , <19,\text{Müller,Joseph,A}> \},$$

$$r_3 = \{ <17,\text{Meier,Joseph,A}> \\ , <18,\text{Meier,Joseph,A}> \},$$

$$r_4 = \{ <17,\text{Meier,Joseph,A}> \\ , <17,\text{Meier,Johannes,A}> \},$$

$$r_5 = \{ <17,\text{Meier,Joseph,A}> \\ , <18,\text{Meier,Johannes,A}> \},$$

$$r_6 = \{ <18,\text{Meier,Joseph,A}> \\ , <18,\text{Meier,Joseph,B}> \\ , <18,\text{Meier,Johannes,A}> \\ , <18,\text{Müller,Joseph,A}> \\ , <19,\text{Meier,Joseph,A}> \},$$

$$r_7 = \{ <17,\text{Meier,Joseph,A}> \}.$$

Bei r_1 respektive innerhalb r_1 ist die Attributmenge {Abteilung} identifizierend, aber auch {Name,Abteilung} usw,
bei r_2 ist {Personalnummer} identifizierend, aber auch {Name,Vorname,Abteilung} (aber eine echte Teilmenge davon würde nicht genügen),
bei r_3 ist {Personalnummer} identifizierend,
bei r_4 ist {Name,Vorname} identifizierend, aber auch bereits {Vorname} allein
bei r_5 ist {Personalnummer} identifizierend, aber auch {Vorname},
bei r_6 ist nur die Menge aller Attribute, {Personalnummer,Name,Vorname,Abteilung} identifizierend, aber keine echte Teilmenge davon, und
bei r_7 schliesslich ist überhaupt jede nichtleere Teilmenge der Attribute identifizierend, also insbesondere jede einelementige.

Man sieht, dass jede der Relationen wieder andere identifizierende Attributmengen hat, obwohl alle zum selben Format gehören. Das nützt aber einem Designer des Relationenformates Mitarbeiter nichts, **weil er eine zeitunabhängige Methode haben muss, die Tupel zu identifizieren.**

Er will zum Beispiel festlegen, dass die Attributmengen {Personalnummer} und {Name,Vorname} je identifizierenden Charakter haben sollen, und ein Datenbanksystem wird es ermöglichen, dies zu garantieren (wir sehen später, wie das geht).
Er hat somit zwei identifizierende Attributmengen sozusagen **dem Format zugeordnet.**

Der Designer bestimmt also zwei Attributmengen, die identifizierend sein sollen (für alle zukünftigen Relationen zum Format Mitarbeiter), {Personalnummer} und {Name,Vorname}.
Würde es aber Sinn machen, dass er gleichzeitig auch noch zB {Name,Vorname,Abteilung} als identifizierend festlegen würde?
Wohl kaum, da ja Name und Vorname genügen, um ein Tupel zu identifizieren (gemäss seiner Festlegung!).

Aus diesem Grunde hat es sich eingebürgert, für Schlüssel nicht nur zu verlangen, dass sie identifizierend sind, sondern auch **minimal.** Das heisst also, wenn der Designer zwei Attributmengen K_1 und K_2 als identifizierend festlegt, wobei K_1 echt in K_2 enthalten ist (enthalten und nicht gleich), dann wird höchstens K_1 als Schlüssel bezeichnet, K_2 aber als **Superschlüssel** ("superkey", deutsch auch Oberschlüssel). K_1 ist aber nur dann ein **Schlüssel,** wenn der Designer nicht noch eine weitere (nichtleere) Attributmenge K_0 festgelegt hat, die ebenfalls identifizierend sein soll und in K_1 echt enthalten ist (dies tönt etwas banal, aber wir werden im Kapitel Normalisierung sehen, dass der Designer durch Angabe von funktionalen Abhängigkeiten tatsächlich Schlüsselbedingungen einbringen kann, die auf den ersten Blick nicht als solche erkennbar sind).

Zum Begriff Schlüssel hat sich also Minimalität hinzugesellt (das war nicht nicht immer so, in (Codd 1970) muss ein 'key' nicht minimal sein, erst ein 'nonredundant (primary) key'). Nun kommt aber ein entscheidender Punkt.

Unser Designer hat (unter anderem) {Name,Vorname} als identifizierend gewählt und **minimal in bezug auf seine eigene Wahl.** Er weiss, dass {Name,Vorname} in allen Relationen zu seinem Format identifizierend sein wird (systemunterstützt). Er darf nun aber **nicht** hingehen und **auch in allen Relationen** zu seinem Format Minimalität verlangen, das heisst er darf nicht verlangen, dass {Name,Vorname} in allen Relationen ein Schlüssel ist im Sinne auch der Minimalität (sonst würde er zum Beispiel jede einelementige Relation ausschliessen, aber auch weil er nicht wissen kann, ob zB je ein doppelter Name vorkommen wird oder nicht).

Die dem Begriff Schlüssel im Relationenformat zugedachte Minimalitätseigenschaft bezieht sich also immer auf die Wahl des Designers des Relationenformates, nie aber auf irgendwelche aktuellen oder zukünftigen Relationen zu diesem Format. Nur die identifizierende Eigenschaft bezieht sich auf alle Relationen.

Trotzdem kann man natürlich von Schlüsseln einer Relation reden, im Bewusstsein, dass sich diese ständig ändern:
Ist r eine Relation und K eine (nichtleere) Teilmenge der Attribute, dann ist K ein Superschlüssel von r, falls $card(\pi_K(r)) = card(r)$, und K ist ein Schlüssel, falls zusätzlich für alle (nichtleeren) $K' \subset K$ ($\subseteq$ und $\neq$) gilt $card(\pi_{K'}(r)) < card(r)$.

In einem späteren Kapitel werden wir die Unterscheidung in syntaktische Schlüssel (auf das Relationenformat bezogen) und semantische Schlüssel (auf die Relation bezogen) nochmals verdeutlichen.

In jedem Fall ist ein Superschlüssel also eine identifizierende Attributmenge, und ein Schlüssel ist ein minimaler Superschlüssel. Einen der Schlüssel (des Relationenformates) kann der Designer als **Primärschlüssel** bezeichnen, worauf andere Relationenformate in einem **Fremdschlüssel** Bezug nehmen können.

Zum Beispiel können in unserem Format Mitarbeiter {Personalnummer} und {Name,Vorname} Schlüssel sein und einer davon, {Personalnummer}, als Primärschlüssel gewählt sein. In einem (zweiten) Format Kinder(Personalnummer,Anzahl) kann {Personalnummer} als Fremdschlüssel in Bezug auf Mitarbeiter gewählt werden.

Unterstützt eine Datenbank diese Fremdschlüssel-Primärschlüssel Verbindung, so wird für jede Relation r zum Format Mitarbeiter und jede Relation s zum Format Kinder gelten

$$\pi_{Personalnummer}(s) \subseteq \pi_{Personalnummer}(r).$$

Dies ist praktisch, da dann in der Relation zum Format Kinder nur Personalnummern vorkommen können, die auch in der Relation zum Format Mitarbeiter drin sind (die quasi dort definiert werden).

Der Begriff Fremdschlüssel ("foreign key"), der schon in (Codd 1970) vorkommt, ist insofern etwas verwirrend, da es sich im Allgemeinen nicht um einen Schlüssel handelt, sondern um eine Attributmenge, die einem (Primär-) Schlüssel in der Fremde, an einem fremden Ort, entspricht.

Weitere Aufgaben

Aufgabe 27:

Gegeben sind die Relationenformate

    Mitarbeiter(M#,Name),
    Arbeitetfür(M#,P#) und
    Projekt(P#,Bezeichnung)

(# ist jeweils die Nummer, also M# die Mitarbeiternummer, usw)
sowie zugehörige Relationen

    m = { <1,Meier> , <2,Frehner> , <3,Müller> },
    a = { <1,2> , <2,3> , <1,1> , <3,1> , <3,3> , <3,2> }, und
    p = { <1,Buchungssystem> , <2,Vertragssystem> , <3,Kundensystem> }.

Man berechne (mit zugehörigen Ergebnisformaten und Prosabeschreibungen der Abfragen)

1) $\pi_{M\#}(\sigma_{Name = Frehner}(m))$

2) $\pi_{\text{Bezeichnung}}(\sigma_{\text{P\#}=2}(p))$

3) $\sigma_{\text{P\#}=2}(\pi_{\text{M\#}}(a))$

4) $\pi_{\text{Name}}(m \bowtie \sigma_{\text{P\#}=1}(a))$

5) $\pi_{\text{Name}}(m \bowtie \pi_{\text{M\#}}(\sigma_{\text{P\#}=1}(a)))$

6) $\pi_{\text{Name,Bezeichnung}}(m \bowtie a \bowtie p)$

7) $\sigma_{\text{Name}=\text{Meier}}(\pi_{\text{Name,Bezeichnung}}(m \bowtie \pi_{\text{M\#}}(a \bowtie p)))$

8) $\sigma_{\text{Name}=\text{Meier}}(\pi_{\text{Name,Bezeichnung}}(m \bowtie \pi_{\text{M\#,Bezeichnung}}(a \bowtie \pi_{\text{P\#,Bezeichnung}}(p))))$

9) $\pi_{\text{Name,P\#}}(m \bowtie m \bowtie a)$

10) $\sigma_{\text{Name}=\text{Meier}}(m \bowtie a \bowtie m \bowtie p)$

Aufgabe 28:

Gegeben sind die Relationenformate

> L(Name,Ort), wobei L für Lieferant steht,
> T(T#,Beschr), wobei T für Teile steht und 'Beschr' für Beschreibung, und
> P(P#,Preis), wobei P für Produkt steht
> (# ist jeweils die Nummer, also T# die Teilnummer, usw), sowie
> LT(Name,T#), "welche Lieferanten liefern welche Teile", und
> TP(T#,P#), "welche Teile gehören zu welchen Produkten".

Wir bezeichnen hier auch eine *Relation* zum *Format* L als L, zu TP als TP, etc. Es darf angenommen werden, dass wenn in LT oder TP Lieferanten(namen), Teile(nummern) oder Produkt(nummern) vorkommen, diese dann je entsprechend auch in L, T oder P vorkommen.

Man übersetze Prosa in Ausdrücke der relationalen Algebra und umgekehrt:

1) $\pi_{\text{Ort}}(\sigma_{\text{Name}=\text{Huber AG}}(L))$

2) $\pi_{\text{T\#}}(T) \setminus \pi_{\text{T\#}}(TP)$

3)   Die Namen von Lieferanten, welche keine Teile liefern.

4)   Die Orte von Lieferanten, welche keine Teile liefern.

5)   Die Nummern von Teilen, die keinen Lieferanten haben und zu keinem Produkt gehören.

6)   Die Beschreibungen von Teilen, die einen Lieferanten haben und zu einem Produkt gehören.

7) $\pi_{Ort}(L \bowtie LT \bowtie T \bowtie TP \bowtie P)$

8) Die Preise der Produkte, welche Teile enthalten, die von einem Lieferanten aus Winterthur geliefert werden.

9) Die Namen der Lieferanten, die in Winterthur sind oder Teile liefern, die zu Produkten gehören mit einem Preis von 100.

10) $TP \div \pi_{P\#}(TP)$

Aufgabe 29:

1) Gegeben ist das Relationenformat R(A,B,C,D,X) und dazu die Relation
   $r = \{<a,b,c,d,2>, <a,bb,c,dd,3>\}$. Man berechne card($\alpha\lambda\lambda\Sigma_{R,X}$ (r)).
   (entweder eine kombinatorische Ueberlegung, oder sonst muss halt gerechnet werden)

2) Gegeben ist das Relationenformat R(A,B,C,X), alle Attribute mit Domäne INTEGER,
   sowie eine Relation r. Man weiss dass für alle Tupel $<a,b,c,x> \in r$ gilt $x = a*b*c$,
   dh die vierte Komponente ist gleich dem Produkt der ersten drei. Weiter ist bekannt,
   dass $\pi_A(r) \bowtie \pi_B(r) \bowtie \pi_C(r) \subseteq \pi_{A,B,C}(r)$, und $\pi_A(r) = \{<2>, <3>, <5>\}$,
   $\pi_B(r) = \{<1>, <2>, <7>\}$, und $\pi_C(r) = \{<1>, <2>, <3>, <4>\}$. Der (Summen)
   Cube $\alpha\lambda\lambda\Sigma_{R,X}$ (r) enthält ein Tupel $<all,all,all,x>$. Wie gross ist x?

3) Man hat ein Relationenformat R und einen Schlüssel K zu diesem Format. Wann kann
   man sicher sein, dass K auch in jeder Relation r zum Format R Schlüssel ist? Was ist
   K mit Sicherheit in jedem r?

4) Gegeben sind die Relationenformate R(A,C), S(A,B,D) und W(A,B,E,F). {A} ist Primärschlüssel in R, und {A,B} ist Primärschlüssel in S. Weiter ist {A} ein Fremdschlüssel
   von S inbezug auf R, und {A,B} ein Fremdschlüssel von W inbezug auf S. Es sind drei
   Relationen r, s und w gegeben zu den Formaten R, S und W, wobei man w kennt,
   nämlich $w = \{<2,3,4,5>, <3,4,5,6>\}$, und r kennt man fast, nämlich
   $r = \{<3,9>, <7,7>, <6,2>, <4,4>, <8,1>, <x,x>\}$. Von der Relation s weiss
   man nichts. Wie gross ist x? (ein wenig begründen)

Aufgabe 30:

Für die folgenden Aufgaben gegeben sind die Relationenformate

> Gast(Besucher,Restaurant),
> Sortiment(Restaurant,Biersorte), und
> Vorzug(Besucher,Biersorte),

sowie je eine Relation, g zum Format Gast, s zu Sortiment und v zu Vorzug, nämlich

g = { <Meier,Löwen>, <Meier,Ochsen>, <Müller,Linde>, <Anderegg,Linde>,
    <Berner,Engel>, <Berner,Löwen> },

s = { <Linde,Sorte1>, <Linde,Sorte2>, <Linde,Sorte3>, <Ochsen,Sorte1>,
    <Ochsen,Sorte2>, <Löwen,Sorte3> }

$v = \{\, <\text{Meier,Sorte1}>,\; <\text{Meier,Sorte2}>,\; <\text{Meier,Sorte3}>,\; <\text{Müller,Sorte3}>,$
$\quad <\text{Berner,Sorte1}>,\; <\text{Berner,Sorte2}>\,\}.$

Des weiteren sei

$p := \pi_{\text{Besucher}}(v) \cup \pi_{\text{Besucher}}(g)$ zum Format Personen(Besucher),

$w := \pi_{\text{Restaurant}}(g) \cup \pi_{\text{Restaurant}}(s)$ zum Format Wirtshäuser(Restaurant) und

$b := \pi_{\text{Biersorte}}(s) \cup \pi_{\text{Biersorte}}(v)$ zum Format Biere(Biersorte).

1) Man berechne $\pi_{\text{Besucher}}(b \bowtie p \bowtie \sigma_{\text{Biersorte}=\text{Sorte2}}(v)) \cup \pi_{\text{Besucher}}(\sigma_{\text{Restaurant}=\text{Löwen}}(g))$.

2) Berechne $(r_1 \setminus r_2 \cup r_2 \setminus r_1) \bowtie r_1$, wobei $r_1 := s$ ist und $r_2 := \pi_{\text{Restaurant,Biersorte}}(g \bowtie v)$.

3) Gesucht sind die Besucher, die alle Biersorten mögen und in Restaurants verkehren, die alle Sorten führen (relationaler Ausdruck und Rechnung).

4) Man beschreibe in Prosa, was es bedeuten würde, wenn die Gleichung
$p \bowtie w = \pi_{\text{Besucher,Restaurant}}(v \bowtie s)$ gelten würde.

5) Lässt sich die Relation $r = \{\, <\text{Löwen,Sorte1,Meier}>,\; <\text{Ochsen,Sorte2,Meier,}>\,\}$ zum Format Wirtshäuser·Biere·Personen auf irgendeine Art verlustfrei zerlegen?

6) Sei zusätzlich gegeben eine Relation $f = \{\, <\text{Meier,2}>,\; <\text{Müller,3}>,\; <\text{Anderegg,7}>,\; <\text{Berner,1}>\,\}$ zum Format Frequenz(Besucher,Anzahl), mit der inhaltlichen Bedeutung dass $<x,y> \in f$ ist genau wenn der Besucher x alle diejenigen Restaurants, die er überhaupt besucht, je y mal pro Woche besucht (jedes y mal pro Woche). Man berechne $\Sigma_{\text{Personen,Anzahl}}(g \bowtie f)$, pro Besucher die Anzahl Besuche pro Woche insgesamt, sowie $\Sigma_{\text{Wirtshäuser,Anzahl}}(g \bowtie f)$, pro Restaurant die Gesamt Anzahl Besuche pro Woche.

Aufgabe 31:

Gegeben sind Relationen r zum Format R(A,B), s zu S(B,C) und w zu W(C). Man beweise

$$(r \bowtie s) \div w = r \bowtie (s \div w).$$

Aufgabe 32:

Gegeben sind Relationen r, w zum Format R, und s zum Format S. Man beweise

$$(r \setminus w) \bowtie s = (r \bowtie s) \setminus (w \bowtie s).$$

Lösungen der Aufgaben

Lösung Aufgabe 1:

$\sigma_{B=1}(r) = \{\}$,
$\sigma_{B=2}(r) = \{<1,2,3>\}$,
$\sigma_{B=3}(r) = \{\}$,
$\sigma_{A=1}(\sigma_{B=2}(r)) = \{<1,2,3>\}$,
$\sigma_{C=9}(\sigma_{A=7}(r)) = \{<7,8,9>\}$,
$\sigma_{A=4}(\sigma_{B=5}(\sigma_{C=6}(\sigma_{A=4}(r)))) = \{<4,5,6>\}$,
$\sigma_{A=4}(\sigma_{B=5}(\sigma_{C=6}(\sigma_{A=7}(r)))) = \{\}$,
$\sigma_{C=9}(\sigma_{C=7}(r)) = \{\}$.

Lösung Aufgabe 2:

$\pi_{\text{Gründungsdatum,Jahresbeitrag}}(\text{Clubs5}) = \{<\ 1.10.1990\ ,\ 15.00>,<\ 31.7.1988\ ,\ 10.00>\}$.

Lösung Aufgabe 3:

Nur wenn die Selektion sich ausschliesslich auf Attribute bezieht, auf welche projiziert wird. Im Beispiel der Relation

```
Clubs = {<Tennis        , 1.1.1976 ,  5.00>,
         <Tischtennis   , 1.10.1990 , 15.00>,
         <Schwimmclub  , 31.7.1988 , 10.00>}
```

zum Relationenformat Clubtyp(Clubname, Gründungsdatum, Jahresbeitrag) wäre

$\sigma_{\text{Gründungsdatum}\geq 1.1.1980}$ (Clubs) = {<Tischtennis   , 1.10.1990 , 15.00>,
                               <Schwimmclub , 31.7.1988 , 10.00>},

$\pi_{\text{Clubname,Jahresbeitrag}}$(Clubs) = {<Tennis   , 5.00>,
                               <Tischtennis   , 15.00>,
                               <Schwimmclub , 10.00>},

somit

$\pi_{\text{Clubname,Jahresbeitrag}}(\sigma_{\text{Gründungsdatum}\geq 1.1.1980}$ (Clubs)) = {<Tischtennis   , 15.00>,
                               <Schwimmclub , 10.00>},

hingegen ist $\sigma_{\text{Gründungsdatum}\geq 1.1.1980}(\pi_{\text{Clubname,Jahresbeitrag}}$(Clubs)) nicht definiert, daher sind $\pi_{\text{Clubname,Jahresbeitrag}}$ und $\sigma_{\text{Gründungsdatum}\geq 1.1.1980}$ nicht vertauschbar (kommutierbar). Hingegen wären zB $\pi_{\text{Clubname,Jahresbeitrag}}$ und $\sigma_{\text{Jahresbeitrag}\geq 10.00}$ natürlich vertauschbar.

Lösung Aufgabe 4:

$\pi_{B,C,D}(r) = \{<1,0,1>,\ <0,1,0>,\ <1,1,0>,\ <1,0,0>\}$, zum Format $R_1(B,C,D)$,

$\pi_{C,D}(r) = \{<0,1>,\ <1,0>,\ <0,0>\}$, $R_2(C,D)$,

$\pi_A(r) = \{<0>,\ <1>\}$, $R_3(A)$,

$\pi_{C,D}(\pi_{B,C,D}(r)) = \{<0,1>,\ <1,0>,\ <0,0>\}$, $R_2(C,D)$,

$\pi_{B,C,D}(\pi_{C,D}(r))$ ist nicht definiert,

$\pi_{A,C}(\pi_{A,B,C}(\sigma_{B=1}(r))) = \{<0,0>,\ <0,1>,\ <1,0>\}$, zum Format $R_4(A,C)$,

$\pi_{A,C}(\sigma_{A=0}(\pi_{A,B,C}(\sigma_{B=1}(r)))) = \{<0,0>,\ <0,1>\}$, zum Format $R_4(A,C)$,

$\pi_{A,C}(\sigma_{D=0}(\pi_{A,B,C}(\sigma_{B=1}(r))))$ ist nicht definiert,

$\pi_{A,C}(\sigma_{B=0}(\pi_{A,B,C}(\sigma_{D=1}(r)))) = \{\}$, zum Format $R_4(A,C)$.

Lösung Aufgabe 5:

$\pi_{B,D}(s) = \{<2,4>,\ <6,7>\}$, also

$r \bowtie \pi_{B,D}(s) = \{<1,2,3,4>\}$, eine Relation zum Format R.

Lösung Aufgabe 6:

$\pi_{A,B,C}(r) \bowtie \pi_{D,E}(s) = \{<1,2,3,4,0>,\ <1,2,3,4,1>,\ <1,2,3,4,3>,\ <1,2,3,7,8>,$
$\qquad\qquad\qquad <5,6,7,4,0>,\ <5,6,7,4,1>,\ <5,6,7,4,3>,\ <5,6,7,7,8>\}$,
eine Relation zum Format RS(A,B,C,D,E).

Lösung Aufgabe 7:

Es gehöre r zum Relationenformat R, s zu S und u zu U.

Dann ist (beachte dass zB gilt t(R·S)(R) = t(R) usw)

$(r \bowtie s) \bowtie u = \{t \in \text{dom}(R \cdot S \cdot U) \mid t(R \cdot S) \in (r \bowtie s) \wedge t(U) \in u\} =$
$\qquad \{t \in \text{dom}(R \cdot S \cdot U) \mid t(R \cdot S) \in \{t \in \text{dom}(R \cdot S) \mid t(R) \in r \wedge t(S) \in s\} \wedge t(U) \in u\} =$
$\qquad \{t \in \text{dom}(R \cdot S \cdot U) \mid (t(R) \in r \wedge t(S) \in s) \wedge t(U) \in u\} =$
$\qquad \{t \in \text{dom}(R \cdot S \cdot U) \mid t(R) \in r \wedge (t(S) \in s \wedge t(U) \in u)\} =$
$\qquad \{t \in \text{dom}(R \cdot S \cdot U) \mid t(R) \in r \wedge t(S \cdot U) \in \{t \in \text{dom}(S \cdot U) \mid t(S) \in s \wedge t(U) \in u\}\} =$
$\qquad \{t \in \text{dom}(R \cdot S \cdot U) \mid t(R) \in r \wedge t(S \cdot U) \in (s \bowtie u)\} = r \bowtie (s \bowtie u)$.

Lösung Aufgabe 8:

Wenn nicht sowohl $<a> \in \pi_A(r)$ als auch $<c> \in \pi_C(r)$ ist, dann ist r leer. Daher nehmen wir an, dass $<a> \in \pi_A(r)$ und $<c> \in \pi_C(r)$ der Fall sei. Wir zeigen zuerst dass gilt $\pi_{A,B}(\sigma_{C=c}(r)) = \pi_A(r) \bowtie \pi_B(r)$. Sei also $<a,b> \in \pi_A(r) \bowtie \pi_B(r)$. Wegen $<c> \in \pi_C(r)$ und der Voraussetzung $\pi_A(r) \bowtie \pi_B(r) \bowtie \pi_C(r) = r$ ist damit $<a,b,c> \in r$, also auch $<a,b,c> \in \sigma_{C=c}(r)$, und deshalb $<a,b> \in \pi_{A,B}(\sigma_{C=c}(r))$. Die umgekehrte Richtung $\pi_{A,B}(\sigma_{C=c}(r)) \subseteq \pi_A(r) \bowtie \pi_B(r)$ ist trivial. Aus Symmetriegründen ist damit auch $\pi_{B,C}(\sigma_{A=a}(r)) = \pi_B(r) \bowtie \pi_C(r)$. Wegen $\pi_B(r) \bowtie \pi_B(r) = \pi_B(r)$ ist damit $\pi_{A,B}(\sigma_{C=c}(r)) \bowtie \pi_{B,C}(\sigma_{A=a}(r)) = \pi_A(r) \bowtie \pi_B(r) \bowtie \pi_C(r) = r$.

Lösung Aufgabe 9:

Sind x, y Relationen zum Format R(A,B,C,D), so ist $\sigma_{A=a}(x \bowtie y) = \sigma_{A=a}(x) \bowtie y =$
$= x \bowtie \sigma_{A=a}(y) = \sigma_{A=a}(x) \bowtie \sigma_{A=a}(y)$, und $\sigma_{A=a}(\sigma_{B=b}(x)) = \sigma_{B=b}(\sigma_{A=a}(x))$. Die Selektionen lassen sich im gegebenen Ausdruck also "nach aussen ziehen". Damit und wegen $r \bowtie r = r$ ist jeder solche Ausdruck $\tau(r)$ gleichwertig zu $\sigma_{A=a \wedge B=b \wedge C=c \wedge D=d}(r)$.

Lösung Aufgabe 10:

Seien $u = \{<0,0>, <0,1>, <1,0>\}$ zum Format U(A,B) gegeben sowie R(A) und S(B). Dann ist $U = R \cdot S$, $\pi_R(u) = \{<0>, <1>\}$, $\pi_S(u) = \{<0>, <1>\}$, und $\pi_R(u) \bowtie \pi_S(u) = \{<0,0>, <0,1>, <1,0>, <1,1>\}$, also echt grösser als u.

Lösung Aufgabe 11:

$\pi_R(r \bowtie s) = \pi_R(\{t \in \text{dom}(R \cdot S) \mid t(R) \in r \wedge t(S) \in s\}) = \{t(R) \mid t \in \text{dom}(R \cdot S) \wedge t(R) \in r \wedge t(S) \in s\} \subseteq \{t(R) \mid t \in \text{dom}(R \cdot S) \wedge t(R) \in r\} = r$.
Im Allgemeinen besteht nicht Gleichheit, wie das folgende Beispiel zeigt:
$r = \{<0,0>, <0,1>\}$ zu R(A,B), $s = \{<0,0>\}$ zu S(B,C), $r \bowtie s = \{<0,0,0>\}$,
$\pi_R(r \bowtie s) = \{<0,0>\} \neq r$.

Lösung Aufgabe 12:

Wegen $u \subseteq \pi_R(u) \bowtie \pi_S(u)$ ist $\pi_R(u) \subseteq \pi_R(\pi_R(u) \bowtie \pi_S(u))$, und wegen $\pi_R(r \bowtie s) \subseteq r$ ist $\pi_R(\pi_R(u) \bowtie \pi_S(u)) \subseteq \pi_R(u)$.

Lösung Aufgabe 13:

Wegen $u \subseteq \pi_R(u) \bowtie \pi_S(u)$ ist $\pi_R(r \bowtie s) \bowtie \pi_S(r \bowtie s) \supseteq r \bowtie s$, und wegen $\pi_R(r \bowtie s) \subseteq r$ (und in Analogie damit auch $\pi_S(r \bowtie s) \subseteq s$) ist $\pi_R(r \bowtie s) \bowtie \pi_S(r \bowtie s) \subseteq r \bowtie s$.

Lösung Aufgabe 14:

Folgt aus Assotiativität von Join und

$r \bowtie r = \{t \in dom(R \cdot R) \mid t(R) \in r \wedge t(R) \in r\} = \{t \in dom(R) \mid t(R) \in r\} = r$.

Lösung Aufgabe 15:

Es ist $\pi_X(r \bowtie s) = \{t(X) \mid t \in dom(R \cdot S) \wedge t(R) \in r \wedge t(S) \in s\} = u$,

und $\pi_X(\pi_X(r) \bowtie s) = \{t_2(X) \mid t_2 \in dom(X \cdot S) \wedge \exists t_1 \in r(t_2(X) = t_1(X)) \wedge t_2(S) \in s\} = v$.
Wir zeigen dass $u \subseteq v$ gilt.
Sei also $t \in dom(R \cdot S) \wedge t(R) \in r \wedge t(S) \in s$. Dann ist $t_2 := t(X \cdot S) \in dom(X \cdot S) \wedge t(R)(X) = t_2(X) \wedge$
$t_2(S) = t(S) \in s$, das heisst $t_2 \in dom(X \cdot S) \wedge \exists t_1 \in r(t_2(X) = t_1(X)) \wedge t_2(S) \in s$. Daher gilt

$$\pi_X(r \bowtie s) \subseteq \pi_X(\pi_X(r) \bowtie s).$$

Im Allgemeinen gilt die Gleichheit nicht, wie das folgende Beispiel zeigt:
Seien die Formate R(A,B) und S(B,C) gegeben sowie das Subformat X(A) von R. Es seien
$r = \{<0,0>, <1,1>\}$ und $s = \{<0,0>\}$. Dann ist $\pi_X(r) = \{<0>, <1>\}$ und
$r \bowtie s = \{<0,0,0>\}$ und $\pi_X(r) \bowtie s = \{<0,0,0>, <1,0,0>\}$, also $\pi_X(r \bowtie s) = \{<0>\}$ und
$\pi_X(\pi_X(r) \bowtie s) = \{<0>, <1>\}$.

Lösung Aufgabe 16:

$\sigma_{A=a}(r \bowtie s) = \{t \in r \bowtie s \mid t(A) = a\} = \{t \in dom(R \cdot S) \mid t(R) \in r \wedge t(S) \in s \wedge t(A) = a\} =$
$\{t \in dom(R \cdot S) \mid t(R) \in r \wedge t(R)(A) = a \wedge t(S) \in s\} = \{t \in dom(R \cdot S) \mid t(R) \in \sigma_{A=a}(r) \wedge t(S) \in s\} =$
$\sigma_{A=a}(r) \bowtie s$.

Lösung Aufgabe 17:

$r \bowtie s \bowtie u = \{\}$, die leere Relation, zum Format $R \cdot S \cdot U(A,B,C)$.

Lösung Aufgabe 18:

a) $\pi_{Restaurant}(\sigma_{Besucher = Meier}(g) \bowtie s \bowtie v)$
b) $\pi_{Biersorte}(\sigma_{Restaurant = Ochsen}(g) \bowtie v)$
c) $\pi_{Besucher}(g \bowtie s \bowtie v)$
d) Alle Besucher des Restaurant Ochsen, die dort eine ihrer bevorzugten Biersorten haben können.

Lösung Aufgabe 19:

$\pi_{Restaurant}(\sigma_{Besucher = Meier}(g)) \setminus \pi_{Restaurant}(\sigma_{Besucher = Meier}(g) \bowtie s \bowtie v)$

Lösung Aufgabe 20:

a) $(\pi_{Restaurant}(g) \cup \pi_{Restaurant}(s)) \setminus \pi_{Restaurant}(g \bowtie s \bowtie v)$

b) $\pi_{Restaurant}(s) \setminus \pi_{Restaurant}(g)$

c) $\pi_{Restaurant}(g) \setminus \pi_{Restaurant}(g \bowtie v)$

d) $\pi_{Restaurant}(g \bowtie v) \setminus \pi_{Restaurant}(g \bowtie v \bowtie s)$

e) $\pi_{Restaurant}(s) \setminus \pi_{Restaurant}((\pi_{Restaurant}(s) \bowtie \pi_{Biersorte}(\sigma_{Besucher = Meier}(v))) \setminus s)$

Lösung Aufgabe 21:

Für $t \in \pi_R(u)$ ist

$\{t\} \bowtie s \subseteq u$ gleichbedeutend mit

$\{t\} \bowtie s \setminus u = \{\}$, gleichbedeutend mit

$t \notin \pi_R((\{t\} \bowtie s) \setminus u)$, gleichbedeutend mit

$t \notin \pi_R((\pi_R(u) \bowtie s) \setminus u)$

Damit ist $u \div s = \pi_R(u) \setminus \pi_R((\pi_R(u) \bowtie s) \setminus u)$ bewiesen.

Lösung Aufgabe 22:

$s \div \pi_{Biersorte}(s)$

Lösung Aufgabe 23:

Weil unter diesen Umständen (R und S haben keine gemeinsamen Attribute) $\pi_R(r \bowtie s) = r$ ist, gilt

$(r \bowtie s) \div s = \{t \in \pi_R(r \bowtie s) \mid \{t\} \bowtie s \subseteq r \bowtie s\} = \{t \in r \mid \{t\} \bowtie s \subseteq r \bowtie s\} = r.$

Lösung Aufgabe 24:

$(r \div \pi_C(r)) \div \pi_B(r) = \{t_1 \in \pi_{A,B}(r) \mid \{t_1\} \bowtie \pi_C(r) \subseteq r\} \div \pi_B(r) =$

$\{t_2 \in \pi_A(\{t_1 \in \pi_{A,B}(r) \mid \{t_1\} \bowtie \pi_C(r) \subseteq r\}) \mid \{t_2\} \bowtie \pi_B(r) \subseteq \{t_1 \in \pi_{A,B}(r) \mid \{t_1\} \bowtie \pi_C(r) \subseteq r\}\} =$

$\{t_3(A) \mid t_3 \in \pi_{A,B}(r) \wedge \{t_3\} \bowtie \pi_C(r) \subseteq r \wedge \{t_3(A)\} \bowtie \pi_B(r) \subseteq \{t_1 \in \pi_{A,B}(r) \mid \{t_1\} \bowtie \pi_C(r) \subseteq r\}\} =$

$\{t_3(A) \mid t_3 \in \pi_{A,B}(r) \wedge \{t_3\} \bowtie \pi_C(r) \subseteq r \wedge \{t_3(A)\} \bowtie \pi_B(r) \subseteq \pi_{A,B}(r) \wedge \{t_3(A)\} \bowtie \pi_B(r) \bowtie \pi_C(r) \subseteq r\} =$

$\{t(A) \mid t \in r \wedge \{t(A,B)\} \bowtie \pi_C(r) \subseteq r \wedge \{t(A)\} \bowtie \pi_B(r) \subseteq \pi_{A,B}(r) \wedge \{t(A)\} \bowtie \pi_B(r) \bowtie \pi_C(r) \subseteq r\} =$

$\{t(A) \mid t \in r \wedge \{t(A)\} \bowtie \pi_B(r) \bowtie \pi_C(r) \subseteq r\}$

Lösung Aufgabe 25:

Es ist $\Sigma_{V,X}(\Sigma_{S,X}(r)) = \{<t,\text{sum}(\{t\}\bowtie\Sigma_{S,X}(r),X)> \mid t\in\pi_V(\Sigma_{S,X}(r))\} =: \alpha$ (wir bezeichnen diese Tupelmenge nur als α, um weiter unten wieder darauf Bezug nehmen zu können).
Es ist $\pi_V(\Sigma_{S,X}(r)) = \pi_V(r)$ (sieht man sofort aus der Definition von $\Sigma_{S,X}(r)$), und für $t\in\pi_V(r)$ ist $\text{sum}(\{t\}\bowtie\Sigma_{S,X}(r),X) = \text{sum}(\Sigma_{S,X}(\{t\}\bowtie r),X) =$
$\text{sum}(\{<t',\text{sum}(\{t'\}\bowtie\{t\}\bowtie r,X)> \mid t'\in\pi_S(r)\},X)$, und dies ist per Definition von 'sum' (wir bezeichnen $s = \pi_S(r)$)
$= \Sigma_{t'\in s}\Sigma_{t''\in\{t'\}\bowtie\{t\}\bowtie r} t''(X)$, und dies ist (man beachte, dass für $t'\in\pi_S(r)$ mit $t'(V)\neq t(V)$ gilt $\{t'\}\bowtie\{t\}=\{\}$)
$= \Sigma_{t''\in\{t\}\bowtie r} t''(X) = \text{sum}(\{t\}\bowtie r,X)$. Daher ist
$\alpha = \{<t,\text{sum}(\{t\}\bowtie r,X)> \mid t\in\pi_V(r)\} = \Sigma_{V,X}(r)$.

Lösung Aufgabe 26:

Aus der Definition von $\alpha\lambda\lambda\Sigma_{R,X}(r)$ folgt sofort
$\text{card}(\alpha\lambda\lambda\Sigma_{R,X}(r)) = \text{card}(r) + \Sigma_{S\subset R\backslash X}\text{card}(\pi_S(r)) + 1 = 1 + \Sigma_{S\subseteq R\backslash X}\text{card}(\pi_S(r))$
(man beachte dabei den Unterschied zwischen $\subset$ und $\subseteq$, $\subset$ bedeutet $\subseteq$ und $\neq$)

Wir nehmen an, $R\backslash X$ habe n Attribute und betrachten zuerst Extremfälle.

Fall: $\text{card}(\pi_A(r)) = \text{card}(r)$ für alle A in $R\backslash X$.
Dann ist auch $\text{card}(\pi_S(r)) = \text{card}(r)$ für alle $S \subseteq R\backslash X$ und
$\text{card}(\alpha\lambda\lambda\Sigma_{R,X}(r)) = 1 + (2^n - 1)*\text{card}(r)$
(weil es $2^n - 1$ Subformate von $R\backslash X$ gibt, die ja alle nicht leer sein können, daher -1, und 2^n ist die Anzahl Teilmengen einer Menge von n Elementen)
Dieser Extremfall entspricht dem Maximum.

Fall: $\text{card}(\pi_A(r)) = \text{card}(r)$ für genau ein A in $R\backslash X$ und $\text{card}(\pi_B(r)) = 1$ für alle $B\neq A$ in $R\backslash X$.
Dann gibt es 2^{n-1} Subformate von $R\backslash X$, die A enthalten, und $2^{n-1} - 1$ Subformate, die A nicht enthalten, daher
$\text{card}(\alpha\lambda\lambda\Sigma_{R,X}(r)) = 1 + 2^{n-1}*\text{card}(r) + (2^{n-1} - 1) = 2^{n-1}*(\text{card}(r) + 1)$.

Der Normalfall wird aber eher in der Nähe des Join sein. Betrachten wir den

Fall: $\pi_R(r) = \bowtie_{A\in R\backslash X}\pi_A(r)$
Dann ist jeweils $\text{card}(\pi_S(r)) = \prod_{A\in S}\text{card}(\pi_A(r))$, und somit
$\text{card}(\alpha\lambda\lambda\Sigma_{R,X}(r)) = 1 + \Sigma_{S\subseteq R\backslash X}\prod_{A\in S}\text{card}(\pi_A(r)) = \prod_{A\in R\backslash X}(1 + \text{card}(\pi_A(r)))$.

Nun zum allgemeinen Fall für eine Abschätzung der unteren Grenze.
Wir bezeichnen $m := \max\{\text{card}(\pi_A(r)) \mid A\in R\backslash X\}$. Dann ist $\text{card}(\pi_S(r)) \geq m$ für alle S die das (resp ein) Attribut A enthalten, dessen $\text{card}(\pi_A(r)) = m$ ist, und es gibt 2^{n-1} solcher S. Für die $\text{card}(\pi_S(r))$ derjenigen S, welche A nicht enthalten, können wir höchstens $\text{card}(\pi_S(r)) \geq 1$ garantieren, und es gibt $2^{n-1} - 1$ solcher S. Damit erhalten wir
$\text{card}(\alpha\lambda\lambda\Sigma_{R,X}(r)) \geq 1 + 2^{n-1}*m + 2^{n-1} - 1 = 2^{n-1}*(m + 1)$.

Zusammengefasst erhalten wir (n war die Anzahl Attribute in R\X):

$$2^{n-1} * (\max\{\text{card}(\pi_A(r)) \mid A \in R\backslash X\} + 1) \leq \text{card}(\alpha\lambda\lambda\Sigma_{R,X}(r)) \leq 1 + (2^n - 1) * \text{card}(r)$$

Die betrachteten Extremfälle zeigen, dass sowohl Minimum als auch Maximum angenommen werden können für geeignete $\pi_R(r)$.

Gleichzeitig sieht man, dass die Grössenordnung der Zunahme von card(r) zur Grösse des Cube, card($\alpha\lambda\lambda\Sigma_{R,X}(r)$), linear von card(r) und exponentiell von der Anzahl Attribute in R\X abhängt.

Lösung Aufgabe 27:

1) {<2>} zum Format R1(M#); die Mitarbeiternummer von Frehner

2) {<Vertragssystem>} zum Format R2(Bezeichnung); die Bezeichnung des Projektes mit der Nummer 2

3) ist nicht definiert

4) {<Meier>, <Müller>} zum Format R3(Name); die Namen der Mitarbeiter, die für das Projekt mit der Nummer 1 arbeiten

5) dasselbe wie 4)

6) {<Meier,Vertragssystem>, <Meier,Buchungssystem>, <Frehner,Kundensystem>, <Müller,Buchungssystem>, <Müller,Kundensystem>, <Müller,Vertragssystem>} zum Format R4(Name,Bezeichnung); Mitarbeiternamen und Projektbezeichnungen für Kombinationen von Mitarbeitern und Projekten, für die sie arbeiten

7) ist nicht definiert

8) {<Meier,Vertragssystem>, <Meier,Buchungssystem>} zum Format R4(Name,Bezeichnung); für Meier sein Name zusammen mit den Bezeichnungen aller Projekte, für die er arbeitet

9) {<Meier,2>, <Meier,1>, <Frehner,3>, <Müller,1>, <Müller,3>, <Müller,2>} zum Format R5(Name,P#); die Namen von Mitarbeitern zusammen mit den Nummern der Projekte, für die sie arbeiten

10) {<1,Meier,2,Vertragssystem>, <1,Meier,1,Buchungssystem>} zum Format R6(M#,Name,P#,Bezeichnung); für Meier Mitarbeiternummer, Name und Projektnummer sowie Bezeichnung der Projekte, für die er arbeitet

Lösung Aufgabe 28:

1) Der Ort oder die Orte des Lieferanten oder der Lieferanten mit Namen Huber AG.

2) Die Nummern von Teilen, die zu keinem Produkt gehören.

3) $\pi_{Name}(L) \setminus \pi_{Name}(LT)$

4) $\pi_{Ort}(L \setminus \pi_{Name,Ort}(L \bowtie LT))$

5) $\pi_{T\#}(T) \setminus (\pi_{T\#}(LT) \cup \pi_{T\#}(TP))$

6) $\pi_{Beschr}(T \bowtie LT \bowtie TP)$

7)   Die Orte von Lieferanten, welche Teile liefern, die zu einem Produkt gehören.

8) $\pi_{Preis}(\sigma_{Ort=Winterthur}(L) \bowtie LT \bowtie TP \bowtie P)$

9) $\pi_{Name}(\sigma_{Ort=Winterthur}(L)) \cup \pi_{Name}(L \bowtie LT \bowtie TP \bowtie \sigma_{Preis=100}(P))$

10) Die Nummern der Teile, die zu allen Produkten gehören, welche überhaupt irgendwelche Teile haben.

Lösung Aufgabe 29:

1)   In jedem Tupel von $\alpha\lambda\lambda\Sigma_{R,X}$ (r) ist $X=2$ oder $X=3$ oder $X=5$.

X = 5 haben genau die Tupel bei denen B = all und D = all ist, also 4 Stück (für A und C besteht je die Wahl aus a und all respektive c und all).
Tupel mit X = 2 entstehen aus dem ersten Tupel von r, indem B nicht = all ist oder D nicht = all (oder beide), also 8 + 8 - 4 = 12 (4 doppelt gezählte).
Tupel mit X = 3 gibt es gleich viele, also 12.
Insgesamt gibt es also 4 + 12 + 12 = 28 Tupel im Cube.

2) $(2 + 3 + 5)*(1 + 2 + 7)*(1 + 2 + 3 + 4) = 1000$

3)   Genau dann wenn K aus einem einzigen Attribut besteht. K ist in jedem r zu R jedenfalls Superschlüssel.

4)   x = 2
Begründung: Da $< 2,3,4,5 > \in w$ ist und {A,B} Fremdschlüssel von W inbezug auf S, muss es ein Tupel $<2,3,d> \in s$ geben. Da {A} Fremdschlüssel von S ist inbezug auf R, muss es ein Tupel $< 2,c > \in r$ geben. Da keines der in Zahlen gegebenen Tupel von r als erste Komponente 2 hat, muss es sich bei $<2,c>$ um $<x,x>$ handeln, also x = 2.

Lösung Aufgabe 30:

1) $\pi_{Besucher}(b \bowtie p \bowtie \sigma_{Biersorte=Sorte2}(v)) \cup \pi_{Besucher}(\sigma_{Restaurant=Löwen}(g)) =$
$\pi_{Besucher}(\sigma_{Biersorte=Sorte2}(v)) \cup \pi_{Besucher}(\sigma_{Restaurant=Löwen}(g)) = \{ <Meier>, <Berner> \}$.

2) $(r_1 \setminus r_2 \cup r_2 \setminus r_1) \bowtie r_1 = r_1 \setminus r_2 = s \setminus \pi_{Restaurant,Biersorte}(g \bowtie v) = \{ <Linde,Sorte1>,$
$<Linde,Sorte2> \}$.

3) $v \div b =$ Besucher die alle Sorten mögen $= \{<$Meier$>\}$
    $s \div b =$ Restaurants die alle Sorten führen $= \{<$Linde$>\}$
    $\pi_{\text{Besucher}}(((v \div b) \bowtie (s \div b)) \cap g) = \pi_{\text{Besucher}}(\{<$Meier,Linde$>\} \cap g)$
    $=$ leere Relation zum Format Personen.

4) Jeder Besucher findet in jedem Restaurant (mindestens) ein Bier das er mag.

5) $r = \pi_{\text{Restaurant,Biersorte}}(r) \bowtie \pi_{\text{Besucher}}(r) =$
    $\{<$Löwen,Sorte1$>$, $<$Ochsen,Sorte2$>\} \bowtie \{<$Meier$>\}$, in den Formaten Sortiment und Personen.

6) $\Sigma_{\text{Personen,Anzahl}} (g \bowtie f) = \{<$Meier,4$>$, $<$Müller,3$>$, $<$Anderegg,7$>$, $<$Berner,2$>\}$,
    und $\Sigma_{\text{Wirtshäuser,Anzahl}} (g \bowtie f) = \{<$Löwen,3$>$,$<$Ochsen,2$>$,$<$Linde,10$>$,$<$Engel,1$>\}$.

Lösung Aufgabe 31:

$r \bowtie (s \div w) = \{t \in r \mid t(B) \in s \div w\} = \{t \in r \mid t(B) \in \pi_B(s) \land \{t(B)\} \bowtie w \subseteq s\} =$
$\{t \in \pi_{A,B}(r \bowtie s) \mid \{t(B)\} \bowtie w \subseteq s\} = \{t \in \pi_{A,B}(r \bowtie s) \mid \{t\} \bowtie w \subseteq r \bowtie s\} = (r \bowtie s) \div w.$

Lösung Aufgabe 32:

$(r \bowtie s) \setminus (w \bowtie s) = \{t \in \text{dom}(R \cdot S) \mid t(R) \in r \land t(S) \in s \land \neg (t(R) \in w \land t(S) \in s)\} =$
$\{t \in \text{dom}(R \cdot S) \mid t(R) \in r \land t(S) \in s \land \neg (t(R) \in w)\} = \{t \in \text{dom}(R \cdot S) \mid t(R) \in r\setminus w \land t(S) \in s\}$
$= (r \setminus w) \bowtie s.$

Relationaler Bag

Vorbemerkungen

In den 70er Jahren, als die ersten Datenbanksysteme zur relationalen Idee sowie zugehörige Sprachen entstanden, war die Versuchung, vom relationalen Modell abzuweichen, offenbar zu gross, weil man bei einigen relationalen Operationen hätte 'Duplicate Elimination' durchführen müssen (zum Beispiel bei der Projektion). Eliminierung von mehrfach vorkommenden Tupeln ist aber im wesentlichen so aufwendig wie Sortierung.

Unter diesen Umständen gelten nicht mehr genau dieselben Gesetze wie bei relationalen Operationen. Der Grossteil der relationalen Theorie inklusive Normalisierung hat sich entlang dem mathematischen Ideal der Relationenwelt entwickelt, die entstehenden Systeme und ihre Sprachen hingegen entsprachen und entsprechen heute noch einem weniger beachteten Zweig der Theorie, nämlich den relationalen Bags, auch relationale Multimengen genannt.

Die erste Veröffentlichung zu diesem Thema entstand als Reaktion auf die Abweichung der Sprachen vom Ideal und stammt von U.Dayal, N.Goodman und R.H.Katz, mit dem Titel

An Extended Relational Algebra with Control Over Duplicate Elimination   (Dayal 1982).

Die Tatsache, dass die Systeme nicht Relationen, sondern Tabellen, nicht Mengen, sondern Multimengen, Bags, implementiert haben, schafft in der Praxis viel Kopfzerbrechen. Wir lassen uns deshalb ein kleines Stück weit in die Theorie der Bags ein, damit wir besser vorbereitet sind auf die **nicht ganz relationale Datenbanksprache SQL**.

Mathematische Definition des relationalen Bag

Ein Bag ist ein Sack, auch Multimenge genannt, der 'dasselbe Element mehrfach enthalten kann'. Gemeint ist hiermit, dass man mit den zur Verfügung stehenden Operationen (Hineintun, Herausnehmen, Aendern) nicht unterscheiden kann zwischen den unter sich identischen Elementen. Man stelle sich einen Rucksack vor mit Holzstücken n der Form von Kugeln, Quadern, Pyramiden, je unter sich gleich, in den man aber nicht hineinschauen kann. Gibt man eine Kugel hinein, und holt später wieder eine Kugel heraus, weiss man nicht mehr, ob es physisch dieselbe ist.

Sobald man im Formalismus der Operationen aber zählen kann, wird unterscheidbar, ob ein Bag ein gegebenes Element keinmal, einmal, zweimal, dreimal, usw enthält. Ein mathematischer Formalismus für Bags zählt also sinnvollerweise die identischen Elemente, das heisst, gibt für jedes Element an, wie oft es im Bag vorkommt. Zum Zählen brauchen wir die natürlichen Zahlen $\mathbb{N}$, dh $\mathbb{N} = \{0,1,2,3,.....\}$.

Wir sind nur an Bags für Relationenformate interessiert. Sei also $R(A_1,A_2,...,A_n)$ ein Relationenformat mit gegebenen Attributen $A_1,A_2,...,A_n$ und deren Domänen $dom(A_1)$, $dom(A_2),...,dom(A_n)$, und $dom(R) = dom(A_1) \times dom(A_2) \times .... \times dom(A_n)$.

Ein **Bag r zum Format R** ist eine Abbildung von dom(R) in die natürlichen Zahlen,

$$r : dom(R) \rightarrow \mathbb{N}, \quad t \mapsto r(t)$$

die also jedem Tupel $t \in dom(R)$ eine natürliche Zahl $r(t)$ zuordnet, nämlich die Multiplizität von t in r, welche angibt, wie oft das Tupel t im Bag r vorkommt. In einem realen Datenbanksystem ist aus naheliegenden Gründen die Menge $\{t \in dom(R) \mid r(t) > 0\}$ endlich.

Wie üblich fassen wir die Abbildung r als eine Menge von Paaren $<t,r(t)>$ aus dom(R) $\times$ $\mathbb{N}$ auf, wobei wir (ebenfalls wie üblich) zum Beispiel für $t = <t(A),t(B),t(C)>$ in der Notation nicht zwischen $<t,r(t)> = <<t(A),t(B),t(C)>,r(t)>$ und $<t(A),t(B),t(C),r(t)>$ unterscheiden wollen.

Ein **Beispiel**: Sei R(A,B) gegeben mit dom(A) und dom(B) je als STRING (Basis-) Datentyp. Ein Bag r zum Format R wäre zum Beispiel

$$r = \{<a,b,1>, <a,bb,3>, <aa,b,2>, <aa,bb,1>\},$$

wobei hier allerdings nur diejenigen $t \in dom(R)$ aufgezählt sind, deren Multiplizitäten $r(t) > 0$ sind, die also im Bag r mindestens einmal vorkommen. Im Kapitel über SQL sehen wir dann, dass so ein Bag Darstellungen in Form von Tabellen haben kann, zum Beispiel

r	
A	B
a	b
a	bb
a	bb
a	bb
aa	b
aa	b
aa	bb

oder auch zum Beispiel

r	
A	B
a	bb
aa	bb
a	bb
aa	b
aa	b
a	bb
a	b

Man sieht, dass die Mehrfachtupel mehrfach aufgezählt sind, ihrer Multiplizität gemäss, und man sieht auch, dass der Bag keine Angaben enthält über mögliche Reihenfolgen der Tupel aus dom(R) in zugehörigen Tabellendarstellungen.

Man kann den Bag r genau dann auf naheliegende Weise mit einer Relation r (zum selben Format R) identifizieren, wenn für die Tupel t von dom(R) nur die Multiplizitäten 0 und 1 vorkommen, dh wenn die Menge $\{t \in dom(R) \mid r(t) > 1\}$ leer ist. Wir sagen dann, etwas nachlässig, 'der Bag ist eine Relation', er entspricht dann nämlich der Relation $\{t \in \text{dom}(R) \mid r(t) = 1\}$.

Auf ebenso naheliegende Weise kann man aus einem Bag r zum Format R eine Relation zum Format R machen, nämlich $\{t \in \text{dom}(R) \mid r(t) > 0\}$. Wir bezeichnen diese Relation als **Trägerrelation** des Bag r. Strenggenommen ist diese Trägerrelation des Bag r nicht dasselbe wie der aus r durch Eliminierung von Mehrfachtupeln entstehende Bag

$$\delta(r) = \{<t,k> \in \text{dom}(R) \times \mathbb{N} \mid k = \min\{1, r(t)\}\},$$

aber eben auf natürliche Weise damit identifizierbar.

Operationen auf relationalen Bags

Die Operation δ ("Delta"), **Duplicate Elimination**, haben wir soeben kennengelernt.

Nun wollen wir die uns aus dem relationalen Modell bereits bekannten Operationen auf Bags erweitern, und zwar natürlich so, dass im Grenzfall wo die beteiligten Bags Relationen sind, diese Operationen mit den bereits im idealen relationalen Modell definierten übereinstimmen.

Für das Folgende seien die Relationenformate R, S und U gegeben so dass $U = R \cdot S$, dh R und S sind Teilformate von U. A und B seien Attribute von R. Des weiteren seien r und s Bags zu den Formaten R und S, und Konstanten $a \in \text{dom}(A)$, usw gegeben.

Die **Selektion** $\sigma_{A=a}(r)$ (für die Bedingung $A = a$) ist am leichtesten zu verstehen, nämlich

$$\sigma_{A=a}(r) = \{<t,k> \in \text{dom}(R) \times \mathbb{N} \mid (t(A) = a \wedge k = r(t)) \vee (t(A) \neq a \wedge k = 0)\}.$$

Es werden einfach diejenigen Tupel ausgewählt, welche die Bedingung erfüllen, und zwar zusammen mit ihren Multiplizitäten.

Aufgabe 1:

Gegeben ist ein Relationenformat $R(A,B,C)$, wobei die Domänen der Attribute alle aus Zahlenbereichen bestehen, also $\text{dom}(A) = \text{dom}(B) = \text{dom}(C) = $ natürliche Zahlen, sowie ein Bag $r = \{<1,2,3,17>, <4,5,6,1>, <7,8,9,3>\}$ zum Format R.
Man berechne $\sigma_{B=1}(r)$, $\sigma_{B=2}(r)$, $\sigma_{B=3}(r)$, $\sigma_{A=1}(\sigma_{B=2}(r))$, $\sigma_{C=9}(\sigma_{A=7}(r))$, $\sigma_{A=4}(\sigma_{B=5}(\sigma_{C=6}(\sigma_{A=4}(r))))$, $\sigma_{A=4}(\sigma_{B=5}(\sigma_{C=6}(\sigma_{A=7}(r))))$, $\sigma_{C=9}(\sigma_{C=7}(r))$.

Sei u ein Bag zum Format U. Wir definieren die **Projektion** $\pi_R(u)$ von u auf das Teilformat R von U, welche etwas schwieriger ist zum Verstehen, weil in der Projektion Tupel zusammenfallen können, die vorher verschieden waren, sodass die Multiplizitäten der ursprünglichen Tupel, die in der Projektion zusammenfallen, zusammengezählt werden müssen:

$$\pi_R(u) = \{<t,k> \in \text{dom}(R) \times \mathbb{N} \mid k = \sum_{x \in \text{dom}(U) \wedge x(R) = t} u(x)\}.$$

Man beachte, dass im Grenzfall wo der Bag u eine Relation ist, wie wir etwas nachlässig sagen, das heisst wo $u(x) \in \{0,1\}$ ist für alle $x \in \text{dom}(U)$, die Summe in der Definition zur Anzahl der $x \in \text{dom}(U)$ wird, für welche $x(R) = t$ ist.

In der Welt der Bags (**Bagalgebra**, in Analogie zu Relationenalgebra) wird durch Projektion also im Allgemeinen auch aus einem Bag, der eine Relation ist, ein echter Bag, der keine Relation mehr ist.

Ein **Beispiel**: Sei $U(A,B,C)$ und das Teilformat $R(B,C)$ gegeben (und Zahlenbereiche als Domänen) sowie der Bag $u = \{<0,1,1,2>, <1,1,1,3>, <0,0,0,1>, <1,0,0,2>\}$ zum Format U. Dann ist $\pi_R(u) = \{<1,1,5>, <0,0,3>\}$ (zum Format R).

Aufgabe 2:

Gegeben ist das Relationenformat $R(A,B,C,D)$, wobei die Domänen der Attribute alle aus Zahlenbereichen bestehen, also $\text{dom}(A) = \text{dom}(B) = \text{dom}(C) = \text{dom}(D) = $ natürliche Zahlen, sowie ein Bag $r = \{<0,1,0,1,1>, <1,0,1,0,1>, <0,1,1,0,1>, <1,1,0,0,1>\}$ zum Format R, der wie man sieht, eine Relation ist.
Man berechne (in der Bagalgebra) $\pi_{B,C,D}(r)$, $\pi_{C,D}(r)$, $\pi_A(r)$, $\pi_{C,D}(\pi_{B,C,D}(r))$, $\pi_{B,C,D}(\pi_{C,D}(r))$, $\pi_{A,C}(\pi_{A,B,C}(\sigma_{B=1}(r)))$, $\pi_{A,C}(\sigma_{A=0}(\pi_{A,B,C}(\sigma_{B=1}(r))))$, $\pi_{A,C}(\sigma_{D=0}(\pi_{A,B,C}(\sigma_{B=1}(r))))$, $\pi_{A,C}(\sigma_{B=0}(\pi_{A,B,C}(\sigma_{D=1}(r))))$.

Der **(natural) Join** $r \bowtie s$ der Bags r und s (es ist immer noch $U = R \cdot S$) ist definiert als

$$r \bowtie s = \{<t,k> \in \text{dom}(U) \times \mathbb{N} \mid <t(R),r(t(R))> \in r \wedge <t(S),s(t(S))> \in s \wedge k = r(t(R)) \cdot s(t(S))\}.$$

Hier werden also die Multiplizitäten von einander entsprechenden ('matching') Tupeln der Bags r und s miteinander multipliziert, was ebenfalls im Grenzfall wo r und s Relationen sind, auf die bereits bekannte Definition des Joins von Relationen reduziert.

Bei den bis jetzt vorgestellten Verallgemeinerungen von Operationen auf Bags handelt es sich um solche, die sich von selber aufdrängen, vor allem auch im Hinblick auf die Vermeidung von Duplicate Elimination in realen Systemen.
Bei den sogenannten Mengenoperationen der Relationenalgebra aber **gibt es Konflikte**, wenn man sie auf Bags verallgemeinern will.

Mehrere Vereinigungs Operationen

Betrachten wir die beiden aus dem (idealen) Modell der Relationen bekannten schönen und einfachen Gesetze

$$\sigma_{A=a \vee B=b}(u) = \sigma_{A=a}(u) \cup \sigma_{B=b}(u) \quad \text{(Gesetz 1), und}$$
$$\pi_R(u_1 \cup u_2) = \pi_R(u_1) \cup \pi_R(u_2) \quad \text{(Gesetz 2).}$$

Selektion und Projektion für Bags haben wir schon definiert, und nun überlegen wir uns, wie man die Vereinigung für Bags definieren müsste, damit die beiden Gesetze erhalten bleiben.

Dazu machen wir einen Ansatz (r und s seien Bags zum Format R):

$$r \cup s = \{ <t,k> \in dom(R) \ X \ \mathbb{N} \mid k = \varphi(r(t),s(t)) \}.$$

Die Spezifikation $k = \varphi(r(t),s(t))$ mit einer noch nicht gewählten Funktion φ wird besagen, wie sich die Multiplizitäten k der Tupel der gesuchten Vereinigung zusammensetzen aus den Multiplizitäten $r(t)$ und $s(t)$ der Tupel der beteiligten Bags r und s.

Soll der Grenzfall der Relationen stimmen, so kommt für φ nur die Maximumfunktion in Frage, dh $\varphi(r(t),s(t)) = max\{r(t),s(t)\}$.

Behauptung: Mit $\varphi = max$ gilt das Gesetz 1, nicht aber das Gesetz 2.

Aufgabe 3:

Man beweise diese Behauptung.

Eine andere naheliegende Wahl für φ wäre $+$, also $\varphi(r(t),s(t)) = r(t) + s(t)$:

Behauptung: Mit $\varphi = +$ gilt das Gesetz 2, nicht aber das Gesetz 1.

Aufgabe 4:

Man beweise diese Behauptung.

Im Kapitel SQL werden wir sehen, dass die Sprache SQL mit "UNION ALL" die Wahl $\varphi = +$ realisiert und mit "UNION DISTINCT" oder einfach "UNION" die Operation $\delta(r \cup s)$, das heisst eine Vereinigung mit anschliessender Duplicate Elimination, was für $\varphi = max$ und $\varphi = +$ auf dasselbe herauskommt.

Aufgabe 5:

Dieses $\delta(r \cup s)$, dh UNION (mit anschliessender Duplicate Elimination) könnte man mit unserem Ansatz ohne δ mit geeigneter Wahl von φ definieren. Wie?

Wir haben jetzt also **drei Vereinigungen** kennengelernt, eine mit $\varphi = max$, eine mit $\varphi = +$, und eine mit Duplicate Elimination.

J. Albert hat im Aufsatz 'Algebraic properties of bag data types' (Albert 1991) nachgewiesen, dass die Vereinigung mit $\varphi = max$ sozusagen näher ist an der Vereinigung von Mengen als die Bagvereinigung mit $\varphi = +$ (ein wenig davon werden wir auch noch merken). Es rechtfertigt sich deshalb, die Bagvereinigung mit $\varphi = max$ durch $\cup$ zu bezeichnen und diejenige mit $\varphi = +$ durch $\sqcup$ (welche man auch als **Bag Concatenation** bezeichnen könnte):

$$r \cup s = \{ <t,k> \in dom(R) \ X \ \mathbb{N} \mid k = max\{r(t),s(t)\} \}, \text{ und}$$
$$r \sqcup s = \{ <t,k> \in dom(R) \ X \ \mathbb{N} \mid k = r(t) + s(t) \}.$$

Für die Bagvereinigung mit Duplicate Elimination, $\delta(r \cup s) = \delta(r \sqcup s)$, wählen wir kein eigenes Symbol.

Nur die Bagvereinigungen $r \cup s$ und $\delta(r \cup s) = \delta(r \sqcup s)$ fallen im Grenzfall, wo die Bags Relationen sind, mit der gewöhnlichen Mengenvereinigung zusammen, nicht aber $r \sqcup s$.

Mit Seitenblick darauf, dass man in SQL (im Standard seit 92) indirekt auch die Bagvereinigung $r \cup s$ durch andere Operationen ausdrücken kann, führen wir auch noch den **Durchschnitt und die Differenz für Bags** ein:

$$r \cap s = \{<t,k> \in \text{dom}(R) \ X \ \mathbb{N} \mid k = \min\{r(t),s(t)\} \}, \text{ und}$$
$$r \setminus s = \{<t,k> \in \text{dom}(R) \ X \ \mathbb{N} \mid k = \max\{0,r(t)-s(t)\} \}.$$

Beide Definitionen stimmen im Grenzfall von Relationen mit den entsprechenden Mengenoperationen Durchschnitt und Differenz überein.

Die Multiplizitätenfunktion in $r \setminus s$, nämlich $\max\{0, r - s\}$, ist die abgeschnittene Differenz ("truncated difference"), in Zeichen $r \dot- s$.

Aufgabe 6:

Die folgenden Identitäten stammen aus (Albert 1991).
Man beweise

$$r \cup s = (r \setminus s) \sqcup s$$
$$r \cup s = (r \sqcup s) \setminus (r \cap s)$$
$$r \cap s = r \setminus (r \setminus s)$$
$$r \cap s = (r \sqcup s) \setminus (r \cup s).$$

Weil die Bagdifferenz $r \setminus s$ in SQL durch "EXCEPT ALL" realisiert ist, wird durch die Identitäten der letzten Aufgabe auch klar, dass man in SQL indirekt auch $r \cup s$ ausdrücken kann. Obwohl wir nicht im Kapitel SQL sind, betrachten wir eine Zusammenstellung der SQL Bag Operationen:

SQL Bag Operationen

SQL kennt seit dem Standard SQL92 die Bagoperationen UNION, EXCEPT und INTERSECT, je begleitet von DISTINCT oder von ALL, wobei DISTINCT der Default ist. Ob in realen Systemen diese Operationen implementiert sind, ist damit noch nicht gesagt. Die Entsprechungen zur formalen Darstellung sind die folgenden:

r UNION DISTINCT s	entspricht	$\delta(r \cup s)$	(ist $= \delta(r \sqcup s)$)
r UNION ALL s	entspricht	$r \sqcup s$	
r EXCEPT DISTINCT s	entspricht	$\delta(r) \setminus \delta(s)$	(Achtung: ist $\neq \delta(r \setminus s)$)
r EXCEPT ALL s	entspricht	$r \setminus s$	
r INTERSECT DISTINCT s	entspricht	$\delta(r \cap s)$	(ist $= \delta(r) \cap \delta(s)$)
r INTERSECT ALL s	entspricht	$r \cap s$	

Umgekehrt sind auch, wie wir gesehen haben, die formalen Bagoperationen in SQL realisierbar, direkt oder indirekt (die Duplicate Elimination Operation δ entspricht SELECT DISTINCT, wobei hier der Default SELECT ALL ist, im Gegensatz zur Situation bei den anderen Bagoperationen).

Die Identitäten der letzten Aufgabe zeigen auch, dass man $\cup$ und $\cap$ beide durch $\{\sqcup, \backslash\}$ ausdrücken kann.

In (Albert 1991) wird bewiesen, dass umgekehrt weder $\sqcup$ durch $\{\cup, \cap, \backslash\}$, noch $\backslash$ durch $\{\sqcup, \cup, \cap\}$ ausdrückbar ist. In diesem Sinne sind $\sqcup$ und $\backslash$ echt stärkere Operationen als $\cup$ und $\cap$. Sie führen auch aus dem Bereich dessen heraus, was an Identitäten in der gewöhnlichen Mengenlehre gültig ist:

Für die Bagoperationen $\cup$ und $\cap$ gelten zwar noch die uns bekannten Mengenidentitäten, zum Beispiel $r \cup (s \cap u) = (r \cup s) \cap (r \cup u)$, und ebenso $r \cap (s \cup u) = (r \cap s) \cup (r \cap u)$, die sogenannten Distributivgesetze.

Aufgabe 7:

Man beweise die erwähnten Distributivgesetze für Bags,

$$r \cup (s \cap u) = (r \cup s) \cap (r \cup u),$$
$$r \cap (s \cup u) = (r \cap s) \cup (r \cap u), \text{ und ebenso}$$
$$r \sqcup (s \cap u) = (r \sqcup s) \cap (r \sqcup u),$$
$$r \sqcup (s \cup u) = (r \sqcup s) \cup (r \sqcup u).$$

Sobald man aber die Differenz $\backslash$ dazunimmt, welche als Bagoperation ja auch noch eine Verallgemeinerung der entsprechenden Mengenoperation ist (im Gegensatz zu $\sqcup$), **hört die Gültigkeit der Mengengesetze auf:**

Aufgabe 8:

Man zeige, dass die in der Relationenalgebra gültige Identität

$$r \backslash (s \cup u) = (r \backslash s) \backslash u$$

in der Bagalgebra nicht mehr gilt.

Teilbag

Die Unvergleichbarkeit geht aber noch weiter. In der Relationenalgebra ist $r \subseteq s$ (für Relationen zum selben Format) als gewöhnliche Teilmengenbeziehung zwischen Mengen definiert.

Will man nun gewisse sinnvolle ("Verbands-") Strukturen auch in der Bagalgebra aufrechterhalten (zum Beispiel dass $r \subseteq s$ genau dann gilt wenn $r \cap s = r$, so bleibt nichts anderes übrig als die (ohnehin intuitiv einleuchtende) Definition:

r ist ein **Teilbag** von s, in Zeichen r $\subseteq$ s , wenn $\forall t \in$ dom(R) (r(t) $\leq$ s(t))
(r ist in s enthalten, wenn jedes Tupel in s mindestens so oft vorkommt wie in r).

Auch hier gilt Vertrautes nicht mehr:

Aufgabe 9:

Man zeige, dass die aus der Relationenalgebra bekannte Beziehung

$$\pi_R(r \bowtie s) \subseteq r$$

in der Bagalgebra nicht mehr gültig ist.

Eine Bagidentität die in der Relationenalgebra nicht gilt

Wir haben gesehen, dass viele Identitäten, die in der Relationenalgebra gelten, in der Bagalgebra nicht mehr gültig sind, zum Beispiel (als Folge der letzten Aufgabe)

$\pi_R(r \bowtie s) \cap r = \pi_R(r \bowtie s)$ gilt für Relationen, aber im Allgemeinen nicht für Bags.

Schwieriger ist es, Identitäten zu finden, die in der Bagalgebra gelten, aber nicht in der Relationenalgebra.

Aufgabe 10:

Man beweise, dass die Identität

$$\pi(x \backslash y) \backslash \pi(y \backslash x) = \pi x \backslash \pi y$$

in der Bagalgebra gültig ist. Dabei darf angenommen werden, dass x und y Bags zum selben Format R sind, und die Projektionen π alles Projektionen π_S auf dasselbe Teilformat S von R sind (das immer gleiche Subskript 'S' ist nur aus Notationsgründen weggelassen).

Aufgabe 11:

Man beweise, dass die Identität

$$\pi(x \backslash y) \backslash \pi(y \backslash x) = \pi x \backslash \pi y$$

in der Relationenalgebra nicht allgemein gültig ist.

Damit haben wir eine Identität, die in der Bagalgebra gültig ist, nicht aber in der Relationenalgebra.

Trotzdem kann man beweisen, dass **jede in der Bagalgebra gültige Identität**

$\tau(x,y,\ldots) = \kappa(x,y,\ldots)$, **in der nur die Operationen aus** $\{\cup, \cap, \bowtie, \pi, \sigma, \delta\}$ (Vereinigung, Durchschnitt, Join, Projektion, Selektion und Duplicate Elimination) **vorkommen, auch in der Relationenalgebra gültig ist** (aber nicht umgekehrt, wie wir gesehen haben).

Hinweis zur Begründung: Gilt $\forall^{Bag} x,y,\ldots \tau(x,y,\ldots) = \kappa(x,y,\ldots)$, so auch
$\forall^{Bag} x,y,\ldots \delta(\tau(x,y,\ldots)) = \delta(\kappa(x,y,\ldots))$, und wegen den Bagidentitäten

$$\delta(x \cup y) = \delta(\delta(x) \cup \delta(y)),$$
$$\delta(x \cap y) = \delta(\delta(x) \cap \delta(y)),$$
$$\delta(x \bowtie y) = \delta(\delta(x) \bowtie \delta(y)),$$
$$\delta(\pi_R(r)) = \delta(\pi_R(\delta(r))),$$
$$\delta(\sigma_\Psi(r)) = \delta(\sigma_\Psi(\delta(r))), \text{ für Bedingungen } \Psi, \text{ und}$$
$$\delta(\delta(r)) = \delta(r)$$

kann man die δ bei den Termen sukzessive von aussen nach innen ziehen, ohne die Gültigkeit zu verletzen, und zwar bis hinunter zu den Variablen. Dadurch entstehen neue Terme, bei denen jede Operation ein nachgestelltes δ hat sowie auch jede Variable:
$\forall^{Bag} x,y,\ldots \delta(\tau'(\delta(x), \delta(y),\ldots)) = \delta(\kappa'(\delta(x), \delta(y),\ldots))$, was dasselbe ist wie
$\forall^{Relationen} x,y,\ldots \delta(\tau'(x,y,\ldots)) = \delta(\kappa'(x,y,\ldots))$. Die entstandenen Terme sind aber nichts anderes als die ursprünglichen, interpretiert in der Relationenalgebra.

Gruppierungen und Cube

Bei Gruppierungen in Bags muss man einfach die Multiplizitäten mitberücksichtigen. Dank unserem Formalismus für Bags können wir in Analogie zu den entsprechenden Operationen der relationalen Welt (wieder anhand der Summengruppenbildung) für Bags folgendes definieren:

Seien R ein Relationenformat, S ein Teilformat von R (dh $R \cdot S = R$), X ein Attribut von R aber nicht von S (dh $R \cdot X = R$, aber $S \cdot X \neq S$) sodass $dom(X)$ die Summenbildung zulässt, sowie ein Bag r zum Format R gegeben. Dann bezeichne

$$sum(r,X) = \Sigma_{t \in dom(R)} \, r(t) \cdot t(X)$$

die Summe aller Werte $t(X)$ des Attributes X aller Tupel $<t,r(t)>$ von r, je multipliziert mit ihren entsprechenden Multiplizitäten $r(t)$. Man beachte, dass die Summenbildung über r wohldefiniert ist, weil in unserem Formalismus r eine Menge ist, obwohl es einen Bag darstellt und keine Relation, und weil wir annehmen, dass $\{t \in dom(R) \mid r(t) > 0\}$ endlich ist.

Damit können wir analog auch die Gruppierung über die Attribute von S definieren:

$$\Sigma_{S,X}(r) = \{<t, sum(\{<t,1>\} \bowtie r, X), 1> \mid \; <t,1> \in \delta(\pi_S(r))\}.$$

Man beachte, dass durch $\Sigma_{S,X}(r)$ aus dem Bag r ein Bag zum Format $S \cdot X$ entstanden ist, **der eine Relation ist**, und dessen Tupel aus den Tupeln von $\delta(\pi_S(r))$ bestehen, jeweils versehen mit der Summe aller durch Multiplizitäten m gewichteten $t'(X)$ der $<t',m> \in r$, die auf S übereinstimmen.

Die Gruppierung macht also aus jedem Bag eine Relation.

Im Vergleich zur Situation in der Relationenalgebra ändert sich deshalb auch beim Cube nichts, der ja aus Gruppierungen besteht, ausser ein paar kleine formelle Details, die der Leser selber anpassen möge.

Lösungen der Aufgaben

Lösung Aufgabe 1:

$\sigma_{B=1}(r) = \{\}$,
$\sigma_{B=2}(r) = \{<1,2,3,17>\}$,
$\sigma_{B=3}(r) = \{\}$,
$\sigma_{A=1}(\sigma_{B=2}(r)) = \{<1,2,3,17>\}$,
$\sigma_{C=9}(\sigma_{A=7}(r)) = \{<7,8,9,3>\}$,
$\sigma_{A=4}(\sigma_{B=5}(\sigma_{C=6}(\sigma_{A=4}(r)))) = \{<4,5,6,1>\}$,
$\sigma_{A=4}(\sigma_{B=5}(\sigma_{C=6}(\sigma_{A=7}(r)))) = \{\}$,
$\sigma_{C=9}(\sigma_{C=7}(r)) = \{\}$.

Lösung Aufgabe 2:

$\pi_{B,C,D}(r) = \{<1,0,1,1>, <0,1,0,1>, <1,1,0,1>, <1,0,0,1>\}$, zum Format $R_1(B,C,D)$, eine Relation,
$\pi_{C,D}(r) = \{<0,1,1>, <1,0,2>, <0,0,1>\}$, $R_2(C,D)$, keine Relation,
$\pi_A(r) = \{<0,2>, <1,2>\}$, $R_3(A)$, keine Relation,
$\pi_{C,D}(\pi_{B,C,D}(r)) = \{<0,1,1>, <1,0,2>, <0,0,1>\}$, $R_2(C,D)$, keine Relation,
$\pi_{B,C,D}(\pi_{C,D}(r))$ ist nicht definiert,
$\pi_{A,C}(\pi_{A,B,C}(\sigma_{B=1}(r))) = \{<0,0,1>, <0,1,1>, <1,0,1>\}$, zum Format $R_4(A,C)$, Relation,
$\pi_{A,C}(\sigma_{A=0}(\pi_{A,B,C}(\sigma_{B=1}(r)))) = \{<0,0,1>, <0,1,1>\}$, zum Format $R_4(A,C)$, Relation,
$\pi_{A,C}(\sigma_{D=0}(\pi_{A,B,C}(\sigma_{B=1}(r))))$ ist nicht definiert,
$\pi_{A,C}(\sigma_{B=0}(\pi_{A,B,C}(\sigma_{D=1}(r)))) = \{\}$, zum Format $R_4(A,C)$, Relation.

Lösung Aufgabe 3:

Es ist $\sigma_{A=a}(u)(t) = u(t)$ falls $t(A) = a$ und $= 0$ falls $t(A) \neq a$, und
$\sigma_{B=b}(u)(t) = u(t)$ falls $t(B) = b$ und $= 0$ falls $t(B) \neq b$. Daher ist
$\max\{\sigma_{A=a}(u)(t), \sigma_{B=b}(u)(t)\} = u(t)$ falls $(t(A) = a \vee t(B) = b)$ und $= 0$ falls $(t(A) \neq a \wedge t(B) \neq b)$.
Also $\sigma_{A=a}(u) \cup \sigma_{B=b}(u) = \{<t,k> \in \text{dom}(U) \times \mathbb{N} \mid k = \max\{\sigma_{A=a}(u)(t), \sigma_{B=b}(u)(t)\}\} =$
$\{<t,k> \in \text{dom}(U) \times \mathbb{N} \mid (k = u(t) \wedge (t(A) = a \vee t(B) = b)) \vee (k = 0 \wedge (t(A) \neq a \wedge t(B) \neq b))\} =$
$\sigma_{A=a \vee B=b}(u)$. Damit ist Gesetz 1 bewiesen.

Gegenbeispiel für Gesetz 2:

Sei $R(A,B)$ mit Zahlendomänen und $r = \{<0,0,1>, <0,1,2>\}$ und $s = \{<0,0,2>\}$ Bags zu R. Dann sind $\pi_A(r) = \{<0,3>\}$ und $\pi_A(s) = \{<0,2>\}$, $r \cup s = \{<0,0,2>, <0,1,2>\}$, und $\pi_A(r \cup s) = \{<0,4>\}$, also verschieden von $\pi_A(r) \cup \pi_A(s) = \{<0.3>\}$.

Lösung Aufgabe 4:

$\pi_R(u_1 \cup u_2) = \{<t,k> \in \text{dom}(R) \times \mathbb{N} \mid k = \Sigma_{x \in \text{dom}(U) \wedge x(R)=t} (u_1(x) + u_2(x))\} =$
$\{<t,k> \in \text{dom}(R) \times \mathbb{N} \mid k = \Sigma_{x \in \text{dom}(U) \wedge x(R)=t} u_1(x) + \Sigma_{x \in \text{dom}(U) \wedge x(R)=t} u_2(x)\} =$
$\pi_R(u_1) \cup \pi_R(u_2)$. Damit ist Gesetz 2 bewiesen.

Gegenbeispiel für Gesetz 1:

Sei $R(A,B)$ mit Zahlendomänen und $r = \{<0,0,1>, <0,1,1>, <1,0,1>\}$ ein Bag zu R. Dann ist $\sigma_{A=0}(r) = \{<0,0,1>, <0,1,1>\}$ und $\sigma_{B=0}(r) = \{<0,0,1>, <1,0,1>\}$, also $\sigma_{A=0}(r) \cup \sigma_{B=0}(r) = \{<0,0,2>, <0,1,1>, <1,0,1>\}$, verschieden von $\sigma_{A=0 \vee B=0}(r) = r$. Gesetz 1 gilt also bei der Wahl $\varphi = +$ nicht einmal dann, wenn der Ausgangsbag r eine Relation ist.

Lösung Aufgabe 5:

$\varphi = \min\{1, r(t) + s(t)\}$.

Lösung Aufgabe 6:

Die Identitäten folgen sofort aus den Definitionen der Operationen und den folgenden Gleichungen für die Multiplizitäten $r(t)$, $s(t) \in \mathbb{N}$:

$$\max\{r(t),s(t)\} = \max\{0, r(t)-s(t)\} + s(t)$$
$$\max\{r(t),s(t)\} = \max\{0, r(t) + s(t) - \min\{r(t),s(t)\}\}$$
$$\min\{r(t),s(t)\} = \max\{0, r(t) - \max\{0, r(t)-s(t)\}\}$$
$$\min\{r(t),s(t)\} = \max\{0, r(t) + s(t) - \max\{r(t),s(t)\}\}$$

Lösung Aufgabe 7:

Die Distributivgesetze folgen sofort aus den Definitionen der Operationen und den folgenden Gleichungen für die Multiplizitäten $r(t)$, $s(t)$, $u(t) \in \mathbb{N}$:

$$\max\{r(t),\min\{s(t),u(t)\}\} = \min\{\max\{r(t),s(t)\}, \max\{r(t),u(t)\}\}$$
$$\min\{r(t),\max\{s(t),u(t)\}\} = \max\{\min\{r(t),s(t)\}, \min\{r(t),u(t)\}\}$$
$$r(t) + \min\{s(t),u(t)\} = \min\{r(t) + s(t), r(t) + u(t)\}$$
$$r(t) + \max\{s(t),u(t)\} = \max\{r(t) + s(t), r(t) + u(t)\}$$

Lösung Aufgabe 8:

Seien r, s und u Bags zum Format $R(A)$, und zwar
$$r = \{<a,4>\}, \quad s = \{<a,2>\} \quad \text{und} \quad u = \{<a,1>\}.$$
Dann ist $s \cup u = \{<a,2>\}$ und $r \setminus (s \cup u) = \{<a,2>\}$, hingegen $r \setminus s = \{<a,2>\}$ und $(r \setminus s) \setminus u = \{<a,1>\}$

56

Lösung Aufgabe 9:

Wir nehmen grad ein sehr einfaches Beispiel, nämlich $r = \{<a,1>\}$ und $s = \{<a,2>\}$, je zum Format R(A), und als Projektion π_A. Dann ist $r \bowtie s = \{<a,2>\}$ und $\pi_R(r \bowtie s) = \{<a,2>\}$, also keineswegs $\subseteq r$.

Man sieht übrigens auch grad noch, dass $s \bowtie s = \{<a,4>\} \neq s$ ist, ebenfalls im Gegensatz zur Welt der Relationen.

Lösung Aufgabe 10:

Wir wählen ohne Beschränkung der Allgemeinheit R als R(A,B) und π als π_A . Falls $x = \{<a_i,b_i,k_i> \mid i \in \mathbb{N}\}$ ist und $y = \{<a_i,b_i,m_i> \mid i \in \mathbb{N}\}$, so wird $\pi(x \backslash y) \backslash \pi(y \backslash x) = \{<a_i,f_i> \mid i \in \mathbb{N}\}$ sein und $\pi x \backslash \pi y = \{<a_i,g_i> \mid i \in \mathbb{N}\}$ mit geeigneten Funktionen f und g. Zu zeigen ist $f_i = g_i$ für alle $i \in \mathbb{N}$. Daher genügt es, sich einzuschränken auf ein einziges $a_i = a$.

Sei also mit neuer Numerierung $x = \{<a,b_j,k_j> \mid j \in \mathbb{N}\}$ und $y = \{<a,b_j,m_j> \mid j \in \mathbb{N}\}$. Damit ist $\pi x = \{<a, \Sigma_{j \in \mathbb{N}} k_j>\}$, $\pi y = \{<a, \Sigma_{j \in \mathbb{N}} m_j>\}$, also $\pi x \backslash \pi y = \{<a, \Sigma_{j \in \mathbb{N}} k_j \dot- \Sigma_{j \in \mathbb{N}} m_j>\}$ mit der abgeschnittenen Differenz $\dot-$, und analog $x \backslash y = \{<a,b_j,k_j \dot- m_j> \mid j \in \mathbb{N}\}$, $\pi(x \backslash y) = \{<a, \Sigma_{j \in \mathbb{N}} (k_j \dot- m_j)>\}$, $\pi(y \backslash x) = \{<a, \Sigma_{j \in \mathbb{N}} (m_j \dot- k_j)>\}$, $\pi(x \backslash y) \backslash \pi(y \backslash x) = \{<a, \Sigma_{j \in \mathbb{N}} (k_j \dot- m_j) \dot- \Sigma_{j \in \mathbb{N}} (m_j \dot- k_j)\}$. Damit bleibt noch, zu zeigen dass $\Sigma_{j \in \mathbb{N}} (k_j \dot- m_j) \dot- \Sigma_{j \in \mathbb{N}} (m_j \dot- k_j) = \Sigma_{j \in \mathbb{N}} k_j \dot- \Sigma_{j \in \mathbb{N}} m_j$.
Seien $L := \{j \in \mathbb{N} \mid k_j \geq m_j\}$ und $M := \{j \in \mathbb{N} \mid k_j < m_j\}$. Damit ist
$\Sigma_{j \in \mathbb{N}} (k_j \dot- m_j) \dot- \Sigma_{j \in \mathbb{N}} (m_j \dot- k_j) = \Sigma_{j \in L} (k_j - m_j) \dot- \Sigma_{j \in M} (m_j - k_j) =$
$(\Sigma_{j \in L} k_j - \Sigma_{j \in L} m_j) \dot- (\Sigma_{j \in M} m_j - \Sigma_{j \in M} k_j) = \dots$ (wegen $a \dot- b = (a+c) \dot- (b+c)) \dots =$
$(\Sigma_{j \in L} k_j - \Sigma_{j \in L} m_j + \Sigma_{j \in M} k_j + \Sigma_{j \in L} m_j) \dot- (\Sigma_{j \in M} m_j - \Sigma_{j \in M} k_j + \Sigma_{j \in M} k_j + \Sigma_{j \in L} m_j) =$
$(\Sigma_{j \in L} k_j + \Sigma_{j \in M} k_j) \dot- (\Sigma_{j \in M} m_j + \Sigma_{j \in L} m_j) = \Sigma_{j \in \mathbb{N}} k_j \dot- \Sigma_{j \in \mathbb{N}} m_j$.

Lösung Aufgabe 11:

Wir wählen R als R(A,B) und π als π_A . Sei $x = \{<a,b_1>, <a,b_2>\}$ und $y = \{<a,b_2>\}$. Dann ist $x \backslash y = \{<a,b_1>\}$, $y \backslash x = \{\}$, $\pi x = \{<a>\}$, $\pi y = \{<a>\}$, $\pi x \backslash \pi y = \{\}$, aber $\pi(x \backslash y) = \{<a>\}$, $\pi(y \backslash x) = \{\}$, $\pi(x \backslash y) \backslash \pi(y \backslash x) = \{<a>\}$.

SQL

Vorbemerkungen

Anfang der siebziger Jahre hat E.F.Codd nicht nur die Relationenalgebra vorgestellt, sondern gleichzeitig auch ein sogenanntes **Relationenkalkül** (Codd 1971b,1971c). Während die Relationenalgebra semantisch definiert wird, das heisst in einer Modellwelt von Relationen, handelt es sich beim Relationenkalkül um eine syntaktische Definition einer Menge von zulässigen Formeln mit Tupelvariablen (der Idee nach etwa $t[Name]:Person(t) \land t[Ort] = Bern$). Die Zulässigkeit wird dabei gerade so definiert, dass im Kalkül dieselben Ergebnisrelationen beschreibbar werden wie in der Algebra.

Trotz dieser als Codd'sches Theorem bekannten Aequivalenz von Relationenalgebra und Relationenkalkül war für Codd das Kalkül ('calculus') grundlegender als die Algebra, weil im Kalkül nur beschrieben wird, *was* man möchte, während in der Algebra immer noch ein wenig des *Wie* der Rechnung durchschimmert (Reihenfolge der Operationen). Er hat deshalb verlangt, dass eine Sprache für den Umgang mit Relationen, wie sie damals zu Dutzenden entstanden sind, **relational vollständig** sein solle ('relationally complete', Codd 1971c, p 84), das heisst mindestens so definitionsmächtig wie das Kalkül. Die auf dem in (Codd 1971c) beschriebenen Kalkül basierende Sprache hat er ALPHA genannt, das Alphatier der relationalen Sprachen sozusagen.

Weil aber Kalkül und Algebra gleichmächtig sind, kann man die relationale Vollständigkeit einer Sprache meist sehr einfach nachweisen, indem man zeigt, dass die Operationen der Algebra (Vereinigung, Differenz, Selektion, Projektion, Kreuzprodukt) ausdrückbar sind in der betrachteten Sprache.

Der Gebrauch von Tupelvariablen im Relationenkalkül sowie von Quantoren bereits für das Aequivalent des Joins (zum Beispiel $t[Name]:Person(t) \land \exists s(Projekt(s) \land s[Mitarb] = t[Mitarb] \land s[Name] = Buchungssystem)$) wirkte ein wenig abschreckend, weil es als zu schwierig empfunden wurde. Deshalb wurde eine Sprache SQUARE entwickelt, die auf dem Konzept der Abbildung beruht (Boyce 1975). Der Kalkül Ausdruck $t[Name]:Person(t) \land t[Ort] = Bern$ hätte in SQUARE die Form $Name Person_{Ort}(Bern)$, womit die Vorstellung einer Abbildung verbunden wird, welche den Relationsnamen 'Person' enthält, den Wertebereich 'Name' und den Definitionsbereich 'Ort' mit dem Argument 'Bern'. Ein Join ist im wesentlichen das Hintereinanderausführen zweier Abbildungen zu einer zusammengesetzten (im Beispiel $Name Person_{Mitarb} \circ Mitarb Projekt_{Name}(Buchungssystem)$).

Von SQUARE ist es nur ein kleiner Schritt zum SELECT-FROM-WHERE Block der Sprache SEQUEL (Chamberlin 1974), welchem dieselbe Vorstellung einer Abbildung zugrundeliegt. Durch das GROUP BY Konstrukt lassen sich in SEQUEL ('Structured English Query Language') weitere in SQUARE noch nötige Tupelvariablen vermeiden. In SEQUEL werden ausser bei mathematischen Funktionen per Default doppelte Zeilen eliminiert (duplicate elimination), wie es auch dem relationalen Modell entspricht.

Dieser Default der Duplikatelimination ist in der Nachfolgesprache SEQUEL/2 umgekehrt worden. SEQUEL/2 wurde im berühmten Datenbanksystem Prototyp 'System R' der IBM implementiert (Astrahan 1976). Der neue Default war dass Duplikate *nicht* eliminiert werden. Während sich SEQUEL also noch in der Relationenwelt bewegt hat, passierte man mit SEQUEL/2 den Uebergang in die Welt der Bags.

Ausser dem Abschied vom relationalen Modell und der Einführung der HAVING Klausel beim GROUP BY Konstrukt hat SEQUEL/2 an Abfragemöglichkeiten gegenüber SEQUEL nicht viel Neues gebracht. Selbst die Möglichkeit, in der FROM Klausel mehr als eine Tabelle anzusprechen, war schon in SEQUEL vorhanden (Chamberlin 1974, p 259, Beispiel Q10).

SEQUEL/2 ist beschrieben in einem Artikel des IBM Journal of Research and Development (Chamberlin 1976), einem Magazin, das einem grösseren Publikum geläufig ist. Bald darauf musste aus rechtlichen Gründen des Trademark der Name SEQUEL in **SQL** abgewandelt werden ('Structured Query Language'). Bei der Bezeichnung SQL ist es geblieben, obwohl die Sprache selber sich laufend weiterentwickelt.

Bis Mitte der 80er Jahre hatten sich um die fünfzig SQL Dialekte entwickelt, alle voneinander verschieden und auch verschieden vom ersten SQL Standard (1986 von ANSI, American National Standards Institute, ratifiziert, und 1987 von ISO, International Standardization Organization, übernommen, 1982 hatte das 'Database Committe' die Arbeit begonnen). Dieser Standard wird oft als SQL86 bezeichnet. Später kam SQL89.
Nach vielen Corrigenda und mit Erweiterungen gibt es 1992 einen weiteren Meilenstein, SQL92 oder SQL2. Die mittlerweile neuesten Standards, ANSI/ISO/IEC 9075-k-1999 (k = 1,2,3,4,5; IEC heisst International Electrotechnical Commission), sind äusserst umfangreich geworden (allein der Teil k = 2, SQL/Foundation, hat 1121 Seiten!). Für diese neueste Standards Generation findet man auch die Bezeichnungen SQL3, SQL99 oder besser SQL:1999.

Auf lange Sicht üben diese Standardisierungsbemühungen schon einen gewissen Druck zur Vereinheitlichung aus, wenigstens innerhalb einer Kernfunktionalität. Aber man kann auch heute noch mit der Kenntnis des Standards in irgendeinem Datenbanksystem nicht einmal eine Tabelle kreieren, ohne das betreffende Systemmanual zu konsultieren. Es hat daher keinen Zweck, in der allgemeinen SQL Ausbildung sich zusehr in die Details einer konkreten SQL Implementierung oder auch nur des Standards zu vertiefen.

Dementsprechend fokussieren wir uns in diesem Kapitel auf das Einüben in den Umgang mit typischen SQL Strukturen.

Tabellen kreieren und abfüllen

Zum Glück redet keiner der SQL Standards von Relationen, sondern nur von Tabellen. Um Tabellen handelt es sich nämlich bei den sogenannten relationalen Datenbanksystemen. Natürlich hat Codd von Anfang an auch an die **Darstellung** von Relationen in Form von Tabellen appelliert zugunsten einfacher Handhabung durch den Benutzer, weil jeder sich eine Tabelle vorstellen kann. Jede Darstellung einer Tabelle hat zwangsweise eine bestimmte Reihenfolge der Spalten und der Zeilen, im Gegensatz zur Idealvorstellung der Relation. Ein nicht durch relationale Theorie vorbelasteter Benutzer wird vermutlich von zwei vorgelegten Tabellen Darstellungen, die sich nur in der Reihenfolge der Zeilen unterscheiden, sagen dass es sich um zwei verschiedene Tabellen handle (mit Recht, wahrscheinlich).

Weit schlimmer ist aber ein anderer Unterschied. Im Gegensatz zur Eindeutigkeit der Tupel von Relationen (da Relationen Mengen von Tupeln sind) kann eine Tabelle mehrere Zeilen mit identischen Werten haben, und dies gilt auch für die Tabellen in den

Datenbanksystemen. **SQL ist damit keine Mengensprache**, wie oft behauptet wird, sondern eine Sprache für den Umgang mit relationalen Bags, oder eben Tabellen.

Die Systeme haben meistens Online Schnittstellen, an denen man SQL Statements übergeben kann und Antworten entgegennehmen (Quittungen, Fehlermeldungen oder Darstellungen von Tabellen).

Wir stürzen uns ins Abenteuer und übergeben dem System

```
CREATE TABLE Besucher
        (Name       CHAR(20)    NOT NULL,
        Vorname    CHAR(20)    NOT NULL,
        Strasse    VARCHAR,
        Gebtag     DATE,
        PRIMARY KEY (Name,Vorname));
```

(auf die NULL "Werte" kommen wir später zurück, hier stehen die Angaben NOT NULL wegen dem PRIMARY KEY)

Wie gesagt, in einem realen System läuft nichts ohne Manual. Die Bezeichnungen der Datentypen ist nicht einheitlich, und je nach Umgebung kommt eventuell dies und jenes dazu (ein bekanntes System beschreibt CREATE TABLE im Manual auf 23 Seiten, ein anderes nicht weniger bekanntes gar auf 35 Seiten).

Wir nehmen an, das System quittiere mit 'table created' oder ähnlich. Was ist passiert?

Gemessen am Ideal der Relationenwelt hat das System zur Kenntnis genommen (im **Systemkatalog** gespeichert), dass von nun an ein neues Relationenformat 'Besucher' existiert mit den Attributen 'Name' usw deren Domänen CHAR(20) sind usw (dom(Name) = CHAR(20), etc). Der SQL Befehl heisst aber CREATE TABLE, nicht Tableformat. Dies ist trotzdem sinnvoll, weil nebst dem Format (der Struktur) gleichzeitig eine Tabelle entstanden ist, die im Moment noch leer ist.
Diese Tabelle kann unter dem Namen 'Besucher' angesprochen werden, der an und für sich auch als Name des Formates angesehen werden könnte. Man muss deshalb bei der Angabe 'Besucher' ein wenig darauf achten, ob jetzt das Tabellenformat oder die Tabelle selber gemeint ist (gedanklich **muss** man diese beiden Dinge auseinanderhalten).

Die Tabelle und ihr Format bleiben solange im System existent, bis man sie wieder löscht:

```
DROP TABLE Besucher;
```

Wir löschen aber nicht, sondern wollen die Tabelle 'Besucher' mit Zeilen bestücken, mithilfe der SQL Anweisung INSERT. In realen Systemen ergibt sich an dieser Stelle meistens ein kleines Problem. Durch die Angabe von PRIMARY KEY wollen wir nämlich zwei Dinge erreichen (siehe entsprechenden Paragraphen im Kapitel über das relationale Modell).

Erstens wollen wir, dass die Attributmenge {Name,Vorname} **im Tabellenformat** 'Besucher' ein Schlüssel ist (damit ist sie **in jeder aktuellen Tabelle** 'Besucher' ein Superschlüssel, das heisst selber ein Schlüssel oder einen solchen enthaltend, in jedem Falle d e jeweiligen Tabellenzeilen eindeutig bestimmend).
Zweitens wollen wir, dass andere Tabellenformate sich auf das Format 'Besucher' beziehen können mit einem Fremdschlüssel.

Prominente Systeme lösen dieses Problem mit sogenannten Indexes. Bei jedem INSERT wird das System anhand des Index kontrollieren, ob die entsprechende {Name,Vorname} Kombination schon da ist (wenn ja, den INSERT zurückweisen). Zudem dient ein Index dem schnellen Auffinden von Tabellenzeilen bei gegebener {Name,Vorname} Kombination. Wegen dem Aspekt des schnellen Findens werden Indexes meist in separate Files gelegt, nicht in dasjenige File, in welchem die Zeilen der Tabelle enthalten sind. Deshalb muss man bei CREATE INDEX weitere Angaben zu diesem separaten File machen (Grösse, wo es liegen soll, usw).

Wir lassen uns auch hier nicht auf Details ein, zumal die Systeme in dieser Beziehung stark voneinander abweichen. CREATE INDEX ist in keinem der SQL Standards definiert, die Standardisierungsgremien haben sich von Anfang an gar nicht darauf eingelassen, ein Grund könnte sein, dass man es an dieser Stelle unvermeidlicherweise mit einem Filemanagement System des zugrundeliegenden Betriebssystems zu tun hat, und man den Herstellern in dieser Beziehung keine Vereinheitlichung zumuten wollte.

Wir begnügen uns also mit der Logik (ohne physische Parameter von konkreten Systemen):

    CREATE UNIQUE INDEX Xbesucher ON Besucher (Name,Vorname);

(das 'X' in 'Xbesucher' könnte einer in einer Firma definierten Namenskonvention entsprechen).

Beim Löschen der Tabelle würde auch jeder Index darauf wieder verschwinden.

Damit ist unsere Tabelle 'Besucher' bereit für

    INSERT INTO Besucher VALUES ('Meier','Hans','Dorfstrasse','25.3.1895');

Die Einheit eines INSERT ist also eine (ganze) Tabellenzeile.

Aus Tabellen lesen

Nachdem wir noch ein paar weitere Zeilen eingefügt haben, wollen wir sie zur Darstellung bringen:

    SELECT Name,Vorname,Strasse,Gebtag
    FROM Besucher;

Wie die Darstellung aussieht, ist natürlich von System zu System völlig unterschiedlich.

Besucher			
Name	Vorname	Strasse	Gebtag
Müller	Heinrich	Kirchweg	1.3.1945
Meier	Hans	Dorfstrasse	25.3.1895
Schmid	Joseph	Bachweg	3.10.1960
Meier	Anna	Bachweg	5.5.1950

Eine Erinnerung daran, dass Tupel in Relationen nicht geordnet sind, ist die Tatsache, dass die Reihenfolge der Tabellenzeilen in der Darstellung nicht vorhersehbar ist.
Dasselbe SQL statement könnte ein paar Minuten später vielleicht zur folgenden Darstellung führen:

Besucher			
Name	Vorname	Strasse	Gebtag
Meier	Hans	Dorfstrasse	25.3.1895
Schmid	Joseph	Bachweg	3.10.1960
Meier	Anna	Bachweg	5.5.1950
Müller	Heinrich	Kirchweg	1.3.1945

Wieso dem so ist, wird man nach der Lektüre der späteren Kapitel besser verstehen. Der Datenbankprofi muss diese beiden Darstellungen als solche derselben Tabelle betrachten, er sollte aber Verständnis haben für Benutzer, die dies nicht tun.

Man kann die Darstellung aber auch geordnet haben, zum Beispiel nach Strasse und Name:

```
SELECT Name,Vorname,Strasse,Gebtag
FROM Besucher
ORDER BY Strasse, Name;
```

liefert

Besucher			
Name	Vorname	Strasse	Gebtag
Meier	Anna	Bachweg	5.5.1950
Schmid	Joseph	Bachweg	3.10.1960
Meier	Hans	Dorfstrasse	25.3.1895
Müller	Heinrich	Kirchweg	1.3.1945

Aufgabe 1:

Ist dadurch gewährleistet, dass mehrmaliges Ausführen dieses SQL statement die Darstellungen dieselbe Reihenfolge der Tabellenzeilen erbringen?

Die Reihenfolge der Spalten (entsprechen den Attributen) hingegen ist immer dieselbe für dasselbe SELECT statement, könnte aber auch anders gewählt werden:

```
SELECT Name,Strasse,Vorname,Gebtag
FROM Besucher;
```

würde eine Darstellung ergeben wie zum Beispiel

Besucher			
Name	Strasse	Vorname	Gebtag
Meier	Dorfstrasse	Hans	25.3.1895
Schmid	Bachweg	Joseph	3.10.1960
Meier	Bachweg	Anna	5.5.1950
Müller	Kirchweg	Heinrich	1.3.1945

Selektion und Projektion

Der **Selektion** in der relationalen Welt entspricht die sogenannte WHERE Bedingung in SQL, zum Beispiel würde der Selektion $\sigma_{Strasse = Bachweg}$(Besucher) das folgende SQL statement entsprechen:

    SELECT Name,Vorname,Strasse,Gebtag
    FROM Besucher
    WHERE Strasse = 'Bachweg';

welches zum Beispiel folgende Darstellung liefern würde (bis auf Zeilenreihenfolge):

Besucher			
Name	Vorname	Strasse	Gebtag
Schmid	Joseph	Bachweg	3.10.1960
Meier	Anna	Bachweg	5.5.1950

Befindet man sich in der Welt der Relationen, so führt die Selektion noch nicht daraus hinaus. Anders ist es mit der Projektion (siehe Kapitel über Bags).

Der **Projektion** in der Welt der Bags entspricht die Attributauswahl in der Select-Liste eines SELECT statements (SELECT select-list), zum Beispiel würde der Projektion π_{Name}(Besucher) das folgende SQL statement entsprechen:

    SELECT Name
    FROM Besucher

welches zum Beispiel folgende Darstellung liefern würde (bis auf Zeilenreihenfolge):

Besucher2
Name
Müller
Meier
Schmid
Meier

Hier gibt es zwei Dinge zu beachten. Der Tabellenname 'Besucher', welcher ja auch der Name des Relationenformates Besucher(Name,Vorname,Strasse,Gebtag) ist (das Bagformat 'Besucher' ist ein Relationenformat wegen der Beigabe des PRIMARY KEY), wird in Online Schnittstellen meist nicht gezeigt, unsere Tabellendarstellungen enthalten ihn nur aus Gründen der besseren Lesbarkeit. Deshalb muss die Tabellendarstellung des Ergebnisses unserer Projektion einen anderen Formatnamen haben. Das Format Besucher2(Name) ist nicht dasselbe wie das Format Besucher(Name,Vorname,Strasse,Gebtag).

Zweitens sieht man, dass unsere Projektion π_{Name}(Besucher) die Relation Besucher in einen Bag (mit von uns willkürlich gewähltem Namen 'Besucher2') übergeführt hat, der keine Relation mehr ist (weil der Name 'Meier' zweimal vorkommt), in der Sprache der Bags ausgedrückt, handelt es sich um

$\{<$Müller,1$>$, $<$Meier,2$>$, $<$Schmid,1$>\}$, zum Bagformat Besucher2(Name).

Zusammensetzung von Selektion und Projektion

Setzen wir nun unsere Selektion $\sigma_{Strasse=Bachweg}$(Besucher) mit der Projektion π_{Name}(Besucher) zusammen.

Natürlich ist $\sigma_{Strasse=Bachweg}(\pi_{Name}$(Besucher)) nicht definiert, da π_{Name}(Besucher) ein Bag (eine Tabelle) zum Format Besucher2(Name) ist, welches das Attribut 'Strasse' nicht mehr enthält. Es kommt also nur

$$\pi_{Name}(\sigma_{Strasse=Bachweg}(Besucher))$$

in Frage.

Nun wäre es das natürlichste, wenn man in SQL dem Sinne nach sagen würde

$\pi_{Name}(\sigma_{Strasse=Bachweg}$(Besucher)) = SELECT Name FROM ($\sigma_{Strasse=Bachweg}$(Besucher)),

und mit $\sigma_{Strasse=Bachweg}$(Besucher) = SELECT Name,Vorname,Strasse,Gebtag
FROM Besucher
WHERE Strasse = 'Bachweg'

dann auch

$\pi_{Name}(\sigma_{Strasse=Bachweg}$(Besucher)) = SELECT Name
FROM (SELECT Name,Vorname,Strasse,Gebtag
FROM Besucher
WHERE Strasse = 'Bachweg')

Das geht tatsächlich auch seit SQL92. Dabei wird ein SQL statement nicht nur als operative Anweisung an das System aufgefasst zum gefälligen Herausrücken einer Tabelle, sondern auch als ein Ausdruck für eine Tabelle, welcher in der FROM-Klausel eingesetzt werden kann wie ein Tabellenname. "SELECT list1 FROM T" ist also stets das gleiche wie

"SELECT list1 FROM (SELECT list2 FROM T)", sobald es definiert ist, das heisst sobald list1 in list2 enthalten ist. Wir werden noch ausführlichen Gebrauch machen von diesem Prinzip einer leichten Algebraisierung von SQL.

Es wird aber niemand $\pi_{Name}(\sigma_{Strasse\,=\,Bachweg}(Besucher))$ tatsächlich auf diese leicht algebraisierte Weise ausdrücken, weil SQL von Anfang an so gebaut wurde, dass eine Selektion und anschliessende Projektion in einem Stück durch "SELECT FROM WHERE" ausdrückbar ist, nämlich in unserem Fall

$\pi_{Name}(\sigma_{Strasse\,=\,Bachweg}(Besucher))$ = SELECT Name
FROM Besucher
WHERE Strasse = 'Bachweg'

Aufgabe 2:

Was liefert diese Query für eine Tabelle?

Es ist natürlich $\sigma_{\Phi}(\sigma_{\Psi}(r)) = \sigma_{\Phi\wedge\Psi}(r)$ für beliebige Bedingungen Φ und Ψ, und die Konjunktion $\wedge$ entspricht in SQL in der WHERE Klausel einem AND.

Aufgabe 3:

Man formuliere $\sigma_{Gebtag\,\geq\,1.1.1950}(\pi_{Name,Gebtag}(\sigma_{Strasse\,=\,Bachweg}(Besucher)))$ auf verschiedene Arten in SQL.

Wie erwähnt ist in SQL diese leichte Algebraisierung, wo allgemeinere "Tabellenausdrücke" (**table expressions**) anstelle von Variablen für Tabellen gesetzt werden können (Variablen sind selber schon spezielle Ausdrücke), seit SQL92 möglich, und in den heutigen Systemen auch implementiert.
Allerdings gibt es (immer noch) Systeme, bei denen man zu einem Tabellenausdruck (der nicht nur eine Tabellenbezeichnung ist) eine Bereichsvariable (**range variable**) beifügen muss (dies ist erst in SQL:1999 freiwillig geworden). Das sieht dann wie folgt aus:

Anstelle von

    SELECT Name
    FROM (SELECT Name, Vorname FROM Besucher);

was die algebraisierte Uebersetzung von $\pi_{Name}(\pi_{Name,Vorname}(Besucher))$ wäre, muss eine Bereichsvariable für den Bereich der Zeilen von (SELECT Name, Vorname FROM Besucher) eingeführt werden, wir nennen sie BesNamVorn (könnte auch einfach X heissen):

    SELECT Name
    FROM (SELECT Name, Vorname FROM Besucher) AS BesNamVorn.

Durch diese Bereichsvariable, die man sich mit Vorteil als Variable des Typs <Name,Vorname> vorstellt (eigentlich des Typs Besucher3(Name,Vorname), wobei wir den Namen Besucher3 für dieses Bagformat hinzuerfunden haben), welche durch den Bag

$\pi_{\text{Name,Vorname}}$(Besucher) wandert, gelangt natürlich wieder eine operative Vorstellung in die Szene, welche den Aspekt der Algebraisierung fast wieder aufhebt.

Allerdings kann die Bereichsvariable auch nützlich sein, weil sie innerhalb ihres "**Scope**" (ein Begriff aus der Theorie der Programmiersprachen) angesprochen werden kann, wie das folgende Beispiel zeigt:

    SELECT Name
    FROM (SELECT Name, Vorname FROM Besucher) AS BesNamVorn
    WHERE BesNamVorn.Vorname = 'Hans';

Hier darf die PASCAL Record Notation verwendet werden, in welcher eine Variable BesNamVorn des Recordtyps Besucher3(Name,Vorname) in die Recordkomponenten Name und Vorname zerlegt werden kann, und die Komponente Vorname zum Beispiel eben durch 'BesNamVorn.Vorname' angesprochen werden kann.

Diese Query wäre eine Uebersetzung von
$$\pi_{\text{Name}}(\sigma_{\text{Vorname = Hans}}(\pi_{\text{Name,Vorname}}(\text{Besucher}))) = \pi_{\text{Name}}(\sigma_{\text{Vorname = Hans}}(\text{Besucher})) \text{ und}$$
als solche natürlich auch einfacher formulierbar:

    SELECT Name
    FROM Besucher
    WHERE Vorname = 'Hans'.

Auch hier wäre, obwohl überflüssig, eine Bereichsvariable gestattet, die durch die Tabelle Besucher läuft, nennen wir sie diesmal x:

    SELECT Name
    FROM Besucher AS x
    WHERE Vorname = 'Hans';

und diese Bereichsvariable dürfte auch angesprochen werden:

    SELECT Name
    FROM Besucher AS x
    WHERE x.Vorname = 'Hans'.

Die betrachteten Abfragen sind alle (semantisch) äquivalent, das heisst, liefern dasselbe Resultat. Wir sehen weiter unten, dass diese betrachtete Nutzung einer oder mehrerer Bereichsvariabler dann wirklich Vorteile bringt, wenn man mehrere unabhängige Variablen für denselben Tabellenbereich braucht.

Noch eine Bemerkung zum Scope: Wir werden weiter unten noch Fälle kennenlernen von klar strukturierten Beispielen mit Bereichsvariablen die verschiedene Scopes haben (Scope müsste eine syntaktische Entsprechung des semantischen Bereichs der Bereichsvariablen sein), aber die allgemeine Theorie der "scopes of range variables in SQL" überschreitet das Mass des Verständlichen bei weitem, siehe dazu (Date 1997, Seite 134).

Weitere Prädikate für Bedingungen

Natürlich kann man in der WHERE Klausel Bedingungen durch boole'sche Operatoren AND, OR und NOT verknüpfen. Ein Beispiel:

Aufgabe 4:

Gesucht sind alle Besucher, die in der lexikografischen Reihenfolge (wie im Telefonbuch) zwischen <Meier,Hans> und <Schmid,Joseph> inklusive Grenzen liegen, nicht 'Anna' als Vornamen haben, und welche, wenn sie am 1.1.1980 Geburtstag haben, an der Bachstrasse wohnen.

Wie die Lösung der letzten Aufgabe zeigt, lässt sich in der WHERE-Klausel der Begriff der lexikografischen Ordnung leider nicht direkt ausdrücken, sondern muss durch einen boole'schen Ausdruck in die Ordnungsbegriffe der beteiligten Attribute aufgelöst werden, gemäss seiner Definition. Also zum Beispiel

$$<a,b,c> \leqslant <x,y,z> \quad \leftrightarrow \quad (a<x) \vee (a=x \wedge b<y) \vee (a=x \wedge b=y \wedge c \leq z), \text{ oder}$$
$$<a,b,c> \prec <x,y,z> \quad \leftrightarrow \quad (a<x) \vee (a=x \wedge b<y) \vee (a=x \wedge b=y \wedge c<z).$$

Dies ist schade, wir werden im Kapitel Optimizer sehen wieso. Allerdings ist der Ordnungsbegriff in der ORDER BY Klausel lexikografisch, wie wir schon gesehen haben.

Neben den elementaren Basisprädikaten in der WHERE Klausel, die wir bis jetzt kennengelernt haben (für Attribute respektive Tabellenspaltennamen A und Werte $a \in dom(A)$ $A=a$, $A<a$, $A \leq a$, usw), gibt es noch weitere, wie etwa LIKE und BETWEEN.

Name LIKE 'Me%' respektive Name LIKE '%e_e%'

beschreibt alle Tabellenzeilen, bei denen Name mit "Me" beginnt respektive bei denen irgendwo ein Buchstabenpattern "e_e" vorkommt (das Underscore-Zeichen "_" steht als Platzhalter für ein beliebiges Characterzeichen).

Name BETWEEN 'Meier' AND 'Schmid'

ist dasselbe wie

'Meier' $\leq$ Name AND Name $\leq$ 'Schmid'

Natürlich kann man auch zwei Attribute vergleichen, nicht nur Attribute mit Werten. Weitere prominente Prädikate sind EXISTS und das historisch ältere IN, wobei die SQL Bezeichnung Prädikat für EXISTS daher kommt, dass mit EXISTS in einer WHERE Klausel ein (Teil-) Prädikat gebildet werden kann. Eigentlich ist EXISTS ein sogenannter Quantor ($\exists$), der gewaltig zur Mächtigkeit der Sprache beiträgt.

EXISTS

Wir betrachten ein Beispiel. Wir suchen alle Besucher, deren Vorname bei mindestens einem weiteren, anderen Besucher, auch noch vorkommt. Jeder der von uns gesuchten Besucher erfüllt also die Bedingung, dass in der gleichen Tabelle ein verschiedener Besucher existiert mit gleichem Vornamen.

Da brauchen wir die Tatsache, dass wir PRIMARY KEY (Name,Vorname) definiert haben, denn dann können wir sicher sein, dass ein anderer Besucher mit gleichem Vornamen einen anderen Namen haben muss.

Hier können wir auch die Bereichsvariablen bereits gut gebrauchen, denn das Abgrasen der Zeilen der Tabelle Besucher muss sozusagen eine innere Schleife haben. Wenn die Bereichsvariable x als äussere Schleife für unsere gesuchten Benutzer durch die Tabelle geht, dann kann man sich vorstellen, dass dieses x bei jedem Besucher kurz stillsteht und eine zweite Bereichsvariable y durch dieselbe Tabelle losschickt, die prüft, ob der bei x vorhandene Vorname an anderer Stelle der Tabelle nochmals vorkommt (andere Stelle heisst eben mit verschiedenem Namen):

```
SELECT  Name,Vorname,Strasse,Gebtag
FROM  Besucher AS  x
WHERE  EXISTS  (SELECT  Name,Vorname
                FROM  Besucher AS  y
                WHERE  x.Vorname = y.Vorname  AND  NOT(x.Name = y.Name) )
```

Gleichzeitig hat man hier ein Beispiel für Scopes von Bereichsvariablen: Der Scope von y ist das innere SELECT statement, ausserhalb davon ist y nicht bekannt, x hingegen ist im äusseren SELECT sowie im inneren bekannt. Dieses Beispiel von Scopes entspricht dem Gebrauch in strukturierten Programmiersprachen.

Das ganze EXISTS (SELECT usw) Prädikat hat also sozusagen eine freie Variable x und eine gebundene Variable y. In dieser Auffassung könnte man es vergleichen mit einer Formel $\Psi(x)$ mit einer freien Variablen x, welche etwas detaillierter aufgeschlüsselt die Form $\exists y \Phi(y,x)$ hat, oder noch etwas weiter aufgeschlüsselt $\exists y (y \in Besucher \land \Omega(y,x))$ wobei $\Omega(y,x)$ für (x.Vorname = y.Vorname $\land$ x.Name $\neq$ y.Vorname) steht, insgesamt also

$$\Psi(x) \equiv \exists y \, (y \in Besucher \land x.Vorname = y.Vorname \land x.Name \neq y.Vorname).$$

Fasst man die Selektionsbedingung in der WHERE Klausel auf diese Art auf, so entspricht das ganze SELECT statement dem algebraischen Ausdruck

$$\sigma_{\Psi(Besucher)}(Besucher).$$

Aufgabe 5:

Man formuliere eine Abfrage auf die Tabelle 'Besucher', welche genau dann alle Zeilen liefert, wenn sie mehr als eine enthält. Ginge das auch, wenn 'Besucher' keinen primary key hätte?

COUNT ohne (explizite) Gruppierung

Wir wollen en passant noch eine Möglichkeit einführen, wie die Fragestellung der letzten Aufgabe gelöst werden könnte auch für den Fall, dass die betreffende Tabelle ein Bag ist welcher keine Relation ist.

Man erinnere sich an die im Kapitel Bags eingeführte Summierung

$$\mathrm{sum}(r,X) \;=\; \Sigma_{t \in \mathrm{dom}(R)}\; r(t)*t(X)$$

für einen Bag r zum Format R. Analog kann man definieren

$$\mathrm{count}(r) \;=\; \Sigma_{t \in \mathrm{dom}(R)}\; r(t)$$

welches also einfach die Multiplizitäten der Tupel von r zusammenzählt, in einer Darstellung von r als Tabelle (mit mehrfachen identischen Zeilen) also die Anzahl Zeilen bringt.

Dies lässt sich in SQL formulieren, im Beispiel der Tabelle 'Besucher' liefert

```
SELECT  COUNT(*)
FROM  Besucher
```

die Anzahl Zeilen von 'Besucher' (Mehrfachzeilen mehrfach gezählt).

Das Ergebnis dieser Anfrage ist eigentlich eine Tabelle mit einer Spalte mit einem Zahlenbereich als Domäne, zum Beispiel INTEGER. Trotzdem kann man diese Query als Subquery in der WHERE Bedingung einer anderen Query so verwenden, wie wenn sie eine Funktion wäre. Die Query

```
SELECT  Name,Vorname,Strasse,Gebtag
FROM  Besucher
WHERE  2 ≤ (SELECT  COUNT(*)
            FROM  Besucher)
```

liefert also genau dann alle Zeilen von 'Besucher', wenn mindestens zwei Zeilen da sind (unabhängig davon, ob sie verschieden sind oder nicht).

SQL Bag Operationen

Nun wollen wir noch betrachten, wie die SQL Bag Operationen konkret aussehen (man erinnere sich an den entsprechenden Paragrafen im Kapitel Bags).

Es sei 'Besucher4' ein weiteres Tabellenformat mit dom(Besucher4) = dom(Besucher). Man könnte es definieren mit

```
CREATE TABLE  Besucher4  ....usw wie bei 'Besucher'...
```

Denselben Effekt könnte man erreichen durch

```
CREATE TABLE  Besucher4  (LIKE  Besucher).
```

Allerdings ist das letztere nicht zu empfehlen, weil bei CREATE..LIKE... die **table constraints** (Bedingungen) nicht übernommen werden, also PRIMARY KEY (Name,Vorname) zum Beispiel, und schlimmer noch, weil auch die column constraints von 'Besucher' (Name und Vorname je NOT NULL) als table constraints aufgefasst und damit nicht übernommen werden.

Jedenfalls haben wir jetzt zwei Tabellenformate und in einem konkreten System damit auch zwei Tabellen, 'Besucher' und 'Besucher4', mit denselben Domänen. Damit können wir die im Kapitel Bags aufgeführten Operationen bilden, zum Beispiel "r EXCEPT ALL s" würde zu

```
SELECT  Name,Vorname,Strasse,Gebtag
FROM  Besucher
  EXCEPT ALL
SELECT  Name,Vorname,Strasse,Gebtag
FROM  Besucher4
```

(natürlich dürfte im Ausdruck "r EXCEPT ALL s" auch r = s sein).

Aufgabe 6:

Man vereinfache folgende Abfrage:

```
(SELECT Name,Vorname,Strasse,Gebtag
 FROM  Besucher
   UNION ALL
 SELECT Name,Vorname,Strasse,Gebtag
 FROM  Besucher4)
   EXCEPT ALL
((SELECT Name,Vorname,Strasse,Gebtag
  FROM  Besucher
    EXCEPT ALL
 SELECT Name,Vorname,Strasse,Gebtag
 FROM  Besucher4)
    UNION ALL
 SELECT Name,Vorname,Strasse,Gebtag
 FROM  Besucher4)
```

Die Duplicate Elimination Operation δ

Wir haben bereits im Bag Kapitel gesehen, dass gewisse SQL Operationen eine automatische Duplicate Elimination nach sich ziehen, zum Beispiel "r UNION DISTINCT s", oder was wegen der Wahl des Defaults dasselbe ist, "r UNION s", das ist die Bagoperation $\delta(r \cup s)$, das heisst die Maximumvereinigung mit anschliessender Duplicate Elimination.

Umgekehrt bietet SQL die Duplicate Elimination δ auch separat an, in der Form von "SELECT DISTINCT".
Wüssten wir zum Beispiel nicht, dass der Bag 'Besucher' eine Relation ist wegen der Schlüsselbedingung, so könnten wir aus r = Besucher $\delta(r) = \delta(Besucher)$ machen durch

```
SELECT DISTINCT  Name,Vorname,Strasse,Gebtag
FROM  Besucher.
```

Meist wird das SQL-δ verwendet im Anschluss an eine andere Operation, zum Beispiel eine Projektion. Wir wissen, dass Besucher eine Relation ist ("ein Bag der eine Relation ist", siehe

Sprachgebrauch Kapitel Bags), aber $\pi_{Name,Strasse}$(Besucher) wird im Allgemeinen ein Bag sein, der keine Relation ist, ausser wenn jeder Name in jeder Strasse zufälligerweise höchstens einmal vorkommt, was aber nach dem nächsten "INSERT INTO Besucher" vielleicht schon nicht mehr der Fall ist. Wenn man in jedem Falle eine Relation haben möchte, also $\delta(\pi_{Name,Strasse}$(Besucher)), dann kann man π und δ kombinieren:

```
SELECT DISTINCT Name,Strasse
FROM  Besucher;
```

ganz analog wie man σ und π kombiniert (oder σ und π und δ kombinieren könnte, indem man noch eine WHERE Bedingung zufügen würde).

Dann gibt es auch noch merkwürdige Mischformen, zum Beispiel steht

```
SELECT  COUNT(DISTINCT  Name)
FROM  Besucher
```

für count($\delta(\pi_{Name}$(Besucher))), hingegen findet count($\delta(\pi_{Name,Strasse}$(Besucher))) keine analoge Mischform in SQL, dies geht nur mit einem einzigen Attribut, nicht mit mehreren.

Aufgabe 7:

Wie müsste man count($\delta(\pi_{Name,Strasse}$(Besucher))) in SQL übersetzen?

Wie gesagt, ist "SELECT COUNT(DISTINCT Name,Vorname,Strasse,Gebtag) FROM Besucher" illegal, welches SQL statement man in Analogie zum obigen als SQL Uebersetzung von count($\delta(\pi_{Name,Vorname,Strasse,Gebtag}$(Besucher))) = count($\delta$(Besucher)) eigentlich erwarten würde.

Für count($\delta(r)$) gibt es aber eine andere komische Mischform, nämlich

```
SELECT DISTINCT COUNT(*)
FROM  r.
```


Weitere Tabellen

Wir definieren ein paar weitere Tabellenformate (und damit auch Tabellen).

```
CREATE TABLE  Restaurant
          (Name              CHAR(20) NOT NULL,
           Strasse           CHAR(20) NOT NULL,
           Wirtsname         CHAR(20),
           Suppenpreis       FLOAT,
           Eroeffnungsdatum  DATE,
           Wirtesonntag      CHAR(10)
           PRIMARY KEY (Name));
```

Wir sehen, dass diesmal die Spalte 'Strasse' mit CHAR(20) definiert wurde, während das Attribut gleichen Namens in 'Besucher' als VARCHAR definiert ist. Solche Dinge können sehr unangenehm sein für den Programmierer und auch für den Optimizer des Systems. Noch unangenehmer wird es allerdings, wenn in einer Firma der eine Programmierer einen Kunden-Code als "KC CHAR(7)", der nächste als "KundCd CHAR(7)", und wieder ein anderer als "KdCode CHAR(10)" bezeichnet (je als Spalte einer Tabelle). Es kann dann sein, dass in einer Firma zum Beispiel ein paar Tausend Tabellenspalten definiert sind, aber eigentlich nur ein paar Hundert verschiedene Attribute inhaltlich unterscheidbar wären.

Dies war einer der Inhalte der Diskussionen (und organisatorischen Massnahmen) um das **unternehmensweite Datenmanagement** Ende der achtziger Jahre. Seit SQL92 kann man aber Domänen definieren, die sogar domain constraints enthalten können, zum Beispiel

```
CREATE DOMAIN Wochentag  AS  CHAR(10)
        CHECK (VALUE IN ('Montag','Dienstag', .... , 'Sonntag') ).
```

Damit könnte man in der Tabellendefinition darauf bezugnehmen und

```
              Wirtesonntag    Wochentag,
```

schreiben (den column constraint der values könnte man auch direkt in CREATE TABLE mitgeben).
Unternehmensweite verbindliche Domänendefinitionen zu haben bedeutet allerdings einen gewissen administrativen Aufwand sowie vor allem die Bereitschaft der analysierenden und programmierenden Bevölkerung, gewisse Konzessionen einzugehen (ist ein Ländercode immer noch ein Ländercode, wenn auch noch Meere dazukommen?).

Es ist auch zu empfehlen, Kommentare mitzugeben, zum Beispiel

```
COMMENT ON COLUMN Restaurant.Suppenpreis  IS
      'Preis in sFr einer einfachen Bouillon Suppe ohne Ei in diesem Restaurant';
```

vor allem wenn man Tabellen kreiert, die man nicht nur selber braucht, sowie als Suchhilfe im System, da diese Kommentare in einer Systemtabelle festgehalten werden (COMMENT ON gehört nicht zum Standard).

Man kann sich darüber streiten, ob man einen Frankenbetrag als FLOAT (oder REAL oder ähnlich, als "reelle Zahl") definieren soll oder als Dezimalzahl (DECIMAL oder NUMERIC oder wie auch immer, siehe entsprechendes Systemmanual). Es hängt ein wenig davon ab, was man damit machen will, bei 'decimal' sind die Rundungsfehler anderer Natur als bei 'float'.

Wir wollen aber noch mehr Tabellen:

```
CREATE TABLE  Biersorte
              (Name        CHAR(20)  NOT NULL,
               Grundstoff  CHAR(20),
               Hersteller  CHAR(30),
               PRIMARY KEY (Name) );
```

(Grundstoff ist Gerste, Weizen, usw, nicht was in jedem Bier drin ist wie zum Beispiel Wasser, Hefe, etc).

Nun haben wir drei Tabellen, 'Besucher', 'Restaurant' und 'Biersorte'. Jetzt wollen wir noch einige Beziehungen zwischen diesen definieren. An dieser Stelle sollte man sich erinnern, was im Kapitel des relationalen Modells über Fremdschlüssel gesagt worden ist.

```
CREATE TABLE  Gast
              (Bname          CHAR(20)  NOT NULL,
               Bvorname       CHAR(20)  NOT NULL,
               Rname          CHAR(20)  NOT NULL,
               Frequenz       FLOAT,
               FOREIGN KEY (Bname,Bvorname) REFERENCES Besucher,
               FOREIGN KEY (Rname) REFERENCES Restaurant,
               UNIQUE (Bname,Bvorname,Rname) )
```

Frequenz meint die durchschnittliche Anzahl Besuche pro Woche. Mit UNIQUE wird ein Schlüssel verlangt für das Tabellenformat 'Gast' (zieht CREATE UNIQUE INDEX nach sich), womit jede Tabelle 'Gast' die Attributsmenge {Bname,Bvorname,Rname} als Superschlüssel hat.

```
CREATE TABLE  Sortiment
              (Rname          CHAR(20)  NOT NULL,
               Bsorte         CHAR(20)  NOT NULL,
               AnLager        INTEGER,
               FOREIGN KEY (Rname) REFERENCES Restaurant,
               FOREIGN KEY (Bsorte) REFERENCES Biersorte,
               UNIQUE (Rname,Bsorte) );
```

('AnLager' meint die Anzahl Einheiten an Lager, zB Anzahl Flaschen, die einmal täglich angepasst wird).

```
CREATE TABLE  Lieblingsbier
              (Bname          CHAR(20)  NOT NULL,
               Bvorname       CHAR(20)  NOT NULL,
               Bsorte         CHAR(20)  NOT NULL,
               Bewertung      INTEGER   CONSTRAINT  CHECK (0<Bewertung),
               LiterproWoche  FLOAT,
               FOREIGN KEY (Bname,Bvorname) REFERENCES Besucher,
               FOREIGN KEY (Bsorte) REFERENCES Biersorte,
               UNIQUE (Bname,Bvorname,Bsorte) );
```

Diese Tabelle sagt aus, welcher Besucher welches Bier mit welcher Note belegt (1 ist Bestnote) und vieviele Liter er davon pro Woche trinkt (im Schnitt). Gibt es für einen Besucher keine Angabe in 'Lieblingsbier', dann hat er keine speziellen Präferenzen.

Wir nehmen an, unsere zusätzlichen Tabellen seien ebenfalls mit irgendwelchen sinnvollen Daten gefüllt worden (mit INSERT oder einem Load Utility, dh Hilfsprogramm).

Das IN Prädikat

Das IN Prädikat hat zwei Grundformen, "IN value-list" und "IN subquery". In der SQL Geschichte ist es sehr alt, aber trotzdem noch sehr populär. Die Semantik ist fast selbstsprechend, zum Beispiel ist

```
SELECT  Name,Vorname,Strasse,Gebtag
FROM  Besucher
WHERE  Name  IN  ('Meier','Müller','Sonderegger')
```

gleichbedeutend der offensichtlich entsprechenden Formulierung der WHERE Bedingung mit einer Kombination von "OR" (boole'sche Disjunktion).

```
SELECT  Name,Strasse,Wirtsname
FROM  Restaurant
WHERE  Name  IN  (SELECT  Rname
                  FROM  Sortiment
                  WHERE  Bsorte = 'Sorte1'  AND  AnLager > 0)
```

bringt die Restaurants welche die Biersorte 'Sorte1' an Lager haben.

Sehr praktisch ist auch die allgemeinere Form "row-value-constructor IN ...", zum Beispiel

```
SELECT  Name,Vorname,Strasse,Gebtag
FROM  Besucher
WHERE  (Name,Vorname)  IN  (SELECT  Bname,Bvorname
                            FROM  Gast
                            WHERE  Rname = 'Zum blauen Ochsen').
```

Allerdings gehört diese allgemeinere Form zwar zum SQL Standard (ab 92), aber nicht zu "Core SQL", also zum Kern des Standard, sondern ist Teil eines "special feature", so dass heute einige Systeme diese Query akzeptieren würden, andere aber nicht.

Aufgabe 8:

Wie könnte man die obige Abfrage für ein System formulieren, welches die erweiterte Form von "row-value-constructor IN ..." nicht kennt?

Expressions und CAST

Es gibt eine ganze Reihe von skalaren Funktionen für verschiedene elementare Datentypen, die man zu Ausdrücken (**expressions**) zusammensetzen kann, auf die wir nur ansatzweise eingehen. Es gibt viele Unterschiede in den verschiedenen Systemen, nicht alle Standard SQL Funktionen gehören zum Kern von SQL, und die ganze Angelegenheit ist nicht ganz orthogonal in dem Sinne, dass man nicht überall dort einen Ausdruck setzen kann, wo es vom Datentyp und Zusammenhang her sinnvoll wäre. Am besten orientiert man sich am betreffenden Systemmanual. Trotzdem folgen ein paar Beispiele.

Zu praktisch jedem Datentyp kann man Konstanten bilden (constants, literals), zum Beispiel zu Charactertext:

```
SELECT  Name, Vorname, ' hat im Januar Geburtstag'
FROM  Besucher
WHERE  MONTH(Gebtag) = 01
```

Gleichzeitig ist dies ein Beispiel für "**date time arithmetic**". Es gibt aber auch richtige arithmetische Funktionen (auch Operationen genannt, wenn sie mehr als einstellig sind), zB

```
SELECT  Bname,Bvorname,Rname, 52*Frequenz
FROM  Gast.
```

Die Spalte 'Frequenz' von 'Gast' hat Datentyp FLOAT, also wird die Spalte "52*Frequenz" auch FLOAT haben. Diese Spalte hat vorläufig keinen eigenen Namen, das System wird für die Darstellung des Resultates in Form einer Tabelle selber einen Namen wählen, zum Beispiel "Col1" oder ähnlich.

Oft gebraucht werden Konkatinierung und Substring (**concat**, aneinanderreihen, in Zeichen ||):

```
SELECT  SUBSTR(Vorname,1,1) ||'. '|| Name
FROM  Besucher
```

Hier wird aus der Spalte 'Vorname' der erste Buchstabe genommen, dann konkatiniert mit einem Punkt (+ blank), und dieses wieder konkatiniert mit der Spalte 'Name'. Das ganze ist ein Ausdruck, der in der Darstellung eine einzige Spalte hat (welche vorläufig keinen von uns gewählten Namen hat).

Man möchte auch oft den Datentyp eines Ausdruckes in einen anderen Datentyp umwandeln, zum Beispiel eine Integerzahl in einen Characterstring oder umgekehrt, oder auch einen Characterstring in den Datentyp DATE (in diesem Fall muss der Characterstring, der ein Datum ist, in bestimmtem von einem Systeminstallationsparameter abhängigen Format aufbereitet werden). Für alle diese Datentypumwandlungen gibt es die Funktion **CAST**:

```
CAST(expression  AS  datatype)
```

(eigentlich kann im Standard 'datatype' sogar eine Domäne sein).

Allerlei Umwandlungen sind möglich, doch im Gegensatz zum Beispiel zur Programmiersprache C, wo man inbezug auf Datentypen sehr aufpassen muss, geht dann doch nicht alles, Buchstaben zum Beispiel kann man nicht in Zahlen umwandeln, um anschliessend mit ihnen Arithmetik zu treiben. Man orientiere sich an den Systemmanuals.

Zu den Funktionen kann man auch noch die sogenannten **Special Registers** zählen, obwohl deren Parameter keine Tabelleninhalte sind, sondern Umgebungsvariablen. Als Beispiele seien erwähnt "CURRENT DATE" und "USER" (USER ist ein Characterstring, der dem System den Benutzer identifiziert, meist verwaltet vom zugrundeliegenden Betriebssystem).

Alle betrachteten Funktionen (und deren Zusammensetzung zu Ausdrücken) können in der WHERE Bedingung wie auch in der 'Selectliste' verwendet werden (SELECT Selectliste).

Rename und Formatänderung

Wir werden den Formalismus nicht übertreiben, aber es soll doch klar werden, was strukturell vor sich geht in der Selectliste.

Zuerst zur Möglichkeit von **Rename**: Man kann Spaltennamen, also eigentlich Attribute, mit einem neuen Namen versehen, wie zum Beispiel

> SELECT Name,Vorname,Strasse,Gebtag AS Geburtstag
> FROM Besucher.

Damit kann man auch die durch Anwendung von Funktionen neu entstandenen Tabellenspalten mit einem selber gewählten Namen versehen, wie zum Beispiel im oben dargestellten Fall von "52*Frequenz":

> SELECT Bname,Bvorname,Rname, 52*Frequenz AS Jahresfrequenz
> FROM Gast.

Die allgemeine strukturelle Situation ist die folgende.

Gegeben ist ein Bag r zum Format $R(A_1,A_2,....,A_n)$, zu dem die Domänen $dom(A_j)$ dazugehören.

> SELECT $A_1,A_2,....,A_n$
> FROM r

liefert einfach wieder den Bag r zurück. Aber durch Anwendung von Funktionen in den A_j , formal $w_1(A_1,A_2,....,A_n)$, ..., $w_m(A_1,A_2,....,A_n)$, und Renaming in die neuen Attributnamen $B_1,B_2,....,B_m$, also

> SELECT $w_1(A_1,A_2,....,A_n)$ AS B_1, ..., $w_m(A_1,A_2,....,A_n)$ AS B_m
> FROM r,

kann man das Format $R(A_1,A_2,....,A_n)$ in fast jedes beliebige andere Format $W(B_1,B_2,....,B_m)$ verwandeln. Die zugehörigen Domänen $dom(B_k)$ ergeben sich aus den für die angewendeten Funktionen im betreffenden System definierten Rechenregeln (also zum Beispiel wenn ein Integerdateninhalt mit einer Floatzahl multipliziert wird, so wird das Ergebnis Float sein usw).

Das bedeutet mit anderen Worten, dass **mit einer SQL Abfrage im Allgemeinen nicht nur ein Bag in einen anderen Bag abgebildet wird, sondern auch ein Format in ein anderes.** Wir hatten diese Situation schon in der Theorie der Bag Algebra anlässlich vor Projektion und Join kennengelernt, sind dann aber nicht näher darauf eingegangen.

Das durch die SQL Abfrage neu entstandene Format $W(B_1,B_2,....,B_m)$ ist zwar in der Darstellung als Tabelle sichtbar, würde aber erst dann vom System als dauerhaft bekanntes neues Tabellenformat (in den Systemtabellen) festgehalten, wenn der Benutzer das Ergebnis seiner Abfrage als (neue) Tabelle speichert (ein Vorgang, der letzlich ein CREATE TABLE bedeutet, wobei dann natürlich auch ein Name für die Tabelle mit ihrem Format gewählt werden muss). Interaktive SQL Benutzerschnittstellen haben oft Kommandos, mit denen man in dieser Situation ein implizites CREATE TABLE auslösen kann.

Join

Wir hatten in der Theorie des relationalen Modells sowie auch in der Theorie der Bags den Join als natural Join kennengelernt und nur am Rande erwähnt, dass bereits Codd auch einen allgemeineren sogenannten Theta-Join vorgestellt hatte.

Anlässlich des natural Join haben wir eine Verknüpfung von Formaten definiert, R·S als die aus der Struktur des natural Join sich ergebende Verknüpfung der Formate R und S. Als Beispiel mit R(A,B,C,D) und S(B,D,E) war R·S (A,B,C,D,E) und S·R (B,D,E,A,C).

Diese Verknüpfung, welche gleichbenannte Attribute verschiedener Formate miteinander identifiziert (wobei auch angenommen wird, dass die Domänen dieselben sind), hat mit der traditionellen Annahme in der Theorie des relationalen Modells zu tun, dass gleichbenannte Attribute verschiedener Formate dieselben sein sollen.

In der Welt der Tabellen hat sich jedoch eingebürgert, dass Attributnamen nur innerhalb einer Tabelle eindeutig sein sollen.

Etwas informell wollen wir nun eine weitere Verknüpfung von Formaten definieren, welche dieser Tatsache Rechnung trägt und gleichlautende Attribute verschiedener Formate nicht mehr miteinander identifiziert. Diese neue Verknüpfung $R \otimes S$ von zwei gegebenen Formaten R und S soll einfach die Attribute hintereinanderstellen und bei Namenskonflikten einen künstlichen neuen Namen wählen unter Beibehaltung der Domäne. Der neu gewählte Name bei Namenskonflikten ist an sich willkürlich (und systemabhängig), muss aber innerhalb einer Theorie (oder eines Systems) wohldefiniert sein.

Am einfachsten (einem prominenten System folgend) hängen wir einfach eine fortlaufende Nummer an. Eine exakte Definition wollen wir nicht explizit aufschreiben, da sie rekursiv prozedural erfolgen müsste (es können auch sozusagen während und wegen dem Umbenennungsvorgang neue Namenskonflikte entstehen), sondern begnügen uns mit ein paar Beispielen.

Im obigen Beispiel von R(A,B,C,D) und S(B,D,E) wäre dann $R \otimes S$ (A,B,C,D,B1,D2,E) mit dom(B1) = dom(B) und dom(D2) = dom(D), und es wäre
$R \otimes S \otimes R$ (A,B,C,D,B1,D2,E,A3,B4,C5,D6), usw. Man beachte dass hier das Assoziativgesetz nicht mehr gilt im Gegensatz zur Formatverknüpfung des natural Join. Falls Klammern fehlen, ist Linksbeklammerung angenommen, also $R \otimes S \otimes R = (R \otimes S) \otimes R$ usw.

Damit können wir nun das **Kreuzprodukt** zweier Bags definieren. Als Operationszeichen wählen wir dasselbe wie für die zugehörige Formatverknüpfung:

Sei r ein Bag zum Format R und s ein Bag zum Format S. Dann ist das Kreuzprodukt

$$r \otimes s = \{ <t_1,t_2,k> \in dom(R \otimes S) \times \mathbb{N} \mid <t_1,r(t_1)> \in r \; \wedge \; <t_2,s(t_2)> \in s \; \wedge \; k = r(t_1) \cdot s(t_2) \}.$$

Man beachte, dass die Definition ganz ähnlich aussieht wie die Definition des natural Join $r \bowtie s$ in der Welt der Bags, und dass wie dort sozusagen eine natürliche Erweiterung einer entsprechenden Definition für Relationen vorliegt, das heisst, sind r und s Bags, welche Relationen sind, dann ist auch $r \otimes s$ ein Bag, welcher eine Relation ist. Der Unterschied zum natural Join besteht in der Behandlung der Formate R und S.

Aufgabe 9:

Sei $r = \{<a,2>, <b,3>\}$ ein Bag zum Format R(A). Man berechne $r \otimes r \otimes r$.

Nun, da wir uns an den Gedanken gewöhnt haben, dass mit einer SQL Abfrage im Allgemeinen eine Formatänderung verbunden ist, und dass die Attributnamen (Spaltennamen) des Zielformates erst noch vom System gewählt werden, wenn sie nicht vom Benutzer bezeichnet oder durch gegebene Attributnamen festgelegt sind, können wir das ebenfalls im Standard vorgegebene "**SELECT** * " einführen:

Ist r eine Tabelle, also ein Bag, zum Format R, so liefert die Abfrage

    SELECT *
    FROM r

den Bag r zum Format R zurück, das heisst das System generiert automatisch die richtigen Attributnamen, in der richtigen Reihenfolge.

Diese Schreibweise kommt uns sehr gelegen bei der Frage, wie das oben definierte Kreuzprodukt $r \otimes s$ sich in SQL übersetzt.

Ist nämlich r ein Bag zum Format R und s ein Bag zum Format S, so liefert

    SELECT *
    FROM r, s

den Bag $r \otimes s$ zum Format $R \otimes S$ zurück.

Mit diesem Sprachkonstrukt kann man (zusammen mit Selektion und Projektion) den natural Join simulieren (der als solcher in der Praxis keine grosse Rolle spielt wegen der Eindeutigkeit der Attribute nur innerhalb eines Formates) sowie auch alle von Codd betrachteten Theta-Joins.

Betrachten wir den natural Join eines Bags (Tabelle) r zum Format R(A,B,C,D) und eines Bags s zum Format S(B,D,E).

Herauskommen muss der Bag $r \bowtie s$ zum Format $R \cdot S$ (A,B,C,D,E) , wobei eben angenommen worden ist, dass das Attribut B von R dasselbe ist wie das Attribut B von S. Genau dies muss im entsprechenden SQL statement auch gesagt werden, wobei die Pascal Notation verwendet werden kann, also zum Beispiel "r.B" ist das Attribut B von r , usw. Auch in der Selectliste darf B nicht unqualifiziert vorkommen, weil r.B mit s.B verwechselt werden könnte:

    SELECT A, r.B, C, r.D, E
    FROM r, s
    WHERE r.B = s.B AND r.D = s.D

liefert den Bag $r \bowtie s$ zum Format $R \cdot S$ (A,B,C,D,E) zurück.

Die Selectliste $<A,r.B,C,r.D,E>$ könnte natürlich auch als $<A,s.B,C,s.D,E>$ formuliert werden oder als $<A,r.B,C,s.D,E>$ usw, aber auch als $<r.A,r.B,r.C,r.D,s.E>$. Da das System gleichnamige Attribute verschiedener Tabellen eben nicht automatisch identifiziert, muss mindestens im Konfliktfall qualifiziert werden mit dem Tabellennamen, oder aber mit einer eingeführten Bereichsvariablen:

```
SELECT  A, x.B, C, y.D, E
FROM  r AS x, s AS y
WHERE  x.B = y.B  AND  x.D = y.D
```

(auch hier wäre ein Gemisch zugelassen, zum Beispiel x.B = s.B AND r.D = y.D , usw)

Ein Theta-Join von r und s ist nun nichts anderes als

```
SELECT  A, r.B, C, r.D, E
FROM  r, s
WHERE  θ
```

wobei θ eine allgemeine Selektionsbedingung ist (statt die dem natural Join entsprechende Bedingung r.B = s.B AND r.D = s.D).

Natürlich kann man auch mehr als zwei Bags zu Kreuzprodukt (und Joins) zusammensetzen:

Ist r ein Bag zum Format R, s ein Bag zum Format S und w ein Bag zum Format W, so liefert

```
SELECT  *
FROM  (SELECT  *
        FROM  r, s), w
```

den Bag $r \otimes s \otimes w$ zum Format $R \otimes S \otimes W$ zurück. Natürlich ist dies dasselbe wie

```
SELECT  *
FROM  r, s, w
```


Beispiele mit der Bierdatenbank

Wir wollen eine Liste (Tabelle) von Besuchern mit Name, Vorname und Geburtstag und der Angabe, wieviele Liter desjenigen Bieres, das sie mit der Note 1 bewertet haben, sie pro Woche zu sich nehmen, sowie den Namen des Bieres).

Die Angaben zur Beantwortung finden wir in den Tabellen 'Besucher' und 'Lieblingsbier'. Beide Tabellen sind Relationen, nicht nur Bags, da sie je einen Schlüssel haben. Die gesuchte Tabelle wird ebenfalls eine Relation sein, wie wir unten sehen werden.

Die Tabellen 'Lieblingsbier' und 'Besucher' hängen inhaltlich und technisch via den Fremdschlüssel $<Bname,Bvorname>$ von 'Lieblingsbier' zusammen, der sich auf 'Besucher' bezieht, und zwar auf den Primärschlüssel von 'Besucher'.

Aus dem allgemeinen Kreuzprodukt

```
SELECT  *
FROM  Besucher  AS  x, Lieblingsbier  AS  y
```

interessiert uns deshalb nur die Selektion mit der Selektionsbedingung
"x.Name = y.Bname AND x.Vorname = y.Bvorname":

```
SELECT  *
FROM  Besucher  AS  x, Lieblingsbier  AS  y
WHERE  x.Name = y.Bname  AND  x.Vorname = y.Bvorname
```

Bisher ist algebraisch formuliert (mit x = Besucher und y = Lieblingsbier)

$$\sigma_{\text{x.Name} = \text{y.Bname} \wedge \text{x.Vorname} = \text{y.Bvorname}}(x \otimes y)$$

berechnet worden. Damit wissen wir auch, dass dies (bis jetzt) eine Relation ist (weil
Kreuzprodukt und Selektion nicht aus der Welt der Relationen hinausführen).

Wir interessieren uns aber nur für Biere der Note 1, also folgt eine weitere Selektion
$\sigma_{\text{y.Bewertung} = 1}$, die wir in die bereits vorhandene Selektion hereinnehmen:

$$\sigma_{\text{x.Name} = \text{y.Bname} \wedge \text{x.Vorname} = \text{y.Bvorname} \wedge \text{y.Bewertung} = 1}(x \otimes y),$$

respektive in SQL

```
SELECT  *
FROM  Besucher  AS  x, Lieblingsbier  AS  y
WHERE  x.Name = y.Bname  AND  x.Vorname = y.Bvorname
   AND  y.Bewertung = 1
```

Nun kommt aber eine anschliessende Projektion

$$\pi_{\text{x.Name,x.Vorname,x.Gebtag,y.Bsorte,y.LiterproWoche}},$$

da wir ja nur an gewissen Attributen interessiert sind.

Im Allgemeinen macht eine Projektion aus einem Bag, der eine Relation ist, einen Bag, der
keine Relation ist. Bei unserem Beispiel wissen wir aber, dass die Projektion eine Relation
erstellt, nämlich aus zwei Gründen:

Erstens ist < Bname,Bvorname,Bsorte > in 'Lieblingsbier' eindeutig, deshalb gibt es pro
Kombination nur eine 'LiterproWoche' Angabe. Zweitens ist < Name,Vorname > in
'Besucher' eindeutig, deshalb gibt es pro < Name,Vorname > Kombination nur eine 'Gebtag'
Angabe.

Weil < Name,Vorname > = < Bname,Bvorname > gilt, ist also die Kombination
< Bname,Bvorname,Bsorte > im gesuchten Ergebnis eindeutig, das heisst ein (Super-)
Schlüssel. Man beachte, dass diese Argumentationsweise richtig ist, obwohl pro
< Bname,Bvorname > Kombination mehrere Biersorten möglich sind (es könnten für
denselben Besucher mehrere Biere die Note 1 tragen).

Zusammengesetzt ergibt sich

```
SELECT  x.Name, x.Vorname, x.Gebtag, y.Bsorte, y.LiterproWoche
FROM  Besucher  AS  x, Lieblingsbier  AS  y
WHERE  x.Name = y.Bname  AND  x.Vorname = y.Bvorname
    AND  y.Bewertung = 1
```

Unser Lösungsweg sieht kompliziert aus und riecht nach Umwegen. Aber es ist im Allgemeinen sehr weise, sich in jedem Zwischenschritt zu überlegen, ob es sich um eine Relation handelt oder nur um einen Bag, der keine Relation ist (wie im Beispiel mithilfe von Abhängigkeiten unter den Attributen der Ausgangstabellen). Man sollte sich in jedem Zwischenresultat glücklich schätzen, wenn man einen (Super-) Schlüssel identifiziert hat.

Auch das SQL Standardisierungsgremium hat das erkannt, es gibt im Standard SQL:1999 erste Ansätze, um das Uebertragen von solchen (funktionalen) Abhängigkeiten über SQL Konstrukte hinweg in den Griff zu bekommen. SQL selber scheint also das Bedürfnis zu haben, zu merken, wo es echte Relationen produziert und wo nur Bags, die keine Relationen sind.

Nun erweitern wir die Aufgabenstellung. Es kann ja sein, dass gewisse Besucher die Note 1 für ein Bier gar nie vergeben, sondern vielleicht ist deren Bestnote 2 oder 3 oder schlechter. Wir suchen nun fast dasselbe wie vorher, mit dem Unterschied, dass nicht nach Bieren mit der Note 1 gefragt wird sondern nach Bieren mit der Bestnote (pro Besucher).

Wir gelangen zu einer Lösungsidee, indem wir den Begriff 'Bestnote' genauer definieren: Eine Note ist dann am besten, wenn es keine bessere gibt.

In der Lösung von vorhin muss also die Bedingung "y.Bewertung = 1" ersetzt werden durch eine andere Bedingung $\Psi(y)$. "y.Bewertung = 1" besagt, dass die soeben betrachtete Zeile von 'Lieblingsbier', auf der die Bereichsvariable y gerade liegt, die Eigenschaft hat, dass ihre Komponente 'Bewertung' den Wert 1 hat.

$\Psi(y)$ wird aussagen müssen, dass die betrachtete Zeile y die Eigenschaft hat, dass keine andere Zeile z existiert die zum gleichen Besucher gehört und eine bessere Note hat. Etwas formaler dargestellt wird $\Psi(y)$ etwa so aussehen:

$$\neg \exists z \in \text{Lieblingsbier} \ (z.\text{Bname} = y.\text{Bname} \wedge z.\text{Bvorname} = y.\text{Bvorname}$$
$$\wedge \ z.\text{Bewertung} < y.\text{Bewertung})$$

Damit können wir die Lösung zusammensetzen:

```
SELECT  x.Name, x.Vorname, x.Gebtag, y.Bsorte, y.LiterproWoche
FROM  Besucher  AS  x, Lieblingsbier  AS  y
WHERE  x.Name = y.Bname  AND  x.Vorname = y.Bvorname
    AND  NOT EXISTS (SELECT  *
                FROM  Lieblingsbier  AS  z
                WHERE  z.Bname = y.Bname  AND  z.Bvorname = y.Bvorname
                    AND  z.Bewertung < y.Bewertung)
```

Man beachte, dass in $\Psi(y)$ die Variable y frei ist und die Variable z gebunden (an den Quantor $\exists$ gebunden). Dementsprechend ist die Bereichsvariable z der inneren Subquery in der äusseren nicht bekannt, die Bereichsvariable y hingegen schon, da sie ja in der äusseren Query definiert wurde. Der Scope der in der äusseren Query definierten Bereichsvariable y erstreckt sich auch auf die innere Subquery.

Man beachte auch, dass es pro Besucher immer noch mehrere Zeilen geben kann (wie oben).

Eine weitere ausführlich besprochene Bieraufgabe

Gesucht sind alle Restaurants mit Name, Strasse und Suppenpreis, welche mindestens die Biersorten 'Sorte1' und 'Sorte2' im Sortiment haben (ob auch AnLager$>$0 ist, soll uns nicht kümmern, dies könnte nachher leicht eingebaut werden).

Bezeichnet r$=$Restaurant und s$=$Sortiment, so wäre der erste Lösungsansatz wahrscheinlich

$$\pi_{r.Name,r.Strasse,r.Suppenpreis}(\sigma_{\Psi(r)}(r)),$$

in SQL übersetzt

```
SELECT  r.Name, r.Strasse, r.Suppenpreis
FROM  Restaurant  AS  r
WHERE   Ψ(r)
```

wobei die Selektionsbedingung $\Psi(r)$ besagen müsste, dass das betrachtete Restaurant r mindestens die beiden Sorten hat. Für eine einzige Sorte könnte die Bedingung als

$$\exists x \in Sortiment\ (x.Rname = r.Name \wedge x.Bsorte = 'Sorte1')$$

formuliert werden, und für zwei demnach als Konjunktion

$$\Psi(r) \equiv \exists x \in Sortiment\ (x.Rname = r.Name \wedge x.Bsorte = 'Sorte1')$$
$$\wedge\ \exists x \in Sortiment\ (x.Rname = r.Name \wedge x.Bsorte = 'Sorte2')$$

Uebersetzt in SQL hätten wir für diese Variante

```
SELECT  r.Name, r.Strasse, r.Suppenpreis
FROM  Restaurant AS  r
WHERE   EXISTS (SELECT  *
               FROM  Sortiment AS  x
               WHERE  x.Rname = r.Name  AND  x.Bsorte = 'Sorte1')
   AND   EXISTS (SELECT  *
               FROM  Sortiment AS  x
               WHERE  x.Rname = r.Name  AND  x.Bsorte = 'Sorte2')
```

Man beachte dass analog zur logischen Formulierung die beiden gebundenen Variablen x sich in ihrem Scope nicht stören. Anders wird das, wenn man das $\exists$ ausklammern möchte (dann muss man eine zweite Variable y nehmen):

$$\Psi(r) \equiv \exists x \in Sortiment, y \in Sortiment\ (x.Rname = r.Name \wedge x.Bsorte = 'Sorte1'$$
$$\wedge\ y.Rname = r.Name \wedge y.Bsorte = 'Sorte2')$$

Die Tatsache, dass wir nun zwei Variable, x und y, haben, welche unabhängig voneinander durch die Zeilen von 'Sortiment' grasen, lässt sich ebenso direkt in SQL übersetzen:

```
SELECT  r.Name, r.Strasse, r.Suppenpreis
FROM  Restaurant  AS  r
WHERE   EXISTS (SELECT  *
                FROM  Sortiment  AS  x, Sortiment  AS  y
                WHERE  x.Rname = r.Name  AND  x.Bsorte = 'Sorte1'
                AND  y.Rname = r.Name  AND  y.Bsorte = 'Sorte2')
```

Diese Variante, zwei unabängige EXISTS in einem einzigen Subselect Kreuzprodukt unterzubringen, lässt uns vielleicht auch noch auf die Idee kommen, $r \otimes s \otimes s$ zu untersuchen, ausgeschrieben Restaurant $\otimes$ Sortiment $\otimes$ Sortiment. Auf diese Art müsste man ja auch ein Restaurant und zwei verschiedene Biersorten nebeneinander stellen können, man muss nur richtig auswählen.

Damit wir algebraisch argumentieren können, führen wir analog zu SQL die selbstsprechende Notation $r \otimes (s \ AS \ x) \otimes (s \ AS \ y)$ ein. Wir sind aber nicht am ganzen Kreuzprodukt interessiert, sondern nur an

$$p = \sigma_{x.Rname = r.Name \land x.Bsorte = 'Sorte1' \land y.Rname = r.Name \land y.Bsorte = 'Sorte2'}(q),$$

wobei $q = r \otimes (s \ AS \ x) \otimes (s \ AS \ y)$ ist. Der Bag p ist immer noch eine Relation. Und dann sind wir nicht an allen Attributen von p interessiert, somit brauchen wir noch die Projektion

$$\pi_{r.Name,r.Strasse,r.Suppenpreis}(p).$$

Wie immer beim Uebergang von einer Relation zu einer Projektion derselben müssen wir uns überlegen, ob dadurch ein Bag entsteht, der keine Relation ist (wir wollen ja Restaurants, welche die Bedingungen erfüllen, nicht mehrmals aufgezählt haben).

Wäre $\pi_{r.Name,r.Strasse,r.Suppenpreis}(p)$ ein Bag, der nicht garantiert eine Relation ist, so wäre für uns erst $\delta(\pi_{r.Name,r.Strasse,r.Suppenpreis}(p))$ die Lösung. Man soll aber mit δ nicht leichtfertig umgehen, da "SELECT DISTINCT" im Vergleich zu "SELECT" für das System einen unter Umständen gewaltigen Mehraufwand bedeuten kann. Es lohnt sich also, sich gut zu überlegen, ob nicht schon $\pi_{r.Name,r.Strasse,r.Suppenpreis}(p)$ garantiert eine Relation ist.

Dazu ist zu bemerken, dass r.Name in r ein Schlüssel ist, und dass $<x.Rname,x.Bsorte>$ in (s AS x) sowie auch $<y.Rname,y.Bsorte>$ in (s AS y) (Super-) Schlüssel sind. Für ein gegebenes r.Name mit r.Name = x.Rname = y.Rname und x.Bsorte = 'Sorte1' und y.Bsorte = 'Sorte2' kommt deshalb die Kombination $<r.Name,x.Rname,x.Bsorte,y.Rname,y.Bsorte>$ höchstens einmal vor, mit anderen Worten kommt jedes r.Name höchstens einmal vor. Deshalb ist $\pi_{r.Name,r.Strasse,r.Suppenpreis}(p)$ eine Relation.

Die Uebersetzung in SQL ist klar:

```
SELECT  r.Name, r.Strasse, r.Suppenpreis
FROM  Restaurant  AS  r, Sortiment  AS  x, Sortiment  AS  y
WHERE  x.Rname = r.Name  AND  x.Bsorte = 'Sorte1'
    AND  y.Rname = r.Name  AND  y.Bsorte = 'Sorte2'
```

Diese letztere Lösungsvariante ist, nebenbei gesagt, abgesehen davon, dass es die einfachste ist, auch diejenige der vorgestellten, welche die beste Performance haben wird (solche Dinge werden im Kapitel Optimizer besprochen). Ihr einziger Nachteil ist der, dass die

Schlussüberlegung, ob eine Relation herauskommt, etwas schwieriger ist als bei den anderen Varianten. Wiederum ein Vorteil davon, dass man sich die Frage Relation versus Bag (der keine Relation ist) genau überlegen muss, ist der, dass bei solchen Ueberlegungen oft Fehler der Formulierung herauskommen, welche man sonst vielleicht nicht entdeckt hätte.

Es muss hier auch noch gesagt werden, dass irgendwelche Tests mit konkreten Daten diese Ueberlegungen nicht ersetzen können, wie die allgemeine Theorie des Testing beweist (im Allgemeinen kann man nur die Unrichtigkeit eines Programmes durch Tests beweisen, nicht aber die Richtigkeit).

Das Beispiel zeigt, dass man unter Umständen eine "EXISTS-Selektion" durch die Projektion-Selektion aus einem Kreuzprodukt ersetzen kann. Es folgen ein paar theoretische Gedanken zur Frage, wann dies möglich ist.

Es gilt in jedem Fall

$$\delta(\sigma_{\exists x \in s \Phi(x,r)}(r)) = \delta(\pi_R(\sigma_{\Phi(x,r)}(r \otimes (s \text{ AS } x)))),$$

wie man sich unschwer überlegt (die Schreibweise $\exists x \in s \Phi(x,r)$, die wir schon mehrmals verwendet haben, muss mit einem halb zugedrückten Auge gelesen werden, etwas besser wäre $\exists <x,i> \in s \Phi(x,r)$). Und wenn man, wie in unserem Beispiel, zeigen kann, dass

$$\forall <u,k> \in r, <v,j> \in s, <w,i> \in s \ (\Phi(v,u) \wedge \Phi(w,u) \rightarrow v = w \wedge j = i = 1)$$

gilt (typischerweise mit Abhängigkeiten aus Schlüsselbedingungen wie im Beispiel), dann gilt auch

$$\sigma_{\exists x \in s \Phi(x,r)}(r) = \pi_R(\sigma_{\Phi(x,r)}(r \otimes (s \text{ AS } x))),$$

was dann erst echte Vorteile bringt. Wenn natürlich s eine Relation ist, dann ist nur noch

$$\forall <u,k> \in r, <v,j> \in s, <w,i> \in s \ (\Phi(v,u) \wedge \Phi(w,u) \rightarrow v = w)$$

zu prüfen (r braucht noch keine Relation zu sein). Ist hinwiederum r eine Relation, so gilt in jedem Fall

$$\sigma_{\exists x \in s \Phi(x,r)}(r) = \delta(\pi_R(\sigma_{\Phi(x,r)}(r \otimes (s \text{ AS } x)))),$$

aber dann fallen wie gesagt gewisse Vorteile des Umschreibens von EXISTS in ein Kreuzprodukt wieder dahin. Es lohnt sich also, jeden Fall einzeln genau anzuschauen.

EXISTS kann man also unter Umständen in ein Kreuzprodukt verwandeln, NOT EXISTS dagegen nicht. NOT EXISTS, $\neg \exists$, taucht auch auf im Zusammenhang mit "für alle". Statt zu sagen, "alle Informatiker sind dumm", kann man dasselbe aussagen mit "es gibt keinen Informatiker der nicht dumm ist", also

$$\forall x \in \text{Inf } \Psi(x) \equiv \neg \exists x \in \text{Inf } \neg \Psi(x).$$

Wenn EXISTS mit $\exists$ identifiziert wird, so kennt SQL keine direkte Entsprechung für $\forall$. Allerdings hat der Standard SQL:1999 zwei neue Quantoren eingeführt (FOR SOME und FOR ALL), die sogar in der dreiwertigen Logik bei Anwesenheit von sogenannten NULLs die richtigen Entsprechungen der Quantoren $\exists$ und $\forall$ sein sollten (wir kommen später darauf zurück).

Aufgabe 10:

Gesucht sind die Besucher mit Name,Vorname, welche alle Biersorten bewertet haben.

Weitere Bieraufgaben zum Selberlösen

Aufgabe 11:

Gesucht sind für den Besucher Hans Meier die Namen aller Restaurants, die er besucht und die ein Bier im Sortiment und vorrätig haben, die er mit der Note 5 oder kleiner (dh besser) bewertet hat.

Aufgabe 12:

Gesucht sind für Hans Meier die Namen aller Restaurants (ob er sie besucht oder nicht), die keines der von ihm bewerteten Biere im Sortiment haben.

Aufgabe 13:

Gesucht sind die Namen der Restaurants, welche alle Biersorten im Sortiment haben, die überhaupt im Sortiment irgend eines Restaurants sind.

Aufgabe 14:

Es hat jemand behauptet, dass alle Besucher, welche an der Industriestrasse wohnen, nur in Restaurants zu Gast gehen, in denen der Suppenpreis höchstens 2.50 ist und die nur Biere im Sortiment haben, deren Grundstoff Hafer oder Roggen ist. Man prüfe diese Behauptung mithilfe einer SQL Abfrage.

Aufgabe 15:

Gesucht sind die Restaurantnamen und die Wirtsnamen derjenigen Restaurants, welche insofern Pech haben, als dass alle Biere ihres Sortiments von allen ihren Gästen mit der Note 5 oder schlechter bewertet werden.

Aufgabe 16:

Es hat jemand behauptet, im Restaurant 'Ochsen' habe es nur Gäste, welche den 'Ochsen' sechsmal die Woche besuchen sowie ein anderes Restaurant, das nicht am selben Wochentag Wirtesonntag hat, einmal die Woche. Man prüfe diese Behauptung mit einer SQL Abfrage.

Aufgabe 17:

Gesucht ist eine Liste mit Restaurantnamen und Besuchernamen, wobei diejenigen Restaurants, welche keine Gäste haben, bei den Besuchernamen einen String von Blanks haben sollen und umgekehrt.

Aufgabe 18:

Gesucht sind Namen und Vornamen derjenigen Besucher, die zwar (mindestens) ein Lieblingsbier haben, aber nie im Restaurant sitzen.

Aufgabe 19:

Gesucht sind Namen und Vornamen von Gästen, die zwar (ab und zu) in irgendeinem Restaurant sitzen und auch Lieblingsbiere haben, für die aber kein Restaurant irgendeines der Biere im Sortiment hat, das sie mit Note 1 bewerten.

Aufgabe 20:

Gesucht sind die Namen der Restaurants, die mehr als 50 Gäste ohne Lieblingsbier haben.

Aufgabe 21:

Gesucht sind die Namen der Restaurants, die mehr als 30 Gäste haben, welche alle an verschiedenen Tagen Geburtstag haben, oder bei denen alle ihre Gäste an verschiedenen Tagen Geburtstag haben (MONTH(Datum),DAY(Datum)).

Aufgabe 22:

Gesucht sind die Restaurants mit Namen und Suppenpreis, welche mindestens ein Bier im Sortiment haben, das auch das Restaurant Ochsen im Sortiment hat.

Aufgabe 23:

Gesucht sind die Restaurants mit Namen und Suppenpreis, welche alle Biere im Sortiment haben, die das Restaurant 'Ochsen' im Sortiment hat.

Bag Funktionen ohne explizite Gruppierung

Die Bagfunktionen **sum, count, avg** (average, Durchschnitt), **max, min** (und seit SQL:1999 auch noch every, any, und some) werden im Standard set functions genannt und andernorts auch aggregate oder group functions.

Wir haben die beiden Funktionen

$$\text{sum}(r,X) = \Sigma_{t \in \text{dom}(R)}\, r(t) \cdot t(X) \quad \text{und}$$

$$\text{count}(r) = \Sigma_{t \in \text{dom}(R)}\, r(t)$$

für einen Bag r zum Format R und ein geeignetes Attribut X von R bereits kennengelernt.

Analog kann man

$$\text{avg}(r,X) = \text{sum}(r,X)/\text{count}(\sigma_{X \text{ is NOT NULL}}(r))$$

definieren (die Selektionsbedingung "X is NOT NULL" ist nötig, weil sum die NULL Werte übergeht, count aber nicht, wir kommen später systematischer auf NULL Werte zu sprechen). Es ist klar, dass avg(r,X) nur definiert ist wenn count > 0 ist.

Ebenso kann man

$$\text{max}(r,X) = \text{max}\{t(X) \mid t \in \text{dom}(R) \wedge r(t) > 0\}$$

und analog min(r,X) definieren.

Die Uebersetzungen in SQL sehen ausser im Fall von count (den wir schon kennengelernt haben) alle gleich aus, zum Beispiel

    SELECT SUM(AnLager)
    FROM Sortiment.

In SQL gibt es zu allen diesen jeweils eine "DISTINCT-Form" und eine "ALL-Form" mit ALL als Default wie oben definiert, deren DISTINCT Formen man wie folgt definieren kann:

$$\text{sumdistinct}(r,X) = \text{sum}(\delta(\pi_X(r)),X),$$
$$\text{countdistinct}(r,X) = \text{count}(\delta(\pi_X(r))) \quad \text{(kennen wir schon)},$$
$$\text{avgdistinct}(r,X) = \text{avg}(\delta(\pi_X(r)),X),$$
$$\text{maxdistinct}(r,X) = \text{max}(r,X)$$

und analog für das Minimum.

Die Uebersetzungen der DISTINCT Formen in SQL sehen alle gleich aus, zum Beispiel

    SELECT SUM(DISTINCT AnLager)
    FROM Sortiment.

Dem obigen count(r) würde eigentlich countdistinct(r) = count(δ(r)) entsprechen, welches sich aber in "SELECT DISTINCT COUNT(*) FROM Sortiment" übersetzt, wie wir schon gesehen haben.

Der Vollständigkeit halber soll erwähnt werden, dass die Bagfunktionen zur Gruppierung gehören (die wir unten genauer besprechen), und dass SQL bei Verwendung von Bagfunktionen (Gruppenfunktionen) ohne explizite Gruppierung den ganzen Ausgangsbag r als eine Gruppe betrachtet.

Für Gruppen gibt es nämlich noch die Bedingungsklausel "HAVING" (HAVING ist für Gruppen das was WHERE für Zeilen ist), die demnach bereits in diesem Fall der Verwendung von Gruppenfunktionen ohne explizite Gruppierung angewendet werden darf.

```
SELECT  COUNT(*)
FROM  Besucher
HAVING  COUNT(*) > 5
```

würde die Anzahl Besucher liefern, aber nur wenn sie grösser als 5 ist. Oder

```
SELECT  MAX(Name)
FROM  Besucher
HAVING  COUNT(*) > 5  AND  MIN(Gebtag) > '31.12.1899'
```

würde den lexikografisch grössten Namen liefern, aber nur wenn es mehr als 5 Besucher gibt und keiner im vorletzten Jahrhundert geboren ist.

Diese Abfragen sind nicht sehr sinnvoll. Etwas sinnvoller ist "HAVING", wenn explizite Gruppierungen gemacht werden. Allerdings ist es sowieso redundant, das heisst **für jedes SQL Statement mit HAVING gibt es ein gleichwertiges ohne**, wofür wir keinen formalen Beweis betrachten werden sondern nur ein paar Beispiele (siehe unten).

Aufgabe 24:

Gesucht sind die Biersorten mit Bewertungen des Besuchers Hans Meier, bei denen die Bewertung schlechter ist als die durchschnittliche Bewertung aller Sorten durch alle Besucher.

Aufgabe 25:

Gesucht sind alle Besucher mit Namen, Vornamen, Biersorte und Bewertung, bei denen die Bewertung dieser Biersorte schlechter ist als die Bewertung derselben Sorte durch alle anderen Besucher.

Aufgabe 26:

Gesucht sind die Namen der Restaurants, welche ein Bier im Sortiment haben, von dem sie mehr an Lager haben als das Restaurant 'Ochsen' insgesamt Bier an Lager hat.

Gruppierung ohne Bag Funktionen

Die (explizite) Gruppierung als solche ist einfach zu verstehen. Der einfacheren Schreibweise halber führen wir eine neue Notation ein. Für ein Bagformat R soll <R> die Kommaliste seiner Attribute bezeichnen, also zum Beispiel für R(A,B,C,D) ist <R> die Kommaliste A,B,C,D und für R(E) ist <R> die Liste, die nur aus E besteht, usw.

Ist nun r ein Bag zum Format R, V ein Teilformat von R und S ein Teilformat von V, dann ist

```
SELECT  <S>
FROM  r
GROUP BY  <V>
```

das SQL Aequivalent von $\pi_S(\delta(\pi_V(r)))$, welches sich natürlich im Falle von S = V zu $\delta(\pi_V(r))$ reduziert.

Natürlich ist dies gleichwertig zu

```
SELECT  <S>
FROM  (SELECT DISTINCT  <V>  FROM  r),
```

und im Falle S = V ist es gleichwertig zu "SELECT DISTINCT <V> FROM r".

Und natürlich sind auch noch Formatänderungen dabei gestattet,

```
SELECT  Expression(<S>)  FROM  r  GROUP BY  <V>,
```

also zum Beispiel

```
SELECT  2*AnLager  FROM  Sortiment  GROUP BY  AnLager.
```

Und der Bag r kann selber eine Selektion sein,

```
SELECT  <S>
FROM  (SELECT  *  FROM  r  WHERE  Ψ(r))
GROUP BY  <V>,
```

die kombiniert werden darf in die abgekürzte Schreibweise

```
SELECT  <S>
FROM  r
WHERE  Ψ(r)
GROUP BY  <V>.
```

Und selbstverständlich kann man auch noch das auf den Gruppen operierende "HAVING" (siehe oben) zufügen:

```
SELECT  <S>
FROM  r
WHERE  Ψ(r)
GROUP BY  <V>.
HAVING  Φ(<V>).
```

Interessant wird die Sache aber erst, wenn Bagfunktionen und Gruppierung gemischt werden.

Kombination von Bag Funktionen und Gruppierung

Wir haben im Kapitel über Bags die Kombination von Bagfunktion und Gruppierung schon definiert, wenigstens im Fall der Bagfunktion Summe (in ihrer ALL-Form). Zur Erinnerung war für einen Bag r des Formates R, ein Teilformat S von R und ein Attribut X von R aber nicht von S folgendes definiert worden (SQL lässt auch den Fall zu wo X in S ist, aber dort ist die Bagfunktion gleich der Identität, das heisst zum Beispiel sum(X) = X, ein uninteressanter Spezialfall):

$$sum(r,X) \;=\; \Sigma_{t \in dom(R)} \, r(t) \cdot t(X)$$

und

$$\Sigma_{S,X}(r) \;=\; \{ <t, sum(\{<t,1>\} \bowtie r, X), 1> \mid \; <t,1> \in \delta(\pi_S(r)) \},$$

wo wir statt $\{<t,1>\} \bowtie r$ auch $\sigma_{S=t}(r)$ hätten schreiben können, wobei $S = t$ zum Beispiel für S(A,B,C) eine abgekürzte Vektorschreibweise ist für $<A,B,C> = <t(A),t(B),t(C)>$, das heisst

$$\Sigma_{S,X}(r) \;=\; \{ <t, sum(\sigma_{S=t}(r), X), 1> \mid \; <t,1> \in \delta(\pi_S(r)) \}.$$

Ersetzt man nun "sum(r,X)" durch irgendeine der oben definierten Bagfunktionen "fct(r,X)" und $\Sigma_{S,X}(r)$ durch ein entsprechendes $FCT_{S,X}(r)$, so erhält man die Definition der Kombination der Bagfunktion fct(r,X) mit der Gruppierung über $<S>$, den Attributen von S:

$$FCT_{S,X}(r) \;=\; \{ <t, fct(\sigma_{S=t}(r), X), 1> \mid \; <t,1> \in \delta(\pi_S(r)) \}.$$

In SQL übersetzt ist $FCT_{S,X}(r)$

```
SELECT  <S>, "fct(r,X)  AS  X"
FROM  r
GROUP BY  <S>,
```

also zum Beispiel für r = Lieblingsbier, S(Bname,Bvorname), X = LiterproWoche und fct(r,X) = sum(r,X)

```
SELECT  Bname, Bvorname, SUM(LiterproWoche)  AS  LiterproWoche
FROM  Lieblingsbier
GROUP BY  Bname, Bvorname
```

welches, wie die Definition von $FCT_{S,X}(r)$ für diesen Fall sagt, eine Liste (sogar einen Bag, der eine Relation ist) erstellt von Bier trinkenden Besuchern, die pro Besucher die Gesamtanzahl Liter für alle Biersorten (pro Woche) bringt, die sie trinken.

Es ist hoffentlich kaum nötig, darauf hinzuweisen, dass Renaming von Attributen der Selektliste beliebig sein kann und nicht speziell definiert werden muss für unsere momentanen Betrachtungsweisen (es ist natürlich jederzeit "SELECT Y AS Z FROM (SELECT X AS Y FROM r)" dasselbe wie "SELECT X AS Z FROM r)", daher konnten wir $FCT_{S,X}(r)$ mit "fct(r,X) AS X" definieren, wie wenn der Attributname X in dieser Gruppierungsgeschichte "fest verdrahtet" wäre).

Ein anderes Beispiel. Für r = Gast, S(Rname), X = Frequenz und fct(r,X) = max(r,X) würde $FCT_{S,X}(r)$ dem SQL Statement

```
SELECT  Rname, MAX(Frequenz)
FROM  Gast
GROUP BY  Rname
```

entsprechen, welches die Namen von Restaurants mit Gästen bringt, zusammen mit der grössten vorkommenden (Wochenbesuchs-) Frequenz unter ihren Gästen.

Wollte man übrigens hierzu auch noch die entsprechenden Namen der Gäste höchster Frequenz, so könnte man statt zur Gruppierung zu einer Verschachtelung greifen:

```
SELECT x.Rname, x.Frequenz, x.Bname, x.Bvorname
FROM  Gast  AS  x
WHERE  x.Frequenz = (SELECT  MAX(y.Frequenz)
                     FROM  Gast  AS  y
                     WHERE  y.Rname = x.Rname)
```

In dieser Liste kann dasselbe Restaurant in mehreren Zeilen erscheinen, im Gegensatz zur vorherigen Liste.

Aufgabe 27:

Gesucht sind die Gäste, die mehr als drei Restaurants besuchen oder mehr als dreimal pro Woche ein bestimmtes Restaurant besuchen, und zwar in zwei verschiedenen Formulierungen (mit und ohne GROUP/HAVING).

Aufgabe 28:

Die Gesamtbewertung eines Bieres sei die Summe aller Ausdrücke (11 - Bewertung), für alle Bewertungen, die für dieses Bier gemacht worden sind (eine Einzelbewertung ist desto besser je kleiner sie ist). Gesucht ist eine Liste der Biere, die das Restaurant 'Ochsen' im Sortiment hat, je mit ihren Gesamtbewertungen.

Die Bagfunktionen können nicht direkt geschachtelt werden als Schachtelung von Funktionen (wie zum Beispiel ein Duchschnitt von Durchschnitten). In solchen Fällen müssen die Bags selber geschachtelt werden:

Aufgabe 29:

Gesucht ist die durchschnittliche Gesamtliter (pro Woche) Anzahl aller Besucher (bezogen auf die Lieblingsbiere).

Aufgabe 30:

Gesucht ist eine Liste von Restaurantnamen, zugehörigen Wirtsnamen und Grundstoffen von Biersorten, so dass das Restaurant genau 5 verschiedene Biere mit diesem Grundstoff im Sortiment hat.

Zum Abschluss diese Paragrafen sei noch angemerkt, dass SQL:1999 eine ganze Reihe weiterer Gruppierungsbegriffe eingeführt hat, die sich alle um das Thema Gruppierungen innerhalb von Gruppierungen drehen, unter anderem auch "GROUP BY CUBE", welches den Cube liefert, den wir im Kapitel über das relationale Modell kennengelernt haben.

Views

Die Idee der verschiedenen Sichten auf dieselben Daten ist alt und in gewissem Sinne auch natürlich, da schon sehr früh verschiedene Auswertungen auf derselben Datenbasis programmiert werden mussten. Dementsprechend hat das amerikanische nationale Standardisierungs Institut (ANSI) anfang der 70er Jahre eine Drei Schema Architektur definiert, deren oberster Level aus sogenannten Externen Views besteht, damals als Datenbank Teilmodelle gedacht und als Schnittstellen zu Programmen.

Für Codd war die Sicht des Benutzers von Anfang an (1969) besonders wichtig sowie das Verstecken von für den Benutzer (zB Programmierer) nicht relevanten Fragen der internen Speicherung, des Zugriffes usw.

Nimmt man die beiden Ideen, nämlich diejenige der Auswertung, zB

```
SELECT x.Name, x.Vorname, x.Strasse, x.Gebtag, y.Frequenz
FROM  Besucher AS  x, Gast  AS  y
WHERE  x.Name = y.Bname  AND  x.Vorname = y.Bvorname  AND  y.Rname = 'Ochsen'
```

mit der Idee der Sicht des Benutzers zusammen, was natürlich auch die Ansprechbarkeit der Sicht beinhaltet, so ergibt sich rasch die Notwendigkeit, dem System selber bekanntzugeben, dass eine neue Sicht existiert, die der gegebenen Auswertung entspricht und die zB unter dem Namen 'Ochsengast' ansprechbar sein soll:

```
CREATE VIEW  Ochsengast  AS
   SELECT x.Name, x.Vorname, x.Strasse, x.Gebtag, y.Frequenz
   FROM  Besucher AS  x, Gast  AS  y
   WHERE  x.Name = y.Bname  AND  x.Vorname = y.Bvorname  AND  y.Rname = 'Ochsen'
```

Die Betonung liegt auf der neuen Sicht auf die alten Daten, dh das System merkt sich im Systemkatalog nur die Definition der Sicht, es werden keine Gästedaten herumgeschoben, und wenn ein Benutzer zB die Abfrage

```
SELECT Name
FROM Ochsengast
WHERE Vorname = 'Hans'  AND  Strasse = 'Bachweg'
```

übergibt, nimmt das System für den Benutzer unsichtbar die Definition der View 'Ochsengast' und mischt sie mit der Abfrage, sodass das Resultat dem Ergebnis von

```
SELECT x.Name, x.Vorname, x.Strasse, x.Gebtag, y.Frequenz
FROM  Besucher AS  x, Gast  AS  y
WHERE  x.Name = y.Bname  AND  x.Vorname = y.Bvorname  AND  y.Rname = 'Ochsen'
   AND  x.Vorname = 'Hans'  AND  x.Strasse = 'Bachweg'
```

entspricht.

Da man Abfragen auf Sichten behandeln können soll wie wenn die Views Basistabellen
wären, liegt es nahe, auch die Definition von weiteren Views zu gestatten, die sich nicht nur
auf die Basistabellen mit den gespeicherten Daten abstützen, sondern auch auf bereits
definierte Views:

    CREATE VIEW MNamen (Name) AS
        SELECT Name FROM Ochsengast WHERE Name LIKE 'M%'

Aufgabe 31:

Die Abfrage "SELECT Name FROM MNamen WHERE Name LIKE '_ü%'"
wird vom System übersetzt in eine Abfrage von Basistabellen. Wie könnte die Uebersetzung
lauten?

Ein schon früh hochgehaltener Vorteil von Views ist die Tatsache, dass sie als Sichten bis zu
einem gewissen Grade immun sind gegen Restrukturierungen der zugrundeliegenden
Basistabellen.

Wenn zum Beispiel die Basistabelle 'Besucher' eine weitere Kolonne erhält, kann dies
gemacht werden ohne dass sich an der View 'Ochsengast' etwas ändert.
Wenn die Bierdatenbank aus irgendwelchen Gründen stärker verändert wird, ist es unter
Umständen immer noch möglich, die Sicht 'Ochsengast' aufrechtzuerhalten (was nötig sein
kann, wenn stark nach ihr gefragt wird). Allerdings kann es sein, dass die View gelöscht und
wieder neu erstellt werden muss (in einer Randstunde wenn möglich).

Was das Lesen anbelangt, kann eine View angesprochen werden wie wenn es eine
Basistabelle wäre. Wie steht es aber mit Updates (INSERT, DELETE, UPDATE)? Betrachten
wir ein Beispiel.

    UPDATE Ochsengast
    SET Frequenz = 5
    WHERE Name = 'Meier' AND Vorname = 'Hans'

Dieser Update liesse sich eindeutig in einen Update der Basistabellen, im Falle der View
'Ochsengast' die Tabellen 'Besucher' und 'Gast', übersetzen,

    UPDATE Gast
    SET Frequenz = 5
    WHERE Bname = 'Meier' AND Bvorname = 'Hans',

der sich auch in der View widerspiegelt wie gewünscht.

Beim folgenden Delete Wunsch,

    DELETE FROM Ochsengast
    WHERE Name = 'Meier' AND Vorname = 'Hans',

wird die Sache schon schwieriger. Soll das System den Hans Meier ganz löschen, das heisst
aus 'Besucher' sowie aus 'Gast' mit allen Restaurants, oder soll die Uebersetzung einfach
lauten

```
DELETE  FROM  Gast
WHERE  Bname = 'Meier'  AND  Bvorname = 'Hans'  AND  Rname = 'Ochsen' ?
```

Hier gäbe es also mehrere mögliche Updates der Basistabellen, welche den Delete Wunsch widerspiegeln würden.

Dann gibt es natürlich auch Views, bei denen es keine Updates der zugrundeliegenden Basistabellen gibt, welche die gewünschten Updates der View spiegeln. Ein triviales Beispiel wäre

```
CREATE VIEW  Konstant  AS
    SELECT  'eine Besucherzeile'  FROM  Besucher.
```

Codd hatte in der Zeitschrift Computerworld 12 berühmte Regeln aufgestellt (Codd 1985), die ein Datenbanksystem zu erfüllen hätte, um sich 'relational' nennen zu dürfen. Die Regel Nummer 6 lautete, dass das System jede View updaten können muss, welche theoretisch updatebar ist. Theoretisch updatebar hiess, dass für die View eine Updatefunktion für die Basistabellen existiert, welche jeden View Update so übersetzt, dass er sich wie gewünscht in der View spiegelt (ohne zwingend eindeutig zu sein). Die View 'Ochsengast' wäre in diesem Sinne theoretisch updatebar, die View 'Konstant' nicht.

So wie die Regel formuliert war, ist sie aber nicht erfüllbar, **es kann keinen Algorithmus geben, der für beliebige Views herausfindet, ob sie theoretisch updatebar sind oder nicht** (Buff 1988).

Codd hat nachher ein paar prinzipielle Fälle definiert, in denen ein Update gestattet sein soll (Codd 1990), und genau so tun es die Systeme. Bis und mit SQL92 verlangte der Standard, dass eine View updatebar sein soll, wenn sie keinen Join (Kreuzprodukt), keine UNION, keine Bagfunktionen wie SUM usw enthalten. SQL:1999 schliesst Joins nicht mehr aus (ANSI 1999, Seiten 262 und 269). Was die Systeme daraus machen werden, ist eine andere Frage.

Am besten orientiert man sich an den Systemmanuals des betreffenden Datenbanksystems. Noch besser ist, nur Views zu definieren, die read-only gebraucht werden (der in den 80er Jahren in aller einschlägiger Literatur zu findende Ratschlag für Programmierer, nur auf Views zuzugreifen statt direkt auf Tabellen, scheint vom einen dem anderen abgeschrieben worden zu sein, und der erste hat sich nichts gedacht).

Aufgabe 32:

Nehmen wir an, wir arbeiten in einem System, welches Updates von Views, die mit Kreuzprodukt definiert sind, nicht zulässt. Wie könnte man die Definition der View 'Ochsengast' anders gestalten (auf das Attribut Frequenz muss allerdings verzichtet werden), sodass es eventuell doch geht?

Es gibt noch einen weiteren erwähnenswerten Effekt bei der Aenderung von View Inhalten. Gegeben sei die View

```
CREATE VIEW  Senioren (Name, Vorname, Geburtsdatum) AS
    SELECT  Name, Vorname, Gebtag
    FROM  Besucher
    WHERE  YEAR(CURRENT DATE) - YEAR(Gebtag) > 60
```

Angenommen, jemand weiss nicht genau, wie die View definiert ist und sieht nach

    SELECT * FROM Senioren

einen Eintrag (Brunner, Josef, 31.12.1942) und setzt einen Update ab zur Aenderung des Geburtsdatums (es ist erst jetzt herausgekommen, dass Brunner eigentlich eine halbe Sekunde nach Mitternacht des Silvesterabends geboren wurde).

    UPDATE Senioren
    SET Geburtsdatum = '1.1.1943'
    WHERE Name = 'Brunner' AND Vorname = 'Josef'.

Das System akzeptiert die Aenderung, aber jetzt fällt der Eintrag (Brunner, Josef, 1.1.1943) aus der View Definition heraus (wir sind mit CURRENT DATE im Jahre 2003), das heisst, er ist in Senioren nicht mehr sichtbar, und damit für denjenigen, der nur Zugang hat zur View 'Senioren', nicht mehr zurückzuholen. Es kann den Update nur noch jemand rückgängig machen, der Zugang hat zur Basistabelle 'Besucher'.

SQL bietet für diesen Fall eine Bremse an, nämlich die **Checkoption**. Definiert man die Senioren View als

    CREATE VIEW Senioren (Name, Vorname, Geburtsdatum) AS
      SELECT Name, Vorname, Gebtag
      FROM Besucher
      WHERE YEAR(CURRENT DATE) - YEAR(Gebtag) > 60
    WITH CHECK OPTION,

dann würde das System einen Update, welcher eine Zeile aus der View hinauswirft, zurückweisen. Man kann durch die Wahl von CASCADED oder LOCAL (Check Option) sogar unterscheiden, ob der Check durch alle eventuell der View Senioren zugrundeliegenden Views durchgezogen werden soll oder nur in Senioren selber. Aber das sind nichts als Spielereien.

Views sind wie gesagt vor allem als read-only Sichten interessant. Man kann einem Benutzer einiges abnehmen, zum Beispiel komplizierte Währungsumrechnungen, die in die View Definition fliessen und die der Benutzer dann nicht mehr selber formulieren muss.
Man kann auch die Zugriffsauthorisierung steuern, indem man für jede Benutzergruppe eine View definiert, welche die Daten enthält, die für diese Gruppe zulässig sind, und dann die Views den entsprechenden Gruppen zugänglich machen. Oder sogar jedem einzelnen Benutzer.

Nehmen wir zum Beispiel für den Moment einmal an, die zugrundeliegende Tabelle 'Besucher' hätte eine Kolonne 'Uid', welche die Betriebssystem Userid der betreffenden Person enthält. Die View

    CREATE VIEW PersönlicheSicht AS
      SELECT * FROM Besucher WHERE Uid = USER

kann ohne Bedenken allen zugänglich gemacht werden ("GRANT SELECT TO PUBLIC"), da jeder nur die Zeile(n) sieht, bei denen Uid seine persönliche Useridentifikation enthält.

Für die folgenden paar Aufgaben ist die Tabelle T(A,B) mit Inhalt gegeben:

T	
A	B
a	1
a	2
b	2

sowie die Views

V1: CREATE VIEW V1(A,B) AS SELECT A,SUM(B) AS B FROM T GROUP EY A

V2: CREATE VIEW V2(A,B) AS SELECT V1.A,SUM(T.B*V1.B) AS B FROM T,V1
                    WHERE T.A = V1.A GROUP BY V1.A

V3: CREATE VIEW V3(A,B) AS SELECT A,SUM(B)*SUM(B) AS B FROM T GROUP BY A

Aufgabe 33:

Was liefern die folgenden Queries für Resultate ("von Hand" berechnen)?

    Q1: SELECT SUM(B) AS B FROM V2 WHERE
          EXISTS (SELECT * FROM T   WHERE T.B*T.B = V2.B)

    Q2: SELECT SUM(B) AS B FROM V2 WHERE
          EXISTS (SELECT * FROM T,V2 WHERE T.B*T.B = V2.B)

    Q3: SELECT SUM(V1.B) AS B FROM V1,V2

    Q4: SELECT SUM(V1.B) AS B FROM V1,V2 WHERE V1.A = V2.A

    Q5: SELECT * FROM V2 WHERE NOT EXISTS
          (SELECT * FROM V3 WHERE V2.A = V3.A AND V2.B = V3.B)
        UNION
        SELECT * FROM V3 WHERE NOT EXISTS
          (SELECT * FROM V2 WHERE V2.A = V3.A AND V2.B = V3.B)

Aufgabe 34:

(eine etwas kniffligere Frage)
Ist das Ergebnis von Query Q5 abhängig vom Inhalt der Tabelle T?

Aufgabe 35:

Die gegebene Ausgangstabelle habe statt obigem den folgenden Inhalt, wobei x eine unbekannte Zahl ist:

T	
A	B
a	x
a	2
b	2

Wie gross muss x sein, damit die Query "SELECT AVG(B) AS B FROM V2" als Antwort den Bag {<10,1>} zum Format T1(B) liefert?

Aufgabe 36:

Kann die View V1 (in irgendeinem System) updatable sein?

NULL

Wir haben das Thema der NULLs hinausgezögert, solange es ging, um den Hauptteil der Strukturdiskussion von SQL möglichst wenig zu belasten.

NULLs stammen aus der Diskussion um sogenannte **'missing information'**, mit der sich schon die CODASYL data base study group ANSI/X3/SPARC hervorgetan hatte, und 14 verschiedene Sorten von missing information glaubte erkennen zu müssen (Codasyl 1975).

Noch in den 70er Jahren wurde auch das relationale Modell mit NULLs infiziert, sogar Codd beschäftigte sich spätestens 1975 und definitiv in seinem zweiten berühmten Artikel damit (Codd 1979). Sehr wahrscheinlich war das eine Konzession an (das vom Pentagon iniziierte) CODASYL, welches mächtige Argumente zugunsten von NULLs vorzubringen hatte (welcher Pentagon Manager wird nicht begeistert sein bei der Aussicht, die missing information in den Griff zu kriegen).

Es gibt eine grosse Menge seriöser und weniger seriöser Veröffentlichungen zum Thema NULLs und missing information, aber bemerkenswerterweise ist der Haupthast der relationalen Theorie, zum Beispiel praktisch die ganze Normalisierungstheorie, davon unberührt geblieben.

Leider haben sich NULLs in SQL nicht nur eingeschlichen, sondern eingefressen, indem zum Beispiel, was wir bei CREATE TABLE schon haben kennenlernen müssen, der Default für eine Spalte der ist, dass sie NULLs zulässt, und dass man "NOT NULL" explizit verlangen muss. Der prominenteste Kritiker von SQL, Chris Date, hat sich wenigstens in einem Punkt durchsetzen können, nämlich dass Primary Key Attribute als NOT NULL deklariert sein müssen. Damit wird sich mancher auch für Schlüsselattribute ein NOT NULL überlegen, weiss man doch nie so recht, ob nicht vielleicht ein Schlüssel in einer Datenbankerweiterung plötzlich zum Primary Key erhoben werden muss (damit man von andernorts darauf Bezug nehmen kann).

Es werden in der Datenbank Literatur vielerorts Argumente für NULLs vorgebracht, die aber samt und sonders fadenscheinig sind und von vielen prominenten Autoren schon in den 80er Jahren widerlegt worden sind. Wir werden im Kapitel Datenmodellierung noch Möglichkeiten kennenlernen, wie man NULLs vermeiden kann.

Aber da die NULLs nun einmal da sind, müssen wir uns mit deren Struktur beschäftigen.

Erinnern wir uns an die Definition der Tabelle 'Besucher':

```
CREATE TABLE Besucher
          (Name      CHAR(20)     NOT NULL,
           Vorname   CHAR(20)     NOT NULL,
           Strasse   VARCHAR,
           Gebtag    DATE,
           PRIMARY KEY (Name,Vorname)).
```

Die Attribute 'Name' und 'Vorname' lassen NULLs nicht zu, hingegen die Attribute 'Strasse' und 'Gebtag' schon. Das bedeutet, dass Zeileninhalte in den Spalten 'Name' und 'Vorname' Werte aus der Domäne dom(Name) = dom(Vorname) = CHAR(20) haben, in den Spalten 'Strasse' und 'Gebtag' hingegen aus einer je erweiterten Domäne,

$$\text{extendeddom(Strasse)} = \text{VARCHAR} \cup \{\text{NULL}\},$$
$$\text{extendeddom(Gebtag)} = \text{DATE} \cup \{\text{NULL}\}.$$

Ob das NULL von 'Strasse' "dasselbe" ist wie dasjenige von 'Gebtag', ist nicht relevant, es handelt sich um einen einzigen Begriff, der vom Datenbanksystem verwaltet wird. In Darstellungen von Tabellen mit Spalteninhalten von NULL werden diese oft durch Strichlein markiert, wie zum Beispiel

Besucher			
Name	Vorname	Strasse	Gebtag
Sonderegger	Martin	-	2.7.1981
Hofstetter	Anton	Kirchgasse	-
Schmid	Irmgard	-	-
Meier	Anna	Bachweg	5.5.1950

Beim Sonderegger ist also quasi die Strasse unbekannt, beim Hofstetter der Geburtstag, und bei der Schmid beides.

Die Abfrage

```
SELECT * FROM Besucher WHERE Strasse IS NULL
```

liefert in diesem Fall den Sonderegger und die Schmid zurück ("IS NULL" ist Cobol Jargon, "Strasse = NULL" ist nicht gestattet, ausser bei UPDATE Besucher SET Strasse = NULL WHERE .....).

Aus der Idee heraus, dass für den Sonderegger das Prädikat "Strasse = 'Kirchgasse'" nicht richtig sein darf, aber auch nicht falsch, gebiert sich die Notwendigkeit eines sogenannten dritten Wahrheitswertes (nebst TRUE und FALSE), nämlich **UNKNOWN**.

Damit ändert sich **alles**, denn **jetzt befinden wir uns nicht mehr in einer zweiwertigen, sondern in einer dreiwertigen Logik.**

Die vertraute zweiwertige Logik hat man seit mehr als 100 Jahren bestens im Griff durch ein paar wenige, jedem einleuchtende Identitäten der booleschen Algebra. Genauso wie beim Uebergang vom relationalen Modell zur Welt der Bags gehen aber beim Uebergang zu einer dreiwertigen Logik ein paar grundlegende Gesetze verloren. Dieser Verlust zwingt einen genau wie beim Verlust der Relationen ständig zu Extra- und Sonderüberlegungen, wir werden noch Beispiele sehen.

Zum Glück hat sich wenigstens der Vorschlag von Codd, sogar eine vierwertige Logik mit zwei Sorten NULLs ('not applicable' und 'applicable but not known') nicht durchgesetzt. Die von Codd zum Beispiel in (Codd 1990) vorgeschlagene **vierwertige Logik** hat im Vergleich zu booleschen Algebren eine sehr hässliche Charakterisierung durch Identitäten (Buff 1991b), was bereits die einfachsten aussagenlogischen Umformungen, die der Optimizer eines Datenbanksystems machen können sollte, äusserst mühsam macht.

Zurück zu SQL und seiner dreiwertigen Logik. Betrachten wir unser Beispiel der Besucher Tabelle. Vom Sonderegger weiss die Tabelle also die Strasse nicht. Insbesondere ist unklar, ob er an der Kirchgasse wohnt oder nicht. Ein gewiefter Benutzer bildet dies sogar in eine Abfrage ein (im Sinne von "ich weiss dass Du nicht weisst"):

```
SELECT  *
FROM  Besucher
WHERE  Name = 'Sonderegger'  AND  Vorname = 'Martin'
   AND (Strasse = 'Kirchgasse'  OR  NOT(Strasse = 'Kirchgasse')).
```

Was erhält er zurück? Nichts.

Der Grund ist der, dass das SQL statement "SELECT * FROM r WHERE $\Psi(r)$", also die normale Bagselektion, nur Zeilen zurückbringt bei denen die Selektionsbedingung $\Psi(r)$ zum Wahrheitswert TRUE auswertet.

Um den Wahrheitswert $\|\Psi\|$ einer Bedingung Ψ (vorerst für boole'sche Ausdrücke) möglichst einfach zu definieren, ordnen wir den Wahrheitswerten FALSE, UNKNOWN, TRUE die Zahlenwerte 0, $\frac{1}{2}$, 1 (in dieser Reihenfolge) zu und definieren rekursiv

$$\|\Phi \text{ AND } \Psi\| = \min\{\|\Phi\|, \|\Psi\|\},$$
$$\|\Phi \text{ OR } \Psi\| = \max\{\|\Phi\|, \|\Psi\|\} \text{ und}$$
$$\|\text{NOT}(\Phi)\| = 1 - \|\Phi\|.$$

Die Wahrheitswerte für atomare Bedingungen wie zum Beispiel "Strasse = 'Kirchweg'" usw sind natürlich $= 0$, falls an der betreffenden Zeile das Attribut 'Strasse' definiert ist, dh nicht NULL ist, und der Wert aber verschieden von dem Wert 'Kirchgasse', und er ist $= \frac{1}{2}$, falls Strasse nicht definiert ist, dh NULL ist, und $= 1$, falls er definiert ist und gleich 'Kirchgasse'.

Aufgabe 37:

Man berechne den Wahrheitswert der WHERE Bedingung der obigen Query an der Stelle der Zeile von Sonderegger.

Aufgabe 38:

Man zeige, dass auch in dieser dreiwertigen Logik x OR (y AND z) = (x OR y) AND (x OR z) gilt, sowie auch das dazu duale Distributivgesetz.

Aufgabe 39:

Auf die obige 'Besucher' Tabelle (mit Sonderegger, Hofstetter, Schmid und Meier) wird die Query

  SELECT Name FROM Besucher WHERE NOT(Strasse = Strasse OR NOT(Gebtag = Gebtag))

abgesetzt. Was kommt heraus?

Das relationale Modell handelt von Mengen M (bestehend aus Tupeln), Elementen x (Tupeln) und der Frage, ob $x \in M$ ist oder nicht.
Beim Uebergang zu Bags haben wir gesehen, dass sozusagen $x \in M$ verallgemeinert worden ist zu $x \in^n M$ mit n als Multiplizität (wir haben den Formalismus anders gewählt).
Beim Uebergang zur dreiwertigen Logik sehen wir nun, dass das klassische $\in$ noch auf eine andere Art verallgemeinert wird sagen wir zu $x \in^{(3VL)} M$ (auch hier wählen wir den

Formalismus anders, nämlich wir sagen dass der Wahrheitswert $\|x \in M\|$ statt wie bisher die Werte 0 und 1 (für false und true) nun die Werte 0, ½ und 1 (für false, unknown und true) annehmen kann).
Jedenfalls ist das klassische $\in$ auf zwei verschiedene Arten verallgemeinert worden, die natürlich auch gemischt auftreten können.

Betrachten wir eine IN-subquery, wo es um das Thema $x \in M$ geht. Es kann dann natürlich $\|x \text{ IN subquery}\| = $ ½ sein sowohl als auch $\|NOT(x \text{ IN subquery})\| = $ ½ . Zum Beispiel wollen wir wissen, wer an derselben Strasse wohnt wie Sonderegger (und wissen vielleicht nicht, dass die Strasse von Sonderegger nicht definiert ist, dh NULL ist):

```
SELECT  *
FROM  Besucher
WHERE  Strasse IN (SELECT Strasse
                   FROM  Besucher
                   WHERE  Name = 'Sonderegger'  AND  Vorname = 'Martin')
```

Es kommt nichts heraus da die Subquery einen Bag produziert, dessen einziges Element <NULL,1> ist. Dann versuchen wir es mit einer Bedingung, die das genaue Gegenteil ist:

```
SELECT  *
FROM  Besucher
WHERE  NOT (Strasse IN (SELECT Strasse
                        FROM  Besucher
                        WHERE  Name = 'Sonderegger'  AND  Vorname = 'Martin')).
```

Es kommt wieder nichts heraus.

Etwas abstrakter formuliert, sind wir uns aus der klassischen Logik gewohnt, dass

$$\sigma_{\psi \vee \neg \psi}(r) = r$$

ist. Dies gilt für alle Bags in der zweiwertigen Logik, nicht aber in der dreiwertigen bei Vorhandensein von NULLs. Nebenbei gesagt, würde im relationalen Modell sogar

$$\sigma_{\psi}(r) \ \cup \ \sigma_{\neg \psi}(r) = r$$

gelten, von dem wir aber wissen, dass dies bereits bei Bags nicht mehr gilt. Bei klassischen Bags gilt stattdessen

$$\sigma_{\psi}(r) \ \sqcup \ \sigma_{\neg \psi}(r) = r,$$

bei dreiwertigen (mit NULLs) aber eben auch nicht mehr.

Daran könnte man sich gewöhnen, wenn man sauber eine mathematische Denk- und Schreibweise durchziehen könnte. Das ist aber leider nicht der Fall, weil in SQL zuviele Unsauberkeiten vorkommen. Ein Beispiel haben wir schon gesehen, nämlich dass eine Subquery auch so verwendet werden darf, wie wenn es eine Funktion wäre, das heisst wie wenn sie keinen Bag, sondern einen Einzelwert zurückgeben würde. Wir nehmen ein ähnliches Beispiel nochmals auf.

```
SELECT  *
FROM  Restaurant
WHERE  Name = (SELECT  Rname
              FROM  Gast
              WHERE  Bname = 'Meier'  AND  Bvorname = 'Hans')
```

Nehmen wir an, Hans Meier besucht mehr als ein Restaurant. Dann ist die Subquery keine Funktion, und das System reklamiert mit einer Fehlermeldung. Wenn er genau ein Restaurant besucht, dann ist die Subquery eine Funktion (liefert genau einen Wert), und es kommt die richtige Antwort, nämlich das Restaurant in welchem er verkehrt.

Nun kommt aber der blöde Fall. Wenn Hans Meier in keinem Restaurant verkehrt, sollte SQL auch reklamieren, dass die Subquery keine Funktion ist. Das macht es aber nicht, sondern **wenn der Ergebnisbag der Subquery leer ist, wird als Funktionswert NULL zurückgegeben.** Dies hat hier zwar zur Folge, dass die ganze Query nichts liefert, was inhaltlich stimmt, aber der Uebergang zur Negation

```
SELECT  *
FROM  Restaurant
WHERE  NOT (Name = (SELECT  Rname
              FROM  Gast
              WHERE  Bname = 'Meier'  AND  Bvorname = 'Hans'))
```

liefert dann auch nichts, was inhaltlich nicht mehr stimmt.

Ein vielleicht subtileres Beispiel ist

```
SELECT  Suppenpreis
FROM  Restaurant
WHERE  Name ≠ (SELECT  Name
               FROM  Restaurant
               WHERE  Suppenpreis = 7.50).
```

Wenn diese Query nichts liefert, dann schliesst der Benutzer vielleicht, dass die Suppenpreise in *allen* Restaurants 7.50 sind (wir wissen unterdessen, dass es auch heissen kann, dass *kein* Restaurant einen Suppenpreis von 7.50 hat).

Wer übrigens meint, Benutzer schrieben doch keine solchen Queries, hat noch nie in der Praxis gearbeitet. Solche Queries können auch als Grenzfälle von mit Parametern programmierten auftreten, also sogar von Informatik Profis produziert werden.

Auch bereits bei atomaren arithmetischen Bedingungen gibt es komische Effekte. Wir alle

haben gelernt, dass man nicht durch die Zahl 0 dividieren darf und dass $0 \cdot Zahl = 0$ ist für alle Zahlen. Wer aber meint, bei

```
SELECT  Name  FROM Restaurant  WHERE  0*Suppenpreis = 0
```

kämen alle Restaurant(namen) heraus, der täuscht sich. Es kommen nur diejenigen bei denen der Suppenpreis nicht NULL ist, also genau dieselben wie bei

```
SELECT  Name  FROM Restaurant  WHERE  NOT (Suppenpreis IS NULL).
```

Einen NULL "Wert" darf man in SQL durch 0 dividieren (es kommt NULL heraus), dabei sollte bei jeder Division durch 0 der Computer explodieren (na ja, wenigstens das Programm, so wie wir uns das gewohnt sind). Und natürlich werden auch Prädikate wie "x LIKE '%'" oder "x between 1 AND -1", die immer richtig respektive immer falsch sein sollten, zu unknown ausgewertet, falls x NULL ist.

Wir sind immer noch bei atomaren und boole'schen Prädikaten. Zwar nicht im Kern von SQL, aber trotzdem seit SQL92 dabei sind Prädikate für den Test von Wahrheitswerten anderer Prädikate, nämlich "pred IS TRUE", "pred IS NOT FALSE", "pred IS UNKNOWN", usw (alle sechs Kombinationen für true, unknown und false, je mit oder ohne 'not'). All diese Bewertungsprädikate sind zweiwertig, was die wüste Konsequenz hat, dass zum Beispiel "pred IS NOT TRUE" und "NOT pred" logisch nicht gleichwertig sind (wenn pred unknown ist, dann ist ersteres false und letzteres unknown).

Mit SQL:1999 ist ein neuer Basis Datentyp, BOOLEAN eingeführt worden (den vielleicht zu unser aller Glück noch nicht viele Systeme als Basistyp implementiert haben). Damit wird die Sache vollends absurd, denn einem Attribut des Typs BOOLEAN kann nur der Wert 'unknown' zugeordnet werden, wenn das Attribut NULLs zulässt (nicht mit NOT NULL definiert ist).

Einzelne Systeme haben bereits 'row-constructors' implementiert. Auch hier muss man sich verwundern:
Absurderweise ist (x,y) nicht als NULL definiert, wenn eine Komponente NULL ist (dann wäre es ja als Vektor nicht bekannt), sondern wenn beide NULL sind:

(x,y) IS NULL ist gleichwertig zu (x IS NULL) AND (y IS NULL).

Nur (x,y) IS NOT NULL ist definiert wie man es erwarten würde, nämlich

(x,y) IS NOT NULL ist gleichwertig zu (x IS NOT NULL) AND (y IS NOT NULL).

Dies hat, ausser dass es gegen die Intuition geht, die blöde Konsequenz dass

(x,y) IS NOT NULL   und   NOT (x,y) IS NULL

nicht mehr gleichwertig sind.

Nun zu den Quantoren.

Aus logischer Sicht wäre an sich auch für dreiwertige Wahrheitsbelegung $\|\exists x \in r\ \Psi(x)\|$ definiert, nämlich als

$$\|\exists x \in r\ \Psi(x)\| = \max\{\|\Psi(x)\| \mid x \in r\}.$$

Nun hat aber SQL den EXISTS Quantor anders definiert, nämlich als

$$\|EXISTS\ x \in r\ \Psi(x)\| = \max\{\|\exists x \in r\ \Psi(x)\| + \|\exists x \in r\ \Psi(x)\| - 1\ ,\ 0\},$$

dh statt den richtigen Wert w nimmt SQL max{w + w - 1,0}, das heisst für w = 1 wird der Wert 1, und für w = 0 oder w = ½ wird der Wert 0. Anders gesagt, **kennt SQL bei EXISTS den Wahrheitswert ½ nicht**, sondern setzt 'unknown' auf 'false'.

Dies hat äusserst unangenehme Effekte zur Folge.

Betrachten wir die beiden Queries

Q1:   SELECT * FROM Besucher
       WHERE Strasse = Strasse

und

Q2:   SELECT * FROM Besucher AS x
       WHERE EXISTS (SELECT * FROM Besucher AS y WHERE x.Strasse = y.Strasse)

Aus unserer obigen 'Besucher' Tabelle liefern Q1 und Q2 beide dasselbe, nämlich Hofstetter und Meier.
Jetzt gehen wir in beiden Queries zur Negation der ganzen WHERE Bedingung über:

Q3:   SELECT * FROM Besucher
       WHERE NOT (Strasse = Strasse)

und

Q4:   SELECT * FROM Besucher AS x
       WHERE NOT EXISTS (SELECT * FROM Besucher AS y WHERE x.Strasse = y.Strasse)

Jetzt kommt die Ueberraschung (wir würden erwarten, dass Q3 und Q4 ebenfalls dasselbe liefern). Q3 liefert die leere Tabelle, und Q4 liefert den Sonderegger und die Schmid.

Der Effekt kommt daher, dass die oben gezeigte Funktion max$\{w + w - 1, 0\}$ in der Negation ½ zu 1 macht (EXISTS macht ½ zu 0, und NOT EXISTS macht ½ zu 1).
Die Verunsicherung von Benutzern wegen diesem Effekt ist in der Praxis schon mehrfach beobachtet worden.

Es dürfen hier allerdings zwei Dinge erwähnt werden. Erstens gibt es zwei quantorenähnliche Konstrukte, **SOME** und **ALL**, welche zusammen mit einem Vergleichsoperator ($=, \neq, <, \leq, >, \geq$) bei Subqueries verwendet werden dürfen, und welche NULLs richtig behandeln.
Es ist nämlich für einen Vergleichsoperator θ und einen Tabellenausdruck
"SELECT y FROM r WHERE $\Psi(y)$"

$$\|x \ \theta \ \text{SOME (SELECT y FROM r WHERE } \Psi(y,r))\| = \max\{\|x \ \theta \ y\| \mid \Psi(y,r)\}, \text{ und}$$
$$\|x \ \theta \ \text{ALL (SELECT y FROM r WHERE } \Psi(y,r))\| = \min\{\|x \ \theta \ y\| \mid \Psi(y,r)\},$$

wobei $\max\{\|x \ \theta \ y\| \mid \Psi(y,r)\} = 0$ und $\min\{\|x \ \theta \ y\| \mid \Psi(y,r)\} = 1$ ist falls $\{y \mid \Psi(y,r)\}$ leer ist.

Also zum Beispiel

```
SELECT  *
FROM  Gast
WHERE  Frequenz > ALL (SELECT  Frequenz
                       FROM  Gast
                       WHERE  Rname = 'Ochsen')
```

bringt alle Gäste deren (Restaurant Besuchs) Frequenz grösser ist als diejenige aller Gäste des 'Ochsen'. Das Verhalten bei NULL ist richtig: Gibt es auch nur einen Ochsengast ohne definierte Frequenz, bringt die Query nichts.

Aufgabe 40:

Man formuliere eine zur obigen gleichwertige Query ohne das "> ALL" Konstrukt.

Zweitens darf erwähnt werden, dass SQL:1999 zwei neue (richtige) Quantoren eingeführt hat mit dem richtigen Verhalten in der dreiwertigen Logik, nämlich "**FOR SOME**" und "**FOR ALL**". Sie gehören allerdings nicht zum Kern des SQL Standard.

Das obige Beispiel würde dann mit dem dreiwertigen Allquantor so aussehen:

```
SELECT  *
FROM  Gast AS  x
WHERE  FOR ALL (SELECT  *
                FROM  Gast AS  y
                WHERE  Rname = 'Ochsen')  (x.Frequenz > y.Frequenz)
```

Diese dreiwertigen Quantoren haben bisher allerdings keine grosse Verbreitung gefunden. Bemerkenswert ist, dass der dreiwertige Allquantor explizit ist im Gegensatz zum zweiwertigen, der mit EXISTS und NOT umschrieben werden muss. Bei den quantorenähnlichen Konstrukten sowie den dreiwertigen Quantoren kann "SOME" auch durch "ANY" ersetzt werden, was allerdings zu Verwirrung führen kann, da in vielen englischen Sätzen das Wort 'any' die Bedeutung des deutschen 'alle' hat.

Nun noch zu den Gruppierungen und zugehörigen Bagfunktionen.

Wir haben gesehen, dass bei gewöhnlichen arithmetischen Operationen NULL herauskommt, wenn einer der Operanden NULL ist, was auch Sinn macht. Also zum Beispiel in

    SELECT Bname, Bvorname, Bewertung + LiterproWoche FROM Lieblingsbier

wird die Summe 'Bewertung + LiterproWoche' NULL wenn 'Bewertung' NULL ist oder 'LiterproWoche' NULL ist oder beide NULL sind.

Bei Gruppierungen aber werden NULLs bei allen Bagfunktionen (ausser COUNT) übergangen.

    SELECT Bname, Bvorname, SUM(Bewertung)
    FROM Lieblingsbier
    GROUP BY Bname, Bvorname

Hat zum Beispiel Hans Meier für ein Bier die Bewertung 5, für eines die Bewertung 2 und für eines keine Bewertung (Bewertung NULL), so ist die SUM(Bewertung) seiner Gruppe 7. Und hat er für seine Biere nur NULLs in den Bewertungen, ergibt die Summe selber NULL, aber eigentlich nicht weil dann die Arithmetik richtig funktionieren würde, sondern weil die Gruppe der zum Zusammenzählen in Frage kommenden Werte leer ist, dh Bagfunktionen über leere Gruppen liefern NULL (statt 0 im Falle von SUM, usw).

Die Tatsache, dass Arithmetik über die Elemente einer Gruppe anders funktioniert als die gewöhnliche Arithmetik, hat beispielsweise zur Folge, dass die Query

    SELECT Bname, Bvorname, SUM(Bewertung + LiterproWoche)
    FROM Lieblingsbier
    GROUP BY Bname, Bvorname

nicht dasselbe liefert wie die Query

    SELECT Bname, Bvorname, SUM(Bewertung) + SUM(LiterproWoche)
    FROM Lieblingsbier
    GROUP BY Bname, Bvorname

(ausser wenn keine NULLs vorliegen natürlich), das heisst die Summation als solche ist nicht mehr assoziativ und kommutativ, wie sie eigentlich sollte (natürlich ist sie das in der Computerei sowieso nicht wegen den Rundungsfehlern, aber der dargestellte Sachverhalt im Zusammenhang mit NULLs ist viel schlimmer).

Aufgabe 41:

Einer der beiden Summenausdrücke in den beiden obigen Queries ist im Allgemeinen kleiner als der andere (nie grösser). Welcher?

Des weiteren ist AVG nicht mehr SUM geteilt durch COUNT (weil AVG und SUM NULLs übergehen, COUNT aber nicht). Und so weiter und so fort.

Es soll an dieser Stelle nicht unerwähnt bleiben, dass auch die Optimizer Komponente von Systemen (welche versucht, optimale Pfade des Zugriffs für gegebene Queries zu finden)

Schwierigkeiten bekommt wenn NULLs zugelassen sind. Die Gründe sind manigfaltig, einen können wir hier kurz betrachten.

Es geht um die Implikation von Bedingungen, $\alpha \to \beta$ ("wenn α dann β"). In der zweiwertigen Logik ist $\alpha \to \beta$ definiert als $\neg\alpha \vee \beta$, so muss man es in SQL auch ausdrücken ("NOT(α) OR β"). Somit ist der Wahrheitswert $\|\alpha \to \beta\| = \max\{1 - \|\alpha\|, \|\beta\|\}$. Nun gibt es in der dreiwertigen Logik mehr als eine Möglichkeit, eine Implikation zu definieren, aber es ist naheliegend, die gegebene Definition des zweiwertigen Falles zu verallgemeinern, dh $\alpha \to \beta \equiv \neg\alpha \vee \beta$.

Der Optimizer hat unter Umständen das, was ein prominentes System allzu vornehm als 'algebraic transitive closure' bezeichnet, nämlich er schliesst von $A=B \wedge B=C$ auf $A=C$ (um damit weitere Zugriffspfade zu haben). Mit anderen Worten verlässt er sich auf die Gültigkeit von

$$A = B \wedge B = C \;\to\; A = C.$$

Nun ist in der zweiwertigen Logik diese Transitivität der Gleichheit immer wahr, dh $\|A=B \wedge B=C \to A=C\| = 1$, für alle (Attribute) A, B und C. In der zweiwertigen Logik darf der Optimizer der Bedingung $A=B \wedge B=C$ die Bedingung $A=C$ hinzufügen zu $A=B \wedge B=C \wedge A=C$, ohne den Wahrheitswert zu verändern, dh $\|A=B \wedge B=C\| = \|A=B \wedge B=C \wedge A=C\|$.

Dies gilt in der dreiwertigen Logik nicht mehr, es ist weder $\|A=B \wedge B=C \to A=C\| = 1$ (nehme A=3, B zu NULL, und C=4 als Gegenbeispiel) noch $\|A=B \wedge B=C\| = \|A=B \wedge B=C \wedge A=C\|$ gültig für alle A, B und C, bei Anwesenheit von NULLs.

Zum Schluss dieses Paragrafen die dringende Empfehlung:

NULLs so weit wie möglich vermeiden, vor allem aber bei Schlüsseln und Fremdschlüsseln.

CASE

Die Funktion CASE (CASE expression) hätte es aufgrund ihrer Popularität und Nützlichkeit eigentlich verdient, früher vorgestellt zu werden. Aber aufgrund der Tatsache, dass man vom Benutzer offenbar nicht verlangen kann, dass er eine Funktion so gestaltet, dass sie überall definiert ist, ist sie von SQL als partielle Funktion realisiert, welche NULL zurückgibt wo sie nicht definiert ist (natürlich ist es immer möglich, sie als totale, das heisst überall definierte Funktion zu gestalten, aber sozusagen der "Default ELSE Fall" ist NULL).

Eine typische Anwendung mit g = Gast könnte etwa so aussehen:

```
CASE
   WHEN  g.Frequenz > 10  THEN  'ist ein Säufer'
   WHEN  g.Frequenz > 5   THEN  'trinkt viel'
   WHEN  g.Frequenz > 2   THEN  'trinkt mässig'
   ELSE                   THEN  'trinkt kaum'
END
```

Wir geben uns hier gar keine Mühe, eine algebraische Semantikdefinition zu formulieren, die operationelle Semantik ist viel einfacher zu verstehen wie überall wo eine Programmiersprache ein CASE Konstrukt hat.

Es werden die WHEN Bedingungen in der geschriebenen Reihenfolge durchlaufen bis eine Bedingung gefunden ist, welche zutrifft, und der entsprechende Funktionswert zurückgegeben. Trifft keine zu und ist kein ELSE Fall definiert, kommt NULL zurück. Bei überlappenden Gültigkeitsbereichen der Bedingungen ist demnach die Reihenfolge der WHEN Klauseln entscheidend.

Die obige CASE Funktion, die in einer Selectliste auch mit einem Namen versehen werden kann (zB AS Trinkfreudigkeit), ist also dieselbe wie

```
CASE
    WHEN  g.Frequenz > 10                        THEN  'ist ein Säufer'
    WHEN  g.Frequenz > 5  AND  g.Frequenz ≤ 10   THEN  'trinkt viel'
    WHEN  g.Frequenz > 2  AND  g.Frequenz ≤ 5    THEN  'trinkt mässig'
    ELSE                                         THEN  'trinkt kaum'
END  AS  Trinkfreudigkeit,
```

welche keine überlappenden Gültigkeitsbereiche hat. Hier könnte man also die Reihenfolge der "WHEN THEN" Klauseln beliebig wählen, was sich lohnen kann, wenn es einen Gültigkeitsbereich gibt, in den fast alle Fälle zu liegen kommen. Diesen wird man dann natürlich mit Vorteil als ersten Fall aufstellen.

Es gibt noch eine zweite vereinfachte Form von CASE, auf die wir aber nicht eingehen (die oben skizzierte ist die allgemeinere Form).

Aufgabe 42:

Gegeben ist die CASE Funktion

```
CASE
    WHEN  φ₁  THEN  f₁
    WHEN  φ₂  THEN  f₂
    WHEN  φ₃  THEN  f₃
    ELSE            f₀
END
```

mit den 'search conditions' φ_k und den 'results' f_k. Man führe sie in eine semantisch gleichwertige über mit nicht überlappenden search conditions, die auch vollständig sind und deshalb keinen ELSE Fall benötigen.

Das 'result' einer "WHEN <search condition> THEN <result>" Klausel kann auch als NULL angegeben werden, also

```
SELECT Name, NULL AS Nullwerte
FROM  Besucher
```

wird von SQL **nicht** akzeptiert,

```
SELECT Name, CASE WHEN 0 = 1 THEN 1 WHEN 0 = 0 THEN NULL END  AS  Nullwerte
FROM  Besucher
```

hingegen schon (nicht alle 'results' dürfen als NULL angegeben werden, damit SQL auf die Domäne schliessen kann).

Denselben Effekt würde man mit

```
SELECT  Name, CAST (NULL AS INTEGER) AS Nullwerte
FROM  Besucher
```

erreichen.

Auch CASE ist redundant, wie viele andere SQL Konstrukte auch, das heisst man könnte (etwas aufwendiger in der Formulierung) CASE durch andere Konstrukte ersetzen:

Aufgabe 43:

Gegeben ist die Query (Resultate f_k seien in dom(B))

```
SELECT A,  CASE  WHEN  φ₁  THEN  f₁  WHEN  φ₂  THEN  f₂  END AS B
FROM  r
```

Gesucht ist eine dazu gleichwertige Query ohne CASE Funktion.

CASE ist also redundant, aber trotzdem praktisch, wie das folgende Beispiel zeigt. Es sei eine Tabelle Kompensation(Name, Vorname, Lohn, Bonus) gegeben. Gesucht sind alle Kompensationen, bei denen Bonus mehr als 50% des Lohns ist.

```
SELECT  *  FROM  Kompensation
WHERE  0.5 < (CASE WHEN Lohn = 0 THEN 0 ELSE Bonus/Lohn END)
```

Aufgabe 44:

Gegeben ist eine Tabelle Ausgaben(Jahr, Quartal, Betrag), mit Zeilen für jedes Jahr für die Quartale Q1, Q2, Q3, Q4. Es muss nicht in jedem Jahr unbedingt jedes Quartal vorkommen, und es können pro Quartal (und Jahr) mehrere Zeilen vorkommen. Jemand möchte eine Liste, in der die Beträge der Quartale summiert nicht untereinander, sondern nebeneinander stehen in einer einzigen Zeile (pro Jahr), die auch noch das Jahrestotal enthält.

Bestimmte CASE Funktionen werden so oft gebraucht, dass sie in SQL einen eigenen Namen erhalten haben. Eine davon führen wir hier noch ein, **COALESCE** , da wir sie später noch gebrauchen.

```
COALESCE(x,y)
```

ist eine Abkürzung für

```
CASE  WHEN  x  IS NOT NULL  THEN  x  ELSE  y  END
```

COALESCE(x,y) bringt also NULL zurück wenn x und y NULL sind, und sonst das erste von NULL verschiedene.

COALESCE(x,y,z) bringt NULL wenn x, y und z NULL sind, und sonst das erste von NULL verschiedene.

Aufgabe 45:

Man drücke COALESCE(x,y,z) durch CASE aus.

Outer Joins

In einem natural Join, aber auch in allgemeinen Theta-Joins zweier Bags r und s sind Informationen in r, welche keine den Join Bedingungen gehorchende Entsprechung in s haben, nicht sichtbar ('nonmatching Tupel' fallen heraus), sowie umgekehrt. Seit Mitte der siebziger Jahre haben mehrere Autoren Vorschläge gemacht für Definitionen von 'Outer Joins', welche auch nonmatching Tupel berücksichtigen sollten.

Erst der SQL Standard SQL92 enthält Outer Joins, und zwar in einer Form, die im wesentlichen den Vorschlägen von Chris Date folgen (Date 1986).

Seien r zum Format R(A,B,C) und s zum Format S(B,C,D,E) zwei Bags gegeben. Dann ist, wie wir gesehen haben, zum Beispiel $\sigma_{r.C\,=\,s.D}(r \otimes s)$ ein Equijoin (spezieller Theta Join) und in SQL in der Form

```
SELECT  *
FROM  r, s
WHERE  r.C = s.D
```

ausdrückbar. Auch den natural Join $r \bowtie s = \pi_{r.A,r.B,r.C,s.D,s.E}(\sigma_{r.B\,=\,s.B\,\wedge\,r.C\,=\,s.C}(r \otimes s))$ kann man bekanntlich in SQL ausdrücken durch das "SELECT FROM WHERE" Konstrukt:

```
SELECT  r.A, r.B, r.C, s.D, s.E
FROM  r, s
WHERE  r.B = s.B  AND  r.C = s.C.
```

Anfänglich hatten die Hersteller versucht, durch allerlei syntaktische Unsauberkeiten auch Outer Joins mit diesem Projektions-Selektions-Kreuzprodukt von SQL auszudrücken. Eine Uebersicht gibt Chris Date in (Date 1992a), und man muss in vielen Datenbanksystemen auch heute noch damit rechnen, dass Outer Joins nur in vermurkster Form zu haben sind.

Nun zur Definition der Outer Joins. Wir brauchen noch eine Notation, einen Konstruktor für gegebenes Format, der ein Tupel (mit Multiplizität 1) generiert, welches an allen Attributen NULLs hat (analog zum Konstruktor $\alpha\lambda\lambda(W)$ für die Cube Definition beim relationalen Modell).

Für ein Bagformat W sei also

$$\nu\upsilon\lambda\lambda(W)$$

ein Tupel zum Format W, das an allen Attributen von W einen "NULL-Wert" hat, und das die Multiplizität 1 hat, zum Beispiel für W(G,H,K) wäre $\nu\upsilon\lambda\lambda(W)$ das Tupel $<$nu l,null,null,1$>$ zum Format W(G,H,K).

R\S bezeichne das Format, das aus allen Attributen von R besteht, die nicht in S sind. In unserem obigen Beispiel wäre R\S(A) und S\R(D,E).

Dann ist der **'natural left outer join'** von r und s

$$r \bowtie s = (r \bowtie s) \sqcup ((r \setminus \pi_R(r\bowtie s)) \bowtie \{\nu\upsilon\lambda\lambda(S\backslash R)\}).$$

$r \setminus \pi_R(r\bowtie s)$ sind die Tupel von r, welche nicht in den Join $r\bowtie s$ einfliessen. Diese werden an den Attributen von S\R ergänzt durch NULLs (das ist der Join mit $\{\nu\upsilon\lambda\lambda(S\backslash R)\}$), und anschliessend zu den Tupeln von $r \bowtie s$ hinzugefügt.

Wenn r und s zum selben Format gehören, dann fällt die Definition zusammen zu

$$r \bowtie s = (r \bowtie s) \sqcup (r \setminus r\bowtie s).$$

Eine Umschreibung der obigen Definition in SQL (ohne Outer Join Unterstützung) für unser Beispiel von R(A,B,C) und S(B,C,D,E) wäre

```
SELECT  r.A, r.B, r.C, s.D, s.E
FROM  r, s
WHERE  r.B = s.B  AND  r.C = s.C.
   UNION ALL
SELECT  r.A, r.B, r.C, CAST(NULL AS dom(D)) AS D, CAST(NULL AS dom(E)) AS E
FROM  r
WHERE  NOT EXISTS (SELECT  *
                   FROM  s
                   WHERE  r.B = s.B  AND  r.C = s.C).
```

Wie oben angetönt gibt es keine sinnvolle Möglichkeit, Outer Join Unterstützung in SQL einzubauen mit dem 'SELECT FROM WHERE' Konstrukt ohne zusätzliche Konstruktoren für die FROM Klausel. Diese Aussage ist sehr schön begründet im Artikel 'Watch Out for Outer Join' von (Date 1992a). Wir gehen hier nicht näher darauf ein.

Mit einem zusätzlichen Konstruktor lautet die direkte Uebersetzung

```
SELECT  r.A, COALESCE(r.B,s.B) AS B, COALESCE(r.C,s.C) AS C, s.D, s.E
FROM  r LEFT OUTER JOIN s  ON  r.B = s.B  AND  r.C = s.C
```

Der Standard liesse auch noch das Reizwort NATURAL zu (wobei man dann die Join Bedingungen nicht mehr angeben müsste), aber die Nützlichkeit von 'NATURAL' hält sich in Grenzen, da die SQL Gemeinde sich daran gewöhnt hat, den (inneren, gewöhnlichen) natural Join als Equijoin mit geeigneter Projektion zu definieren.

Die Angabe von COALESCE wäre, wenn r.B und r.C verlangt werden, beim left outer Join an sich nicht nötig, erst bei full outer Join.

Der 'natural right outer join' von r und s ist dann analog

$$r \ltimes s = (r \bowtie s) \sqcup (\{\nu\upsilon\lambda\lambda(R\backslash S)\} \bowtie (s \setminus \pi_S(r\bowtie s))).$$

Wenn r und s zum selben Format gehören, dann fällt die Definition zusammen zu

$$r \ltimes s = (r \bowtie s) \sqcup (s \setminus r\bowtie s).$$

und seine SQL Uebersetzung

    SELECT r.A, COALESCE(r.B,s.B) AS B, COALESCE(r.C,s.C) AS C, s.D, s.E
    FROM r RIGHT OUTER JOIN s ON r.B = s.B AND r.C = s.C.

Hier finden auch die Tupel von s (das auf der rechten Seite des Joins steht) Berücksichtigung, die keinen Match in r⋈s finden.

Und der 'natural full outer join' von r und s berücksichtigt die nonmatching Tupel beider Seiten:

$$r \bowtie\!\ltimes s = (r \bowtie s) \sqcup ((r \setminus \pi_R(r\bowtie s)) \bowtie \{\nu\upsilon\lambda\lambda(S\backslash R)\}) \sqcup (\{\nu\upsilon\lambda\lambda(R\backslash S)\} \bowtie (s \setminus \pi_S(r\bowtie s))).$$

Wenn r und s zum selben Format gehören, dann fällt die Definition zusammen zu

$$r \bowtie\!\ltimes s = (r \bowtie s) \sqcup (r \setminus r\bowtie s) \sqcup (s \setminus r\bowtie s).$$

Uebersetzt in SQL

    SELECT r.A, COALESCE(r.B,s.B) AS B, COALESCE(r.C,s.C) AS C, s.D, s.E
    FROM r FULL OUTER JOIN s ON r.B = s.B AND r.C = s.C.

Wie gesagt, ist erst beim full outer Join COALESCE wirklich nötig.

Als **Beispiel** seien die Bags r = { <a,b,c,2>, <a,b,cc,3> } zum Format R(A,B,C) und s = { <b,c,d,e,5>, <bb,c,d,e,7> } zu S(B,C,D,E) gegeben.

Dann ist r⋈s = { <a,b,c,d,e,10> },

     r ⋊ s = { <a,b,c,d,e,10>, <a,b,cc,null,null,3> },

     r ⋉ s = { <a,b,c,d,e,10>, <null,bb,c,d,e,7> }, und

     r ⋊⋉ s = { <a,b,c,d,e,10>, <a,b,cc,null,null,3>, <null,bb,c,d,e,7> }.

Aufgabe 46:

Der Standard gestattet an und für sich, auch in Subqueries der FROM Klausel als Tabellenausdrücke UNION zu verwenden. Hingegen werden viele Systeme dies nicht zulassen (Outer Joins hingegen schon). Man diskutiere, wann man **Full Outer Join zur Simulation von UNION** verwenden kann.

Die oben definierten natural Outer Joins sind assoziativ. Aber man kann auch bei den Outer Joins allgemeinere Joinbedingungen haben als die Gleichheit von Attributen ('Outer Theta Joins'). Ob die Outer Theta Joins assoziative sind, hängt davon ab, ob die Joinbedingungen NULLs zurückweisen oder nicht. Wenn sie NULLs zurückweisen, sind sie assoziativ, siehe dazu (Galindo-Legaria 1997). Wir lassen uns nicht auf Beweise ein, betrachten aber ein Beispiel.

Gegeben sind r = {<a,b,1>} zu R(A,B), s = {<bb,null,1>} zu S(B,C) und w = {<c,d,1>} zu W(C,D). Zuerst zur Assoziativität des left outer Join (wo die Joinbedingung zwischen s und w NULLs zurückweist):

Aufgabe 47:

Man vergleiche

```
SELECT x.A, x.B, COALESCE(x.C,w.C) AS C, w.D
FROM (SELECT r.A, COALESCE(r.B,s.B) AS B, s.C
         FROM r LEFT OUTER JOIN s ON r.B = s.B) AS x
  LEFT OUTER JOIN w ON x.C = w.C
```

mit

```
SELECT r.A, COALESCE(r.B,y.B) AS B, y.C, y.D
FROM r LEFT OUTER JOIN
        (SELECT s.B, COALESCE(s.C,w.C) AS C, w.D
          FROM s LEFT OUTER JOIN w ON s.C = w.C) AS y
        ON r.B = y.B
```

Die letzte Aufgabe war eine Illustration zur Assoziativität $(r \bowtie s) \bowtie w = r \bowtie (s \bowtie w)$. Nehmen wir aber statt der (Equi-) Joinbedingung "s.C = w.C", welche NULLs zurückweist, eine allgemeinere Bedingung, zB "s.C = w.C OR s.C IS NULL", dann besteht die Assoziativität nicht mehr:

```
SELECT x.A, x.B, COALESCE(x.C,w.C) AS C, w.D
FROM (SELECT r.A, COALESCE(r.B,s.B) AS B, s.C
         FROM r LEFT OUTER JOIN s ON r.B = s.B) AS x
  LEFT OUTER JOIN w ON x.C = w.C OR x.C IS NULL
```

liefert {<a,b,c,d,1>}, während

```
SELECT r.A, COALESCE(r.B,y.B) AS B, y.C, y.D
FROM r LEFT OUTER JOIN
        (SELECT s.B, COALESCE(s.C,w.C) AS C, w.D
          FROM s LEFT OUTER JOIN w ON s.C = w.C OR s.C IS NULL) AS y
        ON r.B = y.B
```

{<a,b,null,null,1>} liefert.

Natürlich gibt es auch hier algebraische Identitäten wie zum Beispiel

$$\sigma_\Psi(r) \bowtie s = \sigma_\Psi(r \bowtie s),$$

und viele weitere, aber wir wollen es an dieser Stelle nicht übertreiben (Interessenten konsultieren den oben erwähnten Artikel von Galindo-Legaria/Rosenthal).

Aufgabe 48:

Man zeige (durch Gegenbeispiel), dass im Allgemeinen $(w \bowtie s) \ltimes r$ nicht dasselbe ist wie $w \bowtie (s \ltimes r)$.

Aufgabe 49:

Für unsere Bierdatenbank ist eine SQL Query gesucht mit Outer Join und eine zweite Query ohne, welche beide eine Liste erstellen aller Besucher von allen Restaurants (nur Namen). Die Liste soll aber auch alle Besucher aufzählen, die nicht Gast sind, sowie alle Restaurants, die keine Gäste haben.

Es soll noch erwähnt werden, dass auch der gewöhnliche Join als INNER JOIN in derselben Syntax geschrieben werden kann wie der OUTER JOIN (wobei das INNER weggelassen werden darf). Es ist also zum Beispiel

```
SELECT  *
FROM  r  JOIN  s  ON  r.A = s.B
```

dasselbe wie

```
SELECT *
FROM  r, s
WHERE  r.A = s.B.
```

Bei mehr als zwei beteiligten Bags wird es allerdings mühsam. Man vergleiche etwa

```
SELECT  *
FROM  (SELECT  *  FROM  r  JOIN  s  ON  r.A = s.B)  AS  x
      JOIN  w  ON  x.C = w.D
```

mit

```
SELECT  *
FROM  r, s, w
WHERE  r.A = s.B  AND  s.C = w.D
```

Da die Formulierung mit expliziten "JOIN" Nesting verlangt, wird die Sache mit zunehmender Anzahl Tabellen immer mühsamer, zumal in der Praxis Joins von zehn und mehr Tabellen keine Seltenheit sind.

Zum Schluss dieses Paragrafen sei noch erwähnt, dass normale, innere Joins im Allgemeinen besser laufen (schneller), dass trotz Standardisierung in SQL92 immer noch die wildesten Outer Join Syntaxen existieren (in den vorhandenen Datenbanksystemen), dass die gleichen Outer Join Formulierungen in verschiedenen Systemen zu verschiedenen Resultaten führen können, dass das Konzept des Outer Join schwer zu begreifen ist (historisch gab es entsprechend lange und intensive Diskussionen unter den Theoretikern), und dass durch Outer Join eine Art von NULL auf der Bühne erscheint, welche eigentlich nur mit der Darstellung zu tun hat, nicht mit (unbekannten) Inhalten (statt zwei Lister "aneinanderkleben" möchte man die Darstellung in einer Liste, mehr ist es im Grunde nicht).

Daher die Empfehlung: **Outer Joins mit Vorsicht geniessen**.

Rekursive Anfragen

Es ist schon in den 70er Jahren bewiesen worden (Aho 1979), dass man das Stücklisten Problem nicht mit SQL Statements (die bis jetzt in diesem Kapitel besprochen wurden) lösen kann, ohne sie in ein rekursives Programm einzubauen (Gegeben eine Tabelle mit Attributen Oberteil und Unterteil, welche zu jedem Teil in eventuell mehreren Zeilen angibt, aus welchen anderen Teilen sie bestehen, Gesucht der transitive Abschluss, welcher zu jedem Teil alle seine Teile und Teile von Teilen enthält).

Etwas anschaulicher: Gegeben eine Tabelle Eltern(Elternteil,Kind) mit selbstsprechendem Inhalt, Gesucht eine Tabelle Vorfahren(Vorfahre,Nachfahre) mit der Eigenschaft dass Eltern in Vorfahren enthalten ist und dass für alle Tupel u und v gilt:

Ist u in Eltern und v in Vorfahren und u(Kind) = v(Vorfahre), dann ist auch < u(Elternteil),v(Nachfahre) > in Vorfahren (Multiplizität der Tupel mal beiseite gelassen).

Der Standard SQL:1999 kennt ein neues Konstrukt, "WITH RECURSIVE", das dieses Problem lösen kann (gehört nicht zum Kern, sondern ist 'additional feature T131', die Systeme waren bisher nicht sehr fleissig in der Implementation von rekursivem SQL).

Die Lösung wird in etwa folgendermassen aussehen:

```
WITH RECURSIVE Vorfahren(Vorfahre,Nachfahre)
AS  (SELECT  Elternteil AS Vorfahre, Kind AS Nachfahre
     FROM  Eltern
       UNION
     SELECT  x.Elternteil AS Vorfahre, y.Nachfahre AS Nachfahre
     FROM  Eltern AS x, Vorfahren AS y
     WHERE  x.Kind = y.Vorfahre)
SELECT  *
FROM  Vorfahren
```

Das WITH Konstrukt ohne RECURSIVE kann auch gebraucht werden für die Definition einer temporären Tabelle, welche nur für das zugehörige SELECT Konstrukt gebraucht wird.

Ganz einfach ist die Sache nicht zu verstehen, zum Beispiel der Standard im Dokument ISO/IEC 9075-2:1999 enthält 3 Seiten Syntax Regeln für die < with clause > (S 266ff), in denen Sätze vorkommen wie zum Beispiel "If WLE_i is not potentially recursive, then it shall not immediately contain the < query name > immediately contained in WLE_j." (Ach so).

Die Probleme, die in der Praxis aber tatsächlich volle Rekursion verlangen (und deshalb ausprogrammiert werden müssen oder mussten), sind selten. Oft kennt man einen maximalen Level der Rekursion (der hoffentlich klein ist), dann kann man direkt bis zu diesem Level anfragen:

Aufgabe 50:

Wir nehmen an, die Tabelle 'Eltern' enthalte höchstens vier (zusammenhängende) Generationen. Man formuliere eine Query, welche die 'Vorfahren' generiert.

Schlussbemerkungen zum Kapitel SQL

Das vorliegende Kapitel ist eine Einführung hauptsächlich in den read-only Teil der Sprache SQL, und zwar betrachtet aus einer strukturellen Sicht. Das Gebiet von SQL und seinen Umgebungen ist so gross, dass wir nicht einmal alles antönen können, was nicht besprochen worden ist.

SQL selber besteht aus 'classes of SQL-statements' (schema, data, transaction, control, connection, session, diagnostics als Hauptklassen), und die 'Umgebung' besteht aus der Frage, wie man aus einem Programm heraus SQL an ein Datenbanksystem übergeben kann und Antworten entgegennehmen (SQL 'binding styles').

Die 'binding styles' sind selber in separaten Standards Dokumenten festgehalten, nämlich in ISO/IEC 9075-k:1999, mit k = 5 für SQL/Bindings (Embedded SQL), mit k = 4 für SQL/PSM (Persistent Stored Modules), und mit k = 3 für SQL/CLI (Call Level Interface).

An sich gehören zum Standard SQL:1999 auch noch die etwas später veröffentlichten Teile k = 9, 10 und 13, nämlich SQL/MED (Management of External Data), SQL/OLB (Object Language Bindings), und SQL/JRT (SQL Routines and Types Using the Java Programming Language).

Eine Uebersicht der neuesten Standards Situation, auch über das zu erwartende SQL:2003 (unter anderem mit SQL/XML), gibt (Türker 2003).

Wir können in diesem Kapitel nicht näher auf die 'binding styles' eingehen. Es sei nur noch erwähnt, dass jeder Zugriff aus einem Programm auf eine Datenbank den Paradigmenwechsel von der Vorstellung einer Menge oder besser eines Bags von Tupeln, die durch ein SQL statement angesprochen wird, hin zur Verarbeitung im Programm, die Tupel um Tupel stattfindet, irgendwie überwinden muss (zum Beispiel mit einem 'cursor/fetch' Konstrukt, wobei der 'cursor' den Bag definiert, und 'fetch' Tupel um Tupel in die Hand kriegt). Am stärksten betont ist dieser Paradigmenwechsel, wenn es sich um eine objektorientierte Programmiersprache handelt.

SQL ist nicht in einer der Logik zugeneigten Traditionen von Computersprachen entstanden, und besteht somit aus Tausend Fällen statt aus einem Dutzend einfacher Prinzipien. Trotzdem kommt man nicht um SQL herum, weil diese Sprache schon fast den Status von 'intergalactic data speak' (Jim Gray) erreicht hat.

Weitere Aufgaben

Aufgabe 51:

Gegeben ist eine Tabelle Konto(Buchungsnummer,Tag,Betrag) mit
dom(Buchungsnummer) = INTEGER, dom(Tag) = DATE und dom(Betrag) = FLOAT.
'Buchungsnummer' ist Schlüssel, pro Tag können mehrere Bewegungen stattfinden mit
positiven oder negativen Beträgen. Gesucht ist eine Tabelle zum Format Saldo(Tag,Betrag),
welche für jeden in Konto vorkommenden Tag den Saldo aller bisherigen Bewegungen
enthält.

Aufgabe 52:

Jemand hat sich eine Tabelle erstellt, um die Ergebnisse von Fussballspielen festzuhalten,
und zwar zum Schema Spiele(M1,M2,Tag,Tore1,Tore2) mit {M1,M2,Tag} als Schlüssel.
Tore1 ist die Anzahl erzielte Tore der Mannschaft M1, analog mit Tore2 und M2. Es darf
angenommen werden, dass der Tabelleninhalt eine zusätzliche Bedingung erfüllt, nämlich
dass jede Mannschaftskombination {M1,M2} pro Tag höchstens einmal vorkommt, was
gewährleistet sein kann durch Aufpassen bei den INSERT oder aber durch Angabe von
CHECK(M1 < M2) bei der Tabellendefinition (CREATE TABLE).
Gesucht ist eine Rangliste nach Punkten (3 Punkte für ein gewonnenes Spiel, 1 Punkt für
unentschieden, 0 Punkte für verloren), zum Schema Rangliste(M,Punkte).

Aufgabe 53:

Man kann mit SQL auch sogenannte Denksportaufgaben lösen. Ein einfaches Beispiel aus
dem Tages Anzeiger Magazin Nr 21, Sommer 2000:
Drei Personen, Larmi, Malgi und Nafki beobachten eine vierte, Kanti, und verhalten sich
entsprechend, nämlich wenn Kanti bimäst oder refütet, dann karölt Larmi, und wenn Kanti
nicht refütet, dann lugört Malgi, und wenn Kanti karölt, dann bimäst Nafki nicht, und wenn
Kanti nicht karölt, dann karölt Nafki. Die Frage ist nun, ob diese Regeln eingehalten werden
können, und zwar so, dass nicht zwei dasselbe tun.

Aufgabe 54:

Ein fauler Lehrer möchte sich die Notendurchschnitte seiner Schüler aus drei Klausuren, K1,
K2, und K3, durch das Datenbanksystem rechnen lassen, und hat deshalb eine NULLS
zulassende Tabelle Noten(Name,K1,K2,K3) errichtet und abgefüllt (NULLs zugelassen, weil
es vorkommen kann, dass ein Schüler eine akzeptable Begründung hat im Falle des
Fernbleibens). Dann möchte der Lehrer eine Liste Schnitt(Name,K1,K2,K3,Durchschnitt).
Zum Glück hat das System eine eingebaute Signumfunktion SIGN(x) = 1 falls x > 0 usw.

Aufgabe 55:

Ein Jahr später hat derselbe Lehrer dieses Kapitel gelesen und ein schlechtes Gewissen wegen den NULLs bekommen. Er überlegt sich eine andere Tabellenstruktur, Noten(Semester,Klasse,Name,Datum,Note) überlegt, die ohne NULLs auskommt und erst noch flexibler ist (zum Beispiel keine Beschränkung in der Anzahl Klausuren). Nun möchte er wiederum die Notendurchschnitte der Schüler, aber auch noch den Klassendurchschnitt (zwei Queries).

Aufgabe 56:

Gegeben sind die (Umsatz-) Tabelle Kauf(Kunde,Tag,Artikel,Betrag) und die Tabelle Geschenke(Betragab,Geschenk), welche definiert, welches Geschenk ein Kunde pro Jahr zugute hat (ist sein Umsatz mindestens gleich 'Betragab', so erhält er das betreffende Geschenk, die Geschenke sind umso wertvoller, je grösser 'Betragab' ist). Gesucht ist eine Liste von Kunden und den wertvollsten Geschenken, die sie für die Käufe des Jahres 1999 zugute haben.

Aufgabe 57:

Gegeben ist eine Tabelle von Messwerten, Messungen(MessungNummer,Messwert), gesucht ist die Varianz der Messwerte (Summe der Quadrate der Abweichungen vom Mittelwert).

Aufgabe 58:

Gegeben ist die Tabelle Kauf(Kunde,Tag,Artikel,Betrag). Gesucht ist eine Liste, die pro Artikel und Kunde den prozentualen Anteil dieses Kunden am Gesamtumsatz dieses Artikels im Jahre 1999 zeigt.

Aufgabe 59:

Gegeben ist eine Tabelle FreieBloecke(Disk,Blocknummer) mit {Disk,Blocknummer} als Schlüssel, welche pro Disk festhält, welche Blöcke (zum Beispiel je vier Kilobytes) nicht belegt sind. Die Blöcke haben Nummern (INTEGER), sodass benachbarte Nummern physikalisch benachbarten Blöcken auf dem Disk entsprechen. Gesucht ist eine Liste, die pro Disk die Grösse (in Anzahl Blöcken) des (oder der) grössten zusammenhängenden Stücke(s) freien Platz liefert.

Aufgabe 60:

Gegeben ist eine Kurve in Form einer Tabelle Kurve(Xwert,Ywert). Gesucht sind alle lokalen Minima, das heisst alle <Xwert,Ywert> Paare mit der Eigenschaft, dass die Ywerte der benachbarten Xwerte grösser sind als der des Paares.

Aufgabe 61:

Gegeben ist eine Funktion in Form einer Tabelle F(X,Y) (damit es eine Funktion ist, muss natürlich {X} Schlüssel sein). Gesucht ist eine Query, welche für einen gegebenen X-Wert, den wir mit 'xgeg' bezeichnen, den zugehörigen Funktionswert liefert. Ist 'xgeg' dabei nicht in der Tabelle als X-Wert vorhanden, dann soll linear interpoliert werden.

Aufgabe 62:

Eine Denksportaufgabe aus 'PM Logik Trainer Juni 2000'. Gegeben sind drei Mädchennamen {Marion,Susi,Uschi}, drei Nachnamen {Bauer,Müller,Weber}, drei Taschengeldbeträge {6.-,7.-,8.-} und drei Hobbies {Kleider,Schallplatten,Süssigkeiten}. Gesucht eine eineindeutige Zuordnung unter den Mengen, welche folgenden Bedingungen genügen: Marion liebt Süssigkeiten. Sie bekommt weniger Taschengeld als das Mädchen mit dem Nachnamen Weber. Susi Bauer bekommt 7.- Taschengeld. Uschi gibt ihr Geld nicht für Schallplatten aus. Uschi bekommt einen anderen Betrag als 6.-.

Aufgabe 63:

In unserer Bierdatenbank hat jedes Restaurant verschiedene Biersorten an Lager. In der Tabelle 'Sortiment' ist pro Restaurant und Biersorte festgehalten, wieviele Einheiten an Lager sind. Somit hat jedes Restaurant eine gewisse Gesamtanzahl Einheiten (aller Sorten zusammen) an Lager. Gesucht ist dasjenige Restaurant (oder diejenigen), deren Gesamtanzahl Einheiten dem Maximum der Gesamtanzahl Einheiten entspricht, welches überhaupt vorkommt ('die Restaurants mit den meisten Einheiten Bier').

Aufgabe 64:

In unserer Bierdatenbank definieren wir den Begriff 'Zufriedener Gast' als einen Besucher, der Gast ist in einem Restaurant, das mehr als 50 Einheiten eines Bieres an Lager hat, welches er in einer Bewertung mit einer Note 1 (Bestnote) bewertet hat. Gesucht sind Name und Eroeffnungsdatum des (oder der) Restaurants, welches am meisten zufriedene Gäste hat.

Aufgabe 65:

Gegeben ist eine Tabelle Waehler(Partei,Kanton,Gemeinde,Anzahl). Zu den natürlichen Domänen von Kanton und Gemeinde kommt je ein Wert 'alle' hinzu mit offensichtlicher Bedeutung. Die Tabelle muss folgende Bedingungen erfüllen: Erstens wenn eine Zeile bei Kanton 'alle' enthält, muss sie auch bei Gemeinde 'alle' enthalten. Zweitens wenn eine Zeile 'alle' enthält, muss die Anzahl gleich der Summe sein derjenigen Zeilen, die sinngemäss dazugehören (zum Beispiel die Anzahl Waehler eines Kantons muss gleich der Summe der Waehler aller Gemeinden dieses Kantons sein, usw). Gesucht ist eine Query, welche prüft, ob die Tabelle diese Bedingungen erfüllt.

Aufgabe 66:

Gegeben sei eine Tabelle Pers(Name,Vorname,Adresse) mit {Name,Vorname} als Schlüssel. Gesucht ist eine Query, welche Zeilennummern zufügt, aufsteigend gemäss der lexikografischen Ordnung von <Name,Vorname>.

Für die folgenden paar Aufgaben seien vier weitere Tabellen gegeben:

Firma(F#,Name,Hauptsitz)   {F#} Primärschlüssel
Artikel(A#,Name,Gewicht,Preis)   {A#} Primärschlüssel
Land(L#,Name,Hauptstadt)   {L#} Primärschlüssel
Export(F#,A#,L#,Anzahl)   {F#,A#,L#} Schlüssel, und
                                     {F#} Fremdschlüssel inbezug auf Firma, und
                                     {A#} Fremdschlüssel inbezug auf Artikel, und
                                     {L#} Fremdschlüssel inbezug auf Land.

Die Tabelle 'Export' hält fest, welche Firma welchen Artikel in welches Land in welcher Anzahl exportiert.

Aufgabe 67:

Gesucht sind die Namen der Länder, welche denselben Artikel von mindestens zwei Firmen mit verschiedenen Hauptsitzen beziehen.

Aufgabe 68:

Gesucht ist eine Liste der Länder (Namen), zusammen mit den Gesamtgewichten der Exporte in diese Länder (Gesamtgewicht = Anzahl*Gewicht), absteigend geordnet nach den Gesamtgewichten.

Aufgabe 69:

Gesucht sind die Firmen, welche alle Artikel die sie exportieren, in das gleiche Land liefern.

Aufgabe 70:

Gesucht sind die Lieferanten, welche jeden Artikel den sie exportieren, in ein anderes Land liefern.

Aufgabe 71:

Gesucht sind alle Paare von Artikelnummern, welche in dieselben Länder exportiert werden.

Lösungen der Aufgaben

Lösung Aufgabe 1:

Nein, es könnte an derselben Strasse zwei Besucher geben mit demselben Namen. Gewährleistet ist dieselbe Reihenfolge erst, wenn die Attribute von ORDER BY einen Schlüssel der Tabelle enthalten.

Lösung Aufgabe 2:

(bis auf Zeilenreihenfolge, die nicht garantiert ist)

Besucher2
Name
Schmid Meier

Lösung Aufgabe 3:

$\sigma_{\text{Gebtag} \geq 1.1.1950}(\pi_{\text{Name,Gebtag}}(\sigma_{\text{Strasse} = \text{Bachweg}}(\text{Besucher})))$ direkt 'algebraisch' übersetzt:

```
SELECT Name, Gebtag
FROM  (SELECT Name, Gebtag
        FROM  (SELECT Name, Vorname, Strasse, Gebtag
            FROM Besucher
            WHERE Strasse = 'Bachweg'))
WHERE Gebtag ≥ '1.1.1950';
```

oder ohne Schachtelung des Teilausdruckes $\pi_{\text{Name,Gebtag}}(\sigma_{\text{Strasse} = \text{Bachweg}}(\text{Besucher}))$:

```
SELECT Name, Gebtag
FROM  (SELECT Name, Gebtag
        FROM Besucher
        WHERE Strasse = 'Bachweg')
WHERE Gebtag ≥ '1.1.1950';
```

oder die Vertauschbarkeit von σ und π ausnutzend,

$\sigma_{\text{Gebtag} \geq 1.1.1950}(\pi_{\text{Name,Gebtag}}(\sigma_{\text{Strasse} = \text{Bachweg}}(\text{Besucher}))) =$
$\pi_{\text{Name,Gebtag}}(\sigma_{\text{Strasse} = \text{Bachweg} \ \wedge \ \text{Gebtag} \geq 1.1.1950}(\text{Besucher}))$, also:

```
SELECT Name, Gebtag
FROM  (SELECT Name, Vorname, Strasse, Gebtag
        FROM  Besucher
        WHERE Strasse = 'Bachweg' AND Gebtag ≥ '1.1.1950');
```

und schliesslich $\pi_{\text{Name,Gebtag}}(\sigma_{\text{Strasse} = \text{Bachweg} \ \wedge \ \text{Gebtag} \geq 1.1.1950}(\text{Besucher}))$ direkt ohne Schachtelung:

```
SELECT Name, Gebtag
FROM  Besucher
WHERE Strasse = 'Bachweg' AND Gebtag ≥ '1.1.1950';
```

Lösung Aufgabe 4:

Boole'sche Ausdrücke haben es in sich, dass sie umgeformt werden können. Deshalb ist der folgende Lösungsvorschlag nicht der einzig mögliche:

```
SELECT  Name,Vorname,Strasse,Gebtag
FROM  Besucher
WHERE  (       (Name = 'Meier'  AND  Vorname ≥ 'Hans')
          OR ('Meier' < Name  AND  Name < 'Schmid')
          OR (Name = 'Schmid'  AND  Vorname ≤ 'Joseph') )
   AND    NOT(Vorname = 'Anna')
   AND    ( NOT(Gebtag = '1.1.1980')  OR  Strasse = 'Bachstrasse')
```

Lösung Aufgabe 5:

```
SELECT  Name,Vorname,Strasse,Gebtag
FROM  Besucher AS x
WHERE   EXISTS (SELECT Name,Vorname
                FROM  Besucher AS y
                WHERE  NOT(x.Name = y.Name  AND  x.Vorname = y.Vorname) )
```

'Besucher' ist ein Bag, der wegen dem primary key eine Relation ist. Wäre das nicht der Fall, so könnte 'Besucher' zum Beispiel zwei identische Zeilen enthalten, die mit einem solchen EXISTS Prädikat nicht unterscheidbar wären, das heisst obige Query würde dann eine leere Tabelle liefern. Mit weiteren Sprachkonstrukten, die wir noch kennenlernen, wäre es allerdings doch möglich.

Lösung Aufgabe 6:

Bezeichnet man den Bag r = Besucher und s = Besucher4, so wird der gegebene Ausdruck zu

$$(r \sqcup s) \setminus ((r \setminus s) \sqcup s).$$

Aus den Identitäten des Kapitels über Bags (in einer Aufgabe) entnimmt man, das dieser Ausdruck gleichbedeutend ist mit $r \cap s$, das heisst

$$(r \sqcup s) \setminus ((r \setminus s) \sqcup s) = r \cap s.$$

Die gegebene Query liefert also dasselbe wie die Query

```
SELECT Name,Vorname,Strasse,Gebtag
FROM  Besucher
 INTERSECT ALL
SELECT Name,Vorname,Strasse,Gebtag
FROM  Besucher4
```

Lösung Aufgabe 7:

```
SELECT COUNT(*)
FROM  (SELECT DISTINCT  Name,Strasse
          FROM  Besucher)  [AS  x]
```

Lösung Aufgabe 8:

```
SELECT  Name,Vorname,Strasse,Gebtag
FROM  Besucher  AS  x
WHERE  EXISTS (SELECT  Bname,Bvorname
               FROM  Gast  AS  y
               WHERE  x.Name = y.Bname  AND  x.Vorname = y.Bvorname
               AND  y.Rname = 'Zum blauen Ochsen').
```

Weil die in der Subquery angesprochenen Attribute eindeutig entweder der Tabelle 'Gast' oder 'Besucher' zugeordnet werden können, könnte man hier die Bereichsvariablen x und y auch weglassen. Aber schaden tun sie nicht, sondern erhöhen eher die Lesbarkeit.

Lösung Aufgabe 9:

$r \otimes r \otimes r = \{<a,a,a,8>, <a,a,b,12>, <a,b,a,12>, <a,b,b,18>, <b,a,a,12>,$
$<b,a,b,18>, <b,b,a,18>, <b,b,b,27>\}$, zum Format $R \otimes R \otimes R$ (A,A1,A2).

Lösung Aufgabe 10:

```
SELECT  Name, Vorname
FROM  Besucher  AS  x
WHERE  NOT EXISTS (SELECT  *
                   FROM  Biersorte  AS  y
                   WHERE  NOT EXISTS (SELECT  *
                                      FROM  Lieblingsbier  AS  z
                                      WHERE  x.Name = z.Bname
                                      AND  x.Vorname = z.Bvorname
                                      AND  y.Name = z.Bsorte))
```

Falls es keine Biersorte gibt, besteht die Lösung aus allen Besuchern.

Lösung Aufgabe 11:

```
SELECT DISTINCT  x.Rname
FROM  Gast  AS  x, Sortiment  AS  y, Lieblingsbier  AS  z
WHERE  x.Bname = 'Meier'  AND  x.Bvorname = 'Hans'
  AND  x.Rname = y.Rname
  AND  y.Bsorte = z.Bsorte
  AND  z.Bname = 'Meier'  AND  z.Bvorname = 'Hans'
  AND  y.AnLager > 0  AND  z.Bewertung ≤ 5
```

Lösung Aufgabe 12:

```
SELECT x.Name
FROM  Restaurant AS x
WHERE  NOT EXISTS (SELECT *
                    FROM  Sortiment AS y
                    WHERE  y.Rname = x.Name
                      AND  y.Bsorte IN (SELECT z.Bsorte
                                          FROM  Lieblingsbier AS z
                                          WHERE  z.Bname = 'Meier'
                                            AND  z.Bvorname = 'Hans'))
```

Lösung Aufgabe 13:

```
SELECT DISTINCT  x.Rname
FROM  Sortiment AS x
WHERE  NOT EXISTS (SELECT *
                    FROM  Sortiment AS y
                    WHERE  NOT (y.Bname IN (SELECT z.Bname
                                              FROM  Sortiment AS z
                                              WHERE  z.Rname = x.Rname)))
```

Lösung Aufgabe 14:

Wenn die Abfrage

```
SELECT  *
FROM  Besucher AS x, Gast AS y, Restaurant AS z, Sortiment AS u, Biersorte AS v
WHERE  x.Name = y.Bname  AND  x.Vorname = y.Bvorname
   AND  y.Rname = z.Name
   AND  z.Name = u.Rname
   AND  u.Bsorte = v.Name
   AND  x.Strasse = 'Industriestrasse'
   AND  (  (z.Suppenpreis > 2.50)
         OR  NOT (v.Grundstoff IN ('Hafer','Roggen')) )
```

eine leere Tabelle bringt (keine Zeilen), dann hat er recht mit seiner Behauptung, und sonst nicht.

Lösung Aufgabe 15:

```
SELECT  r.Name, r.Wirtsname
FROM  Restaurant AS r
WHERE  NOT EXISTS (SELECT *
                    FROM Sortiment AS x, Lieblingsbier AS y, Gast AS z
                    WHERE  x.Rname = r.Name
                      AND  x.Bsorte = y.Bsorte
                      AND  y.Bname = z.Bname  AND  y.Bvorname = z.Bvorname
                      AND  z.Rname = r.Name
                      AND  y.Bewertung < 5)
```

Lösung Aufgabe 16:

Die Abfrage

```
SELECT  g.Bname, g.Bvorname
FROM  Gast  AS  g, Restaurant  AS  r
WHERE  g.Rname = r.Name  AND  r.Name = 'Ochsen'
   AND  (   g.Frequenz ≠ 6
         OR  NOT EXISTS (SELECT  *
                         FROM  Gast AS x, Restaurant AS y
                         WHERE g.Bname = x.Bname AND g.Bvorname = x.Bvorname
                           AND  x.Rname = y.Name  AND  x.Frequenz = 1
                           AND  y.Wirtesonntag ≠ r.Wirtesonntag)  )
```

würde diejenigen Gäste des Ochsen liefern, für welche die Behauptung nicht zutrifft (falls vorhanden).

Lösung Aufgabe 17:

```
SELECT  Rname, Bname  FROM  Gast
  UNION
SELECT  Name, '                ' FROM  Restaurant
WHERE  Name  NOT  IN  (SELECT  Rname  FROM  Gast)
  UNION
SELECT  '                ', Name  FROM  Besucher
WHERE  Name  NOT  IN  (SELECT  Bname  FROM  Gast)
```

Lösung Aufgabe 18:

Das einfachste wäre

```
SELECT  Bname, Bvorname  FROM  Lieblingsbier
  EXCEPT DISTINCT
SELECT  Bname, Bvorname  FROM  Gast,
```

aber wenn das System 'EXCEPT DISTINCT' nicht kennt, geht auch zum Beispiel

```
SELECT  DISTINCT x.Bname, x.Bvorname  FROM  Lieblingsbier  AS  x
WHERE  NOT EXISTS (SELECT  *
                   FROM  Gast  AS  y
                   WHERE  x.Bname = y.Bname  AND  x.Bvorname = y.Bvorname)
```

Lösung Aufgabe 19:

```
SELECT DISTINCT  x.Bname, x.Bvorname
FROM  Gast  AS  x, Lieblingsbier  AS  y
WHERE  x.Bname = y.Bname  AND  x.Bvorname = y.Bvorname
   AND  NOT EXISTS (SELECT  *
                    FROM  Lieblingsbier  AS  z, Sortiment  AS  u
                    WHERE x.Bname = z.Bname  AND  x.Bvorname = z.Bvorname
                      AND  z.Bewertung = 1  AND  z.Bsorte = u.Bsorte)
```

Achtung: hier könnte man leicht hereinfallen, indem man die Wiederholung von Lieblingsbier (AS z) wegliesse und 'Bewertung = 1 in die äussere Query nähme, was aber falsch wäre

Lösung Aufgabe 20:

```
SELECT DISTINCT  x.Rname  AS  Restaurantname
FROM  Gast  AS  x
WHERE  50 < (SELECT  COUNT(*)
             FROM  (SELECT y.Bname, y.Bvorname
                    FROM  Gast  AS  y
                    WHERE  y.Rname = x.Rname
                      AND  NOT EXISTS (SELECT  *
                                       FROM  Lieblingsbier  AS  z
                                       WHERE  y.Bname = z.Bname
                                         AND  y.Bvorname = z.Bvorname)))
```

Lösung Aufgabe 21:

```
SELECT x.Rname  AS  Restaurantname
FROM  Gast  AS  x
WHERE  (30 < (SELECT  COUNT(*)
              FROM  (SELECT DISTINCT  MONTH(z.Gebtag), DAY(z.Gebtag)
                     FROM  Gast  AS  y, Besucher  AS  z
                     WHERE  y.Rname = x.Rname
                       AND  y.Bname = z.Name  AND  y.Bvorname = z.Vorname)))
    OR  (NOT EXISTS (SELECT  *
                     FROM  Gast  AS  y, Gast  AS  z, Besucher AS  u, Besucher AS  v
                     WHERE  y.Rname = x.Rname  AND  z.Rname = x.Rname
                       AND  y.Bname = u.Name  AND  y.Bvorname = u.Vorname
                       AND  z.Bname = v.Name  AND  z.Bvorname = v.Vorname
                       AND  NOT(u.Name = v.Name AND u.Vorname = v.Vorname)
                       AND  MONTH(u.Gebtag) = MONTH(v.Gebtag)
                       AND  DAY(u.Gebtag) = DAY(v.Gebtag)))
  UNION
SELECT  Name  AS  Restaurantname
FROM  Restaurant
WHERE  Name  NOT  IN  (SELECT  Rname  FROM  Gast)
```

Der zweite Teil (nach UNION) ist deshalb notwendig, weil ein Restaurant, das gar keine Gäste hat, ebenfalls die Bedingung erfüllt, dass nicht zwei ihrer Gäste am gleichen Tag Geburtstag haben.

Inhaltlich darf noch gesagt werden, dass die Wahrscheinlichkeit, dass 30 beliebig gegebene Personen alle verschiedene Geburtstage haben, nur noch knapp 30% ist. Bereits in jeder zweiten Gruppe von 23 Personen haben zwei am selben Tag Geburtstag (im Schnitt).

Lösung Aufgabe 22:

```
SELECT DISTINCT  x.Name, x.Suppenpreis
FROM  Restaurant AS x, Sortiment AS y, Sortiment AS z
WHERE  x.Name = y.Rname  AND  z.Rname = 'Ochsen'
   AND  y.Bsorte = z.Bsorte
```

Lösung Aufgabe 23:

```
SELECT  x.Name, x.Suppenpreis
FROM  Restaurant AS x
WHERE  NOT EXISTS (SELECT  y.Bsorte
                   FROM  Sortiment AS y
                   WHERE  y.Rname = 'Ochsen'
                     AND  NOT (y.Bsorte IN (SELECT  z.Bsorte
                                            FROM  Sortiment AS z
                                            WHERE  z.Rname = x.Name)))
```

Lösung Aufgabe 24:

```
SELECT  Bsorte, Bewertung
FROM  Lieblingsbier
WHERE  Bname = 'Meier'  AND  Bvorname = 'Hans'
   AND  Bewertung > (SELECT  AVG(Bewertung)
                     FROM  Lieblingsbier)
```

Lösung Aufgabe 25:

```
SELECT  x.Bname, x.Bvorname, x.Bsorte, x.Bewertung
FROM  Lieblingsbier AS x
WHERE  x.Bewertung > (SELECT  MAX(y.Bewertung)
                      FROM  Lieblingsbier AS y
                      WHERE  y.Bsorte = x.Bsorte
                        AND  NOT (y.Bname = x.Bname
                                  AND  y.Bvorname = x.Bvorname))
```

Lösung Aufgabe 26:

```
SELECT DISTINCT  Rname
FROM  Sortiment
WHERE  AnLager > (SELECT  SUM(AnLager)
                  FROM  Sortiment
                  WHERE  Rname = 'Ochsen')
```

Lösung Aufgabe 27:

```
SELECT  Bname, Bvorname
FROM  Gast
GROUP BY  Bname, Bvorname
HAVING  COUNT(*) > 3  OR  MAX(Frequenz) > 3
```

oder

```
SELECT DISTINCT  x.Bname, x.Bvorname
FROM  Gast AS  x
WHERE  3 < (SELECT  COUNT(*)
              FROM  Gast AS  y
              WHERE  y.Bname = x.Bname  AND  y.Bvorname = x.Bvorname)
      OR
        3 < (SELECT  MAX(Frequenz)
              FROM  Gast AS  y
              WHERE  y.Bname = x.Bname  AND  y.Bvorname = x.Bvorname)
```

Lösung Aufgabe 28:

```
SELECT  Bsorte, SUM(11 - Bewertung)
FROM  Lieblingsbier
WHERE  Bsorte  IN  (SELECT  Bsorte
                      FROM  Sortiment
                      WHERE  Rname = 'Ochsen')
GROUP BY  Bsorte
```

Lösung Aufgabe 29:

```
SELECT  AVG(GesamtliterproWoche)
FROM  (SELECT  Bname, Bvorname, SUM(LiterproWoche) AS  GesamtliterproWoche
         FROM  Lieblingsbier
         GROUP BY  Bname, Bvorname)
```

Lösung Aufgabe 30:

```
SELECT  x.Name, x.Wirtsname, z.Grundstoff
FROM  Restaurant AS  x, Sortiment AS  y, Biersorte AS z
WHERE  x.Name = y.Rname  AND  y.Bsorte = z.Name
GROUP BY  x.Name, x.Wirtsname, z.Grundstoff
HAVING  COUNT(*) = 5
```

Lösung Aufgabe 31:

```
SELECT  x.Name, x.Vorname, x.Strasse, x.Gebtag, y.Frequenz
FROM  Bsucher AS  x, Gast AS  y
WHERE  x.Name = y.Bname  AND  x.Vorname = y.Bvorname  AND  y.Rname = 'Ochsen'
  AND  Name LIKE 'M%'
  AND  Name LIKE '_ü%'
```

Ob das System auf die Idee kommt, die der View 'MNamen' entsprechende Bedingung "Name LIKE 'M%'" mit der der Abfrage des Benutzers entnommenen Bedingung "Name LIKE '_ü%'" zur Bedingung "Name LIKE 'Mü%'" zu mischen, die für die Abfragebearbeitung viel effizienter wäre, ist fraglich, aber nicht von vornaherein auszuschliessen.

Lösung Aufgabe 32:

```
CREATE VIEW Ochsengast AS
   SELECT Name, Vorname, Strasse, Gebtag
   FROM Besucher
   WHERE (Name, Vorname) IN (SELECT Bname, Bvorname
                             FROM Gast
                             WHERE Rname = 'Ochsen')
```

(für die Systeme, in denen das immer noch nicht geht wegen dem 'row-value-constructor', muss halt eine EXISTS Subselect Selektionsbedingung formuliert werden)

Lösung Aufgabe 33:

Wir formulieren die Antworten in der Bagschreibweise:

Q1: $\{<4,1>\}$ zum Format T1(B)
Q2: $\{<13,1>\}$ zum Format T1(B)
Q3: $\{<10,1>\}$ zum Format T1(B)
Q4: $\{<5,1>\}$ zum Format T1(B)
Q5: $\{\}$, das heisst leere Tabelle, zum Format T(A,B)

Lösung Aufgabe 34:

Q5 berechnet die symmetrische Differenz von V2 und V3. Um zu beweisen, dass stets die leere Tabelle herauskommt, genügt es, nachzuweisen, dass für alle Ausgangstabellen stets V2 = V3 gilt.
Dazu müssen wir einiges rechnen, zum Beispiel ist für r = Ausgangstabelle T

$$V1 = \Sigma_{A,B}(r) = \{<t, sum(\sigma_{A=t}(r),B),1> \mid <t,\pi_A(r)(t)> \in \pi_A(r)\}.$$

Um die Notationen nicht zu überladen, führen wir drei Variablen $x = <x1,x2,x3>$, $y = <y1,y2,y3>$ und $z = <z1,z2,z3>$ ein, welche alle durch den Bag r wandern, welcher im Moment im gegebenen Beispiel so aussieht: $r = \{<a,1,1>, <a,2,1>, <b,2,1>\}$.

Damit wird

$$V1 = \{<x1, \Sigma_{y1=x1,y\in r} y3*x2, 1> \mid x \in r\},$$
$$V2 = \{<x1, \Sigma_{z1=x1,z\in r} z3*x2*(\Sigma_{y1=x1,y\in r} y3*x2), 1> \mid x \in r\}, \text{ und}$$
$$V3 = \{<x1, (\Sigma_{y1=x1,y\in r} y3*x2)*(\Sigma_{y1=x1,y\in r} y3*x2), 1> \mid x \in r\}.$$

Da aber $(\Sigma_{y1=x1,y\in r} y3*x2)$ nicht von z abhängt, lässt sich in der Definition von V2 im Ausdruck $\Sigma_{z1=x1,z\in r} z3*x2*(\Sigma_{y1=x1,y\in r} y3*x2)$ die $(\Sigma_{y1=x1,y\in r} y3*x2)$ ausklammern, wodurch $(\Sigma_{z1=x1,z\in r}\, z3^{*}x2)^{*}(\Sigma_{y1=x1,y\in r}\, y3^{*}x2)$ entsteht, was natürlich dasselbe ist wie $(\Sigma_{y1=x1,y\in r}\, y3^{*}x2)^{*}(\Sigma_{y1=x1,y\in r}\, y3^{*}x2)$ in der Definition von V3.

Damit ist bewiesen, dass Q5 stets die leere Tabelle bringt, unabhängig vom Inhalt von r.

Lösung Aufgabe 35:

Es ist bei der gegebenen Ausgangslage $V1 = \{<a,x+2,1>,\ <b,2,1>\}$ und
$V2 = \{<a,(x+2)^2,1>,\ <b,4,1>\}$, also das Ergebnis der Query $= \{<0.5^{*}((x+2)^2+4),1>\}$.
Die Gleichung $0.5^{*}((x+2)^2+4) = 10$ hat die Lösungen $x = -6$ respektive $x = 2$.

Lösung Aufgabe 36:

Nein, wegen der Summenbildung.

Lösung Aufgabe 37:

Für $<Name,Vorname,Strasse,Gebtag> = <\text{'Sonderegger','Martin', - , '2.7.1981'}>$ ist
‖Name = 'Sonderegger' AND Vorname = 'Martin'
    AND (Strasse = 'Kirchgasse' OR NOT(Strasse = 'Kirchgasse'))‖ =
$\min\{$‖Name = 'Sonderegger'‖, ‖Vorname = 'Martin'‖,
    ‖(Strasse = 'Kirchgasse' OR NOT(Strasse = 'Kirchgasse'))‖$\}$ =
$\min\{$‖Name = 'Sonderegger'‖ , ‖Vorname = 'Martin'‖,
    $\max\{$‖(Strasse = 'Kirchgasse'‖ , 1 - ‖Strasse = 'Kirchgasse'‖$\}\}$ =
$\min\{1,1,\max\{\tfrac{1}{2} , 1 - \tfrac{1}{2}\}\} = \min\{1,1, \tfrac{1}{2}\} = \tfrac{1}{2}$

Lösung Aufgabe 38:

$\max\{x,\min\{y,z\}\} = \min\{\max\{x,y\},\max\{x,z\}\}$ beweist
x OR (y AND z) = (x OR y) AND (x OR z), und

$\min\{x,\max\{y,z\}\} = \max\{\min\{x,y\},\min\{x,z\}\}$ beweist
x AND (y OR z) = (x AND y) OR (x AND z).

Lösung Aufgabe 39:

nichts, dh eine leere Tabelle

Lösung Aufgabe 40:

```
SELECT  *
FROM  Gast  AS  x
WHERE  NOT EXISTS (SELECT  *
                   FROM  Gast  AS  y
                   WHERE  y.Rname = 'Ochsen'
                     AND  ((y.Frequenz IS NULL) OR (y.Frequenz ≥ x.Frequenz)))
```

Lösung Aufgabe 41:

SUM(Bewertung + LiterproWoche)

Lösung Aufgabe 42:

```
CASE
  WHEN  φ1                  THEN  f1
  WHEN  φ2 ∧ ¬φ1            THEN  f2
  WHEN  φ3 ∧ ¬φ2 ∧ ¬φ1      THEN  f3
  WHEN  ¬φ3 ∧ ¬φ2 ∧ ¬φ1     THEN  f0
END
```

Lösung Aufgabe 43:

```
SELECT  A,  f1  AS  B  FROM  r  WHERE  φ1
 UNION ALL
SELECT  A,  f2  AS  B  FROM  r  WHERE  φ2 ∧ ¬φ1
 UNION ALL
SELECT  A,  CAST(NULL AS dom(B)) AS  B  FROM  r  WHERE  ¬φ2 ∧ ¬φ1
```

Lösung Aufgabe 44:

```
SELECT  Jahr
        ,SUM (CASE WHEN Quartal='Q1' THEN Betrag END) AS  Q1
        ,SUM (CASE WHEN Quartal='Q2' THEN Betrag END) AS  Q2
        ,SUM (CASE WHEN Quartal='Q3' THEN Betrag END) AS  Q3
        ,SUM (CASE WHEN Quartal='Q4' THEN Betrag END) AS  Q4
        ,SUM(Betrag)  AS  Jahrestotal
FROM  Ausgaben
GROUP BY  Jahr
```

Lösung Aufgabe 45:

Aus der gegebenen Funktion folgt COALESCE(x,y,z) = COALESCE(x,CCALESCE(y,z)), also

```
CASE WHEN x IS NOT NULL THEN x
     ELSE COALESCE(y,z)
END, oder
```

```
CASE WHEN x IS NOT NULL THEN x
     ELSE CASE WHEN y IS NOT NULL THEN y
               ELSE z
          END
END, oder, am einfachsten zu verstehen
```

```
CASE WHEN x IS NOT NULL THEN x
     WHEN y IS NOT NULL THEN y
     ELSE z
END
```

Lösung Aufgabe 46:

Wie wir wissen, degeneriert Full Outer Join von r und s zu

$$r \bowtie\!\!\!\bowtie s = (r \bowtie s) \sqcup (r \setminus r\bowtie s) \sqcup (s \setminus r\bowtie s),$$

wenn r und s vom selben Format sind (im Falle von SQL genügt es, wenn die Formate Union kompatibel sind, dh die Domänen entsprechender Attribute übereinstimmen). Sind nun r und s Relationen ($\delta(r)=r$ und $\delta(s)=s$), dann wird $r \bowtie s$ zu $r \cap s$ und somit die obige Identität zu

$$r \bowtie\!\!\!\bowtie s = (r \cap s) \sqcup (r \setminus r \cap s) \sqcup (s \setminus r \cap s).$$

Nun sind aber (auch weil r und s Relationen sind) $(r \cap s)$, $(r \setminus r \cap s)$ und $(s \setminus r \cap s)$ paarweise elementfremd (keine zwei davon haben Elemente gemeinsam). Daher degeneriert $\sqcup$ zu $\cup$, das heisst es gilt dann

$$r \bowtie\!\!\!\bowtie s = (r \cap s) \cup (r \setminus r \cap s) \cup (s \setminus r \cap s).$$

Die rechte Seite wird dann natürlich zu $(r \cap s) \cup (r \setminus r \cap s) \cup (s \setminus r \cap s) = r \cup s$, das heisst insgesamt also (wenn r und s Relationen sind)

$$r \bowtie\!\!\!\bowtie s = r \cup s.$$

Mit anderen Worten, man kann "r UNION DISTINCT s", was wegen dem Default dasselbe ist wie "r UNION s", durch den Full Outer Join simulieren. Ein Beispiel:

Sei r eine Relation zum Format R(A,B) und s eine Relation zum Format S(C,D) und dom(A)=dom(C) und dom(B)=dom(D). Dann liefert

```
SELECT r.A, r.B
FROM r
  UNION
SELECT s.C AS A, s.D AS B
FROM s
```

dasselbe wie

```
SELECT COALESCE(r.A,s.C) AS A, COALESCE(r.B,s.D) AS B
FROM r FULL OUTER JOIN s ON r.A=s.C AND r.B=s.D.
```

Lösung Aufgabe 47:

Beide liefern $\{<a,b,null,null,1>\}$ zum Format R·S·W(A,B,C,D).

Lösung Aufgabe 48:

Ist $w = \{<a,b,1>, <aa,bb,1>\}$ zum Format W(A,B), $s = \{<b,c,1>\}$ zu S(B,C) und $r = \{<c,d,1>, <cc,dd,1>\}$ zu R(C,D), so ist

$(w \bowtie s) \ltimes r = \{<a,b,c,d,1>, <null,null,cc,dd,1>\}$, und

$w \bowtie (s \ltimes r) = \{<a,b,c,d,1>, <aa,bb,null,null,1>\}$.

Lösung Aufgabe 49:

Ist $w = $ Besucher, $g = $ Gast und $r = $ Restaurant, dann ist

$$\pi_{\text{Name,Vorname}}(w) \bowtie\!\!\!\!\bowtie \pi_{\text{Bname AS Name,Bvorname AS Vorname,Rname}}(g) \bowtie\!\!\!\!\bowtie \pi_{\text{Name AS Rname}}(r)$$

gesucht, also mit Outer Join Formulierung

```
SELECT  x.Name, x,Vorname, COALESCE(x.Rname,r.Rname) AS Rname
FROM  (SELECT  COALESCE(w.Name,g.Bname) AS Name
              ,COALESCE(w.Vorname,g.Bvorname) AS Vorname
              ,g.Rname
       FROM  Besucher AS w FULL OUTER JOIN Gast AS g
             ON w.Name = g.Bname AND w.Vorname = g.Bvorname)  AS  x
      FULL OUTER JOIN Restaurant AS r ON x.Rname = r.Rname
```

und ohne Outer Joins

```
SELECT  g.Bname AS Name, g.Bvorname AS Vorname, g.Rname
FROM  Gast  AS  g
  UNION
SELECT  w.Name, w.Vorname, CAST(NULL AS CHAR(20))
FROM  Besucher  AS  w
WHERE  NOT EXISTS (SELECT  *
                   FROM  Gast  AS  g
                   WHERE  g.Bname = w.Name  AND  g.Bvorname = w.Vorname)
  UNION
SELECT  CAST(NULL AS CHAR(20)), CAST(NULL AS CHAR(20)), r.Name AS Rname
FROM  Restaurant  AS  r
WHERE  NOT EXISTS (SELECT  *
                   FROM  Gast  AS  g
                   WHERE  g.Rname = r.Name)
```

Lösung Aufgabe 50:

```
SELECT  x.Elternteil  AS  Vorfahre, x.Kind  AS  Nachfahre
FROM  Eltern  AS  x
   UNION ALL
SELECT  x.Elternteil  AS Vorfahre, y.Kind  AS  Nachfahre
FROM  Eltern  AS  x, Eltern  AS  y
WHERE  x.Kind = y.Elternteil
   UNION ALL
SELECT  x.Elternteil  AS Vorfahre, z.Kind  AS  Nachfahre
FROM  Eltern  AS  x, Eltern  AS  y, Eltern  AS  z
WHERE  x.Kind = y.Elternteil  AND  y.Kind = z.Elternteil
```

Lösung Aufgabe 51:

```
SELECT  x.Tag, SUM(y.Betrag)  AS  Betrag
FROM  (SELECT DISTINCT  Tag
           FROM  Konto)  AS  x, Konto  AS  y
WHERE  y.Tag  ≤  x.Tag
GROUP BY  x.Tag
```

Lösung Aufgabe 52:

```
SELECT  h.M, SUM(CASE WHEN  Tordiff > 0  THEN  3
                       WHEN  Tordiff = 0  THEN  1
                       ELSE                    0
                     END)  AS  Punkte
FROM  (SELECT  COALESCE(x.K,y.K)  AS  K, COALESCE(x.M,y.M)  AS  M,
               COALESCE(x.Tordiff,y.Tordiff)  AS  Tordiff
         FROM  (SELECT '1' AS  K, M1  AS  M, Tore1 - Tore2  AS  Tordiff
                 FROM  Spiele)  AS  x
              FULL OUTER JOIN
                (SELECT '2' AS  K, M2  AS  M, Tore2 - Tore1  AS  Tordiff
                 FROM  Spiele)  AS  y
              ON  x.K = y.K  AND  x.M = y.M  AND  x.Tordiff = y.Tordiff)  AS  h
GROUP BY  h.M
ORDER BY  Punkte DESCENDING, M ASCENDING
```

Wir haben hier Full Outer Join gewählt als UNION DISTINCT, da einige Systeme zwar Full
Outer Join in Subselect zulassen, UNION aber nicht. Man beachte dass aus der Logik von
UNION heraus Zeilen verschwinden würden, wenn es identische gäbe (zweimal dieselbe
Mannschaft mit gleicher Tordifferenz, das eine Mal aus M1, das andere Mal aus M2). Daher
der Trick mit "'1' AS K" und "'2' AS K", damit die beiden Teile von UNION keine
überlappenden Teile haben. Bei der Summierung fällt K von selber wieder hinaus.

Lösung Aufgabe 53:

Wir definieren eine Tabelle Taet(T CHAR(7)) und füllen sie ab mit den Tätigkeiten, INSERT
INTO Taet VALUES ('bimäst'), dasselbe für 'refütet' usw.
Die folgende Query liefert sämtliche möglichen Lösungen (falls vorhanden):

```
SELECT  k.T AS Kanti, l.T AS Larmi, m.T AS Malgi, n.T AS Nafki
FROM  Taet AS k, Taet AS l, Taet AS m, Taet AS n
WHERE  ( NOT(k.T = 'bimäst' OR k.T = 'refütet')  OR  l.T = 'karölt' )
   AND  ( k.T = 'refütet'  OR  m.T = 'lugört' )
   AND  ( NOT(k.T = 'karölt')  OR  NOT(n.T = 'bimäst') )
   AND  ( k.T = 'karölt'  OR  n.T = 'karölt' )
   AND  NOT (k.T = l.T  OR  k.T = m.T  OR  k.T = n.T
                     OR  l.T = m.T  OR  l.T = n.T
                                    OR  m.T = n.T)
```

Die Query liefert genau eine Zeile, nämlich (Kanti,Larmi,Malgi,Nafki) =
('karölt','bimäst','lugört','refütet'), womit bewiesen ist, dass es genau eine Lösung gibt.

Lösung Aufgabe 54:

```
SELECT  Name, K1, K2, K3,
        (COALESCE(K1,0) + COALESCE(K2,0) + COALESCE(K3,0)) /
(COALESCE(SIGN(K1),0) + COALESCE(SIGN(K2),0) + COALESCE(SIGN(K3),0))
        AS Durchschnitt
FROM  Noten
ORDER BY  Name
```


Lösung Aufgabe 55:

```
SELECT  Semester, Klasse, Name, AVG(Note) AS Durchschnitt
FROM  Noten
GROUP BY  Semester, Klasse, Name
ORDER BY Semester, Klasse, Name
```

für den Schülernotendurchschnitt, und

```
SELECT  x.Semester, x.Klasse, AVG(x.Durchschnitt) AS Klassenschnitt
FROM  (SELECT  Semester, Klasse, Name, AVG(Note) AS Durchschnitt
        FROM  Noten
        GROUP BY  Semester, Klasse, Name) AS x
GROUP BY  x.Semester, x.Klasse
ORDER BY  x.Semester, x.Klasse
```

für den Klassennotendurchschnitt.

Lösung Aufgabe 56:

```
SELECT  x.Kunde, y.Geschenk
FROM  (SELECT  Kunde, SUM(Betrag) AS Betrag
        FROM  Kauf
        WHERE  Tag BETWEEN '1.1.1999' AND '31.12.1999'
        GROUP BY Kunde) AS x,
        Geschenke AS y
WHERE  y.Betrag ≤ x.Betrag
   AND  NOT EXISTS (SELECT  *
                    FROM  Geschenke AS z
                    WHERE  y.Betrag < z.Betrag AND z.Betrag ≤ x.Betrag)
```

Lösung Aufgabe 57:

```
SELECT SUM((x.Messwert - y.Mittelwert)*(x.Messwert - y.Mittelwert))
FROM Messungen AS x,
        (SELECT AVG(Messwert) AS Mittelwert
         FROM Messungen) AS y
```

Lösung Aufgabe 58:

```
SELECT x.Artikel, x.Kunde, 100*SUM(x.Betrag/y.Artikelsumme), 'Prozent'
FROM Kauf AS x,
        (SELECT Artikel, SUM(Betrag) AS Artikelsumme
         FROM Kauf
         WHERE Tag BETWEEN '1.1.1999' AND '31.12.1999'
         GROUP BY Artikel) AS y
WHERE x.Artikel = y.Artikel
  AND x.Tag BETWEEN '1.1.1999' AND '31.12.1999'
GROUP BY x.Artikel, x.Kunde
ORDER BY x.Artikel, x.Kunde
```

Lösung Aufgabe 59:

```
SELECT u.Disk, MAX(u.Frei)
FROM (SELECT x.Disk, y.Blocknummer - x.Blocknummer + 1 AS Frei
        FROM FreieBloecke AS x, FreieBloecke AS y
        WHERE x.Disk = y.Disk AND x.Blocknummer ≤ y.Blocknummer
          AND y.Blocknummer - x.Blocknummer + 1 =
                (SELECT COUNT(*)
                 FROM FreieBloecke AS z
                 WHERE z.Disk = x.Disk
                   AND x.Blocknummer ≤ z.Blocknummer
                   AND z.Blocknummer ≤ y.Blocknummer) ) AS u
GROUP BY u.Disk
```

Lösung Aufgabe 60:

```
SELECT v.Xwert, v.Ywert
FROM Kurve u, Kurve v, Kurve w
WHERE u.Xwert < v.Xwert AND v.Xwert < w.Xwert
  AND u.Xwert = (SELECT MAX(Xwert)
                 FROM Kurve AS Kleinere
                 WHERE Kleinere.Xwert < v.Xwert)
  AND w.Xwert = (SELECT MIN(Xwert)
                 FROM Kurve AS Groessere
                 WHERE v.Xwert < Groessere.Xwert)
  AND v.Ywert < u.Ywert AND v.Ywert < w.Ywert
```

Die Bedingung "u.Xwert < v.Xwert AND v.Xwert < w.Xwert" wäre an sich redundant, aber nur wenn man damit rechnet, dass wenn ein v.Xwert zum Beispiel keinen kleineren hat, dass dann das zugehörige MAX-Subselect NULL liefert, was zwar der Fall ist, aber man sollte nicht mit NULL Effekten spielen, da man leicht auf die Nase fällt dabei.

Lösung Aufgabe 61:

```
SELECT  CASE WHEN xgeg = v.X THEN v.Y
                ELSE  u.Y + (xgeg - u.X) * ((v.Y - u.Y)/(v.X - u.X))
           END  AS  GesuchterFunktionswert
FROM F  AS  u, F  AS  v
WHERE  u.X ≤ xgeg  AND  xgeg ≤ v.X
    AND  u.X = (SELECT  MAX(X)  FROM F  WHERE  X ≤ xgeg)
    AND  v.X = (SELECT  MIN(X)  FROM  F  WHERE  xgeg ≤ X)
```

Lösung Aufgabe 62:

Wir denken uns (für weniger Schreibarbeit) die Nachnamen, Taschengelcbeträge und
Hobbies numeriert mit den Zahlen {1,2,3} (und geben den Vornamen eine Sonderstellung).
MN soll für den Namen von Marion stehen, ST für das Taschengeld von Susi, usw.
Wir kreieren eine Tabelle T(Z) mit den Einträgen {1,2,3}. Dann liefert die Query

```
SELECT  MN.Z AS MN, SN.Z AS SN, UN.Z AS UN
        , MT.Z AS MT, ST.Z AS ST, UT.Z AS UT
        , MH.Z AS MH, SH.Z AS SH, UH.Z AS UH
FROM  T AS MN, T AS SN, T AS UN
        ,T AS MT, T AS ST, T AS UT
        ,T AS MH, T AS SH, T AS UH
WHERE  (MN.Z ≠ SN.Z AND MN.Z ≠ UN.Z AND SN.Z ≠ UN.Z)
    AND  (MT.Z ≠ ST.Z AND MT.Z ≠ UT.Z AND ST.Z ≠ UT.Z)
    AND  (MH.Z ≠ SH.Z AND MH.Z ≠ UH.Z AND SH.Z ≠ UH.Z)
    AND  MH.Z = 3
    AND  (SN.Z ≠ 3  OR  ST.Z > MT.Z)  AND  MN.Z ≠ 3
    AND  (UN.Z ≠ 3  OR  UT.Z > MT.Z)
    AND  ST.Z = 2  AND  SN.Z = 1
    AND  UH.Z ≠ 2
    AND  UT.Z ≠ 1
```

die eindeutige Lösung MN = 2, SN = 1, UN = 3, MT = 1, ST = 2, UT = 3, MH = 3, SH = 2,
UH = 1, also Marion Müller, 6.-, Süssigkeiten, Susi Bauer, 7.-, Schallplatten, und Uschi
Weber, 8.-, Kleider.

Lösung Aufgabe 63:

```
SELECT  Rname AS  Restaurantname, SUM(AnLager) AS  AnLager
FROM  Sortiment
GROUP BY  Rname
HAVING  SUM(AnLager) ≥ (SELECT  MAX(x.Anzahl)
                        FROM (SELECT  Rname, SUM(AnLager) AS  Anzahl
                              FROM  Sortiment
                              GROUP BY  Rname) AS  x )
```

Lösung Aufgabe 64:

```
SELECT  x.Rname, x.Eroeffnungsdatum, COUNT(*)  AS  Anzahl
FROM  (SELECT DISTINCT  g.Rname, r.Eroeffnungsdatum,g.Bname, g.Bvorname
          FROM  Gast  AS  g, Restaurant  AS  r, Sortiment  AS  s, Lieblingsbier  AS  b
          WHERE  g.Rname = r.Name  AND  r.Name = s.Rname
            AND  s.Bsorte = b.Bsorte
            AND  b.Bname = g.Bname  AND  b.Bvorname = g.Bvorname
            AND  s.AnLager > 50  AND  b.Bewertung = 1)  AS  x
GROUP BY  x.Rname, x.Eroeffnungsdatum
HAVING  COUNT(*) = (SELECT  MAX(Anzahl)
                    FROM  (SELECT  Rname, Eroeffnungsdatum,
                                          COUNT(*)  AS  Anzahl
                           FROM  x
                           GROUP BY  Rname, Eroeffnungsdatum))
```

Lösung Aufgabe 65:

Wenn die Query

```
SELECT  *
FROM  Waehler  AS  x
WHERE  (x.Kanton = 'alle'  AND  x.Gemeinde ≠ 'alle')
    OR  (x.Kanton ≠ 'alle'  AND  x.Gemeinde = 'alle'
          AND  x.Anzahl ≠ (SELECT  SUM(y.Anzahl)
                           FROM  Waehler  AS  y
                           WHERE  y.Partei = x.Partei  AND  y.Kanton = x.Kanton
                             AND  y.Gemeinde ≠ 'alle'))
    OR  (x.Kanton = 'alle'  AND  x.Gemeinde = 'alle'
          AND  x.Anzahl ≠ (SELECT  SUM(y.Anzahl)
                           FROM  Waehler  AS  y
                           WHERE  y.Partei = x.Partei  AND  y.Kanton ≠ 'alle'
                             AND  y.Gemeinde ≠ 'alle'))
```

nichts zurückliefert, dann ist die Tabelle in Ordnung.

Lösung Aufgabe 66:

```
SELECT  COUNT(*)  AS  ZEILENNUMMER, x.Name, x.Vorname, MAX(x.Adresse)
FROM  Pers  AS  x, Pers  AS  y
WHERE  y.Name < x.Name  OR  (y.Name = x.Name  AND  y.Vorname ≤ x.Vorname)
GROUP BY  x.Name, x.Vorname
```

Lösung Aufgabe 67:

```
SELECT DISTINCT  x.Name
FROM  Land  AS  x, Export  AS  y1, Export  AS  y2, Firma  AS  z1, Firma  AS  z2
WHERE  y1.L# = x.L#  AND  y1.F# = z1.F#
   AND  y2.L# = x.L#  AND  y2.F# = z2.F#
   AND  y1.A# = y2.A#  AND  z1.Hauptsitz ≠ z2.Hauptsitz
```

Lösung Aufgabe 68:

```
SELECT  x.Name, SUM(y.Anzahl*z.Gewicht)  AS  Gesamtgewicht
FROM  Land  AS  x, Export  AS  y, Artikel  AS  z
WHERE  y.L#=x.L#  AND  y.A#=z.A#
ORDER BY  Gesamtgewicht, Name
```

Lösung Aufgabe 69:

```
SELECT  x.Name
FROM  Firma  AS  x
WHERE  NOT EXISTS (SELECT  *
                   FROM  Export AS  y , Export  AS  z
                   WHERE  x.F#=y.F#  AND  x.F#=z.F#  AND  y.L# ≠ z.L#)
```

Man beachte, dass hier (richtigerweise) auch diejenigen Firmen dabei herauskommen, die gar nichts exportieren.

Lösung Aufgabe 70:

```
SELECT  x.Name
FROM  Firma  AS  x
WHERE  NOT EXISTS (SELECT  *
                   FROM  Export  AS  y, Export  AS  z
                   WHERE  x.F#=y.F#  AND  x.F#=z.F#
                      AND  y.A# ≠ z.A#  AND  y.L#=z.L#)
```

Lösung Aufgabe 71:

```
SELECT  x.A#, y.A#
FROM  Export  AS  x, Export  AS  y
WHERE  x.A# < y.A#
   AND  NOT EXISTS (SELECT  *
                    FROM  Export  AS  z1
                    WHERE  z1.A#=x.A#
                       AND  NOT EXISTS (SELECT  *
                                        FROM  Export  AS  z2
                                        WHERE  z2.A#=y.A#
                                           AND  z2.L#=z1.L#))
   AND  NOT EXISTS (SELECT  *
                    FROM  Export  AS  z1
                    WHERE  z1.A#=y.A#
                       AND  NOT EXISTS (SELECT  *
                                        FROM  Export  AS  z2
                                        WHERE  z2.A#=x.A#
                                           AND  z2.L#=z1.L#))
```

Konzeptionelles Datendesign mit Entity Relationship

Vorbemerkungen

Entity Relationship ist eine Diagramm Sprache für das Design von Datenstrukturen. Sie ist in vielen Dialekten weit verbreitet, und hat ein eigentümliches Verhältnis zur relationalen Datenbank Welt. Dies hat damit zu tun, dass die hauptsächlichen Vertreter der Diagramm Sprache, Charles Bachman und Peter Pin-Shan Chen, lange Zeit Gegner von E.F.Codd waren. Sie benutzten ihre Diagramme für das Design von Datenstrukturen in netzwerkförmigen und hierarchischen Datenbanksystemen. Weil viele Designhilfe Werkzeuge vor allem Bachmann Diagramme anbieten, werden diese kurz vorgestellt.

Das Kapitel enthält aber im wesentlichen die Darstellung eines Entity Relationship Dialektes, **der sich besser eignet für das Design von relationalen Datenstrukturen.** Dieser Dialekt liefert zusammen mit einer rein syntaktischen Definition von korrektem Diagramm direkt Relationen in IDNF (Inclusion Dependency Normal Form, das ist Boyce-Codd Normal Form mit anständig eingebundener Referential Integrity), vermeidet NULLs an den gefährlichen Stellen, und lässt nur Semantik zu, die vom Datenbanksystem überwacht werden kann.

Bachman Diagramme

In den sechziger Jahren kamen die Datenspeicher für Direktzugriff auf (DASD, Direct Access Storage Device), wo im Gegensatz zum Magnetband (Tape) bei gegebener Speicheradresse direkt, sagen wir mal auf einen Record, zugegriffen werden konnte.
Damit wurde das direkte Navigieren sozusagen von einem Record zum anderen möglich, sowie auch das schnelle Wiederfinden von logisch zusammengehörenden Records nach dem Owner/Member Prinzip (zum Beispiel Abteilung/Mitarbeiter, Kunde/Bestellung, usw).
Das Navigieren aus dem Programm heraus und das Speichern von Daten waren Sachgebiete, die gleichzeitig und zusammen nach Systematisierung und Standardisierung verlangten.
Schon am 28.5.1959 rief das Pentagon interessierte Kreise zusammen, wo dann COBOL (Common Business Oriented Language) und CODASYL (Conference on Data Systems Languages) offiziell ins Leben gerufen wurden und in eine längere Phase der Auseinandersetzung und Standardisierung eingingen.

Am Anfang des Codasyl Prozesses stand die Sprache, nämlich Cobol, sowie die Frage des Navigierens (dementsprechend gab es eine List Processing Task Force). Ab etwa Mitte der sechziger Jahre kam das IDS ins Spiel von Codasyl (Integrated Data Store von General Electric, ein System, das die programmunabhängige Verwaltung von Files auf DASD ermöglichte), und mit ihm dessen Architekt Charles W. Bachman.

Bachman, der später selber IDS als erstes (1962) Netzwerkdatenbanksystem bezeichnete (seine IDS beschreibende Veröffentlichung (Bachman 1964) enthält den Begriff Datenbank allerdings noch nicht), hatte sich intensiv mit den Möglichkeiten von DASD beschäftigt und veröffentlichte Ende der sechziger Jahre eine Diagramm Sprache für das Owner/Member Paradigma, welche aus Kästchen und Pfeilen dazwischen besteht (Bachman 1969):

Owner Record Type   Abteilung

Set Type

Member Record Type   Mitarbeiter

Die Kästchen sind 'Record Types' und die Verbindungen (hier noch Pfeile) 'Set Types' (ein Record des Typs 'Abteilung' kann eine Menge von Pointers auf Records vom Typ 'Mitarbeiter' beinhalten).
Bachman und sein IDS hatten grossen Einfluss auf die Codasyl Standardisierung, was die IBM zu Protesten veranlasste, weil IBM gerade dabei war, das hierarchische Datenbanksystem IMS zu entwickeln ('general availability' 1969).

Das Navigationsparadigma Owner/Member emanzipierte sich anfang der siebziger Jahre allmählich ein wenig von der Physik des Direct Access Storage Device Zugriffes, wahrscheinlich wegen den Bachman Diagrammen, und weil 1970 bereits Codd sein relationales Datenmodell vorgestellt hatte, welches grössten Wert legte auf Unabhängigkeit von der physikalischen Implementierung. Bachman sah seine Records und Mengen von Pointers plötzlich auch als Datenmodell, und bis gegen Ende der siebziger Jahre gab es einen regelrechten Krach zwischen 'Relationalisten' und Codasyl Anhängern (Codasyl 1974).

Das Bachman'sche Owner/Member Paradigma kann auch so aufgefasst werden, dass man in unserem Beispiel von 'Abteilung' und 'Mitarbeiter' sagt, dass pro Abteilung eine Menge von Mitarbeitern existiert, welche auch leer sein kann, oder anders gesagt, dass pro Abteilung entweder null oder ein oder mehrere Mitarbeiter existieren. Man drückt also die Bedeutung, die Semantik, des Paradigma aus durch Anzahlen, durch Kardinalitäten der beteiligten Entitäten.
Das spezielle Hervorheben der Kardinalität 'eins', 'ein Mitarbeiter', hängt mit der umgekehrten Sicht zusammen, pro Mitarbeiter gibt es eine Abteilung. Deshalb wird das Bachman Paradigma auch als 'one to many' Beziehung(styp) bezeichnet (ein konkreter Mitarbeiter hat eine Beziehung zu seiner Abteilung, von einer abstrahierten Sorte oder eben eines Beziehungstyps).

Natürlich stellt sich sofort die Frage, ob es für jeden Mitarbeiter eine Abteilung geben muss oder nicht, das heisst, ob das 'one' in 'one to many' eine Existenzbedingung, ein existence constraint, ist oder nicht. Dementsprechend ist die Kardinalitätssemantik 'one to many' später (Bachman 1983) verallgemeinert worden zu einer Notation, die zum Beispiel so aussehen kann:

	x	y	
E			F

Die Semantik ist dann zum Beispiel so definiert, dass es pro Entität e vom Typ E y
Entitäten vom Typ F gibt und dass es pro Entität f vom Typ F x Entitäten vom Typ E gibt.

Die Kardinalitätsangabe x kann zum Beispiel die Form $(x_1..x_2)$ haben, mit der Bedeutung
'mindestens x_1 und höchstens x_2'. Oder x kann aus $\{1,c,m,mc\}$ sein (Zehnder 1981), mit
der Bedeutung von '1' als 'genau ein', 'c' als 'höchstens ein', 'm' als 'mindestens ein' und
'mc' als 'keine Bedingung'.

Dann gibt es noch Varianten mit leeren oder ausgefüllten Kreislein und einfachen oder
doppelten Strichlein oder auch Krähenfüsschen oder Doppelpfeilen an den Enden der
Verbindungslinie zwischen E und F, usw, worauf wir uns aber nicht einlassen. Kriegt man es
in der Literatur oder in einem Design Tool mit Bachman Diagrammen zu tun, bleibt einem
nichts anderes übrig, als sich an Ort und Stelle genau nach der Semantik zu erkundigen (das
Chaos der Diagramm Notationen ist noch viel grösser, als hier skizziert werden kann).

Bezeichnen wir die Situation des obigen Bachman Diagramms mal mit $\beta(E,x,F,y)$ und
betrachten die Zusammensetzung $\beta(E,x,F,y) \wedge \beta(F,z,G,u) \wedge \beta(G,v,E,w)$, das sind also drei
Entitätstypen E, F und G, welche paarweise verbunden sind mit den angegebenen
Kardinalitätsbedingungen.

Aufgabe 1:

Gegeben sind $\beta(E,x,F,y) \wedge \beta(F,z,G,u) \wedge \beta(G,v,E,w)$ in der Zehnder Notation für die
Kardinalitäten. Man gebe Beispiele von Bedingungen, welche die Kardinalitäten gegenseitig
erfüllen müssen. (Hinweis: betrachte zum Beispiel die zwei Wege von E nach F, den direkten
und denjenigen via G).

Die Ueberlegungen in dieser Aufgabe sind etwas unangenehm. Die angedeuteten
Transitivitätsbedingungen zwischen dem Umweg und dem direkten Weg sind nur sinnvoll,
wenn der direkte Weg eine Abkürzung ist für den Umweg, also wenn es pro Mitarbeiter
genau eine Abteilung gibt und pro Abteilung genau eine Division, dann gibt es (in diesem
Sinne als Abkürzung) pro Mitarbeiter genau eine Division.
Handelt es sich bei den drei Entitätstypen E, F und G hingegen zum Beispiel um drei Vereine
(eine Entität e des Typs E wäre ein Mitglied des Vereins E, usw), und bei den
Kardinalitätsverbindungen um den Beziehungstyp 'per Du sein' ($\beta(E,x,F,y)$ würde dann
bedeuten, jedes Mitglied e von E ist mit y Mitgliedern von F per Du, usw), so ist klar, dass in
diesem Fall keinerlei Transitivitätsbedingung der betrachteten Art sinnvoll ist.

Das Problem liegt darin, dass in der betrachteten Form im Bachman Diagramm $\beta(E,x,F,y)$
mit den Entitätstypen E und F der Beziehungstyp, der zwischen ihnen besteht, nur eine
Verbindungslinie mit Kardinalitäten ist, also weder einen Namen noch überhaupt sichtbare
Repräsentanz hat. Diese unselige Verquickung von Kardinalitätsfragen mit dem
Beziehungstyp zwischen E und F durch eine einfache Verbindungslinie führt auch dazu, dass
es sozusagen zwischen E und F nur einen einzigen Beziehungstyp geben kann.

Man kann diesem Problem zwar abhelfen, indem man die Verbindungslinie als Beziehungstyp
zwischen E und F im Bachman Diagramm $\beta(E,x,F,y)$ ersetzt durch ein eigenes Kästchen R,
das mit E und F verbunden ist: $\beta(E,z,R,u) \wedge \beta(R,v,F,w)$.

Aufgabe 2:

Wie müssen dann z, u, v und w gewählt werden?

Den Uebergang von $\beta(E,x,F,y)$ zu $\beta(E,1,R,y) \wedge \beta(R,x,F,1)$ nennen wir einen **Zehnder Normalisierungsschritt**. Die Frage, wann ein solcher Schritt nötig ist, wird von Zehnder allerdings mit der Darstellbarkeit durch Relationen in Zusammenhang gebracht (Zehnder 1981), obwohl solche Normalisierungsschritte schon für Codasyl nötig waren, denn Codasyl kennt nur one-to-many, nicht aber many-to-many.

Uns geht es hier mehr um die Frage der *Explizitheit von Beziehungstypen* versus Kardinalitätsfetischismus. Im Jahre 1976 schlug Peter Pin-Shan Chen in einem richtungsweisenden Artikel eine allgemeinere Form von Diagrammen vor für das Design von Datenstrukturen.

Chen's Entity Relationship

Mitten in die heftige Auseinandersetzung zwischen den Vertretern der verschiedenen Datenmodelltypen (relational, netzwerkförmig, hierarchisch) hinein publizierte P.P.Chen einen Artikel (Chen 1976) sowie ein Buch (Chen 1977), wo er einen Vorschlag machte für eine Diagramm Sprache, mit der man Datenstrukturen beschreiben können sollte unabhängig davon, ob sie relational oder netzwerkförmig implementiert werden.

Allerdings gibt Chen im Buch nur Abbildungsmöglichkeiten seines Entity Relationship in 'Data Structure Diagrams' vom Bachman Typ, was nur ein kleiner Sprung ist, sowie in hierarchische als spezielle netzwerkförmige. Er bildet also die eine Diagramm Sprache in die andere ab. Im Artikel wird **Entity Relationship (ER)** als weiteres Datenmodell neben die bereits vorhandenen gestellt als neues solches, welches angeblich die guten Eigenschaften der anderen in sich vereint, und es werden die anderen, vor allem das relationale, in einem leicht schiefen Licht dargestellt. Chen schreibt auch, der Artikel sei motiviert worden durch eine Reihe von Gesprächen mit Bachman. Abbildungen in die bekannten Modelle definiert er im Artikel nicht.

Weil ER ein eigenes Datenmodell sein wollte, wurde es von den Relationalisten nie ernst genommen. Dass Entity Relationship trotzdem eine grosse Tradition hervorgebracht hat, hängt wahrscheinlich mit der Tatsache zusammen, dass Chen von Anfang an mit einem grossen Kreis von Leuten in der Industrie zusammengearbeitet hat. Im Buch wird dargelegt, dass Chen mit diesen Kreisen zusammen daran sei, für verschiedene Branchen deren typische Datenstrukturen in branchenspezifischen Datenmodellen darzustellen.

Chen lädt im Buch auch jeden ein, einen Beitrag zu leisten. Diese Offenheit ist heute noch spürbar in den Artikeln der mittlerweile jährlich stattfindenden Entity Relationship Conferences, die eine grosse Vielfalt von ER Dialekten gebrauchen (und dankenswerterweise auch eine grosse Vielfalt an Problematiken ansprechen, die im Umfeld von Datendesign liegen).

Es gibt zwar Leute, die heute noch ER als eigenes Datenmodell eigenständig neben dem relationalen sehen wollen (Thalheim 2000), aber sobald man halt die Sache etwas mathematischer formalisiert, ist man mit "Relationship" ziemlich nahe bei Relation. Gegen Ende der siebziger Jahre, als die ersten relationalen Datenbanksysteme erhältlich wurden, begann man in weiten Kreisen, ER als Hilfsmittel zu betrachten, mit dem man auf einfache Art und Weise Datenstrukturen zeichnen konnte für die Implementierung vor allem in relationalen Datenbanksystemen. Das wollen wir hier auch tun.

Und es gibt auch heute noch Leute, die ER als Sprache sehen für konzeptionelle Datenstrukturen, die unabhängig von der Implementierung in relationale oder netzwerkförmige Datenbanksysteme entworfen werden sollen. Das wollen wir hier *nicht* tun. Es hat sich nämlich mittlerweile gezeigt, dass Firmen ihre Typen von Datenbankmanagementsystemen viel länger behalten als ihre Geschäfts Datenstrukturen. **Wir werden also ER brauchen auschliesslich für das Design von Daten der relationalen Welt**.

Die sozusagen richtige Art der Abbildung von ER Diagrammen in Relationen wurde allerdings erst gegen Ende der achtziger Jahre formuliert, wahrscheinlich weil die eher mathematische Seite der Datenbankinteressenten sich zwar für das relationale Modell interessierten, aber weniger für Entity Relationship. Formulierungen dieser Abbildung findet man in (Buff 1989), ähnlich aber unabhängig davon in (Markowitz 1989), später auch in (Buff 1991a) und (Mannila 1992).

Obwohl der hier im folgenden dargestellte Dialekt von ER und dessen Abbildung in die relationale Welt streng mathematisch formalisiert werden kann (Jastrowski 1994), wollen wir den Formalismus nicht übertreiben.

Entität, Entitätstyp (entity, entity type)

Bernhard Thalheim zählt beispielhaft zwölf verschiedene Definitionen auf für den Begriff Entitätstyp, die in der Literatur erschienen sind (Thalheim 1999).

Wir betrachten hier den Begriff 'Entitätstyp' als 'undefined notion', wie Punkt' oder 'Gerade' in der Geometrie. Dargestellt wird ein Entitätstyp durch ein Rechteck, zum Beispiel

```
┌─────────────────┐
│                 │
│   Person        │
│                 │
└─────────────────┘
```

mit einem (eindeutigen) Namen. Jeder konkrete Entitätstyp, im Beispiel 'Person', soll durchaus so genau wie möglich definiert werden. Der Entitätstyp wird in eine Relation abgebildet werden, also in eine Tabelle mit Schlüssel(n), und die Entitäten des Typs werden die Zeilen dieser Tabelle sein.

Attribut, Attributswert (attribute, attribute value)

Entitätstypen haben Attribute, und die zugehörigen Entitäten haben Attributswerte für diese Attribute. Attribute werden dargestellt durch Ovale (etwas Kreis- oder Ellipsenförmiges), die mit einer einfachen Linie mit dem Entitätstyp verbunden sind:

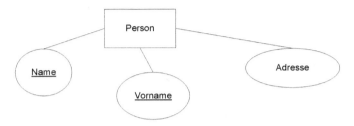

'Name' ist ein Attribut des Entitätstyps 'Person', 'Meier' wäre ein Attributswert einer Entität des Typs 'Person'.
Die Unterstreichung der Attribute 'Name' und 'Vorname' deutet an, dass der Designer {Name,Vorname} als Primärschlüssel gewählt hat.

Beziehungstyp, Beziehung (relationship type, relationship)

Nehmen wir an, es sei bereits ein zweiter Entitätstyp 'Firma' gegeben mit Primärschlüssel {Name}. Ein Beziehungstyp 'Angestellt' zwischen den Entitätstypen 'Person' und 'Firma' wird durch einen Rhombus dargestellt mit Pfeilen zu den Entitätstypen, von denen er abhängig ist:

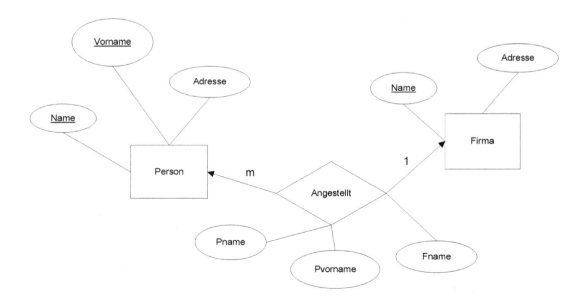

Der Beziehungstyp 'Angestellt' erbt sozusagen die Primärschlüsselattribute der Entitätstypen 'Person' und 'Firma', von denen er abhängig ist. Er könnte auch noch weitere, eigene Attribute haben, in unserem Beispiel vielleicht 'Seit', dessen Attributwerte das Datum der Anstellung enthalten würden. Die durch den Beziehungstyp von den Entitätstypen übernommenen Attribute (die dann Fremdschlüssel heissen, weil sie einem Schlüssel in der Fremde entsprechen), wählt man mit Vorteil mit gleichem Namen, ausser dann, wenn es wie in unserem Beispiel Namenskonflikte geben würde ('Person' und 'Firma' haben je ein Attribut 'Name', das übernommen werden muss). Selbst bei Namenskonflikten lohnt es sich aber, die Namen so zu wählen, dass auf den ersten Blick klar ist, welche Fremdschlüsselattribute zu welchen Primärschlüsselattributen gehören.

Wichtig sind die Pfeilmarkierungen '1' und 'm'. Die Markierung '1' bedeutet, dass pro Person höchstens eine Firma existiert, sodass die beiden in der Beziehung vom Typ 'Angestellt' stehen. Dies wird heissen, dass spätestestens bei der Abbildung in Relationen {Pname,Pvorname} als Schlüssel gewählt werden muss. Die Markierung 'm' heisst 'no condition' und besagt lediglich, dass es nicht eine '1' ist, welches zu einer (weiteren) Schlüsselbedingung Anlass geben würde.

Im folgenden Beispiel des Beziehungstyps 'Empfehlung'

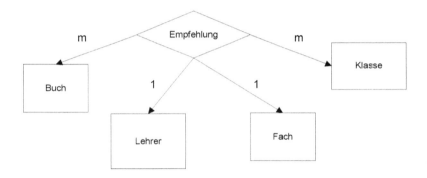

sieht man, dass der Beziehungstyp existentiell abhängig ist von vier Entitätstypen, dass deshalb vom Beziehungstyp vier Pfeile ausgehen. Es sind immer **die Pfeile**, welche **existenzielle Abhängigkeiten** grafisch darstellen (in der Relationenwelt werden diese Pfeile natürlich alle auf **referentielle Integritäten** abgebildet werden). Man kann auch an dieser Stelle schon betonen, dass die (existenziell) **unabhängigen Entitätstypen**, die eine zentrale Rolle spielen im Design, genau diejenigen sind, welche keine ausgehenden Pfeile haben (also höchstens eingehende Pfeile oder gar keine).

Von den vier Pfeilen unseres Beziehungstyps 'Empfehlung' tragen zwei die Markierung (Label) '1'. Daher wird es auch zwei Schlüsselbedingungen geben, welche den folgenden zwei inhaltlichen Bedingungen entsprechen:
Die Markierung '1' beim Pfeil zu 'Lehrer' bedeutet, dass ein Buch in einem Fach einer Klasse von höchstens einem Lehrer empfohlen wird.
Und die Markierung '1' beim Pfeil zu 'Fach' bedeutet, dass ein Buch von einem Lehrer einer Klasse in höchstens einem Fach empfohlen wird.

Bezeichnen B#, L#, F#, K# vier Attribute des Beziehungstyps 'Empfehlung', welche je als Fremdschlüssel den (nicht eingezeichneten Primärschlüsseln der) Entitätstypen entsprechen, so bedingen die beiden Markierungen '1' also, dass in 'Empfehlung' sowohl {B#,F#,K#} als auch {B#,L#,K#} je ein Schlüssel ist.

Wenn alle vier Pfeile die Markierung 'm' hätten, dann gäbe es auch einen Schlüssel, nämlich {B#,L#,F#,K#}.

Etwas allgemeiner:

Sei $R(E_1,L_1, E_2,L_2, E_3,L_3, ..., E_n,L_n)$ ein Beziehungstyp, der von den Entitätstypen E_j für $1 \leq j \leq n$ existenziell abhängt (wobei $n \geq 2$ ist), und jeweils L_j die Markierung des Pfeils von R nach E_j (also $L_j \in \{1,m\}$ für alle j). Sei weiter (für jedes j) M_j die Menge der Fremdschlüsselattribute von R, welche dem (Primärschlüssel des) Entitätstyp E_j entspricht (jedes M_j enthält mindestens ein Attribut, und die Mengen M_j sollen paarweise elementfremd sein). Sei $M = M_1 \cup M_2 \cup .... \cup M_n$.
Dann ergeben sich für R die folgenden Schlüsselbedingungen:
Sind $L_j = m$ für alle j, so ist M ein Schlüssel von R.
Gibt es hingegen (mindestens) ein j sodass $L_j = 1$ ist, so ist für jedes j mit $L_j = 1$ die Menge $M \setminus M_j$ ein Schlüssel von R.

Etwas unpassend erscheint hier vielleicht die Tatsache, dass der Fall von $L_j = m$ für alle j trotzdem zu einer Schlüsselbedingung führt, obwohl wir gesagt haben, $L_j = m$ heisse stets 'no condition'. Dies hängt damit zusammen, dass wir ein ER Diagramm in Relationen abbilden wollen, und nicht in Bags, sodass wir also für jedes Tabellenformat (mindestens) einen Schlüssel haben wollen.

Aufgabe 3:

Gegeben sind die Entitätstypen Firma, Land und Produkt, sowie (in oben eingeführter Schreibweise) der Beziehungstyp Export(Firma,1, Land,1, Produkt,m). Man formuliere in Prosa die Bedingungen, die durch die Markierungen '1' bei Firma und Land gegeben sind.

ISA-abhängiger Entitätstyp (ISA-dependent entity type)

Chen hatte den Designern von Datenstrukturen in der Praxis über die Schulter geschaut und nebst dem Beziehungstyp zwei weitere typische Muster der Strukturierung entdeckt, die in der Praxis häufig angewendet werden. Das eine entspricht dem ISA-abhängigen Entitätstyp, für den wir grad ein Beispiel betrachten:

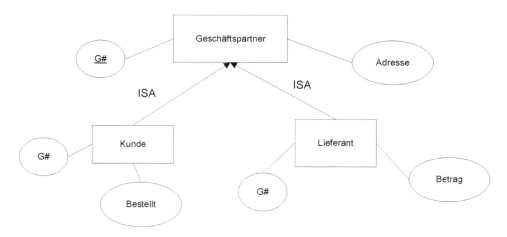

Die Entitätstypen Kunde und Lieferant sind je ISA-abhängig von Geschäftspartner. Die inhaltliche Meinung ist, dass jeder Kunde ein Geschäftspartner ist sowie auch jeder Lieferant. Die Pfeile, die wie üblich die existenzielle Abhängigkeit zeigen, tragen die Markierung 'ISA' (kommt von 'is a', ist ein).

Das Attribut 'G#' ist in 'Geschäftspartner' Primärschlüssel (genauer formuliert eigentlich {G#}). Zu jedem Pfeil gehört wie üblich ein Fremdschlüssel, in unserem Beispiel je ein Attribut G# von Kunde und analog für Lieferant (es besteht kein Zwang, das dem Primärschlüssel von Geschäftspartner in Kunde entsprechende Fremdschlüsselattribut ebenfalls als 'G#' zu bezeichnen).

Und genauso wie beim Beziehungstyp führt die Markierung des Pfeiles, hier 'ISA', zu einer Schlüsselbedingung:

Es ist nämlich {G#} ein Schlüssel in Kunde und analog für Lieferant. Dadurch wird erzwungen, dass jedem Kunden genau ein Geschäftspartner entspricht (nämlich quasi er selber), und analog für Lieferant.

Ist also F(E,ISA) ein von E ISA-abhängiger Entitätstyp, und M die Menge der Fremdschlüsselattribute von F, welche dem (Primärschlüssel des) Entitätstyps E entspricht, so muss M in F ein Schlüssel sein.

ISA entspricht dem **Generalisierungs**- respektive **Spezialisierungs**-Muster. Kunde und Lieferant werden sozusagen zu Geschäftspartner generalisiert, verallgemeinert, und umgekehrt gesehen ist Kunde und Lieferant je ein Spezialfall von Geschäftspartner. Tendenziell wird eine solche Generalisierung vor allem dann Sinn machen, wenn die einzelnen Spezialisierungen sich untereinander deutlich unterscheiden, in unserem Falle zum Beispiel wenn Kunde völlig andere Attribute hat als Lieferant oder mit völlig anderen Beziehungstypen zusammenhängt, und gleichzeitig die Generalisierung 'Geschäftspartner' genügend gemeinsame Strukturen auffangen kann (in unserem Falle ist es nur ein Attribut, nämlich die Adresse).

ID-abhängiger Entitätstyp (ID-dependent entity type)

Das letzte typische Muster, das Chen besonders hervorhob, ist die **Hierarchie**. Wir betrachten ebenfalls ein Beispiel:

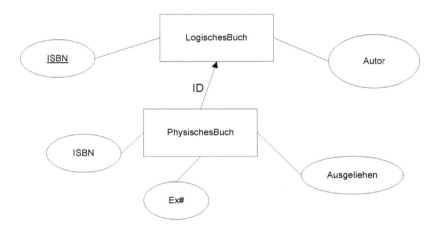

Eine Ausleihbücherei hat vor allem für die stark nachgefragten Titel mehrere Exemplare zum Ausleihen. Der Entitätstyp 'PhysischesBuch' ist ID-abhängig vom Entitätstyp 'LogischesBuch'. Einem logischen Begriff eines Buches (Primärschlüssel {ISBN}), das im Katalog eingesehen und bestellt werden kann, entspricht die Menge der realen Bücher zu diesem Titel, die man ausleihen kann und in die Hand nehmen (diese Menge kann auch leer sein). Es ist klar, dass ein logisches Buch mit dem Titel 'Heidi und der Landarzt' viel mehr physische Exemplare braucht als eines mit dem Titel 'Tropfsteinbildungen in aussereuropäischen Grotten'.

Das Attribut 'ISBN' in 'PhysischesBuch' bildet den Fremdschlüssel inbezug auf 'LogischesBuch', und die betreffende referentielle Integrität entspricht wiederum dem Pfeil, der auch hier eine existenzielle Abhängigkeit darstellt.

Und wie immer führt die Markierung des Pfeiles, hier 'ID', zu Schlüsselbedingungen beim abhängigen Typ: Innerhalb des einen logischen Buches brauchen wir ein weiteres Attribut, hier zum Beispiel 'Ex#', um die einzelnen physischen Exemplare zu unterscheiden. Das als Fremdschlüssel geerbte Attribut ISBN und das Attribut Ex# zusammen, {ISBN,Ex#}, bilden dann einen Schlüssel von 'PhysischesBuch'.

Ist also F(E,ID) ein von E ID-abhängiger Entitätstyp, und M die Menge der Fremdschlüsselattribute von F, welche dem (Primärschlüssel des) Entitätstyps E entspricht, so muss $M \cup N$ in F ein Schlüssel sein, wobei N eine zu M elementfremde Menge von Attributen von F ist, die mindestens ein Element enthält.

'ID' kommt von IDentification, wobei die Vorstellung zugrundeliegt, dass eine Entität eines ID-abhängigen Typs 'auf natürliche Weise' nur innerhalb der hierarchisch oberhalb liegenden Entität identifizierbar ist (ein Kind kann durch den Vornamen allein nur innerhalb seiner Familie eindeutig bezeichnet werden).

Aufgabe 4:

Man zeichne ein Diagramm mit mehreren voneinander ID-abhängigen Entitätstypen Land, Region, Ort, Strasse, unter Beachtung der (Fremd- und Primär-) Schlüsselbedingungen, die sich ergeben.

Es sollte mittlerweile klar geworden sein, dass die Rechtecke, die keine ausgehenden Pfeile haben, genau die **unabhängigen Entitätstypen** sind (Chris Date hatte diese als Kernentitätstypen bezeichnet, kernel entity types). Natürlich muss man diesen eine besondere Beachtung schenken, vor allem was die Schlüssel anbelangt. Die Schlüssel der von ihnen abhängigen Entitätstypen und Beziehungstypen ergeben sich dann mehr oder weniger von selber (sind vorwiegend durch die Markierungen der Pfeile, 1, m, ISA oder ID, bestimmt).

In diesem Zusammenhang gibt es noch einen Sonderfall, der auftritt, wenn man Objekttypen an einem Beziehungstyp anhängen will:

Zusammengesetzter Entitätstyp (composite entity type)

Betrachten wir ein Beispiel eines Beziehungstyp 'Vereinbarung' zwischen 'Mitarbeiter' und 'Projekt':

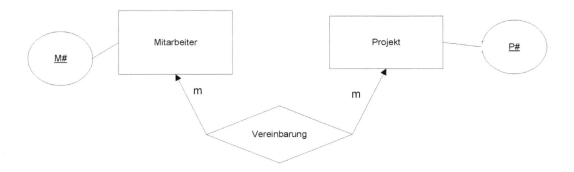

Die Fremdschlüssel in 'Vereinbarung' sind nicht gezeichnet (zusammen bilden sie einen Schlüssel, {M#,P#}, von 'Vereinbarung', bedingt durch die Markierungen der Pfeile. Nun möchte man dem Beziehungstyp 'Vereinbarung' etwas anhängen, zum Beispiel einen ID-abhängigen Entitätstyp 'Details', der von Vereinbarung zu Vereinbarung unterschiedlich viele Details aufnehmen soll. Man möchte also dass der Beziehungstyp einen eingehenden Pfeil erhält (sowie damit einen Primärschlüssel). Zu diesem Zweck wandeln wir den Beziehungstyp um in einen zusammengesetzten Entitätstyp und wählen einen Schlüssel als primär. Zeichnerisch soll das dadurch zum Ausdruck kommen, dass wir den Rhombus mit einem Rechteck umranden.

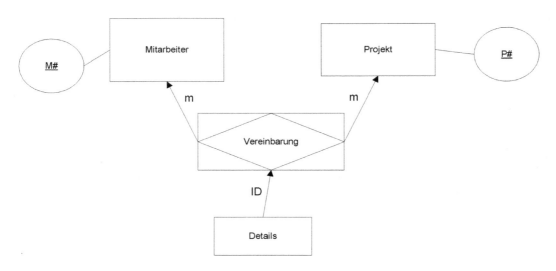

Wir wählen in 'Vereinbarung' den Schlüssel {M#,P#} als Primärschlüssel, somit muss 'Details' einen Fremdschlüssel haben, der diesem entspricht. Wir können ebenfalls M# und P# nehmen. Wegen dem ID Label des Pfeils braucht 'Details' ein weiteres Attribut, D#, sodass {M#,P#,D#} in 'Details' ein Schlüssel wird.

Die Abbildung in das relationale Modell wird weiter unten für ER Diagramme, die einer noch zu definierenden syntaktischen Notion von Korrektheit genügen, noch ausführlich besprochen. Bereits hier sei provisorisch auf deren Einfachheit hingewiesen:

Rechtecke und Rhomben	werden zu Relationen (mit entsprechenden Attributen)
Pfeile	werden zu referentiellen Integritätsbedingungen, und
Markierungen der Pfeile	werden zu Schlüsselbedingungen.

Wir betrachten ein weiteres Beispiel in zwei Varianten.

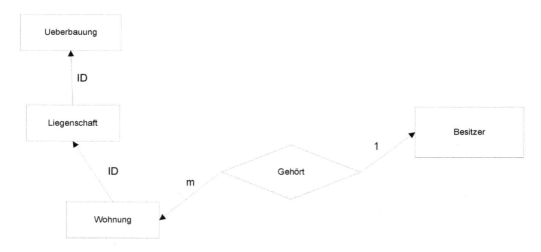

In der zweiten Variante werden die Entitätstypen Ueberbauung, Liegenschaft und Wohnung zu 'Objekt' verallgemeinert, was für die Möglichkeit der Angabe welche Wohnung zu welcher Liegenschaft gehört usw, die Einführung neuer Beziehungstypen erfordert.

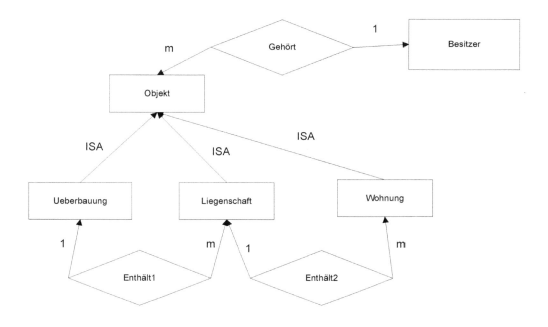

Aufgabe 5:

Welche der angegebenen Diagramme ist besser?

Ein anderes Beispiel betrifft die Mehrfachattribute (multivalued attributes). Gegeben sei

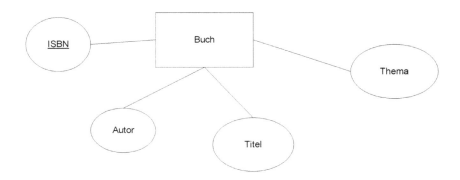

Nun möchte man plötzlich das Attribut 'Thema' als Mehrfachattribut auffassen können, das heisst, man möchte einem Buch mehrere Themen zuordnen können (und umgekehrt). Dann kann man zum Beispiel 'Thema' zu einem eigenständigen Entitätstyp machen, der durch einen Beziehungstyp mit 'Buch' verbunden wird (es gäbe auch andere Lösungen).

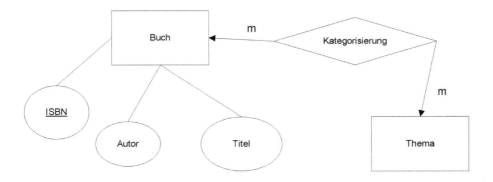

Natürlich muss der neue Entitätstyp 'Thema' auch Attribute haben, vielleicht 'Thema' und 'Beschreibung' usw.

Korrektes ER Diagramm (correct diagram)

Der Begriff stammt aus der Dissertation (Markowitz 1987) und beschreibt formal syntaktische Eigenschaften eines ER Diagrammes, welche garantieren sollen, dass dessen Abbildung in Relationen gewisse erwünschte Eigenschaften haben.
Da die dort gegebene Definition aus rund zwei Seiten mathematischer Formeln besteht und sich deshalb für den Praktiker weniger eignet, verwenden wir hier eine vereinfachte Fassung, die sich am Gedanken orientiert, dass man angibt, welche (Meta-) Operationen, das heisst Manipulationen an einem Diagramm ein korrektes Diagramm wiederum in ein korrektes überführt.

Eine solche Definition muss also rekursiv sein. Das hat den weiteren Vorteil, dass die Abbildung in die relationale Modellwelt ebenfalls rekursiv gemacht werden kann und deshalb sich auf die Angabe von ein paar Grundmustern beschränken kann.
Der Nachteil, den man sich durch diese Vereinfachung einhandelt, ist der, dass ein paar Beispiele von Diagrammen, die auch noch sinnvoll abgebildet werden könnten, nicht mehr korrekt sind. Allerdings hat die Erfahrung gezeigt, dass alle in der Praxis vorkommenden Beispiele von Anforderungen an Datenstrukturen durch ein korrektes Diagramm abgedeckt werden können.

Ein **korrektes ER Diagramm** sei also ein ER Diagramm, das aus dem leeren Diagramm hergestellt werden kann durch eine Folge von Metaoperationen aus folgender Liste:

1) Definiere unabhängigen Entitätstyp
    Voraussetzung: keine
    Ergebnis: ein neues Rechteck (mit eindeutigem Namen)

2) Definiere Beziehungstyp

Voraussetzung: E_j für $1 \leq j \leq n$ (und $2 \leq n$) gegebene Rechtecke oder rechteckum-
schlossene Rhomben

Ergebnis: ein neuer Rhombus R mit '1' oder 'm' markierten Pfeilen zu den E_j

3) Definiere Attribut

Voraussetzung: F ein Rechteck oder Rhombus oder rechteckumschlossener Rhombus

Ergebnis: neues Oval strichverbunden mit F und innerhalb F eindeutigem Namen

4) Umwandlung Beziehungstyp in Zusammengesetzten Entitätstyp

Voraussetzung: D ein Rhombus

Ergebnis: Rhombus D durch Rechteck eingeschlossen

5) Definiere ID-abhängigen Entitätstyp

Voraussetzung: F ein Rechteck oder rechteckumschlossener Rhombus

Ergebnis: neues Rechteck mit 'ID' markiertem Pfeil zu F

6) Definiere ISA-abhängigen Entitätstyp

Voraussetzung: F ein Rechteck oder rechteckumschlossener Rhombus

Ergebnis: neues Rechteck mit 'ISA' markiertem Pfeil zu F

Ein korrektes ER Diagramm hat ein paar sehr nützliche Eigenschaften. Wir haben zum Beispiel gesehen, dass ein Pfeil von einem Kästchen E zu einem anderen F stets bedeutet, dass jedes Objekt vom Typ E existenziell abhängig ist von einem Objekt des Typs F (wobei Kästchen steht für Rechteck, Rhombus oder rechteckumschlossener Rhombus). Ein **geschlossener Pfeilzyklus** wäre eine Folge von Kästchen, von denen jedes durch einen Pfeil verbunden ist mit dem nächsten, und ebenso das letzte mit dem ersten, sodass durch die Pfeile, die alle in dieselbe Richtung zeigen, ein Kreis entsteht, womit also sozusagen jedes der beteiligten Kästchen indirekt existenziell von sich selber abhängig wäre.

Aufgabe 6:

Man zeige, dass ein korrektes ER Diagramm keine geschlossenen Pfeilzyklen enthält.

Man beachte, dass die Definition des korrekten Diagramms rein syntaktisch ist und nichts zu tun hat mit der Frage der Abbildung der "Realität" in konzeptionelle Datendiagramme. Es ist auch kein Verbot, inkorrekte Diagramme zu zeichnen, sondern soll als Richtlinie dienen, die dem Designer hilft, gewisse Abgründe zu vermeiden, auf die wir noch zu sprechen kommen.

Abbildung in Relationen

Man könnte die Definition des korrekten Diagramms auch so gestalten, dass die Schlüssel, Primärschlüssel und Fremdschlüssel bereits dabei sind, die man spätestens für die Abbildung eines ER Diagramms in das relationale Datenmodell braucht.
Die Praxis zeigt jedoch, dass Designer auch gerne hantieren mit Kästchen die noch keine Attribute zugeordnet haben und dass Schlüssel der unabhängigen Entitätstypen gerne noch quasi in letzter Sekunde wieder geändert werden (was natürlich stets eine Aenderung von Schlüsseln, Fremdschlüsseln und eventuell auch Primärschlüsseln der von ihnen abhängigen Objekttypen nach sich zieht).

Deshalb wurde hier die Definition des korrekten Diagramms so gestaltet, dass sie auch auf ein Kästchenbild ohne Attribute zutreffen kann. Bevor das Diagramm aber in Relationen abgebildet werden kann, müssen die Schlüssel definiert sein.

Wir gehen aus von einem korrekten Diagramm und definieren zuerst in jedem unabhängigen Entitätstyp einen Schlüssel (oder mehrere, natürlich kann dann nicht einer davon in einem anderen echt enthalten sein). Falls der unabhängige Entitätstyp hereinkommende Pfeile hat (das heisst wenn andere Objekttypen von ihm abhängig sind), dann wählen wir einen der Schlüssel als Primärschlüssel. Dann gehen wir dem rekursiven Aufbau des korrekten Diagramms nach und konstruieren Fremdschlüssel und Schlüssel im Fall der Zufügung eines Beziehungstyps (Metaoperation 2) wie bereits formal beschrieben, wählen einen Schlüssel als Primärschlüssel im Fall der Umwandlung eines Beziehungstyps in einen Zusammengesetzten Entitätstyp (Metaoperation 4). In den Fällen der Metaoperationen 5 und 6 eines zugefügten ID- oder ISA-abhängigen Entitätstyps E, abhängig von einem Objekttyp F, wählen wir zuerst einen Primärschlüssel in F und anschliessend in E Fremdschlüssel und Schlüssel wie bereits formal beschrieben.

Welche Attribute eines abhängigen Objekttyps Fremdschlüssel sind in bezug auf welche Attribute eines anderen (und in welcher Reihenfolge falls der Fremdschlüssel aus mehreren Attributen besteht), von dem ersterer abhängig ist, sieht man in der Zeichnung typischerweise nicht direkt, sondern allenfalls nur aufgrund einer geschickten Namensgebung bei den Attributen.

Da zum relationalen Modell auch noch Domänen der Attribute gehören, müssen diese ebenfalls noch bestimmt werden.

Ein korrektes Diagramm, das auf diese Weise rekursiv mit Schlüsseln, Fremdschlüsseln, Primärschlüsseln und Domänen für die Attribute bestückt worden ist, nennen wir ein **angereichertes korrektes ER Diagramm**.

Die Abbildung eines angereicherten korrekten ER Diagramms in ein relationales Modell ist nun völlig klar, nämlich ebenfalls dem rekursiven Aufbau des Diagramms entlang, beginnend mit den unabhängigen Entitätstypen. Jedes Kästchen geht in eine Relation über mit den entsprechenden Attributen (und gewählten Domänen), Schlüssel, Fremdschlüssel und Primärschlüssel gehen in ebensolche über. Da theoretisch auch andere (weniger sinnvolle) Abbildungen denkbar sind, wollen wir die hier skizzierte die **kanonische** Abbildung eines angereicherten korrekten ER Diagramms in Relationen nennen.

Diese kanonische Abbildung liefert Relationen(formate) in **'Inclusion Dependency Normal Form, IDNF'** (welches Boyce-Codd Normal Form beinhaltet und ein anständiges Verhalten der Inclusion Dependencies, wir kommen im Kapitel über die Normalisierung darauf zurück).

Abgesehen davon, dass grad die beste der möglichen Normalformen unter Einbezug der Inclusion Dependencies entsteht, ist es von besonderer Wichtigkeit, dass ein Design, das in wochenlangen Diskussionen entstanden ist als konzeptionelle Datenstruktur, in den Köpfen der beteiligten Systemarchitekten und Programmierer ihre nützlichen Spuren hinterlassen hat (vom berühmten Backus Naur als 'theory building' bezeichnet), die nicht mutwillig auf der relationalen Ebene durch irgendwelche zusätzlichen Normalisierungsschritte zerstört werden sollten (was die Lehrbücher eben verlangen, wenn das konzeptionelle Design nicht direkt normalisierte Relationen liefert).

Im Gegensatz zu Bachman Diagrammen, die unter anderem sozusagen eine Verführung zur Definition von NULLs sind, werden in diesem ER Dialekt NULLs vermieden in dem Sinne, dass das Nichtvorhandensein einer Information sich letztlich abbildet im Nichtvorhandensein eines Tupels einer Relation, statt in einem NULL.
Und wiederum im Gegensatz zu Bachman Diagrammen kann man nur Strukturen definieren, deren Semantik durch ein modernes Datenbankmanagementsystem garantiert werden kann.

Aufgabe 7:

Man gebe für die letzten beiden Aussagen je ein Beispiel.

Die letzte Aussage der Garantie durch das System gilt auch für die erhaltene Normalform. Wie wir noch sehen werden, garantiert die allgemeine Normalisierungstheorie nur die Möglichkeit, sogenannte dritte Normalform zu erreichen, die aber nicht in allen Fällen vom Datenbanksystem garantiert werden kann, im Gegensatz zur Boyce Codd Normalform.

Die Erfahrung in der Praxis zeigt auch immer wieder, dass selbst erfahrene Designer mit Bachman Diagrammen fehlerhafte Datenstrukturen definieren, vor allem widersprüchliche Kardinalitätsbedingungen und Schlüsseleigenschaften. Abgesehen davon wird in den meisten Lehrbüchern sowieso viel zuviel Wert gelegt auf Kardinalitätsbedingungen. Die Praxis zeigt, dass wenn ein Benutzer sagt, pro A gibt es immer genau ein B, dass dann zwei Jahre später, wenn ein System schon entsprechend implementiert ist, damit gerechnet werden muss, dass der Benutzer gemeint hat, in 999'999 von 1'000'000 Fällen gibt es pro A genau ein B. Dann ist es aber zu spät, wenn man die Kardinalitätsaussage des Benutzers ernst genommen hat. Ein Benutzer kommt sowieso kaum von alleine auf solche Kardinalitätsaussagen, die werden ihm in den Mund gelegt, von eifrigen Bachman Diagramm Spezialisten.

Die Handorgel

Oft weiss man in der Designphase nicht, welche Attribute ein Entitätstyp E haben soll, oder der Benutzer wünscht selber, dass er später nach Belieben neue Attribute zufügen kann. Oder aber, man weiss von vorneherein, dass jede Entität des Typs E andere Attribute (mit zugehörigen Attributswerten) haben soll.

Die Situation sieht also etwa so aus:

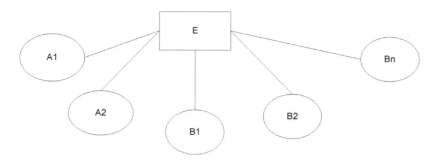

Der Entitätstyp E hat die obligatorischen Attribute A1 und A2 (es könnten auch mehr sein), das heisst, jede Entität des Typs E hat mindestens für die Attribute A1 und A2 definierte Werte (aus den obligatorischen Attributen muss sich auch der oder die Schlüssel zusammensetzen). Desgleichen gibt es freiwillige Attribute B1, B2, ..., Bn,..., deren Werte für verschiedene Entitäten definiert sein können oder auch nicht. Und man weiss noch gar nicht, wie die freiwilligen Attribute Bj alle heissen werden.

In dieser Situation greift man am besten zur Handorgel:

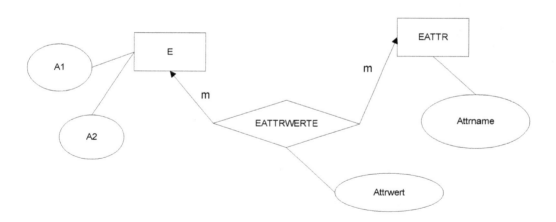

Die Attributsnamen B1, B2, ... werden zu Datenwerten im Attribut 'Attrname' des Entitätstyps EATTR, und die Werte, die den Bj pro Entität vom Typ E zugeordnet werden sollen, sind dann im Beziehungstyp EATTRWERTE festgehalten, nämlich im Attribut 'Attrwert'. In der Zeichnung fehlen die Fremdschlüssel in EATTRWERTE, die von E und von EATTR herstammen.

Statt wie vorher <a,b> in E zu den Attributen A und B hat man nun <a> in E, <B> in EATTR und <a,B,b> in EATTRWERTE. Was vorher horizontal war, die B¡, als Spaltennamen von Tabellen, ist nun vertikal. Es wird also in der Horizontalen zusammengedrückt und in der Vertikalen wieder auseinandergerissen. Deshalb heisst das Muster Handorgel.

Ganz analog kann man statt Attribute natürlich auch sozusagen ganze Relationen handorgelisieren. Man betrachte eine Firma mit verschiedenen Lagern und Artikeln.

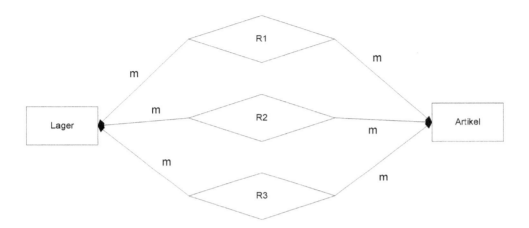

Die Beziehungstypen R1, R2, R3, usw könnten die inhaltliche Bedeutung haben von 'ist an Lager', 'ist im Katalog des Lagers', 'ist für das Lager bestellt', usw.

Aufgabe 8:

Man überlege sich eine Handorgelisierung für die Beziehungstypen R1, R2, R3, usw.

Natürlich soll man die Frage, ob eine Struktur zu handorgelisieren sei, nicht zum Fundamentalstreit machen ('überall oder nirgends'), sondern das Handorgelprinzip genau da anwenden, wo es Sinn macht. Als Beispiel sei erwähnt das 'Business Information System' der Schweizerischen Rückversicherung, das 1986 konzeptionell begonnen wurde und Ende 1988 in Produktion ging, als eines der ersten grösseren Systeme, das die Handorgel verwendet. Zehn Jahre später sind mehrere hundert neue Attribute entstanden, was undenkbar gewesen wäre ohne Handorgel.

Hat ein System keine Handorgeln für die zentralen Business Typen, und braucht der Benutzer dringend neue Unterscheidungsmöglichkeiten, neue Attribute, so wird das meist so realisiert, dass ein bereits vorhandenes Attribut vergewaltigt wird, indem kurzerhand die Bedeutung der betreffenden Dateninhalte umdefiniert wird ("alles, was mit dem neuen Geschäft zu tun hat, fängt ab sofort mit 'n' an"). Man kann sich vorstellen, was das bedeutet für die Auswertungsprogramme und für das Datenmanagement.

Der Zugriff auf die Daten wird natürlich etwas abstrakter, und dort, wo die Daten freigegeben sind für den Zugriff des Endbenutzers, der mit selber formulierten Queries

Auswertungen macht, eignet sich die Handorgelisierung weniger (obwohl wir im Kapitel SQL gesehen haben, wie man Handorgelstrukturen mit SQL wieder verflachen kann).

Daher wird die Handorgel wohl eher in operationellen Systemen zu finden sein, wo es ja auch viel aufwendiger ist, beispielsweise einer Tabelle eine zusätzliche Spalte zuzufügen (weil unter Umständen viele Programme angepasst werden müssen).In der 'individuellen Datenverarbeitungswelt' hingegen müssen in so einem Fall meist nur ein paar Queries angepasst werden.

Rollen

Dieser ER Dialekt kennt keine Rollen (ist 'rollenfrei'). Rollen sind bewusst weggelassen worden, weil sie den formalen Apparat aufblähen, aber in der Praxis sehr selten wirklich gebraucht werden (gestattet ein ER Dialekt Rollen und lässt ein Tool diese zu, haben Anfänger die Tendenz, überall Rollen zu definieren, auch dort, wo sie nur eine Belastung sind).

Das Urbeispiel von Rollen ist wohl die Heirat, die als korrektes Diagramm an und für sich so aussehen würde:

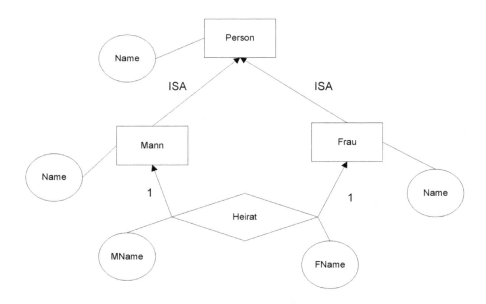

Die Markierungen '1' der Pfeile sind natürlich etwas kulturbedingt (bei Muslimen wäre wohl eine der Markierungen 'm' statt '1').

Nun wird man in einem solchen Fall im Allgemeinen nebst den Relationen 'Person' und 'Heirat' nicht auch noch separate 'Mann', 'Frau' haben wollen (ausser vielleicht wenn eines davon noch mit anderem verbunden werden soll und das andere nicht).

Deshalb wird man hier eine ungefährliche Abweichung von der kanonischen Abbildung machen oder vielleicht sogar eine Abweichung vom korrekten Diagramm (indem die beiden Entitätstypen nicht nur nicht in Relationen abgebildet werden, sondern vielleicht gar nicht gezeichnet). Beide von 'Heirat' ausgehenden Pfeile würden dann direkt auf 'Person' zeigen.

Integration von Sichten (view integration)

Hier geht es darum, verschiedene konzeptionelle Sichten, die inhaltliche Berührungspunkte haben, unter einen Hut zu bringen.

Gegeben sei die Sicht

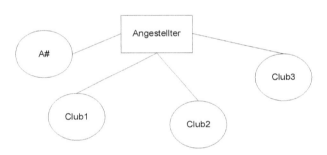

Es geht um die Frage, welcher Angestellte in welchem Club ist. Später wurden auch Familienangehörige von Angestellten bei den Clubs zugelassen, und jemand (anders) hat folgendes Diagramm realisiert (der nur an den Clubs und deren Mitgliedern interessiert war):

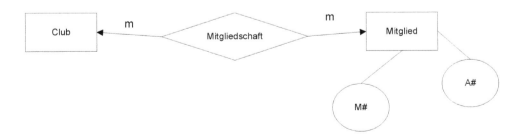

Es sei {M#} (Mitgliednummer) der Primärschlüssel von 'Mitglied'. Das Attribut A# steht für den Angestellten, der im Sinne der Familienzugehörigkeit dem Mitglied die Clubberechtigung verschafft.

Nun möchte man beide Sichten in sinnvoller Weise miteinander verknüpfen. Ueber dieses Thema ist viel geschrieben worden, insbesondere im Versuch der Beantwortung der Frage, ob die Sichtenintegration automatisch gemacht werden könnte. Die Praxis zeigt jedoch, dass jeder Fall wieder anders liegt.

Im vorliegenden Beispiel wäre eine (von vielen) Möglichkeiten, die beiden Sichten zu integrieren, die folgende:

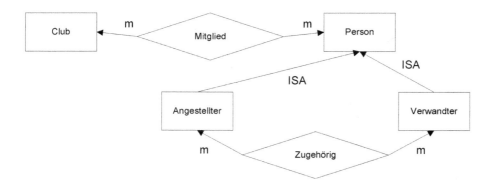

Man sieht schon an diesem Beispiel, dass ein Automatismus kaum Chancen hätte. In einem praktischen Fall kommt dazu, dass die Integration auch verstanden wird aus Geschäftssicht, was bedeutet, dass in erster Linie die Geschäftssichten integriert werden müssen, und nicht die beteiligten Diagramme, das heisst, dass die Diagramme der beteiligten Sichten im Integrationsprozess durchaus auch inhaltliche Aenderungen erfahren können, was erst recht nicht mit automatischen Tools machbar ist.

Abgesehen davon wird ein Automatismus sich in erster Linie auf die Namen stürzen, und zum Beispiel untersuchen, ob Namen von Objekttypen oder Attributen des einen Diagramms gleich sind oder ähnlich wie irgendwelche Namen des anderen. Aber gleiche Namen heisst nicht gleiche Inhalte (viele Attribute heissen einfach 'Code' oder 'Nummer' oder 'Name' usw). In grösseren Systemen werden auch oft kryptische Namen vergeben (zum Beispiel 'T020041'). Die View Integrations Automatismen eignen sich nicht für die Praxis, nur für studentische Diplomarbeiten.

Ein Internet Auktionshaus

Ein Händler bietet im Internet Objekte in Auktionen an. Eine Auktion, die einen bestimmten Zeitabschnitt in Anspruch nimmt, besteht aus einer Menge von Objekten. Ein Teilnehmer, dem System als URL mit Adresse bekannt, darf im Rahmen einer Auktion für Objekte beliebig Preise bieten. Am Ende der Auktion wird dem Meistbietenden das Objekt zugeschlagen. Jeder in der Auktion erfolgreiche Teilnehmer kriegt eine Rechnung für alle Objekte, die er ersteigert hat.

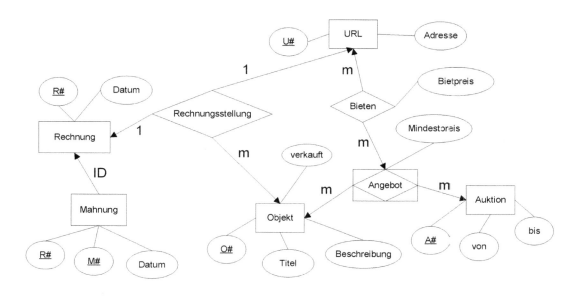

Die Figur zeigt einen Vorschlag, der in verschiedener Hinsicht auch ganz anders aussehen könnte (man überlege sich Varianten). Natürlich gibt es viele Constraints, die wie üblich separat notiert werden müssten, die deshalb durch die Programmlogik abgedeckt werden müssen, wie zum Beispiel dass ein Objekt, das schon verkauft ist, nicht in eine nächste Auktion als Angebot gelangen sollte (wenn der Händler fair spielt), usw.

Eine Ausleihbücherei

Bei diesem Beispiel handelt es sich um die Verwaltung der Reservierung und Ausleihe von Büchern an Mitglieder und deren Teilnahme an Autorenlesungen.

Auch hier sind in den Beziehungstypen die Fremdschlüsselattribute nicht gezeichnet. Das Beispiel ist weitgehend selbstsprechend, es sollte aber in der Gruppe oder Klasse diskutiert werden (kann man dies und jenes festhalten, was passiert wenn eine Reservierung in eine Ausleihe verwandelt wird, usw). Der Lerneffekt ist grösser, wenn man das Diagramm kritisiert, als wenn man es für gut hält.

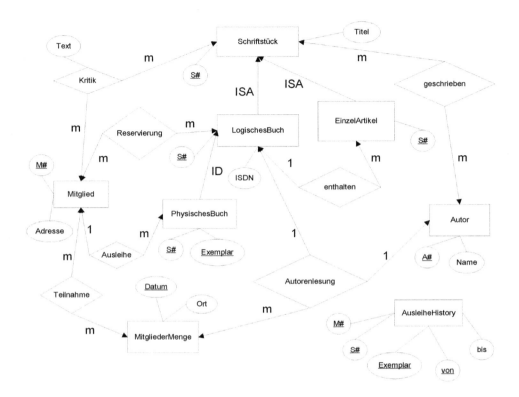

OLAP

Es gibt drei Gründe für die Tatsache, dass das massive Aufkommen von relationalen Datenbanken und SQL in den achtziger Jahren trotz gewaltigem Paradigmenwechsel noch nicht für jedermann das informationstechnische Paradies gebracht hat (über die Frage, ob es je kommen wird, gehen die Meinungen auseinander).

Erstens hat sich herausgestellt, dass nicht jeder Manager sich seine Informationen beschafft durch Formulierung von SQL Abfragen, wie das bis Mitte der achtziger Jahre vor allem von Herstellerseite erwartet wurde (allerdings: welcher hohe Entscheidungsträger, der ja auch das Geld bereitstellen muss, hört nicht gerne, dass er mit dem je neuen Produkt sich Informationen direkt und einfach selber beschaffen kann).

Zweitens scheinen Firmen besser zu sein im Aufbau oder Einkauf neuer als in der Entsorgung alter Datenverarbeitungssysteme. Somit liegen immer noch sehr viele wichtige Daten herum, die in älteren Typen von Datenbanksystemen (hierarchische, netzwerkförmige) oder gar in Files verwaltet werden. Dies gilt auch heute noch, aber erst recht Anfang der neunziger Jahre.

Drittens gibt es verschiedene Gründe dafür, dass Benutzer, die mit SQL Daten abfragen, nicht direkt auf Daten von operationellen Systemen zugreifen, auch wenn diese relational gespeichert sind (inhaltliche Bedeutung der Daten zu kompliziert, Störungen des operationellen Systems unerwünscht, nicht alle Daten eines Systems, dafür Daten aus verschiedenen Systemen gewünscht, usw).

Es war wiederum E.F.Codd, der deshalb Anfang der neunziger Jahre ein neues Paradigma geschaffen und als **OLAP**, On-line Analytical Processing, bezeichnet hat (Codd 1993). Im Gefolge dieses Vorstosses entstanden wiederum hunderte von Artikeln und dutzende von Produkten, sogenannten **Data Warehouse** Tools. Fairerweise muss im Zusammenhang mit Data Warehousing allerdings auch noch W.H.Inmon erwähnt werden (Inmon 1992).

Ein Data Warehouse soll Daten aus verschiedensten Quellen bereitstellen und dem Benutzer mit einfachen Abfragemöglichkeiten zur Verfügung stellen, wobei Gruppierungen und Rückwärtsvorstoss ins Detail durch einfaches 'drill-up' und 'drill-down' mit Mausklick bevorzugte und einfach benutzbare Operationen sind.

Das typische Datenstruktur Muster, das OLAP zugrundeliegt, ist das folgende.

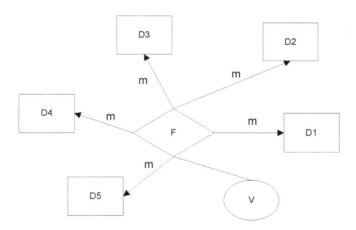

Dieses Datenmuster heisst **Star Join Schema**. Es besteht aus **Dimensionen** im Beispiel D1, D2, D3, D4 und D5 (es können auch weniger sein, meist sind es aber einige mehr), aus einem **Facts** Beziehungstyp F zwischen den Dimensionen sowie daran angehängt einem oder mehreren Attributen, im Beispiel V, für die 'fact values'. Die Faktenwerte sollten additiv sein im folgenden Sinne.

Betrachte die informationstechnisch sinnvollen Mengen M von Tupeln $<d1,d2,d3,d4,d5>$ von Kombinationen von dimensionalen Schlüsselwerten (die Fremdschlüsselwertetupel in F), die zusammen mit einem V-Wert ein Tupel in F bilden. Für jede dieser Mengen M muss die Summe der zugehörigen Faktenwerte definiert sein und inhaltlich die Menge M reflektieren. Etwas formaler sei

$$s(M) = \sum_{<d1,d2,d3,d4,d5> \in M \, \wedge \, <d1,d2,d3,d4,d5,x> \in F} x \; .$$

Für jedes inhaltlich Sinn machende M muss also s(M) definiert sein und inhaltlich die Menge M reflektieren.

Es kann dann (muss aber nicht) in F ein Tupel geben, das die Menge M inhaltlich reflektiert, also zum Beispiel <m1,m2,m3,m4,m5,v>. Dann muss aber v=s(M) sein.

Wird das OLAP Pattern in einer relationalen Datenbank realisiert ('**ROLAP**'), so ist in vielen Fällen für einige Mengen M ein solches Summentupel in F vorhanden, aus Performancegründen, in spezialisierten OLAP-Tools (welche oft 'multidimensional' genannt werden, deshalb '**MOLAP**') an sich auch, aber nicht für den Administrator sichtbar, sondern zwar in einer Preprocessing Phase vorgerechnet, aber intern versteckt.

Sozusagen Standardfälle von solchen Mengen M, die inhaltlich Sinn machen, sind die "Parallelen zu den Dimensionen". Bei gegebenen festen Werten d1, d2 und d3 aus den Dimensionen D1, D2 und D3 wäre beispielsweise die Menge

$$M = \{ <d1,d2,d3,y,z> \mid y \in D4 \; \wedge \; z \in D5 \; \wedge \; \exists v \; (<d1,d2,d3,y,z,v> \in F) \; \wedge \; y,z \neq \text{'alle'}\}$$

eine Parallele zu den Dimensionen D4 und D5. Enthält F ein Tupel, das die Menge M reflektiert, so könnte es wie folgt aussehen: <d1,d2,d3,alle,alle,s(M)>. Aber das muss wie gesagt nicht der Fall sein, dass ein solches Summentupel vorhanden ist.

Ist N eine andere Parallele die M als Teilmenge enthält (in dessen theoretischem Summentupel zum Beispiel auch noch d2 durch 'alle' ersetzt ist), so heisst N ein **Drill-up** von M und M ein **Drill-down** von N. Das Drillen entspricht aus relationaler Sicht dem Zufügen (down) und Wegnehmen (up) von Attributen in einer GROUP BY Klausel.

Diese Additivitätsbedingung ist oft schwierig zu erreichen, insbesondere wenn einige der Dimensionen natürliche Ordnungen beinhalten, die nicht total sind (das heisst <u>nicht</u> von je zwei Elementen ist das eine kleiner oder grösser oder gleich wie das andere), und die aber gebraucht werden können in der Definition von Mengen M. Als Beispiel betrachte eine Dimension für 'Geografische Einheit' mit den Attributen 'Region', 'Landstrich', 'Staat' und 'Territorium'. Hier können sich vielleicht 'Staat' und 'Territorium' überlappen (jeder denkt hier an die natürliche Enthaltensseins Ordnung von Flächen der Landkarte). Und natürlich können Mengen M inhaltlich sinnvoll durch diese Attribute definiert werden.

In einem solchen Fall ist es hilfreich, die in der Ordnung kleinsten Elemente zu haben, aus denen alle anderen sich zusammensetzen können (auch quasi additiv eben). Hier könnte 'Region' ein Kandidat sein, welches dann Primärschlüssel der Dimension sein müsste (und als Fremdschlüssel Dimensionswerte in F in Erscheinung treten).

Ein anderes typisches Beispiel ist eine Zeitdimension, etwa mit den Attributen 'Tag', 'Woche', 'Monat', Jahr'. Hier wäre 'Tag' der geeignete Primärschlüssel. Hat man jedoch nur 'Woche', 'Monat' und 'Jahr', so muss man sich etwas einfallen lassen. Allerdings ist es unwahrscheinlich, dass in einer Basisdatenquelle für Einzelinformationen 'Woche' und 'Monat' festgehalten werden, nicht aber 'Tag'. Wahrscheinlich ist der Tag auf dem Weg von der Datenquelle zum Data Warehouse verloren gegangen (beim **data cleaning**, früher oft auch 'data cleansing' genannt).

Wird eine aus mehreren Attributen zusammengesetzte Dimension aufgespalten, zum Beispiel 'normalisiert', sodass sie statt aus einem unabhängigen Entitätstyp aus einem (kleinen) ER Diagramm besteht, so nennt man das OLAP Datenpattern 'Snowflake' statt 'Star Join Schema'. Es wird aber in einem solchen Fall dringend empfohlen, trotzdem auf atomare Elemente loszusteuern, aus denen die ganze Dimension aufgebaut werden kann.

Die Dimensionen sollten so orthogonal wie möglich sein. Das bedeutet so unabhängig wie möglich, also nicht zum Beispiel in einer Dimension die Namen von regionalen Verkaufsleitern und in einer anderen Dimension geografische Einheiten, ausser wenn jeder Verkäufer sich in jeder Region tummeln darf. Die Praxis ist allerdings selten so rein wie die Theorie, es kann sein, dass einzelne Verkäufer verschiedene Regionen bedienen dürfen, die Mehrheit aber nicht.

Dieses letztere Beispiel ergibt ähnliche Designprobleme wie eine partielle Kategorisierung einer Dimension, wie folgende Aufgabe zeigt.

Aufgabe 9:

Ein OLAP Star Join Schema habe eine Dimension 'Vertrag'. Nun möchte der Benutzer aber nur in einem Teil der Verträge Zahlen pro Vertrag sehen, den grösseren Teil der Menge der Verträge teilt er in Klassen ein (Kategorien), und davon möchte er nur Summenzahlen pro Klasse sehen. Vorschläge?

Noch schwieriger als das partielle Kategorisierungsproblem ist der Fall, wo in einer Dimension für einzelne Factstupel die Detailangaben fehlen, das heisst aus den Datenquellen einfach nicht erhältlich sind. Dann hat man ein klassisches NULL Werte Problem, welches Auswirkungen haben kann bis zum Benutzer Interface, und es ist interessant zu sehen, wie die Hersteller von MOLAP Tools damit umgehen.

Zusammengefasst lässt sich sagen, dass überall dort wo man ein sauberes Star Join Schema hat mit den zugehörigen Dateninhalten, sich Unterstützung lohnt durch ein MOLAP Data Warehouse Tool (welches phantastische Performance bringt wegen der Möglichkeit des Vorausberechnens der Ergebnisse der hoch standardisierten Abfragen), dass aber nach wie vor viele Data Warehouse Probleme existieren, die sinnvollerweise in der klassischen relationalen Welt gelöst werden, eventuell für den Endbenutzer unterstützt durch ein angenehmes Frontend Tool, welches die Formulierung der eigentlichen SQL Zugriffe vor ihm versteckt.

Weitere Aufgaben

Für die folgende Aufgabe seien die beiden ER Diagramme gegeben:

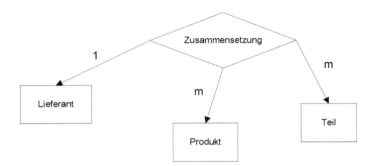

als erstes Diagramm (D1), sowie

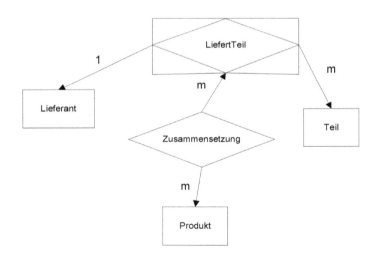

als zweites Diagramm (D2).

Aufgabe 10:

Welche der folgenden Aussagen ist in welchem Diagramm richtig (D1, D2)?
a) ein Produkt kann aus mehreren Teilen bestehen
b) ein Teil kommt immer vom gleichen Lieferanten
c) ein Teil in einem bestimmten Produkt ist immer vom selben Lieferanten
d) ein Schlüssel von 'Zusammensetzung' ist {'Teil','Produkt'} (womit natürlich die
   betreffenden nichtgezeichneten Fremdschlüsselattribute gemeint sind)
e) Lieferanten/Teile Verbindungen können festgehalten werden unabhängig von Produkten

Weil jeder mögliche Dateninhalt von D2 übergeführt werden kann in D1 (nicht aber umgekehrt), gelten alle durch das Diagramm D1 gegebenen Bedingungen an die Daten auch für die durch D2 zugelassenen Daten, nicht aber umgekehrt.

Aufgabe 11:

Man entwerfe ein ER Diagramm für folgende Anforderungen:
Familie Schweizer hat ein grosses Haus mit vielen Zimmern in welchen viele Kästen stehen, in denen alle möglichen Dinge in Gestellen versorgt werden können. Frau Schweizer besorgt den Einkauf, und Herr Schweizer fühlt sich zuständig für die Frage, wo die Dinge versorgt werden oder wurden. Da Herr Schweizer fürchtet, die Uebersicht zu verlieren, was wo ist und wie beschrieben werden kann, beschliesst er, eine Datenbank zu entwerfen, um alle diese Informationen zu erfassen. Die Struktur für die Zimmer und Kästen und sogar Gestelle in den Kästen bereitet ihm keine Mühe, hingegen weiss er nicht zum vorneherein, welche Attribute er bereitstellen soll für die Beschreibung der Dinge. Er muss also bei Bedarf weitere Attribute definieren können, ohne deswegen die Struktur der Datenbank zu ändern. Zudem hat ein Schraubenzieher aus dem Bastelraum ganz andere Attribute als die alte Kaffeemaschine, die man noch hervorholen könnte, wenn die neue zur Reparatur müsste. Gleichzeitig möchte er der Willkür in der Welt der Attribute nicht Tür und Tor öffnen, sondern stellt sich vor, eine Kategorisierung zu haben, sodass einerseits ein Ding Kategorien zugeordnet bekommen kann und anderseits festgehalten werden kann, bei welchen Kategorien welche Attribute obligatorisch sein sollen (aber es gibt auch Attribute welche sich nicht in diesem Sinne aus einer Kategorie ergeben). Da Herr Schweizer mit der Datenstruktur überfordert ist, müssen wir ihm helfen.

Aufgabe 12:

Man entwerfe ein ER Diagramm für die Anforderungen eines Zugsinformationssystems:
Es soll möglich sein, Zugsverbindungen mit Ankunfts- und Abfahrtszeiten, Zwischenhalten und Umsteigeinformationen (nur, ob umgestiegen werden muss oder nicht) festzuhalten sowie Angaben, ob im Falle von Umsteigen der Anschluss garantiert wird oder nicht. Auf die Struktur möglicher Searchengines (Gegeben zwei Bahnhöfe, suche alle möglichen Verbindungen) muss keine Rücksicht genommen werden.

Aufgabe 13:

Man zeichne ein ER Diagramm für einen Filmbegeisterten, der seine private Videokassetten Sammlung in einer Datenbank verwalten möchte. Jede Kassette enthält einen Film, ist mit einer aufgeklebten (eindeutigen) Nummer versehen und in einem bestimmten Gestell versorgt. Festgehalten wird der Titel, Regisseur, das Land und der Jahrgang des Erscheinens. Der Filmbegeisterte möchte die Möglichkeit haben, zu jedem Film beliebig viele Schauspieler festhalten zu können, sowie zu jedem Schauspieler interessante Informationen in Form von Zusatztexten. Weil er gewisse Originalkassetten schonen möchte, erstellt er auch Kopien, die eine eigene Nummer erhalten.

Aufgabe 14ff, ohne Lösungsvorschläge:

Man entwerfe Datenstrukturen für folgende Systeme: Lagerhaltung, Filmarchiv, Schadeninformation, doppelte Buchhaltung (mit Betonung auf doppelt, Systeme zum Kaufen haben oft Saldovergleichsabfragemöglichkeiten, was beweist, dass sie eben nicht doppelte Buchhaltung erzwingen), Geschäftspartner (mit Kontakten usw), Währungsverwaltung (mit ISO Codes aber auch mit firmeneigenen Codes, da ISO zu langsam ist beim Entstehen neuer Währungen), Vertragssystem (irgendeine Branche), Personalsystem, Schachklub, Sportereignisse, Touristikinformation (Reisebüro), Grossbäckerei, unternehmensweites Hardwareinventar, usw. Auch ohne Lösungsvorschläge kann man darüber mit einem Kollegen diskutieren.

Design Guidelines

In den achtziger Jahren gab es viele Versuche (theoretisch und mit Systemprototypen), **Datendesign zu automatisieren**, indem algorithmisch formulierbare Abbildungen gesucht wurden von sogenannten Anforderungsspezifikationen in ER Diagramme. Chen selber verglich englische Sätze mit Diagrammen: Substantiv als Entitätstyp, Verb als Beziehungstyp, Adjektiv als Attribut für Entitätstyp, Adverb als Attribut für Beziehungstyp, usw (Chen 1979). In einem neueren Artikel vergleicht Chen sogar chinesische und altägyptische Hieroglyphen Sprachen mit ER Diagramm Bildungsprinzipien (Chen 1997). Allerdings sind diese Betrachtungen nur von philosophischem Interesse.

Es gibt **keinen Königsweg** zur 'richtigen' Datenstruktur, vor allem deshalb, weil man oft erst nach Jahren sagen kann, ob es die 'richtige' gewesen ist. Trotzdem kann man ein paar Richtlinien formulieren, die der Designer mit Vorteil 'im Hinterkopf' behält.

Am besten **beginnt** man soweit möglich mit den **unabhängigen Entitätstypen** und charakterisierenden Schlüsseln. Auch wenn ein gegebener Datendesign beurteilt werden muss, sollte man den Fokus vor allem auf die unabhängigen Entitätstypen richten (die Kernentitätstypen nach Chris Date, bei uns erkennbar als Rechtecke, die keine ausgehenden Pfeile haben).

Für jeden Entitätstyp formuliert man mit Vorteil prosa sprachlich möglichst genau wofür er steht. **Zeitliche Bedingtheiten** verdienen von Anfang an genaue Beachtung. Es kann im selben Entitätstyp mehrere Zeitdimensionen haben (zB Schadenanfallsjahr, Schadenentwicklungsjahr, Geschäftsjahr, Vertragsjahr, Schätzungsjahr usw). Bei Zeitdimensionen kann inhaltlich eher ein Zeit*punkt* im Vordergrund stehen oder aber eine Zeit*dauer*. Zeitliche Aspekte sollten jedenfalls explizit konzipiert werden. Eine Entität die sich in der Zeit ändert indem sie zu einer anderen wird ("Update des Schlüssels"), ist sinnlos. Hat man ein Ding, das sich in der Zeit ändert, so ist die Entität dieses Dinges ein Paar, bestehend aus dem Ding und einer Zeitangabe (meist Zeitdauer, nicht Zeitpunkt).

In diesem Zusammenhang steht auch die Frage der **Historisierung**. Ein Entitätstyp kann zum Beispiel per Definition stets die momentan aktuellen Entitäten enthalten, die aber, wenn sie nicht mehr aktuell sind, das heisst gelöscht werden, historisiert werden müssen. Der zugehörige History Entitätstyp, unabhängig, enthielte dann nebst den Attributen des ursprünglichen (im Schlüssel) ein Zeitpunktsattribut. Symmetrisch dazu sind auch 'Historisierungen in die Zukunft' denkbar nach dem gleichen Prinzip (zum Beispiel Bestellungen auf einen bestimmten späteren Zeitpunkt).

Man sollte (zusammenhängende) Pakete von Objekttypen machen, die **so k ein und einfach wie möglich** sind und so unabhängig wie möglich. Anfänger im Datendesign haben oft die Tendenz, alle Objekttypen direkt oder indirekt zusammenhängen zu lassen, sodass ein ganzes Leintuch von Rechtecken entsteht, die alle irgendwie verbunden sind, womit das ganze den Eindruck eines **Güterbahnhofes** vermittelt. Abgesehen davon dass nicht jeder Freude hat am Spielen mit der Eisenbahn, sollte man auch an den Recoveryfall denken. Sind Objekttypen verbunden mit dem Anspruch auf Datenbanksystemunterstützung für diese Verbindungen, so sind sie im Fehlerfall schicksalsverbunden und müssen stets miteinander wieder geflickt werden. Ein Extremfall eines solchen Güterbahnhofes wäre (ist in der Praxis beobachtet worden) ein System für alle administrativen Belange einer Firma mit einem Entitätstyp 'Geschäftsvorfall', der nur aus einer abstrakten Nummer besteht und an dem alles andere hängt (im beobachteten Fall mehr als hundert andere Objekttypen). So etwas lässt sich schon allein deswegen nicht implementieren, weil 'Geschäftsfall' ein Concurrency Bottleneck ersten Grades wäre (gegenseitige Störungen der Zugriffe).

Wegen der mit Bachman Diagrammen einhergehenden Versuchung zum **Kardinalitätsfetischismus** ist es klar, dass dort die Neigung, das Design als Güterbahnhof zu gestalten, grösser ist als bei ER wie in diesem Kapitel dargestellt, insbesondere wenn man sich an den Begriff des korrekten Diagrammes hält.

Viele Designentscheidungen hängen von der Frage ab, ob **zukünftige** organisatorische Massnahmen durchsetzbar sind oder nicht. Soll ein System den Begriff des Ereignisses kennen oder nur denjenigen der Schadensmeldung? Die Zuordnung von Schäden zu Ereignissen erfordert eine nicht zu unterschätzende administrative Aufgabe die sich konzernweit stellen kann. Die Durchsetzbarkeit wird stärker in Frage gestellt, je häufiger hohe Manager den Job wechseln.

Allerdings zwingt das Unbekannte der Zukunft den Designer auch zu mehr Flexibilität, generell sollte er sich eigentlich glücklich schätzen wenn "der Benutzer nicht weiss was er will und nichts garantieren kann" (oft gehörte Klage von Systemarchitekter), denn dann ist er gezwungen, **abstrakte Strukturen** zu entwerfen, deren spätere inhaltliche Konkretisierung er dem Benutzer überlassen kann (zum Beispiel Handorgel usw). Das System als ganzes wird sich dann auch besser anpassen können an neue Anforderungen, ohne dass es umgeschrieben werden muss.

Die beiden letztgenannten Punkte betreffen die Frage, inwieweit man überhaupt beim Systemdesign zum vorneherein die **Geschäfts Semantik** definieren kann. Die Antwort ist, dass man zwar kann, aber niemals ohne einen Rest von Unklarheit (die Sprache lebt), und niemals für alle Zeiten (das Geschäftsumfeld lebt). Beide Aspekte zusammen (nicht alles und nicht für immer) führen zur weisen Regel, zwar möglichst genau die Begriffe zu definieren, aber eben auch möglichst abstrakt und 'zeitlos'. Vor allem in unflexiblen Systemen erlebt man nämlich, dass die Benutzer im Laufe der Zeit gezwungen sind, von selber die Semantik von Attributen usw umzudefinieren. Dies ist auch der tiefere Grund dafür, dass der Traum der achtziger Jahre vom **unternehmensweiten Datenmodell** nirgends hat realisiert werden können.

Zurück zu einem profaneren Punkt: Man sollte (wenigstens mental) klar unterscheiden zwischen **primären Daten** und **Kontrolldaten** (Kontrolldaten wären zum Beispiel benutzerdefinierte Zugriffskontrolldaten, Systemzustandsdaten, vielleicht sogar Daten welche die Organisationsstruktur der Firma abbilden).
Für Kontrolldaten wird 'constraints enforcement' oft vernachlässigt (Erzwingung der Bedingungen, zum Beispiel Prioritäts- und Ausnahmeregeln bei der Zuordnung von Vertragsanteilen zu organisatorischen Einheiten). Vernachlässigt heisst, dass man sagt, man

hat keine Zeit, die Bedingungen durch Programmlogik garantieren zu lassen, und belässt es deshalb bei administrativen Regeln, da Kontrolldaten sowieso nur durch wenige Stellen geändert werden müssen. Die Gefahr dabei ist, dass die Bedingungen vor allem im Kopf des zentralen Administrators der entsprechenden Kontrolldaten festgeschrieben sind (man hat sie ja nicht bis zur möglichen Ausprogrammierung formalisiert), was immer dann Probleme schafft, wenn dieser Administrator die Stelle wechselt.

Man sollte auch **nicht** Datenstrukturen direkt **von 'Objektmodellen'** (BOM, Business Object Model) **generieren**, womöglich gar noch automatisch mit einem Tool. Solche BOM-generierten Datenmodelle haben die Tendenz, zu stark Prozess statt Daten orientiert zu sein. Ganz generell sollte man beim Design die Prozesse nicht zu stark in den Vordergrund rücken, da sie sich viel schneller ändern als die Datenstrukturen (Daten, die in tausenden von Einzeloperationen in ein System eingegeben worden sind, sind ja schliesslich einfach da und können im Allgemeinen sehr schlecht im Nachhinein stark geändert werden, Prozesse aber können jeden Tag ändern). Insbesondere Workflow sollte so weit wie möglich vermieden werden. Die Systeme sollten so gestaltet sein, dass die Arbeit dort gemacht werden kann, wo sie anfällt, und nicht irgendwohin geschickt werden muss. Workflow ist nichts anderes als eine moderne Fassung des Formularwegelabyrinthes einer kaiserlich königlichen Reichsbürokratie des vorletzten Jahrhunderts.

Zudem besteht bei BOM-generierten Datenmodellen die Gefahr, dass objekt-orientierte Prinzipien mit den (relationalen) Datenstrukturen durcheinandergeraten. Eine der grössten Herausforderungen hier kommt von der Tatsache, dass objekt-orientierte Systeme mit versteckten Objekt Identifikatoren rechnen (müssen), in einer relationalen Datenbank aber die Objekte durch die Inhalte ihrer Attribute charakterisiert werden. **Es gibt keine vernünftige generelle Abbildung der einen Welt in die andere**, jeder Fall muss gesondert betrachtet werden. Man sollte Objekt-, Prozess- und Datenmodell, wenn denn schon alle nötig sind, separat gestalten und gleichzeitig, und es den Köpfen der Beteiligten überlassen, alles unter einen Hut zu bringen.

Ganz allgemein muss man vorsichtig sein mit automatischen Methoden und entsprechenden Tools, die ein 'engineer-mässiges' Vorgehen vorgaukeln. Erstens hätte die NASA die Mondlandung nicht geschafft mit Automatismen, und zweitens sollte nicht vergessen werden, dass die Conference Proceedings der zweiten NATO 'science committe conference on software engineering' (NATO 1968), welche das Wort **'Software Krise'** in die Welt gesetzt hat und damit den versteckten Vorwurf, es gehe im Software und Daten Design zuwenig 'engineer-mässig' zu und her, gleich selber schon Artikel enthält, welche belegen, dass nichts so sehr den Entwurfs- und Programmiervorgang beeinflusst wie die **Fähigkeit der Beteiligten** (ein guter Programmierer ist bis zu 25 mal besser als ein schlechter, haben die damals herausgefunden, und möglicherweise gilt das heute noch).

Was ist deshalb von **Design Tools** zu halten? Es ist zu hoffen, dass sie nicht die kreative Diskussion eines Teams an Tisch und Wandtafel verdrängen.

Lösungen der Aufgaben

Lösung Aufgabe 1:

Ist zum Beispiel v = 1 und z = 1, so muss auch y = 1 sein (gibt es pro Mitarbeiter genau eine Abteilung und pro Abteilung genau eine Division, dann gibt es pro Mitarbeiter genau eine Division). Oder ist v = m und z = 1, so muss y = m sein.
Analoges gilt für u, w und x. Usw.

Lösung Aufgabe 2:

z = 1, u = y, v = x und w = 1.

Lösung Aufgabe 3:

Die Markierung '1' bei Firma bedeutet, dass ein Produkt in ein Land durch höchstens eine Firma exportiert wird.
Und die Markierung '1' bei Land bedeutet, dass eine Firma ein Produkt in höchstens ein Land exportiert.

Lösung Aufgabe 4:

Sei Land(L#,..weitere Attribute) der unabhängige Entitätstyp für das Land Wir erklären {L#} zum Primärschlüssel damit Region ID-abhängig darangehängt werden kann: Region(Land,ID). Wegen dem Pfeil muss Region einen Fremdschlüssel haben, der {L#} in Land entspricht. Nennen wir das Attribut in Region ebenfalls L#. Wegen dem Label des Pfeils (ID) braucht es ein weiteres Attribut in Region, R#, sodass {L#,R#} in Region ein Schlüssel ist. Da wir einen weiteren Entitätstyp, Ort, ID-abhängig an Region hängen wollen, braucht Region einen Primärschlüssel. Wir wählen grad {L#,R#} als Primärschlüssel in Region. Wegen dem Pfeil von Ort zu Region braucht Ort einen Fremdschlüssel, der dem Primärschlüssel von Region entspricht. Wir geben Ort zwei Attribute, L# und R# für diesen Zweck (könnten auch anders heissen, natürlich). Wegen dem ID Label des Pfeils braucht es in Ort (mindestens) ein weiteres Attribut, sagen wir O#, sodass {L#,R#,O#} zum Schlüssel werden kann in Ort. Da Ort einen weiteren eingehenden Pfeil erhält durch den von Ort ID-abhängigen Entitätstyp Strasse, braucht Ort einen Primärschlüssel. Wir designieren den Schlüssel {L#,R#,O#} von Ort als Primärschlüssel. Wegen dem Pfeil von Strasse nach Ort braucht Strasse einen Fremdschlüssel, der dem Primärschlüssel in Ort entspricht. Wir wählen wiederum die Attribute L#, R# und O# in Strasse dafür. Wegen dem ID Label des Pfeils braucht es ein weiteres Attribut in Strasse, S#, sodass {L#,R#,O#,S#} in Strasse ein Schlüssel ist. Selbstverständlich kann jeder der Entitätstypen noch weitere Attribute haben. Da das letzte Glied in der Kette, Strasse, keine eingehenden Pfeile erhält, also nichts von ihm abhängt, braucht Strasse keinen Primärschlüssel. (Zeichnung bitte selber machen)

Lösung Aufgabe 5:

Dies kann nicht definitiv gesagt werden, vor allem deshalb, weil die Zukunft schlecht vorhersehbar ist. Jeder Dateninhalt des ersten Diagramms kann in das zweite abgebildet werden, aber nicht umgekehrt, deshalb ist das zweite allgemeiner (zum Beispiel können im zweiten Besitzverhältnisse auch für Liegenschaften und Ueberbauungen abgebildet werden, nicht nur für Wohnungen).

Sollte zu einem späteren Zeitpunkt ein neuer Entitätstyp 'Stockwerk' in die Hierarchie zwischen Wohnung und Liegenschaft eingebaut werden müssen, könnte sich das zweite Diagramm besser eignen, zumal wenn plötzlich in der Hierarchie die Richtung nach oben sich verzweigen können müsste, dass also zum Beispiel eine Wohnung mehreren Stockwerken zugeschlagen werden können müsste.

Man muss aber auch Sorte und Häufigkeit der Operationen betrachten. Die meisten Operationen (Lesen und Schreiben) werden beim ersten Diagramm einfacher sein. Das Hauptargument für das zweite Diagramm ist aber wohl die Flexibilität in den Besitzverhältnissen, die abgebildet werden können (aber wenn man ganz sicher ist, dass man diese Flexibilität nie brauchen wird, sieht es wieder anders aus).

Lösung Aufgabe 6:

Der Beweis geht induktiv der rekursiven Definition des korrekten Diagramms entlang. Ein leeres Diagramm hat keine geschlossenen Pfeilzyklen. Nun muss man sich nur noch überlegen, dass keine der sechs Metaoperationen einen geschlossenen Pfeilzyklus herstellen kann, der nicht schon da war, etwas formaler: Sei D ein korrektes Diagramm ohne geschlossenen Pfeilzyklus und Op_k eine der Metaoperationen ($1 \leq k \leq 6$). Dann hat auch $Op_k(D)$, das Diagramm, das aus D durch Anwendung von Op_k entstanden ist, keinen geschlossenen Pfeilzyklus, wie man sich leicht überlegt für jedes k.

Lösung Aufgabe 7:

Die typische Situation bei NULLs zeigt sich zum Beispiel in zwei Relationen 'Mitarbeiter' und 'Abteilung', wobei Mitarbeiter ein Attribut 'Abt' hat, welches auf Abteilung zeigt. Sie könnten aus einem Bachman Diagramm entstanden sein mit zwei Rechtecken Mitarbeiter und Abteilung und einer mc:c Verbindungslinie dazwischen. Nun hat aber der CEO der ganzen Firma typischerweise keine Abteilung, der er zugeordnet ist, sein Tupel in Mitarbeiter würde dann NULL enthalten.

Typische Konstrukte in Bachman Diagrammen, die nicht unterstützt werden können vom Datenbankmanagementsystem, sind die Verbindungen 1:1, 1:m, m:1 und m:m, welche wegen den bereits besprochenen Transitivitätsproblemen der Kardinalitätsbedingungen bei Bachman Diagrammen auch versteckt auftreten können (würde man eine 1:1 Verbindung zwischen zwei Relationen durch gegenseitige referentielle Integritäten garantieren wollen, würde man gar keine Tupel mehr in die Relationen inserten können, solange beide leer sind).

Lösung Aufgabe 8:

Wie bei der Handorgelisierung der Attribute werden Datenstrukturen zu Datenwerten gemacht.

Die ehemaligen Namen der Beziehungstypen R1, R2, R3, usw erscheinen dann als Werte in einem Attribut des Beziehungstyps 'RBezug'.

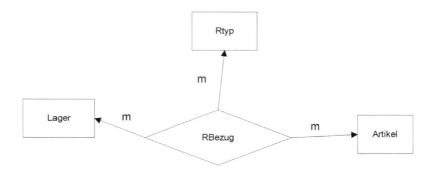

Lösung Aufgabe 9:

Einfach ist das Problem nicht, und man kann auch kaum gute Lösungsvorschläge formulieren, ohne den gesamten Zusammenhang zu kennen (jeder Fall ist anders). Eventuell bestünde eine Möglichkeit darin, die Dimension 'Vertrag' zu ersetzen durch die Dimension 'Vertragsklasse', und bei der Aufbereitung der Daten dafür zu sorgen, dass die Verträge, die einzeln interessieren, je einzeln in einer separaten Klasse sind, und bei den echten Klassen die Zahlen vorzusummieren, sodass dort gar keine Einzelvertragsinformation mehr in das Data Warehouse fliesst.

Lösung Aufgabe 10:

a) richtig in D1 und in D2 (beide Diagramme gestatten aber die Angabe, welches Produkt sich aus welchen Teilen zusammensetzt, nicht)
b) richtig in D2, nicht in D1
c) in beiden Diagrammen richtig
d) in beiden Diagrammen richtig
e) richtig in D2, nicht in D1

Lösung Aufgabe 11:

Solche Aufgaben können natürlich sehr viele verschiedene Lösungen haben. Wir beschränken uns auf eine mögliche Skizze ohne Angabe von Attributen (Zufügung von solchen sollte nicht mehr schwerfallen).

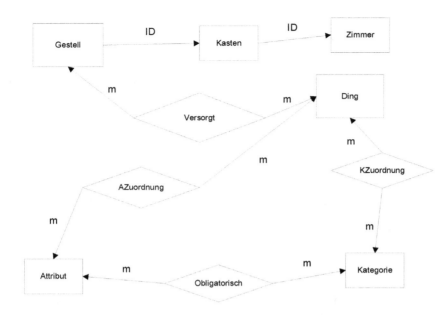

Lösung Aufgabe 12:

Auch hier ist das folgende nur eine von vielen Möglichkeiten.
Ansatz: Eine Linie betreffe physisch ein und denselben Zug, der eine Strecke fährt, die sich
aus Teilstrecken zusammensetzt. Die Anschlussgarantie betrifft zwei Linien in einem
Bahnhofkreuzpunkt. Primärschlüssel von Linie ist eine Nummer, weitere Attribute
Bezeichnung, Extras (Speisewagen etc), die nicht gezeichnet sind.

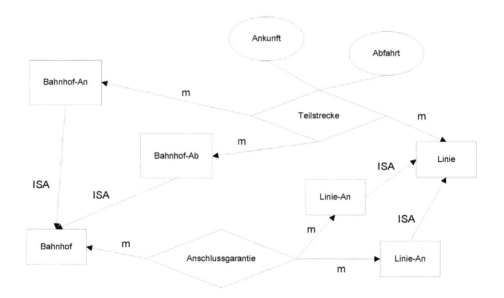

Das Diagramm ist korrekt, aber man würde wahrscheinlich in der Implementation von der kanonischen Abbildung abweichen und die ISA-abhängigen Entitätstypen nicht als separate Relationen realisieren.

Lösung Aufgabe 13:

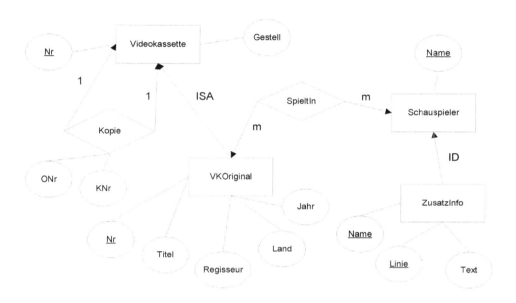

Das Diagramm ist in unserem Sinne strenggenommen nicht ganz korrekt, weil die beiden vom Beziehungstyp Kopie ausgehenden Abhängigkeitspfeile beide direkt in denselben Entitätstyp Videokassette münden (ohne dazwischengeschaltete ISA-abhängige Entitätstypen). Dafür sind die zugehörigen Fremdschlüssel Attribute ONr und KNr (Original Nummer und Kopie Nummer) eingezeichnet.

Normalisierungstheorie

Vorbemerkung

Dieses Kapitel behandelt die Normalisierungstheorie, welche in fast allen Lehrbüchern zum Thema der relationalen Datenbanken eine Darstellung findet. Sie war von Anfang an eng an die Theorie der Relationen gebunden, ist aber so schwierig, dass man froh sein muss, sie in der Praxis weitgehend vermeiden zu können, was man auch kann, wenn man eine entsprechende Entity Relationship Sprache wählt (inklusive der einfach zu verstehenden Definition von korrektem Diagramm, wie wir sie schon kennengelernt haben).
Trotzdem ist es für Datenbank Spezialisten und Anwendungsentwickler von Vorteil, zu begreifen was dahintersteckt, nicht zuletzt deshalb, weil viele Leute vom Normalisieren reden. Das Kapitel versucht, einige der Fehler zu vermeiden, die in Lehrbuchdarstellungen immer wieder auftauchen.

Erste Normalform

Der Engländer E.F.Codd, der in Oxford Mathematik studiert hatte, nahm offenbar seine mathematischen Bücher mit nach Kalifornien, wo er vom IBM Research Laboratory in San Jose aus im Juni 1970 (received September 1969) seinen berühmten ersten Artikel über das relationale Modell veröffentlichte (Codd 1970).

Nicht gerade üblich für einen Artikel in Communications of ACM (Association for Computing Machinery), welche ein sehr allgemeines Publikum anspricht, enthält er zwei Verweise auf Bücher aus dem Gebiet der reinen Mathematik mit äusserst abstraktem Inhalt (Kelley 'General Topology' und Church 'An Introduction to Mathematical Logic').

Beide Zitate wären nicht nötig für das Verständnis des Artikels, aber es ist eine Konstante im Wirken von Codd, dass er speziell der Computer Gemeinde immer wieder Ansprachen über die Wichtigkeit von "mathematisch sauberen" Strukturen gehalten hat, und es besteht kein Zweifel darüber, dass dieses Insistieren auf mathematischen Strukturen die spätere Form der Theorie und Praxis der relationalen Systeme überhaupt erst ermöglicht hat. Vielleicht hat sich sogar der "reine Mathematiker" Codd abgrenzen wollen von den "Anwendungsmathematikern", welche soeben einen ihrer grössten Erfolge feierten, nämlich die Mondlandung (July 1969).

Für das Apollo Mondlandungsprogramm hatte die IBM zusammen mit North American Aviation das **Datenbanksystem IMS** entwickelt (Information Management System), welches im gleichen Jahr (1969) kommerziell erhältlich gemacht wurde.
Codd nimmt in seinem Artikel Bezug auf IMS und dessen hierarchische Struktur, um darzulegen, dass seiner Meinung nach der Programmierer zu stark an eben diese Struktur gebunden ist.
Wir wollen das etwas verdeutlichen anhand des Beispiels aus Codd's Artikel (etwas vereinfacht und quasi ins Deutsche übersetzt):

Man hat Teile mit Nummer, Name, Anzahl im Lager, und Projekte mit Nummer, Name, sowie der Angabe, wieviele von den Teilen in welchem Projekt gebraucht werden.

Dann sind hierarchisch mehrere Designmöglichkeiten denkbar, zum Beispiel die drei folgenden:

File	Segment	Feld
F	TEIL	Teil# Name AnzLager
	PROJEKT	Projekt# Name Braucht

File	Segment	Feld
F	PROJEKT	Projekt# Name
	TEIL	Teil# Name AnzLager Braucht

File	Segment	Feld
F	TEIL	Teil# Name AnzLager
G	PROJEKT	Projekt# Name
	TEIL	Braucht

Es gibt noch viel mehr Möglichkeiten. Die erste Variante besteht also aus einem File mit zwei Segmenttypen, wobei jedes Segment des Typs PROJEKT unten an einem Segment des Typs TEIL hängt. Das Feld 'Braucht' in einem Segment des Typs PROJEKT gibt die Anzahl Teile an, die dieses Projekt braucht. Um welches Teil es sich handelt, wird dadurch klar, dass das Projekt-Segment an einem Parent-Segment vom Typ TEIL hängt, usw.

Codd sagt nun mit Recht, dass zum Beispiel ein Print Programm, welches eine Auswertung und Uebersicht drucken soll über Teile und Projekte, das sich an einer der Varianten orientiert, bei der nächsten nicht mehr brauchbar ist. Das heisst, wenn man die Datenstruktur ändern muss, kann man alle Programme fortwerfen. Das ist de facto zwar, wie wir heute wissen, auch noch bis zu einem gewissen Grade in der relationalen Welt dasselbe, aber in der hierarchischen ist es extrem, da die CALLs sich stark an der Struktur orientieren und sehr wenig Möglichkeiten haben, Suchargumente mitzunehmen (man erinnere sich an 'GET UNIQUE', 'GET NEXT', 'GET NEXT WITHIN PARENT', usw).

Es schwebt ihm eine Struktur vor, welche unabhängig ist vom Zugriffspfad (gemeint ist für den Programmierer, Zugriffspfade sollten vom System versteckt werden vor dem Programmierer), und er schlägt dann die relationale Form vor, am Beispiel des inzwischen in der Literatur berühmt gewordenen Relationenformates

Lieferung(Lieferant, Teil, Projekt, Anzahl).

Nun bestand natürlich die **Notwendigkeit**, nachzuweisen oder wenigstens plausibel zu machen, dass man **jeden gegebenen hierarchischen Design in relationale Form überführen könne**, normalisieren könne, und genau dies betrifft den Gegenstand der später von Codd als **erste Normalform** bezeichnet wurde.

Das Grundproblem lässt sich am obigen Beispiel der hierarchischen Teile und Projekte Datenbank deutlich verstehen als eines der **Vermeidung von Mehrfachattributen**. In der ersten Variante zum Beispiel lässt sich ein Segment vom Typ TEIL verstehen als bestehend aus den Feldern Teil#, Name, AnzLager und PROJEKT, wobei PROJEKT ein Mehrfachattribut ist (weil mehrere Children Segmente des Typs PROJEKT an einem gegebenen Parent Segment des Typs TEIL hängen können).

Wir vollziehen Codd's Ueberführung in erste Normalform nach, anhand eines etwas komplizierteren Beispiels aus derselben Veröffentlichung.

Gegeben sei die folgende hierarchische Struktur:

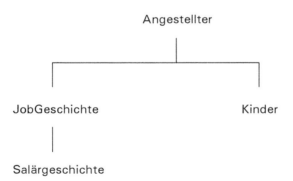

Die Segmente der im hierarchischen Baum angegebenen Typen mögen folgende Felder haben, wobei jetzt eben ein Segment im jeweiligen Parent als *Mehrfach-Feld* aufgefasst wird (und die Schlüsselfelder jeweils ein '#' angehängt haben):

Angestellter(AngNummer#, Name, Geburtstag, *Jobgeschichte, Kinder*)
JobGeschichte(Jobdatum#, Titel, *SalärGeschichte*)
SalärGeschichte(Salärdatum#, Salär)
Kinder(KindName#, Geburtsjahr)

Die Ueberführung in erste Normalform besteht jetzt im wesentlichen daraus, dass in der Hierarchie von oben nach unten die Schlüssel kaskadiert werden und die Mehrfachattribute weglassen, mit folgendem Ergebnis:

Angestellter(AngNummer#, Name, Geburtstag)
JobGeschichte(AngNummer#,Jobdatum#, Titel)
SalärGeschichte(AngNummer#,Jobdatum#,Salärdatum#, Salär)
Kinder(AngNummer#,KindName#, Geburtsjahr)

Natürlich geht das nur, wie Codd weiter ausführt, wenn die Primärschlüssel ("primary keys") selber atomar, also nicht zusammengesetzt sind, und wenn der gegebene Design aus einer Menge von hierarchischen Bäumen besteht (das eben dargestellte Beispiel hat einen Baum, es könnten aber auch mehrere sein). Und er kenne keine praktische Design Aufgabe, wo dies nicht der Fall sei. Da konnte er sich natürlich auf die Verkäufer der hierarchischen Struktur verlassen, die hatten das auch schon behauptet. Es gibt aus dieser Zeit eine ganze Menge von Artikeln über Designprobleme, die sich zum Beispiel mit der Frage befassen, wie man einen gegebenen Design netzwerkförmiger Struktur in hierarchische überleiten könne (die netzwerkförmige Datenstruktur ist etwas älter und allgemeiner).

Aufgabe 1:

Man führe die folgende hierarchische Struktur in erste Normalform:
AA(A#,B,CC,D,EE); CC(C#,C,FF,GG,H); EE(E#,F); FF(F#); GG(G#,G,HH); HH(H#,I,K,L)

Aufgabe 2:

Ebenso AA(A#,A,N,BB,CC,DD); KK(K#,O,LL,MM); BB(B#,K,EE); CC(C#,FF,B,GG); DD(D#,C,D); LL(L#,F); MM(M#,G,H); EE(E#,I,K); FF(F#); GG(G#,HH,L,II); HH(H#,M); II(I#,N,P)

Codd tönt in diesem ersten Artikel auch schon an, dass die Normalisierung noch weiter getrieben werden könne.

Als Abschluss dieses Abschnittes über erste Normalform noch ein Zitat aus jenem ersten Artikel aus dem Jahre 1969/70, zur Erheiterung für diejenigen, die sich nicht als Moderne über die Vorväter erhaben fühlen. Es bezieht sich auf neuere Diskussionen und System Implementierungen mit entsprechender Herstellerpropaganda über sogenannte über die relationale Welt hinausgehende **non normal form relations**. Dazu wörtlich in (Codd 1970): 'Nonatomic values can be discussed within the relational framework. Thus, some domains may have relations as elements'.

In Richtung zweiter und dritter Normalform

Codd hat im May 1971 zwei Vorträge gehalten am Courant Computer Science Symposium 6, einen über die schon angekündigte weitere Normalisierung (Codd 1971a) und einen über relationale Vollständigkeit von Datenbanksprachen. Das Editieren der Vorträge in Buchform wurde organisiert am Courant Institute of Mathematical Sciences, New York University. Am Anfang hatte Codd mehr Erfolg bei seinen Mathematiker Kollegen als bei den Computer Engineers insbesondere bei IBM, und das ist der weiteren Entwicklung der Theorie der relationalen Datenbanken sehr zugute gekommen.

Als Begründung der weiteren Normalisierung gibt Codd im wesentlichen drei Ziele an, nämlich die Datenbank Struktur soll möglichst frei sein von Insertion-, Update- und Deletion-Anomalien, dann soll sie möglichst tolerant sein im Falle von Strukturänderungen, zum Beispiel dem Zufügen von weiteren Attributen, und schliesslich soll sie als Struktur möglichst verständlich sein für die Benutzer. Das soll im folgenden etwas verdeutlicht werden.

Der Vortrag (Codd 1971a) beginnt gleich mit den sogenannten **funktionalen Abhängigkeiten**. Einer der ersten Sätze lautet '.....identifying which attributes are functionally dependent on others'. Man beachte speziell das Wort 'identifying', welches auf zwei Arten aufgefasst werden kann, nämlich erstens als 'herausfinden' durch genaue Betrachtung des zu modellierenden Inhaltes, oder aber man kann es auffassen als 'festlegen' im Sinne dessen, dass man als Designer sich entschliesst, dass in der Struktur die man entwirft die besagte funktionale Abhängigkeit gelten soll. Die erste Auffassung ist sozusagen eine **semantische** (die Modellinhalte und deren Gesetze betreffende), und die zweite eine **syntaktische** (die formale Struktur des Modells und deren Gesetze betreffende).

Die Verwechslung dieser beiden Standpunkte kann fatal sein, insofern nämlich als dass bei der semantischen Betrachtung sehr leicht vergessen geht, worauf Codd ausdrücklich hinweist, nämlich dass es um Gesetzmässigkeiten der Modellinhalte geht, welche 'at every instant of time' gelten sollen.

Definition funktionale Abhängigkeit

Sei U eine Menge von Attributen. Eine funktionale Abhängigkeit über U ist ein Ausdruck der Form $X \rightarrow Y$ mit nichtleeren Teilmengen X und Y von U.

Beispiele

Ist das Relationenformat Mitarbeiter(M#,Abt,Div) gegeben, so wären zum Beispiel {Abt,Div} $\rightarrow$ {Abt}, oder {M#} $\rightarrow$ {Abt,Div}, oder {Div} $\rightarrow$ {Div} funktionale Abhängigkeiten über Attr(Mitarbeiter) = {M#,Abt,Div}.

Statt 'funktionale Abhängigkeit' sagt man oft nur 'FD' (für 'functional dependency'). Sind keine notationellen Missverständnisse zu erwarten, lässt man oft die Mengenklammern weg, sodass zum Beispiel A $\rightarrow$ B die FD {A} $\rightarrow$ {B} bezeichnet, DC $\rightarrow$ E die FD {D,C} $\rightarrow$ {E}, und Abt $\rightarrow$ Div die FD {Abt} $\rightarrow$ {Div}, usw.

Definition der (semantischen) Gültigkeit einer FD in einer Relation

Sei $R(A_1,A_2,....,A_m)$ ein Relationenformat. Wir bezeichnen mit $Attr(R) = \{A_1,A_2,....,A_m\}$ die Menge der Attribute von R und mit Rel(R) die Klasse der Relationen r zum Format R. Die funktionale Abhängigkeit $X \to Y$ über Attr(R) ist gültig in der Relation $r \in Rel(R)$, in Zeichen $r \vDash \mathbf{X \to Y}$, wenn $\forall t,s \in r \ (t(X) = s(X) \Rightarrow t(Y) = s(Y))$ gilt. Hat man eine Menge F von FDs über Attr(R), so schreibt man oft $r \vDash F$, wenn alle FDs aus F gültig sind in r.

Beispiele

Zum Relationenformat Mitarbeiter(M#,Abt,Div) sei die Relation

$$r = \{<1,a1,d1>, <1,a2,d1>, <2,a1,d1>, <3,a2,d2>\}$$

gegeben. Dann gilt zum Beispiel $r \vDash M\# \to Div$, oder $r \vDash \{M\#,Abt\} \to Div$,
aber $r \nvDash Abt \to Div$.
Löscht man aber aus r ein Tupel, zum Beispiel dasjenige mit M# = 3, dann ist letztere FD
plötzlich gültig: $r \setminus \{<3,a2,d2>\} \vDash Abt \to Div$.

Auf Tabellen und Datenbank Ebene würde das Format 'Mitarbeiter' existieren, sobald ein 'CREATE TABLE Mitarbeiter...' stattgefunden hätte. Das letzte Beispiel zeigt, dass in der einen Tabelle zu diesem Format irgend eine Abhängigkeit gültig sein kann und in der nächsten Tabelle zum selben Format vielleicht nicht. Da der Benutzer oft Tabellen mit dem Format identifiziert, handelt es sich für ihn quasi um dieselbe Tabelle, in welcher vielleicht gestern eine bestimmte funktionale Abhängigkeit gültig war, heute aber nicht mehr.

Es geht hier aber bei den Zeitpunkten nicht nur um gestern oder heute, sondern auch um die Zukunft, vor allem beim Datendesign. Da Prognosen schwierig sind, nimmt man nicht Zeitpunkte in Betracht, sondern Möglichkeiten. Mit anderen Worten, anstatt 'every instance of time' betrachtet man alle (theoretisch) möglichen Relationen zu einem Format.

Man möchte also Aussagen von der Form

$$\forall r \in Rel(R) \text{ (der Designer ist zufrieden mit r)}$$

machen können.

Wir haben bereits gesehen, dass man bei 'CREATE TABLE Mitarbeiter...' zum Beispiel 'UNIQUE(M#)' und ähnliche Bedingungen mitgeben kann. In der Welt der Relationen ist 'UNIQUE(M#)' dasselbe wie die FD $M\# \to \{Abt,Div\}$, oder auch $M\# \to \{M\#,Abt,Div\}$, was wiederum dasselbe ist wie $M\# \to Attr(Mitarbeiter)$. In der Welt der Bags ist es nicht dasselbe, da ist 'UNIQUE(M#)' stärker als $M\# \to Attr(Mitarbeiter)$, da es nicht nur die Gültigkeit der FD erzwingt, sondern darüber hinaus die Eindeutigkeit der Werte für das Attribut M#. UNIQUE(M#) zwingt den Bag dazu, eine Relation zu sein.

Das bedeutet, dass es um Aussagen der Form

$$\forall r \in Rel(R) \ (\ (r \vDash M\# \to Attr(Mitarbeiter)) \Rightarrow \text{der Designer ist zufrieden mit r} \ )$$

gehen muss, etwas allgemeiner um Aussagen der Form

$$\forall r \in \mathrm{Rel}(R) \ (\ r \vDash F \ \Rightarrow \ \text{der Designer ist zufrieden mit } r \ )$$

mit einer Menge F von funktionalen Abhängigkeiten über Attr(R).

Als **Beispiel** kann man sich vorstellen, dass der Designer des Formates Mitarbeiter(M#,Abt,Div) gerne möchte, dass die funktionalen Abhängigkeiten M# → Abt sowie Abt → Div sowie auch M# → Div eingehalten werden, und zwar für alle Zeiten oder eben alle in Frage kommenden Relationen.

In Prosa ausgedrückt möchte der Designer, dass eine Mitarbeiternummer stets höchstens zu einer Abteilung gehört, usw. Diese kann heute die eine Abteilung sein und morgen eine andere, aber zu jedem Zeitpunkt höchstens eine. Insofern entspricht die funktionale Abhängigkeit M# → Abt nicht einer einzelnen Funktion, sondern sie entspricht in jeder der in Frage kommenden Relationen einer (separaten) Funktion, insgesamt also einer Klasse von Funktionen.

Das Ziel ist r ⊨ F

Der Designer ist zufrieden mit Relationen r für welche r ⊨ F gilt. Es wird also um die Frage gehen müssen, **wie in der Datenbank r ⊨ F erzwungen werden kann**. In unserem betrachteten Beispiel geht es um die Frage, wie

$$r \vDash \{M\# \to Abt, Abt \to Div, M\# \to Div\}$$

erzwungen werden kann für die Relationen r ∈ Rel(Mitarbeiter).

Als erstes beobachten wir, dass eine der drei FDs aus den anderen beiden folgt, nämlich wenn es pro 'M#' höchstens ein 'Abt' gibt und pro 'Abt' höchstens ein 'Div', dann folgt, dass es pro 'M#' höchstens ein 'Div' gibt. Damit reduzieren sich die FDs welche erzwungen werden sollen, auf zwei.

Etwas allgemeiner formuliert haben wir ausgenutzt, dass

$$\text{Wenn } r \vDash X \to Y \text{ und } r \vDash Y \to Z \text{, dann } r \vDash X \to Z \text{.}$$

Da dies für alle Relationen r des betreffenden Formates gilt, kann man das Konzept unabhängig von Relationen betrachten, unabhängig von der Semantik, und einen rein **syntaktischen Herleitungsbegriff** konstruieren, für den in unserem Falle gelten muss

$$\text{Wenn } X \to Y \text{ und } Y \to Z \text{, dann } X \to Z \text{.}$$

Es zeigt sich, dass drei Regeln dieser Sorte genügen, um alles notwendige herzuleiten.

Definition des Herleitungsbegriffes für eine FD aus einer Menge von FDs

Gegeben ist eine Menge F von FDs sowie eine weitere FD $X \to Y$ (über irgendeiner Attributmenge). $X \to Y$ ist aus F herleitbar, in Zeichen $F \vdash X \to Y$, wenn es eine endliche Folge $(fd_k)_{1 \leq k \leq n}$ von FDs gibt, so dass es für alle k ein $i < k$ und ein $j < k$ gibt sodass eine der folgenden Bedingungen erfüllt ist:

- $fd_k \equiv V \to W$, mit $V \supseteq W \neq \Lambda$ (lambda ist die leere Menge, also W nicht leer)
- $fd_k \equiv V \cup Z \to W \cup Z$, mit $fd_i \equiv V \to W$
- $fd_k \equiv V \to Z$, mit $fd_i \equiv V \to W$ und $fd_j \equiv W \to Z$
- $fd_k \in F$
- fd_k ist die funktionale Abhängigkeit $X \to Y$, und $k = n$.

Beispiel

Wir beweisen $\{ABC \to DE, E \to FB, G \to C\} \vdash ABG \to F$ durch Angabe einer Herleitung. Man prüft leicht nach, dass $(fd_k)_{1 \leq k \leq 9} \equiv <G \to C, ABG \to ABC, ABC \to DE, ABG \to DE, E \to FB, DE \to FBD, ABG \to FBD, FBD \to F, ABG \to F>$ eine Herleitung ist.

Dieser Herleitungsbegriff gestattet gewisse Vereinfachungen auf unserem Ziel,

$$r \vDash \{M\# \to Abt, Abt \to Div, M\# \to Div\}$$

zu erzwingen, nämlich wegen

$$\{M\# \to Abt, Abt \to Div\} \vdash M\# \to Div$$

genügt es,

$$r \vDash \{M\# \to Abt, Abt \to Div\}$$

zu erzwingen.

Wir verweilen vorerst noch ein wenig beim Herleitungsbegriff und der Frage, wie er mit der Semantik zusammenhängt.

Korrektheit des Herleitungsbegriffes

Sei $F \cup \{X \to Y\}$ eine Menge von FDs über Attr(R). Dann gilt

$$F \vdash X \to Y \quad \Rightarrow \quad \forall r \in Rel(R) (r \vDash F \Rightarrow r \vDash X \to Y)$$

Der Beweis ist allzu trivial (induktiv über die Länge einer Herleitung). Etwas prosaisch ausgedrückt bedeutet dies, dass nur herleitbar ist, was auch gültig ist.

Oft ist es praktisch, von einer (nichtleeren) Attributmenge V auszugehen und zu ermitteln, welche Attribute quasi folgen, das heisst man ermittelt die maximale Attributmenge V^+, für welche gilt $F \vdash V \to V^+$.

Abschlusssatz für FDs

Sei V eine nichtleere Attributmenge und F eine Menge von FDs (über irgendeiner Grundmenge von Attributen). Wir konstruieren den **Abschluss V^+ von V bezüglich F** rekursiv durch $V_0 = V$, $V_{n+1} = V_n \cup \bigcup \{Y \mid X \subseteq V_n \wedge (X \to Y) \in F\}$, $V^+ = \bigcup \{V_k \mid k \in \mathbb{N}\}$. Dann gilt für alle W

$$F \vdash V \to W \qquad \Leftrightarrow \qquad W \subseteq V^+ .$$

Beweis von $\Leftarrow$: einfache Induktion über k zeigt

$$B \in V_k \quad \Rightarrow \quad F \vdash V \to B, \text{ für alle Attribute } B$$

Beweis von $\Rightarrow$: Sei $F \vdash V \to B$. Wir zeigen dass $B \in V^+$.
Sei oBdA $Attr(R)$ die betrachtete Grundmenge von Attributen. Wir konstruieren ein $r \in Rel(R)$ bestehend aus zwei Tupeln, t und s, wie folgt:

$$t(A) = 0 \text{ für alle } A \in Attr(R),$$
$$s(A) = 0 \text{ für } A \in V^+, \text{ und } s(A) = 1 \text{ für } A \in Attr(R) \setminus V^+ .$$

Für eine beliebige FD $(X \to Y) \in F$ ist dann entweder $X \subseteq V^+$ (dann ist nach Konstruktion von V^+ auch $Y \subseteq V^+$ und somit $r \vDash X \to Y$) oder es gibt ein $A \in Attr(R) \setminus V^+$ mit $A \in X$ (in diesem Fall ist X in r ein Superschlüssel, und es ist ebenfalls $r \vDash X \to Y$).
Es gilt also $r \vDash F$, somit wegen der Korrektheit des Herleitungsbegriffes und der Annahme $F \vdash V \to B$ auch $r \vDash V \to B$. Dies bedeutet wegen $V \subseteq V^+$ aber $B \in V^-$.

Der Vollständigkeitssatz vergleicht die syntaktische mit der semantischen Seite.

Vollständigkeitssatz für die Herleitung von FDs

Sei $F \cup \{X \to Y\}$ eine Menge von FDs über $Attr(R)$. Dann gilt

$$(\forall r \in Rel(R) \ (r \vDash F \ \Rightarrow \ r \vDash X \to Y)) \quad \Rightarrow \quad F \vdash X \to Y.$$

Beweis: Wie beim Beweis des Abschlusssatzes konstruieren wir eine Relation $r \in Rel(R)$ bestehend aus zwei Tupeln, t und s, wie folgt:

$$t(A) = 0 \text{ für alle } A \in Attr(R),$$
$$s(A) = 0 \text{ für } A \in X^+, \text{ und } s(A) = 1 \text{ für } A \in Attr(R) \setminus X^+ .$$

Dieselbe Argumentation zeigt dass $r \vDash F$, damit wegen der Vorausetzung $r \vDash X \to Y$, und deshalb ist $Y \subseteq X^+$, was wiederum wegen dem Abschlusssatz bedeutet $F \vdash X \to Y$.

Der Vollständigkeitssatz bedeutet also, dass die angegeben Herleitungsregeln genügen, alles herzuleiten, was überall gültig ist.

Kürzt man die linke Seite

$$\forall r \in \text{Rel}(R) \ (r \vDash F \ \Rightarrow \ r \vDash X \to Y) \quad \text{ab als} \quad F \vDash X \to Y,$$

dann bedeutet der Vollständigkeitssatz und die Korrektheit des Herleitungsbegriffes zusammengenommen gerade dass

$$F \vDash X \to Y \quad \Leftrightarrow \quad F \vdash X \to Y \, ,$$

das heisst dass der semantische Folgerungsbegriff $\vDash$ der Gültigkeiten und der syntaktische Herleitungsbegriff $\vdash$ gleichwertig sind. Dies ist keine Selbstverständlichkeit und ist auch nicht mehr der Fall, sobald zu den FDs noch Inklusionsabhängigkeiten (s.u.) dazukommen.

Aufgabe 3:

Gegeben ist $F = \{ABC \to DE, E \to HB, G \to C\}$. Man berechne $\{ABC\}^+$, $\{HB\}^+$, $\{EG\}^+$.

Damit haben wir ein gutes Instrumentarium für den Umgang mit funktionalen Abhängigkeiten. Wir können nun die im Kapitel über das relationale Modell gegebene Definition von Superschlüsseln und Schlüsseln exakter fassen.

Superschlüssel, Schlüssel

Sei R ein Relationenformat, F eine Menge von FDs über Attr(R) und $r \in \text{Rel}(R)$. Eine nichtleere Teilmenge $X \subseteq \text{Attr}(R)$ ist

ein **(syntaktischer) Superschlüssel von (R,F)**, falls $F \vdash X \to \text{Attr}(R)$.

X ist ein **(semantischer) Superschlüssel von r** , falls $r \vDash X \to \text{Attr}(R)$.
In beiden Fällen ist ein **Schlüssel** ein minimaler Superschlüssel.

Man beachte, dass die hier gegebenen Definitionen auch bei Bags (die keine Relationen sind) verwendet werden könnten. Uebereinstimmung mit der früher gegebenen Definition $\text{card}(\pi_X(r)) = \text{card}(r)$ für einen semantischen Superschlüssel X von r besteht nur im Falle der Relationen, nicht aber im Falle echter Bags.

Wie wir im Kapitel über das relationale Modell gesehen haben, ist für jedes (R,F) und $r \in \text{Rel}(R)$ mit $r \vDash F$ ("für jedes r zu (R,F)") jeder syntaktische Superschlüssel auch ein semantischer, **aber nicht umgekehrt**. Daher ist auch jeder syntaktische Schlüssel zwar ein semantischer Superschlüssel, nicht hingegen notwendigerweise auch ein semantischer Schlüssel.

Aufgabe 4:

Gegeben ist $R(A,B,C,D,E)$ und $F = \{AB \rightarrow CDE, CD \rightarrow AB, A \rightarrow C, AC \rightarrow E\}$. Gesucht sind alle Schlüssel von (R,F).

Weiter in Richtung zweiter und dritter Normalform

Es geht uns immer noch darum, Wege zu finden, um

$$r \models \{M\# \rightarrow Abt, Abt \rightarrow Div\}$$

zu erzwingen.

Man sieht nun, dass $\{M\#\}$ ein syntaktischer Schlüssel ist von

$$(Mitarbeiter(M\#,Abt,Div), \{M\# \rightarrow Abt, Abt \rightarrow Div\}).$$

Erklärt man daher beim 'CREATE TABLE Mitarbeiter...' das Attribut 'M#' als 'UNIQUE' oder gar als 'PRIMARY KEY', dann ist sicher in allen Tabellen zum Format 'Mitarbeiter' die funktionale Abhängigkeit $M\# \rightarrow Abt$ gültig.

Nun hat ja jedes Format (R,F) mindestens einen syntaktischen Schlüssel (wenn F leer ist, also keine FDs da sind, ist Attr(R) Schlüssel). Werden diese Schlüssel auch implementiert (durch 'UNIQUE', 'PRIMARY KEY' oder ähnlich, letztlich durch einen expliziten oder impliziten 'UNIQUE INDEX'), so wird damit automatisch ein Teil der FDs aus F als gültig erzwungen in allen zugehörigen Tabellen.

In unserem Beispiel verbleibt also noch die FD $Abt \rightarrow Div$, welche bis jetzt noch nicht garantiert wird durch das System. Weil in einer Relation $r \in Rel(Mitarbeiter)$ mit $r \models \{M\# \rightarrow Abt, Abt \rightarrow Div\}$ die Information, welche Abteilung zu welcher Division gehört, so oft wiederholt wird, wie Mitarbeiter der entsprechenden Abteilung vorhanden sind, also starke Redundanz aufweist (was die Gefahr widersprüchlicher Information vergrössert), kommt man nun auf die Idee, die Information 'Abteilung in Division' durch ein separates Relationenformat festzuhalten, nämlich zum Beispiel durch

$$(AbtDiv(Abt,Div), \{Abt \rightarrow Div\})$$

Darin ist dann $\{Abt\}$ ein Schlüssel.

Dann braucht man aber das Attribut 'Div' in 'Mitarbeiter' nicht mehr, sondern nur noch 'M#' und 'Abt', womit ein neues Format entsteht, nämlich zum Beispiel

$$(MitAbt(M\#,Abt), \{M\# \rightarrow Abt\}).$$

Zusammengefasst haben wir das Format

$$(Mitarbeiter(M\#,Abt,Div), \{M\# \rightarrow Abt, Abt \rightarrow Div\})$$

zerlegt und ersetzt durch die Formate

(MitAbt(M#,Abt), {M# → Abt}) und (AbtDiv(Abt,Div), {Abt → Div}).

Man beachte, dass in beiden neuen Formaten durch Implementation der Schlüsselbedingungen je alle vorhandenen FDs als gültig erzwungen werden.

Zerlegung des Formates

Das Ziel war, dem System zu ermöglichen, für alle $r \in$ Rel(Mitarbeiter) $r \vDash$ {M# → Abt, Abt → Div} zu erzwingen. Direkt ist dies nicht gelungen, hingegen haben wir erreicht, dass für alle $p \in$ Rel(MitAbt) $p \vDash$ {M# → Abt} und für alle $q \in$ Rel(AbtDiv) $q \vDash$ {Abt → Div} erzwungen wird.

Für ein solches p und ein solches q gilt dann $p \bowtie q \vDash$ {M# → Abt, Abt → Div}, und jedes r mit $r \vDash$ {M# → Abt, Abt → Div} lässt sich zerlegen in $\pi_{M\#,Abt}(r)$ und $\pi_{Abt,Div}(r)$, mit $\pi_{M\#,Abt}(r) \vDash$ {M# → Abt} und $\pi_{Abt,Div}(r) \vDash$ {Abt → Div}, und zwar ist dann

$$r = \pi_{M\#,Abt}(r) \bowtie \pi_{Abt,Div}(r) \; .$$

Das bedeutet, dass man jeden Informationsgehalt r, den man durch

(Mitarbeiter(M#,Abt,Div), {M# → Abt, Abt → Div})

abbilden konnte, auch in $\pi_{M\#,Abt}(r)$ und $\pi_{Abt,Div}(r)$ durch

(MitAbt(M#,Abt), {M# → Abt}) und (AbtDiv(Abt,Div), {Abt → Div})

abbilden kann. Jeder Informationsgehalt ist auch nach der Zerlegung abbildbar. Deshalb heisst die Zerlegung **verlustfrei**.

Das Umgekehrte gilt nicht, das heisst für $p \in$ Rel(MitAbt) mit $p \vDash$ {M# → Abt} und $q \in$ Rel(AbtDiv) mit $q \vDash$ {Abt → Div} gilt zwar stets

$$\pi_{M\#,Abt}(p \bowtie q) \subseteq p \quad \text{und} \quad \pi_{Abt,Div}(p \bowtie q) \subseteq q \; ,$$

aber Gleichheit gilt im Allgemeinen nicht. Mit anderen Worten **sind nach der Zerlegung Informationsgehalte p und q abbildbar, die es vorher nicht waren**, zum Beispiel können in q Abteilungen mit ihren Divisionen festgehalten werden, für welche es in p (noch) gar keine Mitarbeiter gibt.

Noch anders ausgedrückt, gestattet die Zerlegung nicht nur Zustände geringerer Redundanz, sondern auch grösserer Unabhängigkeit und damit Flexibilität der Einzelinformationen.

In unserem Beispiel der Zerlegung von 'Mitarbeiter' in 'MitAbt' und 'AbtDiv' haben wir eine Zerlegung in Formate gemacht, deren FDs jeweils **durch Schlüsselbedingungen erzwungen** werden konnten. Eine solche Zerlegung in Formate in "Boyce-Codd Normalform" ist äusserst praktisch, aber nicht immer erreichbar, wie wir noch sehen werden.

Definition der Boyce-Codd Normalform (BCNF)

Sei R ein Relationenformat und F eine Menge von FDs über Attr(R).
Dann ist (R,F) in Boyce-Codd Normalform (BCNF) falls gilt

$$\forall \ X,Y \subseteq \text{Attr}(R) \ [\ (X \rightarrow Y) \in F \quad \Rightarrow \quad Y \subseteq X \ \lor \ F \vdash X \rightarrow \text{Attr}(R) \ ] \ ,$$

das heisst jede FD aus F ist entweder trivial oder deren linke Seite ist Superschlüssel.

Eine Bemerkung zur Definition (Atzeni 1993): Man findet auch oft die Definition mit
$F \vdash X \rightarrow Y$ anstelle von $(X \rightarrow Y) \in F$ auf der linken Seite der Implikation. Das kommt auf das gleiche heraus, wie wir noch beweisen werden, aber die Variante mit
$(X \rightarrow Y) \in F$ ist natürlich viel praktischer in der Kontrolle, ob ein (R,F) in BCNF ist oder nicht.

Aufgabe 5:

Welche der folgenden Formate sind in BCNF?

$(R(A,B,C,D,E,F), \{A \rightarrow B, AB \rightarrow CDEF, C \rightarrow D, E \rightarrow F\})$
$(R(A,B,C,D), \{ABC \rightarrow D, CD \rightarrow A\})$
$(R(A,B,C,D), \{A \rightarrow B, B \rightarrow C, C \rightarrow D, D \rightarrow A\})$
$(R(A,B,C,D), \{AB \rightarrow C, C \rightarrow D, D \rightarrow A\})$
$(R(A,B,C,D), \{ABC \rightarrow D, ABD \rightarrow C, ACD \rightarrow B, BCD \rightarrow A, D \rightarrow A, AC \rightarrow B, AD \rightarrow C\})$
$(R(A,B,C,D,E), \{AB \rightarrow CDE, B \rightarrow C, C \rightarrow DE\})$
$(R(A,B,C,D,E), \{AB \rightarrow CDE, B \rightarrow D, C \rightarrow DE\})$
$(R(A,B,C), \{AB \rightarrow C, BC \rightarrow A, CA \rightarrow B\})$

Wir gehen weiter den Möglichkeiten der Zerlegung von Formaten in günstigere nach. Hat man zum Beispiel

$$F = \{AB \rightarrow CD, B \rightarrow C\}$$

gegeben, so stellt sich zuerst die Frage der Vereinfachung, da gewisse Redundanz in den angegeben FDs steckt. Wir ersetzen zuerst die Menge der FDs durch eine **äquivalente** Menge (das heisst dass noch dieselben FDs herleitbar sind nach wie vor), deren FDs aber einfachere Form haben, nämlich auf der rechten Seite nur Attribute, keine Mengen von Attributen.

$$\{AB \rightarrow C, AB \rightarrow D, B \rightarrow C\}$$

Dann sieht man sofort, dass in $AB \rightarrow C$ das A weggelassen werden kann, und dass somit die ganze FD weggelassen werden kann, das heisst aus den restlichen herleitbar ist. Man erhält eine neue Menge G von FDs, welche äquivalent ist zu F.

$$G = \{AB \rightarrow D, B \rightarrow C\}$$

Es wird also sozusagen alles Ueberflüssige weggestrichen.

Definition minimale Ueberdeckung

G heisst eine minimale Ueberdeckung (**minimal cover**) für F, falls G aus F durch Anwendung des folgenden Algorithmus hervorgeht:

1) ersetze alle FDs durch solche der Form $X \to A$ (rechts ein einzelnes Attribut)
2) für alle $X \to A$ und $B \in X$,
   falls $(G \backslash \{X \to A\}) \cup \{X \backslash \{B\} \to A\}$ äquivalent ist zu G,
   dann ersetze $X \to A$ durch $X \backslash \{B\} \to A$
   (dieser Schritt ist solange zu wiederholen, bis alle X minimal sind)
3) für alle $X \to A$
   falls $G \backslash \{X \to A\}$ äquivalent ist zu G,
   dann streiche $X \to A$ aus G

Es ist wichtig, dass der Algorithmus so angewendet wird wie angegeben (oder allenfalls durch eine performantere Variante ersetzt wird, welche richtig ist). Zu diesem Algorithmus gibt es in der Literatur bis Anfang der 90er Jahre mehrere Korrekturen, insbesondere wird er falsch, wenn man die Schritte 2 und 3 vertauscht (Nummenmaa 1990).

Die entstandene Menge G (welche nicht eindeutig bestimmt ist durch F, das heisst ein gegebenes F kann mehrere verschiedene Ueberdeckungen haben) ist also in zweierlei Hinsicht minimal, nämlich die linken Seiten der FDs sind minimal, und von den verbliebenen FDs kann keine weggelassen werden, ohne die Aequivalenz zu verletzen.

Nun gehen wir der Frage nach, wie in einer minimalen Ueberdeckung G die FDs sich gegenseitig quasi noch stören können. Sei

$$X \to A_j \in G \quad \text{für} \quad 1 \leq j \leq n.$$

Wir betrachten $X \cup \{A_1, A_2, ..., A_n\}$ als Grundmenge und ein $V \to A$ darin, das heisst

$$V \to A \in G \quad \text{und} \quad V \cup \{A\} \subseteq X \cup \{A_1, A_2, ..., A_n\}$$

Behauptung: Dann muss $V = X$ oder $A \in X$ sein.

Beweis: Sei $V \neq X$. Dann ist $V \subseteq X$ nicht möglich wegen Minimalität von X. Daher ist $V \cap \{A_1, A_2, ..., A_n\}$ nicht leer. Sei oBdA $V \cap \{A_1, A_2, ..., A_n\} = \{A_1, A_2, ..., A_m\}$. Nun ist $X \to A_j \in G$ für $1 \leq j \leq m$ und $V \to A \in G$. Wäre $A \in \{A_{m+1}, ..., A_n\}$, dann wäre $X \to A$ redundant in G. $A \in \{A_1, ..., A_m\}$ kommt sowieso nicht in Frage wegen der Minimalität von V. Also bleibt (unter der Annahme $V \neq X$) nur $A \in X$ als Möglichkeit übrig.

Da X in der Grundmenge $X \cup \{A_1, A_2, ..., A_n\}$ Schlüssel ist, kommt einem $A \in X$ eine Sonderrolle zu (da man eben sieht, dass solche A's in einer minimalen Ueberdeckung im Allgemeinen unvermeidbar sind).

Definition Primattribut

Sei R ein Relationenformat, F eine Menge von FDs über Attr(R) und $A \in$ Attr(R).
A ist ein (syntaktisches) Primattribut von (R,F), falls es einen Schlüssel von (R,F) gibt welcher A enthält. Man sagt oft kurz "A ist prim", oder ähnlich.

In unserer betrachteten Grundmenge $X \cup \{A_1, A_2, ..., A_n\}$ ist also für ein darin enthaltenes $V \rightarrow A$ entweder V ein Superschlüssel oder A ein Primattribut. Diese Situation kann man ausgehend von einem Format (R,F) immer erreichen, indem man nämlich den Algorithmus anwendet, der eine minimale Ueberdeckung liefert. Es lohnt sich deshalb folgende Definition.

Definition der dritten Normalform (3NF)

Sei R ein Relationenformat und F eine Menge von FDs über Attr(R).
Dann ist (R,F) in dritter Normalform (3NF) falls gilt

$$\forall X,Y \subseteq \text{Attr}(R) \, [\, (X \rightarrow Y) \in F \quad \Rightarrow \quad \forall A \in Y \backslash X \, (A \text{ prim}) \vee F \vdash X \rightarrow \text{Attr}(R) \,] \, ,$$

das heisst alle FDs aus F sind entweder trivial oder zeigen auf Primattribute oder deren linke Seite ist Superschlüssel.

Dieselbe Bemerkung wie bei der Definition von BCNF ist hier ebenfalls am Platze: Man findet auch oft die Definition von 3NF mit $F \vdash X \rightarrow Y$ anstelle von $(X \rightarrow Y) \in F$ auf der linken Seite der Implikation. Das kommt auf das gleiche heraus, wie wir noch beweisen werden, aber die Variante mit $(X \rightarrow Y) \in F$ ist natürlich viel praktischer in der Kontrolle, ob ein (R,F) in 3NF ist oder nicht.

Man beachte dass aus $Y \subseteq X$ die Eigenschaft $\forall A \in Y \backslash X \, (A \text{ prim})$ folgt, was heisst, dass **3NF aus BCNF folgt**.

Beispiele

(R(A,B,C), {AB → C, C → A}) ist in 3NF, (R(A,B,C), {A → B, B → C}) dagegen nicht.

Aufgabe 6:

Welche der folgenden Formate sind in 3NF?

    (R(A,B,C), {AB → C, C → B})
    (R(A,B,C,D), {AB → C, B → D})
    (R(A,B,C,D,E), {AB → CD, C → E, D → A})
    (R(A,B,C,D,E), {AB → CD, E → AB, D → A})
    (R(A,B,C,D), {A → B})
    (R(A,B,C,D), {A → CD, D → B})
    (R(A,B,C,D,E,F,G,H), {A → BC, BC → DG, G → H, D → EF, EF → A, H → D})
    (R(A,B,C,D,E), {A → E, B → E, C → E, D → E})

$F \vdash X \to Y$ anstelle von $(X \to Y) \in F$ in BCNF und 3NF

Sei (R,F) ein Format und $\Phi(x,y)$ eine Eigenschaft von Attributsmengen für die gilt

$$
\begin{aligned}
y \subseteq x &\Rightarrow \Phi(x,y) \text{ , und} \\
\Phi(x,y) &\Rightarrow \Phi(x\cup z, y\cup z) \text{ , und} \\
\Phi(x,y) \wedge \Phi(y,z) &\Rightarrow \Phi(x,z)
\end{aligned}
$$

Dann sind

$$\forall\, X,Y \subseteq Attr(R)\; [\,(X \to Y) \in F \quad\Rightarrow\quad \Phi(X,Y) \;\vee\; F \vdash X \to Attr(R)\,] \qquad (1)$$

und

$$\forall\, X,Y \subseteq Attr(R)\; [\,F \vdash X \to Y \quad\Rightarrow\quad \Phi(X,Y) \;\vee\; F \vdash X \to Attr(R)\,] \qquad (2)$$

gleichwertig.

Wir beweisen (2) unter der Annahme (1) induktiv über Herleitungslängen n von $F \vdash X \to Y$. Ist $n = 1$, so ist $(X \to Y) \in F$ oder $Y \subseteq X$, in jedem Fall gilt dann (2).
Sei nun (2) richtig für alle Herleitungen der Länge $< n$
und $<fd_1,...,fd_{n-1}, X \to Y>$ eine Herleitung der Länge n. Die Fälle $(X \to Y) \in F$ und $Y \subseteq X$ ergeben sich wie bei der Induktionsverankerung $n = 1$ wegen (1).
Fall $(X \to Y) \equiv V\cup Z \to W\cup Z$ mit $fd_i \equiv V \to W$ für ein $i < n$. Wegen der Induktionsvoraussetzung und weil jeder Anfangsteil einer Herleitung selber eine Herleitung ist, gilt dann $\Phi(V,W) \;\vee\; F \vdash V \to Attr(R)$ und somit $\Phi(X,Y) \;\vee\; F \vdash X \to Attr(R)$.
Fall $(X \to Y) \equiv V \to Z$ mit $fd_i \equiv V \to W$ und $fd_j \equiv W \to Z$ für $i,j < n$. Wegen Induktionsvoraussetzung ist dann $\Phi(V,W) \;\vee\; F \vdash V \to Attr(R)$ und
$\Phi(W,Z) \;\vee\; F \vdash W \to Attr(R)$.
Unterfall $\Phi(V,W)$ und $\Phi(W,Z)$. Dann gilt $\Phi(V,Z)$ und somit (2).
Unterfall $F \vdash W \to Attr(R)$. Wegen $F \vdash V \to W$ ist damit $F \vdash X \to Attr(R)$.
Damit ist die Gleichwertigkeit von (1) und (2) bewiesen.

Setzt man nun $\Phi(X,Y) \equiv Y \subseteq X$ für den Fall von BCNF respektive $\Phi(X,Y) \equiv \forall A \in Y\backslash X$ (A prim) für den Fall von 3NF, so sieht man jeweils sofort, dass die verlangten Eigenschaften von Φ erfüllt sind. Man darf also in den Definitionen von 3NF und BCNF jeweils $(X \to Y) \in F$ durch $F \vdash X \to Y$ ersetzen. Damit ist gleichzeitig gezeigt, dass **sich die BCNF Eigenschaft und die 3NF Eigenschaft nicht ändern wenn man zu äquivalenten Mengen von FDs übergeht.**

Wir haben mit der Betrachtung von minimalen Ueberdeckungen schon angedeutet, dass 3NF so definiert ist, dass man es stets erreichen kann. Dies soll nun noch etwas formaler dargestellt werden.

Satz über die Erreichbarkeit von 3NF (Zerlegungssatz)

Sei (R,F) ein Format, das heisst R ein Relationenformat und F eine Menge von funktionalen Abhängigkeiten über Attr(R) ($=:$U). Dann gibt es eine Zerlegung in Formate

$$(R_1,F_1) , (R_2,F_2) , ..., (R_m,F_m), \quad \text{sodass mit } U_i = Attr(R_i) \text{ gilt}$$

$$U_1 \cup U_2 \cup .... \cup U_m = Attr(R) ,$$
$$\forall i,j \; (U_i \subseteq U_j \;\Rightarrow\; U_i = U_j) ,$$
$$\forall k \; (F_k \subseteq \{X \to Y \mid (F \vdash X \to Y) \wedge (X \cup Y \subseteq U_k) \}) ,$$
$$F_1 \cup F_2 \cup .... \cup F_m \quad \text{ist äquivalent zu } F \; (\textbf{FD erhaltend}) ,$$
$$\forall r \in Rel(R) \; (r \models F \;\Rightarrow\; r = \pi_1(r) \bowtie \pi_2(r) \bowtie ..... \bowtie \pi_m(r)), \text{ mit } \pi_j = \text{Projektion auf } U_j \; (\textbf{verlustfrei})$$
$$\text{und für alle } k \text{ ist } (R_k,F_k) \text{ in 3NF.}$$

Beweis: Ausgehend von einer minimalen Ueberdeckung G für F (G ist dann äquivalent zu F) konstruieren wir der Reihe nach (wir identifizieren Attributsmengen der einfacheren Notation halber direkt mit Relationenformaten):

$$GL := \{X \mid (X \to A) \in G\}$$
$$GV := \{V \mid \exists X \in GL \; (V = X \cup \{A \mid (X \to A) \in G \})\}$$
$$GW := \{W \in GV \mid \neg \exists V \in GV \; (W \subseteq V \wedge W \neq V)\}$$

(nach Konstruktion ist dann für alle $(X \to A) \in G$, $X \cup \{A\} \subseteq W$, für ein $W \in GW$)

$$Z(G) := \{(W,H) \mid W \in GW \wedge H = \{(X \to A) \in G \mid X \cup \{A\} \subseteq W\}\}$$

und schliesslich (Λ ist die leere Menge)

$$ZK(G) := Z(G) \text{ falls } \exists W \in GW \text{ (W superkey für U bezüglich G), und}$$
$$:= Z(G) \cup \{(K,\Lambda)\} \text{ sonst, für einen Schlüssel K für U (bezgl G)}$$

Mit der Ueberlegung, die wir uns bei minimalen Ueberdeckungen für ein

$$V \to A \in G \quad \text{mit} \quad V \cup \{A\} \subseteq X \cup \{A_1,A_2,....,A_n\} \text{ bei } X \to A_j \in G \text{ für } 1 \leq j \leq n$$

gemacht haben, ist sofort ersichtlich, dass unsere Konstruktion von ZK(G) das Gewünschte liefert (die Tatsache, dass nach Konstruktion mindestens ein Glied einen Superschlüssel von (R,F) enthält, sorgt für die erste Bedingung dass kein Attribut verloren geht sowie für die zweitletzte, dass die Zerlegung verlustfrei ist).
Man beachte, dass das Ergebnis dieser Zerlegungskonstruktion nicht eindeutig ist.

Beispiel

Gegeben $(R(A,B,C,D), \{A \to B, AB \to CD, C \to D\})$. Zuerst konstruieren wir eine minimale Ueberdeckung (schrittweise):

$$F = \{A \to B, AB \to C, AB \to D, C \to D\} \quad \text{(rechte Seiten einattributig)}$$
$$\{A \to B, A \to C, A \to D, C \to D\} \quad \text{(linke Seiten minimieren)}$$
$$G = \{A \to B, A \to C, C \to D\} \quad \text{(überflüssige FDs weg, G ist minimale Ueberdeckung)}$$

Dann folgt die Zerlegungskonstruktion:
$$GL = \{\{A\}, \{C\}\} \quad \text{(die linken Seiten)}$$

GV = {{A,B,C}, {C,D}}   (mit den Abschlüssen)
GW = GV   (die maximalen Mengen in GV)
Z(G) = {(ABC, A → BC), (CD, C → D)} in etwas nachlässiger Schreibweise
ZK(G) = Z(G) , da ABC Superschlüssel in G

Mit anderen Worten ist $(R_1(A,B,C), \{A \rightarrow BC\})$, $(R_2(C,D), \{C \rightarrow D\})$ eine Zerlegung des gegebenen Formates in 3NF Formate mit allen Eigenschaften des Zerlegungssatzes.

Aufgabe 7:

Man zerlege die folgenden Formate in 3NF Formate gemäss Zerlegungssatz:

(R(A,B,C), {A → C, B → C})
(R(A,B,C,D), {A → C, B → C})
(R(A,B,C,D,E), {AB → E, CD → E})
(R(A,B,C), {AB → C, C → B})
(R(A,B,C), {AB → C, BC → A})
(R(A,B,C), {A → B, B → A, B → C})
(R(A,B,C), {A → B, B → C, C → A})
(R(A,B,C,D), {AB → C, C → BD})

Man kann natürlich jedes Format verlustfrei in BCNF zerlegen, wie sofort ersichtlich ist, aber dann eben nicht notwendigerweise FD-erhaltend.

Obwohl die zweite Normalform vor allem für die Praxis vollkommen irrelevant ist, geben wir aus historischen Gründen noch ihre Definition.

Definition der zweiten Normalform (2NF)

Sei R ein Relationenformat und F eine Menge von FDs über Attr(R).
Dann ist (R,F) in zweiter Normalform (2NF) falls gilt

$$\forall\ X,Y \subseteq Attr(R)\ [\ F \vdash X \rightarrow Y \quad \Rightarrow \quad \forall A \in Y\backslash X\ (A\ prim) \ \vee\ \forall^{Schlüssel} K\ \neg(X \subseteq K \wedge K \neq X)\ ]\ ,$$

das heisst alle FDs die aus F herleitbar sind, sind entweder trivial oder zeigen auf Primattribute oder deren linke Seite ist nicht echt in einem Schlüssel enthalten. Man überzeugt sich leicht, dass 2NF aus 3NF folgt.

Aufgabe 8 (etwas schwieriger):

Man zeige, dass in der Definition von 2NF nicht so wie bei 3NF und BCNF die Bedingung $F \vdash X \rightarrow Y$ auf der linken Seite der Implikation durch $(X \rightarrow Y) \in F$ ersetzt werden kann.

Wenn man 2NF, 3NF und BCNF vergleicht, so sieht man, dass bei 2NF und 3NF der Begriff Schlüssel direkt oder via den Begriff Primattribut indirekt vorkommt, bei BCNF dagegen nicht (bei BCNF kommt nur der Begriff Superschlüssel vor).

Mit Schlüsseln umgehen heisst aber die **Nichtherleitbarkeit** von gewissen funktionalen Abhängigkeiten nachzuweisen, während es bei BCNF nur um Herleitbarkeit geht.

Auf der semantischen Ebene entspricht diese Nichtherleitbarkeit einer entsprechenden Negation einer Gültigkeit für alle Zeiten respektive zugehörige Relationen. Diese ist aber nicht nachweisbar da man die Zukunft nicht kennt.

Dies spiegelt sich in der Tatsache, dass man im Datenbanksystem den Begriff Superschlüssel sehr einfach erzwingen kann, den Begriff Schlüssel hingegen nicht (ausser im einattributigen Fall).

Deshalb kann das System bei geeigneter Definition der Tabellenstrukturen die Einhaltung von BCNF garantieren, diejenige von 3NF oder gar 2NF dagegen nicht.

Ziel des Design Prozesses muss deshalb BCNF sein, 3NF genügt nicht.

Da aber nicht jedes (R,F) in BCNF Formate zerlegt werden kann (FD-erhaltend und verlustfrei), braucht es Design Guidelines, zum Beispiel in Form einer geeigneten Entity Relationship Sprache mit entsprechender Definition von korrekten Diagrammen.

Aufgabe 9:

Man beweise: Ist ein Format (R,F) in 3NF, aber nicht in BCNF, dann hat es mindestens zwei verschiedene Schlüssel, welche aber einander überlappen (Vincent 1993a).

Automatische Normalisierung

Algorithmen zur Normalisierung waren bis Anfang der 90er Jahre ein heisses Thema in der theoretischen Datenbankliteratur. Fast jeder, der sich näher mit der Sache befasste, schrieb ein Programm zur Anwendung eines solchen Algorithmus, und es waren sogar einige solche Programme kommerziell erhältlich.

Diese Programme haben sich aber nicht verbreitet, aus verschiedenen Gründen. Der Hauptgrund besteht wohl in der Tatsache, dass niemand wirklich in funktionalen Abhängigkeiten und nichts anderem denkt, sodass man beim Design von praktischen Anwendungen gar nicht so verquere Schemas erhält wie wir übungshalber angetroffen haben (die Uebungen hatten trotzdem einen Zweck). Ein weiterer Grund ist die Tatsache, dass das Ziel der Normalform nicht eindeutig ist, sodass das Ergebnis vom Zufall des gewählten Algorithmus und dessen Input (-reihenfolge) abhängt.

Ein weiterer Grund liegt darin, dass ein Designer, der sich wochen- oder monatelang mit den Datenstrukturen einer Anwendung beschäftigt hat (das können leicht 200 und mehr Tabellen sein), und deshalb diese Strukturen gut im Kopf hat, sich diese nicht gerne durch einen Algorithmus zerstören lässt, dh überführen in ganz andere Strukturen, die er dann wieder neu lernen müsste. Das tönt wie wenn er zu faul wäre, aber es ist eine Tatsache, dass es nichts bringt für zB einen neuen Teamgenossen, wenn alles gut dokumentiert ist, er muss es in den Kopf kriegen, und das dauert. Das ist das was der berühmte Naur (BackusNaur Form) als 'theory building' bezeichnet hat.

Und, der Laie glaubt es kaum, es gibt so etwas wie eine Aesthetik von Strukturen. Da muss man wohl kaum sagen, dass man dies besser dem Menschen überlässt als einer Maschine.

Last but not least gibt es auch noch einen nicht zu überwindenden Hinderungsgrund in der Theorie selber, der aber über die Welt der funktionalen Abhängigkeiten hinausreicht, und den wir in den nächsten Abschnitten kennenlernen.

Inklusionsabhängigkeiten

Zehn Jahre nach der ersten Publikation über das relationale Modell hat E.F.Codd einen weiteren Meilenstein veröffentlicht (Codd 1979). In diesem Artikel ist unter anderem die Idee der Inklusionsabhängigkeiten oder -bedingungen skizziert, anhand des sogenannten semantischen Prinzips der Verallgemeinerung. Formal weiterverfolgt und ausgearbeitet wurde dieser Begriff in der Folge auch noch von vielen anderen Autoren.

Eingang in die relationalen Datenbanksysteme hat die Idee wiederum etwa zehn Jahre später gefunden (kommerziell erhältlich), gegen Ende der 80er Jahre, unter dem uns bereits geläufigen Konstrukt "referential integrity".

Im Gegensatz zur Situation bei funktionalen Abhängigkeiten sind bei einer Inklusionsabhängigkeit (inclusion dependency) grundsätzlich zwei Relationenformate beteiligt (die im Sonderfall zusammenfallen können).

Definition Inklusionsabhängigkeit

Seien $R(A_1,A_2,...,A_m)$ und $S(B_1,B_2,...,B_n)$ zwei Relationenformate (nicht notwendigerweise verschieden), $X_1,X_2,...,X_k \in$ Attr(R) verschiedene Attribute des Formates R und $Y_1,Y_2,...,Y_k \in$ Attr(S) verschiedene Attribute des Formates S. Dann ist

$$R[X_1,X_2,...,X_k] \subseteq S[Y_1,Y_2,...,Y_k]$$

eine Inklusionsabhängigkeit (inclusion dependency, kurz ID) zwischen R und S.
Für zwei Relationen $r \in$ Rel(R) und $s \in$ Rel(S) ist die Inklusionsabhängigkeit gültig in der "Datenbank" $\{r,s\}$, in Zeichen $\{r,s\} \models R[X_1,X_2,...,X_k] \subseteq S[Y_1,Y_2,...,Y_k]$, falls mit $X = <X_1,X_2,...,X_k>$ und $Y = <Y_1,Y_2,...,Y_k>$ gilt $\pi_X(r) \subseteq \pi_Y(s)$.

Beispiel

In unserer Bierdatenbank des Kapitel SQL ist beim Relationenformat 'Gast' unter anderem die referential integrity von <Bname,Bvorname> in bezug auf das Relationenformat 'Besucher' definiert worden. Dies entspricht der Inklusionsabhängigkeit

Gast[Bname,Bvorname] $\subseteq$ Besucher[Name,Vorname],

aber auch der Inklusionsabhängigkeit

Gast[Bvorname,Bname] $\subseteq$ Besucher[Vorname,Name].

Durch die Definition mit referential integrity bei 'CREATE TABLE' wird das Datenbanksystem dazu gebracht, für die entsprechenden Relationen der Datenbank die Gültigkeit der ID zu erzwingen.

Definition des Herleitungsbegriffes einer ID aus einer Menge von IDs

Gegeben ist eine Menge IND von Inklusionsabhängigkeiten und eine weitere ID $R[A_1,A_2,...,A_k] \subseteq S[B_1,B_2,...,B_k]$. Wie bei FDs ist eine Herleitung der ID aus IND eine Folge von IDs mit der herzuleitenden als letztem Glied und IDs die aus IND sind oder aus früheren der Folge geschlussfolgert werden können durch eine der folgenden Regeln:

$R[X] \subseteq R[X]$ mit $X = <X_1,X_2,...,X_n>$ und X_j aus Attr(R) darf stets voraussetzungslos geschlussfolgert werden

aus $R[X_1,X_2,...,X_n] \subseteq S[Y_1,Y_2,...,Y_n]$ darf auf $R[V_1,V_2,...,V_m] \subseteq S[W_1 W_2,...,W_m]$ geschlossen werden, wobei $\{V_1,V_2,...,V_m\} \subseteq \{X_1,X_2,...,X_n\}$ ist und $\{W_1,W_2,...,W_m\} \subseteq \{Y_1,Y_2,...,Y_n\}$ mit an sich beliebiger Reihenfolge, aber so dass wenn $V_p = X_a$ ist, dass dann $W_p = Y_a$ ist, das heisst die durch $R[X_1,X_2,...,X_n] \subseteq S[Y_1,Y_2,...,Y_n]$ gegebenen Zusammengehörigkeiten zwischen Attributen von R und solchen von S nicht verloren gehen.

aus $R[X] \subseteq S[Y]$ und $S[Y] \subseteq T[Z]$ darf auf $R[X] \subseteq T[Z]$ geschlossen werden, wiederum mit $X = <X_1,X_2,...,X_n>$, $Y = <Y_1,Y_2,...,Y_n>$ und $Z = <Z_1,Z_2,...,Z_n>$.

Wir verwenden dasselbe Herleitungszeichen $\vdash$ wie bei den FDs, also IND $\vdash R[A_1,A_2,...,A_k] \subseteq S[B_1,B_2,...,B_k]$. Welcher Herleitungsbegriff gemeint ist, geht jeweils aus dem Zusammenhang hervor.

Beispiel

$<R[A,B] \subseteq S[C,D], S[A,D,C,E] \subseteq T[G,H,K,L], S[C,D] \subseteq T[K,H],R[A,B] \subseteq T[K,H],R[B] \subseteq T[H]>$ ist eine Herleitung von $R[B] \subseteq T[H]$ aus $\{R[A,B] \subseteq S[C,D], S[A,D,C,E] \subseteq T[G,H,K,L]\}$, mit andern Worten, es gilt $\{R[A,B] \subseteq S[C,D], S[A,D,C,E] \subseteq T[G,H,K,L]\} \vdash R[B] \subseteq T[H]$.

Da wir es bei Inklusionsabhängigkeiten im Allgemeinen mit mehreren Relationenformaten gleichzeitig zu tun haben, wollen wir etwas provisorisch eine Sammlung

$$D = \{(R_1,F_1), (R_2,F_2), ..., (R_n,F_n), IND\}$$

mit Formaten (R_j,F_j) (wobei die F_j Mengen von FDs über Attr(R_j) sind) und einer Menge von Inklusionsabhängigkeiten zwischen diesen als **Datenbankschema** bezeichnen. Eine Datenbank d zu diesem Schema ist eine Menge $\{r_1,r_2,...,r_n\}$ von Relationen zu diesen Formaten. Eine FD $X \to Y$ aus F_j ist gültig in d, in Zeichen $d \models X \to Y$, falls $r_j \models X \to Y$, und die ID $R_i[X_1,X_2,...,X_k] \subseteq R_j[Y_1,Y_2,...,Y_k]$ ist gültig in d, in Zeichen $d \models R_i[X_1,X_2,...,X_k] \subseteq R_j[Y_1,Y_2,...,Y_k]$, falls $\{r_i,r_j\} \models R_i[X_1,X_2,...,X_k] \subseteq R_j[Y_1,Y_2,...,Y_k]$.

Wie der Herleitungsbegriff für FDs ist auch derjenige für IDs korrekt, das heisst

$$IND \vdash R[X] \subseteq S[Y] \quad \Rightarrow \quad \forall d \in DB(D) \ (d \vDash IND \quad \Rightarrow \quad d \vDash R[X] \subseteq S[Y]),$$

wobei DB(D) die Klasse der Datenbanken zum Datenbankschema D ist. Es ist also nur herleitbar, was auch gültig ist.

Die umgekehrte Richtung ergibt sich aus dem Vollständigeitssatz, der auch für IDs gilt.

Vollständigkeitssatz für die Herleitung von IDs

Sei D ein Datenbankschema mit der Menge IND von IDs. Dann gilt

$$\forall d \in DB(D) \ (d \vDash IND \quad \Rightarrow \quad d \vDash R[X] \subseteq S[Y]) \quad \Rightarrow \quad IND \vdash R[X] \subseteq S[Y]$$

(was überall gültig ist, ist auch herleitbar).

Beweis. Wir beginnen mit einer Datenbank die aus leeren Relationen besteht und fügen zuerst in $r \in Rel(R)$ ein Tupel ein, das auf X den Wert 1 und sonst den Wert 0 hat. Dann fügen wir Schritt um Schritt solange für jede ID $R_i[V] \subseteq R_j[W]$ aus IND und jedes Tupel $t \in r_i$ welches die ID verletzt, ein weiteres Tupel s in r_j ein mit $s(W) = t(V)$ und $= 0$ sonst (hier ist V und W wie üblich als Vektor gemeint), bis eine Datenbank d entsteht in der alle IDs aus IND gültig sind (der Prozess ist endlich, da nur endlich viele Wertekombinationen zur Verfügung stehen). Ueberall, wo Werte 1 entstanden sind, lässt sich das durch den Herleitungsbegriff nachvollziehen, etwas formaler:
Ist für $t_j \in r_j$ $t_j(W) = 1$ (W als Vektor), dann gibt es ein $V \subseteq X$ mit $IND \vdash R[V] \subseteq R_j[W]$. Dies ergibt sich induktiv über die Reihenfolge, in welcher die Tupel eingefügt wurden. Die Verankerung folgt aus $R[X] \subseteq R[X]$. Im Induktionsschritt sei t_j eingefügt worden wegen $s \in r_i$ und $R_i[Z'] \subseteq R_j[W']$ aus IND mit $W \subseteq W'$. Dem W entspricht ein Z sodass $IND \vdash R_i[Z] \subseteq R_j[W]$. Dann ist $s(Z) = 1$ und wegen Induktionsvoraussetzung gibt es ein $V \subseteq X$ mit $IND \vdash R[V] \subseteq R_i[Z]$. Damit ist aber auch $IND \vdash R[V] \subseteq R_j[W]$.

Damit ergibt sich die Behauptung des Satzes, denn wegen $d \vDash IND$ und unserem Anfangstupel gibt es ein Tupel in $s \in Rel(S)$ das den Wert 1 hat auf Y.

Kürzt man die linke Seite des Vollständigkeitssatzes

$$\forall d \in DB(D) \ (d \vDash IND \quad \Rightarrow \quad d \vDash R[X] \subseteq S[Y]) \quad \text{ab als} \quad IND \vDash R[X] \subseteq S[Y],$$

dann bedeutet der Vollständigkeitssatz und die Korrektheit des Herleitungsbegriffes für IDs gerade dass

$$IND \vDash R[X] \subseteq S[Y] \quad \Leftrightarrow \quad IND \vdash R[X] \subseteq S[Y],$$

in prosa, dass der semantische Folgerungsbegriff $\vDash$ der Gültigkeiten und der syntaktische Herleitungsbegriff $\vdash$ bei Inklusionsabhängigkeiten gleichwertig sind, genauso wie wir es bei den funktionalen Abhängigkeiten schon angetroffen haben:

$$F \vDash X \to Y \quad \Leftrightarrow \quad F \vdash X \to Y .$$

In einem Datenbankschema hat man es jedoch meist mit beiden Sorten von Bedingungen, FDs und IDs, zu tun. Wir betrachten ein

Beispiel

$\{(R(A,B,C),\{\}), (S(D,E),\{D \to E\}), \{R[A,B] \subseteq S[D,E]\}\}$. Es ist klar, dass in jeder Datenbank d, in welcher die im Schema gegebenen Abhängigkeiten $D \to E$ und $R[A,B] \subseteq S[D,E]$ gültig sind, auch die FD $A \to B$ gültig sein muss.

Man kann natürlich einen semantischen Folgerungsbegriff der Gültigkeiten wie im Beispiel auch bei gemischten Abhängigkeiten definieren,

$$\{D \to E\} \cup \{R[A,B] \subseteq S[D,E]\} \quad \vDash \quad A \to B,$$

mit der Bedeutung eben, dass in jeder Datenbank in welcher die linke Seite gültig ist, auch die rechte gültig sein muss. Allgemeiner ausgedrückt ist

$$F \cup IND \vDash \rho$$

für eine FD oder eine ID ρ wohldefiniert.

Aber es gibt keinen syntaktischen Herleitungsbegriff für diesen gemischten Fall, der im Sinne der Korrektheit und Vollständigkeit diesem semantischen Folgerungsbegriff der Gültigkeiten entsprechen würde.

Noch schlimmer: **$F \cup IND \vDash \rho$ ist nicht entscheidbar**, das heisst es kann kein Programm geben, welches bei beliebig gegebenen, F, IND und ρ entscheiden kann ob $F \cup IND \vDash \rho$ richtig ist oder nicht.

Dies ist quasi ein Skandal und bedeutet unter anderem, dass kein Programm bei Vorliegen von FDs und IDs automatisch prüfen kann ob zum Beispiel BCNF vorliegt oder nicht.

Es ist dies seit Mitte der achtziger Jahre bekannt (Chandra 1985), und trotzdem haben Hersteller bis in die Anfänge der neunziger Jahre versprochen, dass ihre Tools in Bälde auch automatisch normalisieren können würden im gemischten Fall FDs und IDs.

Man kann demnach zum Beispiel durch Zufügen von IDs die Normalform beeinflussen.

Aufgabe 10:

Das Datenbankschema $\{(R(A,B,C),\{AB \to C\}), (S(D,E,H),\{D \to EH\}),IND\}$ ist in BCNF, dh jedes Format darin ist in BCNF, solange IND leer ist. Man füge eine ID hinzu und folgere semantisch weitere FDs, sodass BCNF verletzt wird.

Es stellt sich zum Glück heraus, dass in vielen Situationen sich die vorliegenden FDs und IDs gegenseitig nicht stören können, zum Beispiel in der Situation eines Datenbankschemas, welches sich ergibt als kanonische Abbildung eines korrekten Entity Relationship Diagrammes, so wie diese Begriffe im entsprechenden Kapitel definiert worden sind. Für den Nachweis gehen wir etwas formaler vor.

IDNF (inclusion dependency normal form)

Eine Menge IND von IDs heisst **nichtzirkulär**, falls für alle Folgen

$$R_1[X_1] \subseteq R_2[Y_2] \, , \, R_2[X_2] \subseteq R_3[Y_3] \, , \, \ldots\ldots \, , \, R_{n-1}[X_{n-1}] \subseteq R_n[Y_n]$$

von IDs aus IND gilt $R_1 \neq R_n$.

Gegeben sind die Formate (R,F) und (S,G). Die ID $R[X] \subseteq S[Y]$ heisst **schlüsselbasiert**, falls Y ein Schlüssel von (S,G) ist.

Das Datenbankschema $\{(R_1,F_1) \, , \, (R_2,F_2) \, , \, \ldots\ldots, (R_n,F_n), \text{IND}\}$ ist in **IDNF**, falls IND nichtzirkulär ist, alle IDs aus IND schlüsselbasiert sind und alle (R_j,F_j) in BCNF sind.

In IDNF stören sich FDs und IDs gegenseitig nicht:

Satz über die Unabhängigkeit von FDs und IDs in IDNF

Sei das Datenbankschema $\{(R_1,F_1) \, , \, (R_2,F_2) \, , \, \ldots\ldots, (R_n,F_n), \text{IND}\}$ in IDNF und sei $F = F_1 \cup F_2 \cup \ldots\ldots \cup F_n$. Dann gilt für jede beliebige funktionale Abhängigkeit $X \to Y$ über der Attributmenge eines der Formate

$$F \cup \text{IND} \models X \to Y \quad \Rightarrow \quad F \vdash X \to Y$$

und für jede beliebige Inklusionsabhängigkeit $R_i[X] \subseteq R_j[Y]$

$$F \cup \text{IND} \models R_i[X] \subseteq R_j[Y] \quad \Rightarrow \quad \text{IND} \vdash R_i[X] \subseteq R_j[Y].$$

Dieser Satz stammt von Mannila und Räihä (Mannila 1986), damals allerdings mit 3NF, später so wie hier mit BCNF (Mannila 1992).

Beweis. Sei zuerst $F \nvdash X \to Y$ und oBdA über R_1. Wir zeigen $F \cup \text{IND} \nvDash X \to Y$.
Wir beginnen mit einer Datenbank in der alle Relationen leer sind. Im Initialschritt fügen wir in r_1 zwei Tupel ein. Das erste ist identisch 0 auf allen Attributen und das zweite identisch 0 auf X und identisch 1 sonst. Dann ist $r_1 \nvDash X \to Y$. Da (R_1,F_1) BCNF ist und $F \nvdash X \to Y$, hat jeder Schlüssel von (R_1,F_1) in r_1 einen Teil ausserhalb X, somit $r_1 \vDash F_1$.
Solange die anderen Relationen leer sind, gelten in ihnen alle FDs. Wir füllen nun die Datenbank schrittweise, um die Gültigkeit der IDs zu erzwingen, aber ohne die Gültigkeit der

FDs, die anfangs gegeben ist, zu verletzen. Die kleinen Schritte werden numeriert (ab $k > 1$). Wir beschreiben einen kleinen Schritt:

Gegeben ist ein $R_i[V] \subseteq R_j[W]$, und $r_i \vDash F_i$ sowie $r_j \vDash F_j$, und W ist Schlüssel in (R_j, F_j), sowie ein $t \in r_i$ mit $t(V) \notin \pi_W(r_j)$. Dann fügen wir in diesem k-ten kleinen Schritt ein Tupel s in r_j ein, sodass $s(A') = t(A)$ für $A \in V$ und $= k$ sonst (A' entspricht A via $R_i[V] \subseteq R_j[W]$). Nach diesem kleinen Schritt sind die FDs immer noch gültig (W ist Schlüssel in (R_j, F_j), welches in BCNF ist), und es gibt ein Tupel weniger in r_i das eine ID verletzt.

Nun werden die kleinen Schritte zu grossen zusammengesetzt. Ein grosser Schritt behandelt alle verletzenden Tupel für eine gegebene ID. Es bleibt noch, die Reihenfolge der IDs zu bestimmen, die je mit einem grossen Schritt behandelt werden. Man beginnt bei R_1 und allen IDs die von R_1 ausgehen. Dadurch erreicht man eine Menge von Relationenformaten, von denen man als nächstes weiter ausgeht und alle von ihnen ausgehenden IDs mit grossen Schritten behandelt, usw. Dieser Prozess hat einen Abschluss, da IND nichtzirkulär ist. Am Ende hat man eine Datenbank d mit $d \vDash F \cup IND$ und $d \nvDash X \rightarrow Y$, damit $F \cup IND \nvDash X \rightarrow Y$.

Sei nun noch $IND \nvdash R_a[X] \subseteq R_b[Y]$. Wir zeigen $F \cup IND \nvDash R_a[X] \subseteq R_b[Y]$.

Wir gehen wieder aus von einer Datenbank mit leeren Relationen und fügen im ersten Schritt ein Tupel t_a in r_a ein, das identisch 0 ist auf X und identisch 1 sonst. Dann ist natürlich $\{r_a, r_b\} \nvDash R_a[X] \subseteq R_b[Y]$ und es gelten immer noch alle FDs. Dann geht es ab $k = 2$ genau gleich weiter wie oben in kleinen Schritten, die sich zu grossen Schritten zusammensetzen, ausgehend von R_a. Es muss nur noch gezeigt werden, dass keiner der kleinen Schritte $\{r_a, r_b\} \nvDash R_a[X] \subseteq R_b[Y]$ verletzt, und zwar dadurch dass wir zeigen, dass das Tupel $t_a \in r_a$ keine Entsprechung in r_b kriegt. Würde nämlich einer der kleinen Schritte ein Tupel t mit $t(A) = 0$ für alle $A \in Y$ einfügen, so müsste es nach Konstruktion eine Folge $R_1, \ldots, R_m$ (Indizierung oBdA) geben mit $R_1 = R_a$, $R_m = R_b$ und für $1 \leq i \leq m-1$ $(R_i[V_i] \subseteq R_{i+1}[W_i]) \in IND$ und $V_1 = X$ und $W_{m-1} = Y$. Das geht aber nicht weil sonst $IND \vdash R_a[X] \subseteq R_b[Y]$ wäre.

Damit sind wir auch mit unserer Definition des korrekten Entity Relationship Diagrammes auf der sicheren Seite:

Korrektes ER liefert IDNF

Die kanonische Abbildung eines korrekten ER Diagrammes liefert ein Datenbankschema in IDNF.

Natürlich ist die Definition des korrekten ER Diagrammes ein vielleicht manchmal enges Korsett. Aber sie zwingt den Designer sozusagen, eine Art Informationsnormalisierung zu machen weit vor der klassischen Datenrepresentationsnormalisierung, um die es hier ständig geht. Es ist dann auch nicht nötig, auf der Ebene des Datenbankschemas Tricks anzuwenden, um eventuell doch BCNF zu erreichen. Die folgende Aufgabe befasst sich mit einem solchen Trick.

Aufgabe 11:

Gegeben ist das Format $(R(A,B,C),\{AB \to C, C \to B\})$, welches bekanntlich 3NF aber nicht BCNF ist. Man zeige, dass man durch Einführung eines einelementigen Kunstschlüssel und anschliessende Zerlegung doch noch BCNF erreichen kann (Kandzia 1980).

Mehrwertige Abhängigkeiten

Da es bei der Normalisierung stets um die Zerlegung von Relationen durch Projektionen und wieder Zurückerhaltung durch Joins geht, wurde auch speziell die Bedingung untersucht und als eigene Abhängigkeit bezeichnet, die gegeben sein muss für die verlustfreie Zerlegbarkeit (Fagin 1977).

Seien R ein Relationenformat und X und Y Teilmengen von $U = Attr(R)$. Eine mehrwertige Abhängigkeit (multivalued dependency, kurz MD) über $Attr(R)$ ist ein Ausdruck

$$X \to\to Y.$$

Für eine Relation $r \in Rel(R)$ ist die MD gültig in r, in Zeichen $r \vDash X \to\to Y$, falls

$$r = \pi_{X \cup Y}(r) \bowtie \pi_{X \cup U\setminus Y}(r).$$

Beispiel

Seien Gast(Besucher,Restaurant) und Trinkt(Besucher,Bier) zwei Relationenformate und $p \in Rel(Gast)$ und $q \in Rel(Trinkt)$ entsprechende Relationen. Dann ist $r = p \bowtie q$ eine Relation zum Format R(Besucher,Restaurant,Bier) mit $r \vDash$ Besucher $\to\to$ Restaurant, sowie auch $r \vDash$ Besucher $\to\to$ Bier.

Man sieht hier auch, wie man ein Datenbanksystem dazu bringen könnte, diese MDs zu erzwingen, nämlich indem man R als View definiert die ein Join von Gast und Trinkt ist.

Da aus $r \vDash X \to Y$ folgt dass $r = \pi_{X \cup Y}(r) \bowtie \pi_{X \cup U\setminus Y}(r)$ und somit $r \vDash X \to\to Y$, wählen wir direkt einen Herleitungsbegriff für MDs, der auch FDs umfasst.

Definition des Herleitungsbegriffes für MDs und FDs

Da uns mittlerweile klar ist, was eine Herleitung ist, geben wir direkt die Schlussfolgerungsregeln an, die zu diesem Herleitungsbegriff gehören. Zu beachten ist, dass im Gegensatz zum Herleitungsbegriff für FDs allein hier bei MDs eine feste Grundmenge $U = Attr(R)$ von Attributen gegeben sein muss, auf die sich der Herleitungsbegriff bezieht.

$$\vdash \quad X \to Y \text{ , falls } Y \subseteq X$$
$$X \to Y \quad \vdash \quad X \cup Z \to Y \cup Z$$
$$X \to Y \text{ und } Y \to Z \quad \vdash \quad X \to Z$$
$$X \twoheadrightarrow Y \quad \vdash \quad X \twoheadrightarrow U \backslash Y$$
$$\vdash \quad X \twoheadrightarrow Y \text{ , falls } Y \subseteq X$$
$$X \twoheadrightarrow Y \quad \vdash \quad X \cup V \twoheadrightarrow Y \cup W \text{ , falls } W \subseteq V$$
$$X \twoheadrightarrow Y \text{ und } Y \twoheadrightarrow Z \quad \vdash \quad X \twoheadrightarrow Z \backslash Y$$
$$X \to Y \quad \vdash \quad X \twoheadrightarrow Y$$
$$X \twoheadrightarrow Y \text{ und } X \cup Y \to Z \quad \vdash \quad X \to Z \backslash Y$$

Die ersten drei sind uns schon bekannt aus dem Herleitungsbegriff für FDs

Beispiel

Gegeben ist $(R(A,B,C,D,E), \{A \twoheadrightarrow BC, DE \twoheadrightarrow AC\})$. Dann ist
$<A \twoheadrightarrow BC, A \twoheadrightarrow ADE, A \twoheadrightarrow DE, DE \twoheadrightarrow AC, AC \twoheadrightarrow BC, DE \twoheadrightarrow B, A \twoheadrightarrow B>$ eine
Herleitung von $A \twoheadrightarrow B$ aus der gegebenen Menge von MDs.

Aufgabe 12:

Man zeige, dass für eine gegebene Menge M von MDs und FDs über Attr(F) und für ein
festes $X \subseteq Attr(R)$ die Menge $\{Y \subseteq Attr(R) \mid M \vdash X \twoheadrightarrow Y\}$ eine boole'sche Algebra ist über
Attr(R).

Auch dieser Herleitungsbegriff ist korrekt, das heisst was herleitbar ist, gilt und es gibt
ebenfalls einen Vollständigkeitssatz, das heisst was gilt, ist herleitbar (Beer 1977), dessen
Beweis wir hier nicht wiedergeben, der aber wesentlich auf der Erkenntnis der letzten
Aufgabe beruht (man hat eine Uebersicht was aus X folgt, da jedes Element der endlichen
boole'schen Algebra sich aus atomaren zusammensetzt).

Wie bei den bisherigen Normalformen geht es auch bei der vierten um die Vermeidung von
nichttrivialen Abhängigkeiten, jetzt halt inklusive MDs.

Definition der vierten Normalform (4NF)

Sei R ein Relationenformat und M eine Menge von MDs und FDs über Attr(R).
Dann ist das Format (R,M) in vierter Normalform (4NF), falls gilt

$$\forall X, Y \subseteq Attr(R) \; [(X \to Y) \in M \lor (X \twoheadrightarrow Y) \in M \; \Rightarrow \; X \cup Y = Attr(R) \lor Y \subseteq X \lor M \vdash X \to Attr(R)],$$

das heisst wenn alle nichttrivialen MDs und FDs aus M als linke Seite einen Superschlüssel
haben.

Man beachte, dass BCNF aus 4NF folgt, wie sofort aus den Definitionen ersichtlich ist.

Auch hier (wie bei 3NF und BCNF) wird die Definition oft mit $\vdash$ anstatt $\in$ angegeben, was aber auf dasselbe hinausläuft, wie die folgende Aufgabe zeigt.

Aufgabe 13:

Das Format (R,M) sei in 4NF. Man zeige dass dann gilt (Vincent 1993b)

$$\forall X, Y \subseteq Attr(R) \ [M \vdash X \to Y \lor M \vdash X \to\to Y \ \Rightarrow \ X \cup Y = Attr(R) \lor Y \subseteq X \lor \ M \vdash X \to Attr(R)].$$

Aufgabe 14:

Eine Teilmenge S von Attr(R) heisst ein **Schnitt (Cut)** des Formates (R,M), falls jeder Schlüssel von (R,M) einen nichtleeren Durchschnitt mit S sowie einen nichtleeren Durchschnitt mit Attr(R)\S hat (ein Schnitt zerteilt also alle Schlüssel).
Man beweise: Ist (R,M) in BCNF und hat keinen Schnitt, so ist es in 4NF (Buff 1993).

Daraus folgt ein Satz von Date und Fagin, nämlich dass ein BCNF Format mit einem einattributigen Schlüssel in 4NF ist (Date 1992b).

Ist das alles relevant für die Praxis?

Nicht sehr. Niemand macht Datendesign durch explizites Hinschreiben von Abhängigkeiten in die Menge M des Formates (R,M). Aber man sollte wissen, was eine mehrwertige Abhängigkeit ist. Auch unsere Entity Relationship Sprache schützt nicht vor Verletzung von 4NF. Nur, um 4NF in einem Format R zu verletzen, muss der Designer ausdrücklich eine Bedingung aufstellen, welche zur (dauerhaften) Gültigkeit einer nichttrivialen MD $X \to\to Y$ mit X, Y $\subseteq$ Attr(R) äquivalent ist, und trotzdem R als ganzes belassen (zum Beispiel indem er sagt, jedes $r \in Rel(R)$ soll gleich dem Join von zwei seiner Projektionen auf stets dieselben Teilmengen von Attr(R) sein, aber trotzdem nicht aufgespalten werden). Dies ist aber extrem unwahrscheinlich. Nur ein ungeschickter Designer tut so etwas (zum Beispiel weil er irrtümlich meint, damit bessere Performance für Abfragen zu erreichen).

Auch die fünften Normalformen sind nicht praxisrelevant. Wir stellen sie trotzdem kurz vor. Die Idee und wesentliche Beiträge zu 5NF stammen ebenfalls von Fagin (Fagin 1979). In der Zwischenzeit haben sich viele Leute damit beschäftigt, aber in der Literatur gibt es einen gewissen Grad der Verwirrung und auch einige falsche Aussagen. Wir folgen hier einem klärenden Artikel von Millist Vincent (Vincent 1997), allerdings meist ohne Wiederholung der Beweise.

Bei der mehrwertigen Abhängigkeit geht es um die Zerlegbarkeit einer Relation in zwei Teile. Dies kann verallgemeinert werden zur **Zerlegbarkeit in mehrere Teile**.

Beispiel

Gilt in einer Relation r des Formates Lieferung(Lieferant,Teil,Projekt) die Zerlegung

$$r = \pi_{\text{Lieferant,Teil}}(r) \bowtie \pi_{\text{Teil,Projekt}}(r) \bowtie \pi_{\text{Projekt,Lieferant}}(r) \,,$$

dann sagt man, dass in r die folgende Verbundabhängigkeit gelte

$$\bowtie[\{\text{Lieferant,Teil}\},\{\text{Teil,Projekt}\},\{\text{Projekt,Lieferant}\}]$$

Dies kann auch so ausgedrückt werden, dass man sagt, dass zu je drei Tupeln t_1, t_2, t_3 aus r, die sich vollständig verbinden (das heisst $t_1(\text{Teil}) = t_2(\text{Teil})$ und $t_2(\text{Projekt}) = t_3(\text{Projekt})$ und $t_3(\text{Lieferant}) = t_1(\text{Lieferant})$), ein weiteres Tupel $t \in r$ existiert so dass

$$t(\text{Lieferant,Teil}) = t_1(\text{Lieferant,Teil}) \quad \text{und}$$
$$t(\text{Teil,Projekt}) = t_2(\text{Teil,Projekt}) \quad \text{und}$$
$$t(\text{Projekt,Lieferant}) = t_3(\text{Projekt,Lieferant}).$$

Definition Verbundabhängigkeit

Sei R ein Relationenformat, eine Relation $r \in \text{Rel}(R)$ und X_1, X_2, ... , X_p Teilmengen von $U = \text{Attr}(R)$. Die Tupel t_1, t_2, ... , t_p aus r **verbinden sich vollständig** auf $\{X_1, X_2, ... , X_p\}$, falls für alle $1 \leq i,j \leq p$ gilt $t_i(X_i \cap X_j) = t_j(X_i \cap X_j)$. Die Verbundabhängigkeit (join dependency, kurz JD)

$$\bowtie[X_1,X_2, ... ,X_p]$$

ist gültig in r , in Zeichen $r \vDash \bowtie[X_1,X_2, ... ,X_p]$, falls für alle t_1, t_2, ... , $t_p \in r$ welche sich vollständig verbinden auf $\{X_1, X_2, ... , X_p\}$, ein $t \in r$ existiert so dass

$$t(X_i) = t_i(X_i) \quad \text{für alle } 1 \leq i \leq p \,.$$

Die Verbundabhängigkeit $\bowtie[X_1,X_2, ... ,X_p]$ heisst **total**, falls $X_1 \cup X_2 \cup ... \cup X_p = \text{Attr}(R)$. Die Gültigkeit als Zerlegung von r ist also nur für totale JDs definiert.

Die Verbundabhängigkeit $\bowtie[X_1,X_2, ... ,X_p]$ heisst **trivial**, falls sie in allen $r \in \text{Rel}(R)$ gültig ist, was genau dann der Fall ist, wenn (mindestens) eines der $X_j = \text{Attr}(R)$ ist.

Man beachte, dass eine mehrwertige Abhängigkeit $X \rightarrow\rightarrow Y$ stets der totalen Verbundabhängigkeit $\bowtie[X \cup Y, X \cup (\text{Attr}(R) \backslash Y)]$ entspricht.

Für JDs gibt es keinen Herleitungsbegriff $\vdash$ wie bei MDs und FDs (Petrov 1989). Man muss sich daher bei allgemeiner Gültigkeit, Folgerung usw auf die semantische Seite beschränken, also zum Beispiel folgt eine JD jd aus einer Menge J von JDs, $J \vDash jd$, falls jd in allen Relationen gültig ist, in denen alle JDs aus J gültig sind (trotzdem ist in diesem Fall die Folgerung entscheidbar, im Gegensatz zum Fall von FDs zusammen mit IDs).

Wann folgt eine JD aus einer anderen?

Seien $\bowtie[X_1, X_2, \ldots, X_p]$ und $\bowtie[Y_1, Y_2, \ldots, Y_q]$ totale JDs über einem Format R. Dann ist

$$\bowtie[X_1, X_2, \ldots, X_p] \quad \vDash \quad \bowtie[Y_1, Y_2, \ldots, Y_q]$$

genau dann wenn für alle X_i ein Y_j existiert mit $X_i \subseteq Y_j$.

Wegen diesem Folgerungssatz muss jede Definition einer fünften Normalform mit Sorgfalt betrachtet werden. Insbesondere spielt es nun eine Rolle, ob man etwas verlangt für alle JDs einer gegebenen Menge oder für alle JDs die aus der gegebenen Menge folgen.

Wir definieren für eine Menge J von JDs und FDs den Abschluss J^+ von J , als

$$J^+ = \{\rho \,|\, \rho \text{ eine JD oder eine FD und } J \vDash \rho \}.$$

Sei J eine Menge von FDs and JDs. Eine JD $\bowtie[X_1, X_2, \ldots, X_p] \in J^+$ heisst **streng reduziert** falls sie total ist und für jede Komponente X_j die JD $\bowtie[X_1, \ldots X_{j-1}, X_{j+1}, \ldots, X_p]$ (X_j entfernt) entweder nicht in J^+ ist oder nicht total.

Man braucht diese Definition für eine fünfte Normalform, die die vierte verallgemeinert.

Definition der reduzierten 5NF (5NFR)

Sei R ein Relationenformat und J eine Menge von FDs und totalen JDs über Attr(R). Dann ist (R,J) in 5NFR falls für jede nichttriviale, streng reduzierte und totale JD aus J^+ jede Komponente ein Superschlüssel ist (Vincent 1997).

Dieses ist die richtige Definition einer fünften Normalform, **welche die vierte verallgemeinert**, nämlich für ein R und eine Menge J von FDs und MDs ist (R,J) in 4NF genau dann wenn es in 5NFR ist. Das ist für die älteren fünften Normalformen nicht richtig.

Man kann hier übrigens wie bei BCNF und 4NF J^+ durch J ersetzen: Ist J eine Menge von nichttrivialen FDs und streng reduzierten JDs, dann ist (R,J) genau dann in 5NFR, wenn die linke Seite jeder FD aus J ein Superschlüssel ist und wenn jede Komponente jeder JD aus J ein Superschlüssel ist.

Die ursprüngliche, älteste Definition einer fünften Normalform ist diejenige von Fagin:

Definition der Project-Join Normalform (PJ/NF)

Das Format (R,J) ist in PJ/NF, falls

$$\{K \to Attr(R) \mid K \text{ ein Schlüssel von } (R,J)\} \; \models \; \{jd \mid jd \text{ eine JD aus } J^+ \} \, ,$$

wenn also alle JDs aus J^+ aus den Schlüsselbedingungen von (R,J) folgen (Fagin 1979).

PJ/NF ist echt stärker als 5NFR, das heisst jedes (R,J) in PJ/NF ist auch in 5NFR, aber nicht umgekehrt.

Eine weitere Variante fünfter Normalform, die in der Literatur herumgereicht wird, ist die folgende.

Definition von 5NF

Das Format (R,J) ist in 5NF, falls für jede nichttriviale totale JD aus J^+ jede Komponente ein Superschlüssel ist (Maier 1983).

5NF ist echt stärker als PJ/NF, das heisst jedes (R,J) in 5NF ist auch in PJ/NF, aber nicht umgekehrt.

5NF ist derart stark, dass (R,J) in 5NF ist genau dann wenn jedes Attribut Schlüssel ist, also eine **für die Praxis vollständig unbrauchbare Situation**.

Wir haben in diesem Kapitel mehrere Normalformen kennengelernt, in aufsteigender Stärke

$$2NF, \; 3NF, \; BCNF, \; 4NF, \; 5NFR, \; PJ/NF, \; 5NF,$$

sowie die etwas aus der Reihe tanzenden 1NF und IDNF. Man könnte noch weitere dazunehmen, die irgendwo dazwischen liegen, zum Beispiel solche Normalformen, welche den semantischen Begriff der Redundanzfreiheit bei gegebenen Abhängigkeiten betreffen. Aber wir wollen es dabei bewenden lassen.

Was wir auch vollständig auf der Seite gelassen haben, ist die zugehörige Theorie der Komplexität. Da ginge es darum, wie schnell die zugehörigen Algorithmen zur Normalisierung im durchschnittlichen Fall sein können respektive wie langsam. Ohne auf Details einzugehen, kann gesagt werden, dass die Theorie der Komplexität diejenigen Argumente weiter verstärkt, welche dafür sprechen, in der Praxis ganz auf die klassische Normalisierung zu verzichten und statt dessen einen guten Entity Relationship Dialekt zu wählen für das Design von Datenstrukturen.

Lösungen der Aufgaben

Lösung Aufgabe 1:

AA(A#,B,D); CC(A#,C#,C,H); EE(A#,E#,F); FF(A#,C#,F#); GG(A#,C#,G#,G);
HH(A#,C#,G#,H#,I,K,L)

Lösung Aufgabe 2:

AA(A#,A,N); BB(A#,B#,K); CC(A#,C#,B); DD(A#,D#,C,D); EE(A#,B#,E#,I,K); FF(A#,C#,F#);
GG(A#,C#,G#,L); HH(A#,C#,G#,H#,M); II(A#,C#,G#,I#,N,P); KK(K#,O); LL(K#,L#,F);
MM(K#,M#,G,H)

Lösung Aufgabe 3:

$\{ABC\}^+ = \{ABCDEH\}$, $\{HB\}^+ = \{HB\}$, $\{EG\}^+ = \{EGHBC\}$.

Lösung Aufgabe 4:

Die Schlüssel von (R,F) sind {A,B}, {C,D} und {A,D}.

Lösung Aufgabe 5:

Die folgenden Formate sind in BCNF (die anderen nicht):

$(R(A,B,C,D), \{A \rightarrow B, B \rightarrow C, C \rightarrow D, D \rightarrow A\})$
$(R(A,B,C,D), \{ABC \rightarrow D, ABD \rightarrow C, ACD \rightarrow B, BCD \rightarrow A, D \rightarrow A, AC \rightarrow B, AD \rightarrow C\})$
$(R(A,B,C), \{AB \rightarrow C, BC \rightarrow A, CA \rightarrow B\})$

Lösung Aufgabe 6:

Die folgenden Formate sind in 3NF (die anderen nicht):

$(R(A,B,C), \{AB \rightarrow C, C \rightarrow B\})$
$(R(A,B,C,D,E,F,G,H), \{A \rightarrow BC, BC \rightarrow DG, G \rightarrow H, D \rightarrow EF, EF \rightarrow A, H \rightarrow D\})$

Lösung Aufgabe 7:

1. $U = \{A,B,C\}$; $F = \{A \rightarrow C, B \rightarrow C\}$
   Es ist $G = F$, $GL = \{\{A\}, \{B\}\}$, $GV = \{\{A,C\}\{B,C\}\}$, $GW = GV$,
   $Z(G) = \{(\{A,C\},\{A \rightarrow C\}), (\{B,C\},\{B \rightarrow C\})\}$,
   $ZK(G) = Z(G) \cup \{(\{A,B\},\Lambda)\}$, oder in nachlässiger Schreibweise
   $ZK(G) = \{(AC, A \rightarrow C), (BC, B \rightarrow C), (AB, \Lambda)\}$

2. $U = \{A,B,C,D\}$; $F = \{A \rightarrow C, B \rightarrow C\}$
   (beachte den Unterschied zum ersten Beispiel). In nachlässiger Schreibweise
   $ZK(G) = \{(AC, A \rightarrow C), (BC, B \rightarrow C), (ABD, \Lambda)\}$

3. $U = \{A,B,C,D,E\}$; $F = \{AB \rightarrow E, CD \rightarrow E\}$
   Es ist in nachlässiger Schreibweise
   $G = F$, $GL = \{AB, CD\}$, $GV = \{ABE, CDE\}$, $GW = GV$
   $ZK(G) = \{(ABE, AB \rightarrow E), (CDE, CD \rightarrow E), (ABCD, \Lambda)\}$

4. $U = \{A,B,C\}$; $F = \{AB \rightarrow C, C \rightarrow B\}$
   Es ist in nachlässiger Schreibweise
   $G = F$, $GL = \{AB, C\}$, $GV = \{ABC, CB\}$, $GW = \{ABC\}$,
   $ZK(G) = \{(ABC, AB \rightarrow C, C \rightarrow B)\}$ (3NF, aber nicht BCNF)

5. $U = \{A,B,C\}$; $F = \{AB \rightarrow C, BC \rightarrow A\}$
   $G = F$, $GL = \{AB, BC\}$, $GV = \{ABC\}$, $GW = GV$
   $ZK(G) = \{(ABC, AB \rightarrow C, BC \rightarrow A)\}$

6. $U = \{A,B,C\}$; $F = \{A \rightarrow B, B \rightarrow A, B \rightarrow C\} = G$
   $ZK(G) = \{(ABC, A \rightarrow B, B \rightarrow A, B \rightarrow C)\}$

7. $U = \{A,B,C\}$; $F = \{A \rightarrow B, B \rightarrow C, C \rightarrow A\} = G$
   $ZK(G) = \{(AB, A \rightarrow B), (BC, B \rightarrow C), (CA, C \rightarrow A)\}$
   Dieses Beispiel zeigt, dass unter Umständen mehr zerlegt wird als nötig (G schon BCNF).

8. $U = \{A,B,C,D\}$; $F = \{AB \rightarrow C, C \rightarrow BD\}$
   $G = \{AB \rightarrow C, C \rightarrow B, C \rightarrow D\}$
   $GL = \{AB,C\}$, $GV = \{ABC,BCD\} = GW$
   $Z(G) = \{(ABC, AB \rightarrow C, C \rightarrow B), (BCD, C \rightarrow BD)\}$
   Dieses liefert der Algorithmus. Man beachte, dass hier
   $\{(ABC, AB \rightarrow C, C \rightarrow B), (CD, C \rightarrow D)\}$ viel eleganter wäre.

Lösung Aufgabe 8:

Wir bezeichnen mit (1) und (2) die Bedingungen
(1) $\forall\, X,Y \subseteq Attr(R)\ [\ (X \rightarrow Y) \in F \quad \Rightarrow \quad \forall A \in Y \backslash X\ (A\ prim)\ \vee\ \forall^{Schlüssel} K\ \neg(X \subseteq K \wedge K \neq X)\ ]$
(2) $\forall\, X,Y \subseteq Attr(R)\ [\ F \vdash X \rightarrow Y \quad \Rightarrow \quad \forall A \in Y \backslash X\ (A\ prim)\ \vee\ \forall^{Schlüssel} K\ \neg(X \subseteq K \wedge K \neq X)\ ]$.

(2) ist die Definition von 2NF. Es ist klar dass (1) aus (2) folgt.
Wir betrachten $R(A,B,C,D,E)$ mit $F = \{AB \rightarrow CDE, CD \rightarrow AB, A \rightarrow C, AC \rightarrow E\}$.
Man errechnet leicht, dass die Schlüssel von (R,F) genau AB, CD und AD sind. Aus F ist
$A \rightarrow E$ herleitbar, wie man leicht sieht. In dieser FD ist aber die rechte Seite kein
Primattribut und die linke Seite ist in einem Schlüssel echt enthalten. Mit anderen Worten
verletzt F zwar (2), nicht aber (1). Deshalb kann (2) nicht aus (1) folgen.

Lösung Aufgabe 9:

Sei (R,F) in 3NF, aber nicht in BCNF. Da es nicht in BCNF ist, gibt es ein $(X \to Y) \in F$ sodass X kein Superschlüssel ist und Y nicht in X enthalten ist. Deshalb gibt es (mindestens) ein $A \in Y \backslash X$. Wegen 3NF muss dieses A ein Primattribut sein, das heisst in einem Schlüssel K enthalten sein. Wegen $F \vdash X \to A$ ist auch $F \vdash (X \cup K) \backslash \{A\} \to K$, das heisst $(X \cup K) \backslash \{A\}$ ist ein Superschlüssel, enthält somit einen Schlüssel L. Der Schlüssel L kann nicht in X enthalten sein (da X kein Superschlüssel ist). Deshalb sind die beiden Schlüssel K und L überlappend (sie sind verschieden weil $A \in K \backslash L$ ist).

Lösung Aufgabe 10:

Fügt man zum Beispiel $R[B,C] \subseteq S[H,D]$ als ID hinzu, so folgt semantisch $C \to B$, womit dann das Format R nicht mehr in BCNF ist.

Lösung Aufgabe 11:

Sei K ein neues Attribut. Wir erweitern R zu R(K,A,B,C) und fügen $K \to AB$ sowie $AB \to K$ hinzu. Weiter, und das ist der wesentliche Punkt, ersetzen wir $AB \to C$ durch $K \to C$. Dann hat man statt $(R(A,B,C),\{AB \to C, C \to B\})$ ein neues Datenbankschema $(R(K,A,B,C),\{K \to AB, AB \to K, K \to C, C \to B\})$. Der Zerlegungsalgorithmus liefert dann $(R_1(K,A,C),\{K \to AC\})$, $(R_2(A,B,K),\{AB \to K\})$, $(R_3(C,B),\{C \to B\})$, also BCNF.

Lösung Aufgabe 12:

Dass die leere Menge und Attr(R) in der Menge $\{Y \subseteq Attr(R) \mid M \vdash X \to\!\!\to Y\}$ sind, und dass mit irgendwelchen Mengen auch deren Komplemente drin sind, ist sofort klar. Es genügt noch die Abgeschlossenheit gegenüber dem Durchschnitt zu zeigen. Sei also $M \vdash X \to\!\!\to Y$ und $M \vdash X \to\!\!\to Z$. Denken wir uns die Herleitungsregeln numeriert, so ist aus $X \to\!\!\to Y$ mit Regel 4 und 6 $X \to\!\!\to X \cup (U \backslash Y)$ herleitbar und aus $X \to\!\!\to Z$ mit Regel 6 $X \cup (U \backslash Y) \to\!\!\to Z$. Aus diesen beiden ergibt sich mit Regel 7 $X \to\!\!\to Z \backslash (X \cup (U \backslash Y))$, oder was dasselbe ist, $X \to\!\!\to (Y \cap Z) \backslash X$, und daraus mit Regel 6 dann schliesslich $X \to\!\!\to Y \cap Z$.

Lösung Aufgabe 13:

Wie im Falle 3NF und BCNF zeigen wir die Behauptung induktiv über die Länge einer Herleitung der betrachteten MD oder FD. Um die Lesbarkeit zu verbessern, bezeichnen wir $U = Attr(R)$ und $\rho(X,Y)$ stehe für $X \to\!\!\to Y$ oder $X \to Y$. Dann geht es darum, dass aus

$$\forall X,Y \subseteq U\ [\rho(X,Y) \in M \ \Rightarrow\ X \cup Y = U \vee Y \subseteq X \vee M \vdash X \to U] \qquad (1)$$

$$\forall X,Y \subseteq U\ [M \vdash \rho(X,Y) \ \Rightarrow\ X \cup Y = U \vee Y \subseteq X \vee M \vdash X \to U] \qquad (2)$$

folgt. Wir nehmen (1) an und zeigen (2) durch Induktion über die Länge einer Herleitung von $\rho(X,Y)$ aus M.

Die Induktionsverankerung ist klar, da $M \vdash \rho(X,Y)$ mit einer Herleitung der Länge 1 nur gelten kann wenn $\rho(X,Y) \in M$ ist oder $\rho(X,Y)$ trivial.

Für den Induktionsschritt nehmen wir an, (2) gelte für alle Herleitungen der Länge $<n$ und beweisen dass es unter diesen Umständen auch für Herleitungen der Länge n gilt, indem wir die Herleitungsregeln durchgehen und jeden Fall betrachten, wo die entsprechende Regel als letztes angewendet worden ist.

Fall $\quad \vdash \quad X \to Y \equiv \rho(X,Y)$, falls $Y \subseteq X$.

    Hier ist schon $Y \subseteq X$.

Fall $\quad X \to Y \quad \vdash \quad X \cup Z \to Y \cup Z \equiv \rho(X,Y)$.

    Aus der Induktionsvoraussetzung folgt $X \cup Y = U \vee Y \subseteq X \vee M \vdash X \to U$.

    Ist $X \cup Y = U$, so ist erst recht $(X \cup Z) \cup (Y \cup Z) = U$, usw.

Fall $\quad X \to Y$ und $Y \to Z \quad \vdash \quad X \to Z \equiv \rho(X,Y)$

    Aus der Induktionsvoraussetzung folgt

    (beachte dass aus $M \vdash X \to Y$ und $X \cup Y = U$ folgt $M \vdash X \to U$)

    $(Y \subseteq X \vee M \vdash X \to U)$ und $(Z \subseteq Y \vee M \vdash Y \to U)$.

    Ist zum Beispiel $Y \subseteq X$ und $M \vdash Y \to U$, so auch $M \vdash X \to U$, usw.

Fall $\quad X \to\to Y \quad \vdash \quad X \to\to U \backslash Y \equiv \rho(X,Y)$.

    Aus der Induktionsvoraussetzung folgt $X \cup Y = U \vee Y \subseteq X \vee M \vdash X \to U$.

    Ist zum Beispiel $X \cup Y = U$, so ist $U \backslash Y \subseteq X$, usw.

Fall $\quad \vdash \quad X \to\to Y \equiv \rho(X,Y)$, falls $Y \subseteq X$

    Hier ist schon $Y \subseteq X$.

Fall $\quad X \to\to Y \quad \vdash \quad X \cup V \to\to Y \cup W \equiv \rho(X,Y)$, falls $W \subseteq V$

    Aus der Induktionsvoraussetzung folgt $X \cup Y = U \vee Y \subseteq X \vee M \vdash X \to U$.

    Ist zum Beispiel $X \cup Y = U$, so erst recht $(X \cup Z) \cup (Y \cup Z) = U$, usw.

Fall $\quad X \to\to Y$ und $Y \to\to Z \quad \vdash \quad X \to\to Z \backslash Y \equiv \rho(X,Y)$

    Aus der Induktionsvoraussetzung folgt

    $(X \cup Y = U \vee Y \subseteq X \vee M \vdash X \to U)$ und $(Y \cup Z = U \vee Z \subseteq Y \vee M \vdash Y \to U)$.

    Ist $X \cup Y = U$, dann ist $Z \backslash Y \subseteq U \backslash Y \subseteq X$

    Ist $Y \subseteq X$ und $Y \cup Z = U$, dann ist $Z \backslash Y = U \backslash Y$, somit $U \backslash (Z \backslash Y) = U \backslash (U \backslash Y) = Y \subseteq X$

    Ist $Y \subseteq X$ und $Z \subseteq Y$, dann ist $Z \backslash Y$ leer, also $\subseteq X$.

    Ist $Y \subseteq X$ und $M \vdash Y \to U$, dann erst recht $M \vdash X \to U$.

Fall $\quad X \to Y \quad \vdash \quad X \to\to Y \equiv \rho(X,Y)$

    Dieser Fall ist noch trivialer

Fall $\quad X \to\to Y$ und $X \cup Y \to Z \quad \vdash \quad X \to Z \backslash Y \equiv \rho(X,Y)$

    Aus der Induktionsvoraussetzung folgt

    $(X \cup Y = U \vee Y \subseteq X \vee M \vdash X \to U)$ und $(X \cup Y \cup Z = U \vee Z \subseteq X \cup Y \vee M \vdash X \cup Y \to U)$.

    Ist $X \cup Y = U$, dann ist $Z \backslash Y \subseteq U \backslash Y \subseteq X$.

    Ist $Y \subseteq X$ und $X \cup Y \cup Z = U$, dann ist $(Z \backslash Y) \cup X = U$.

    Ist $Y \subseteq X$ und $Z \subseteq X \cup Y$, dann ist $Z \backslash Y \subseteq X$.

    Ist $Y \subseteq X$ und $M \vdash X \cup Y \to U$, dann erst recht $M \vdash X \to U$.

Lösung Aufgabe 14:

Ist $M \vdash X \to\to Y$ und hat (R,M) keinen Schnitt, so muss $X \cup Y$ oder $X \cup (U \backslash Y)$ Superschlüssel sein (weil sonst $Y \backslash X$ ein Schnitt wäre). Im ersten Fall folgt mit der letzten Herleitungsregel $M \vdash X \to U \backslash Y$ und im zweiten $M \vdash X \to U \backslash (U \backslash Y)$, dh $M \vdash X \to Y$.

Optimizer

Vorbemerkungen

Schon in den frühen Siebzigerjahren haben sich Hersteller und andere Forschungsstätten überlegt, wie man eine von Codd gewünschte Highlevel-Abfragesprache möglichst optimal in reale Zugriffe auf die Daten überführen kann, aber sozusagen die Mutter aller Artikel über die Optimierung von SQL-ähnlichen Sprachen ist die Publikation (Selinger 1979).

Sie handelt zwar noch von SEQUEL, einem Vorgänger von SQL. Trotzdem lohnt es sich noch heute, die elementaren Prinzipien zu verstehen, die dort beschrieben sind, wenn man effizient SQL programmieren will. Es betrifft dies vor allem die Frage, unter welchen Umständen Indexes als Zugriffshilfen nützlich sein können. Noch vor allen Betrachtungen über Zugriffspfade geht es deshalb um die Frage, wie stark ein gegebenes Prädikat einschränkt.

Selektivitäten

Die WHERE Bedingung φ in der Query

$$\text{SELECT * FROM T1,T2,...,Tn WHERE } \varphi$$

trifft eine gewisse Auswahl der Zeilen des Kreuzproduktes der Tabellen T1, T2, ..., Tn. Die **effektive Selektivität** von φ in bezug auf T1, T2, ..., Tn ist definiert als der Anteil dieser ausgewählten Zeilen im Verhältnis zur Gesamtanzahl Zeilen des Kreuzproduktes.

Diese effektive Selektivität liesse sich ermitteln durch die Abfrage

```
SELECT  CAST(Auswahl.Anzahl AS REAL) / Kreuzprodukt.Anzahl
FROM  (SELECT COUNT(*) AS Anzahl FROM T1,T2,...,Tn  WHERE  φ) AS Auswahl
     ,(SELECT COUNT(*) AS Anzahl FROM T1,T2,...,Tn ) AS Kreuzprodukt
```

Die Selektivität von φ hängt natürlich von denjenigen der Tabellen Tj ab, deren Spalten in φ vorkommen. Der Optimizer des Datenbanksystems braucht aber Selektivitäten schon vor dem Ablauf von Queries und muss sie deshalb schätzen. Er hat es stets mit **geschätzten Selektivitäten** zu tun. Als Input in die entsprechenden Schätzfunktionen gelangen gewisse Parameter der Tabellen Tj, wie zum Beispiel die Anzahl Zeilen, oder die Anzahl verschiedener Werte einer Spalte und dergleichen, Grössen, die in Statistikermittlungsläufen des Systems von Zeit zu Zeit genau gemessen oder aber selber bereits geschätzt werden.

Für eine Tabelle T und eine ihrer Spalten A bezeichnen wir die Anzahl Zeilen mit **Z(T)** und die Anzahl verschiedener Werte der Spalte A mit **W(T.A)**, wobei wir in der Notation nicht unterscheiden, ob Z(T) respektive W(T.A) genau gemessen oder geschätzt sind. Es gilt hier zu beachten, dass T **als Bag behandelt wird** und für Z(T) mehrfach gleiche Zeilen mehrfach gezählt sind, im Gegensatz zu W(T.A).

In Erinnerung an den Artikel (Selinger 1979), der die geschätzten Selektivitäten erstmals eingeführt hat und dort als Filterfaktoren benannt, bezeichnen wir die geschätzte Selektivität von φ mit **FF(φ)**.

Als Beispiel betrachten wir die Query

```
SELECT * FROM T1 WHERE T1.A = a
```

bei gegebenen Z(T1) und W(T1.A). Nimmt man an, die Werte der Spalte A der Tabelle T1 seien **gleichverteilt**, das heisst jeder Wert komme gleich oft vor, **und dass der konstante Wert 'a' in T1.A überhaupt vorkommt**, dann ist eine Schätzfunktion für die Selektivität FF(T1.A = a) = 1 / W(T1.A). Die erwartete Anzahl Zeilen des Output der Query ist dann Z(T1) / W(T1.A).

Wir bezeichnen als **adom(T1.A)** die Menge der Werte der Spalte A der Tabelle T1 ('active domain'). Die im Beispiel getroffene Annahme $a \in$ adom(T1.A) rechtfertigt sich durch nichts als die Hoffnung, dass der Benutzer nach etwas sucht, das es auch gibt. Dass dies nicht immer der Fall ist, ist einer der Gründe, warum reale Optimizer von Systemen Selektivitäten eher überschätzen als unterschätzen (Christodoulakis 1984).

Aufgabe 1:

Gegeben ist die Abfrage

```
SELECT x.A
FROM T AS x
WHERE 1 = (SELECT COUNT(*) FROM (SELECT A FROM T WHERE A = x.A) AS y)
```

Gesucht ist ein Vorschlag für eine Schätzung von

FF(1 = (SELECT COUNT(*) FROM (SELECT A FROM T WHERE A = x.A) AS y))

bei gegebenen Z(T) und W(T.A).

Unsere in der Lösung der Aufgabenstellung gegebene Schätzfunktion für FF liegt jedoch jenseits der Möglichkeiten eines realen Datenbanksystems. Ein solches wird in diesem Falle einfach einen Phantasie Default Wert nehmen, zum Beispiel (1/2) oder (1/3) oder ähnlich.

Lokale Prädikate und Join Prädikate

Hat die WHERE Bedingung φ in der Query

```
SELECT * FROM T1,T2,...,Tn WHERE φ
```

die Form einer Konjunktion φ_1 AND φ_2, dann kann zuerst das eine Teilprädikat, zum Beispiel φ_1, ausgewertet werden, was datenbankintern einen Bag von Zeilen liefert, sodass das andere Teilprädikat φ_2 nur noch auf den Tupeln dieses Zwischenergebnisses ausgewertet werden muss. Der erste Teilauswertungsvorgang braucht nicht unbedingt fertig zu sein, bevor der zweite beginnt, die Ergebnisse des ersten zu verarbeiten.

Die Anwendung dieses Prinzips ist natürlich im Falle eines Joins besonders vorteilhaft, wenn sich dadurch zuerst möglichst viele lokale Prädikate auswerten lassen, das heisst solche, die sich je nur auf eine einzige Tabelle beziehen.

φ_1 ist ein **lokales Teilprädikat** von φ (für Tj), wenn φ äquivalent ist zu φ_1 AND φ_2, und wenn an Spaltennamen, die in φ_1 frei vorkommen, nur solche von Tj dabei sind (frei vorkommen heisst, nicht an die FROM Klausel einer Subquery gebunden). Alle anderen Prädikate sind **Join Prädikate** (falls $n > 1$). Man beachte, dass ein Join Prädikat die Konjunktion eines lokalen Teilprädikates und eines Join Prädikates sein kann.

Betrachten wir ein Beispiel. In der WHERE Bedingung

$$T1.A > a \text{ AND } (T1.B = T2.C \text{ OR } T1.C < c) \text{ AND } (T1.D = T2.C \text{ OR } T1.C < c)$$

ist $(T1.A > a)$ ein lokales Teilprädikat. Wenn wir das Join Prädikat

$$(T1.B = T2.C \text{ OR } T1.C < c) \text{ AND } (T1.D = T2.C \text{ OR } T1.C < c)$$

logisch umformen in die **disjunktive Normalform**

$$(T1.B = T2.C \text{ AND } T1.D = T2.C) \text{ OR } T1.C < c,$$

sehen wir, dass man das Gesetz der Transitivität $x = y \land y = z \rightarrow x = z$ anwenden kann, sodass dieses Join Prädikat äquivalent ist zu

$$(T1.B = T2.C \text{ AND } T1.D = T2.C \text{ AND } T1.B = T1.D) \text{ OR } T1.C < c.$$

Geht man wieder zurück zur **konjunktiven Normalform**

$$(T1.B = T2.C \text{ OR } T1.C < c) \text{ AND } (T1.D = T2.C \text{ OR } T1.C < c) \text{ AND } (T1.B = T1.D \text{ OR } T1.C < c),$$

dann hat sich das ehemalige Join Prädikat verwandelt in die Konjunktion eines lokalen Teilprädikates und einem Join Prädikat, sodass sich die ursprünglich gegebene WHERE Bedingung (die als ganzes ein Join Prädikat ist) präsentiert als Konjunktion des lokalen Teilprädikates

$$(T1.A > a) \text{ AND } (T1.B = T1.D \text{ OR } T1.C < c)$$

und dem Join Prädikat

$$(T1.B = T2.C \text{ OR } T1.C < c) \text{ AND } (T1.D = T2.C \text{ OR } T1.C < c).$$

Die Selektivität $FF((T1.A > a) \text{ AND } (T1.B = T1.D \text{ OR } T1.C < c))$ ist natürlich stärker, das heisst als Zahl kleiner als $FF(T1.A > a)$. Dies ist im Allgemeinen durchaus erwünscht, da es günstiger ist, lokale Prädikate zuerst auszuwerten und dann den Join, als umgekehrt. Natürlich können für mehrere der beteiligten Tabellen Tj je lokale Teilprädikate vorkommen.

Jedenfalls können wir die Suche nach einer Schätzfunktion für FF(WHERE Bedingung) aufspalten in Betrachtungen über FF(lokale Teilprädikate) und FF(Join Prädikate), wobei diese Join Prädikate "keine lokalen Teilprädikate mehr haben" (dies ist rein syntaktisch gemeint und macht nur Sinn, weil die meisten in der Praxis vorkommenden Join Prädikate von sehr einfacher Form sind auf die man sich konzentrieren kann als sozusagen reine Join Bedingungen).

Aufgabe 2:

Man separiere möglichst starke lokale Teilprädikate in den folgenden WHERE Bedingungen

```
WHERE  T1.A = T2.B  AND  T2.B = b  AND  T1.C IN (c1,c2.c3)
WHERE  T1.A = T2.A  AND  T2.B = T3.B  AND  T1.A < a.
```

Sonderrolle der Join Prädikate

Wir betrachten zuerst die Abfrage

```
SELECT  *
FROM  T1,T2
WHERE  T1.A = a  AND  T2.C = c,
```

deren WHERE Bedingung nur aus lokalen Teilprädikaten besteht. Dabei nehmen wir wie oben an, dass $Z(T1)$, $Z(T2)$, $W(T1.A)$, $W(T2.C)$ gegeben sind, dass die Werte in adom(T1.A) und in adom(T2.C) je gleichverteilt sind, sowie das **Passen der Wertebereiche** $a \in$ adom(T1.A) und $c \in$ adom(T2.C).

Wenden wir die Bezeichnung $Z(T1)$, die Anzahl Zeilen der Tabelle T1, auch auf Queries an, $Z(query)$ als die Anzahl Zeilen, welche die Query als Output hat, dann ist wie oben

$$Z(\text{SELECT * FROM T1 WHERE T1.A = a}) = Z(T1) / W(T1.A).$$

Weil die gegebene Abfrage äquivalent ist zur Abfrage

```
SELECT  *
FROM  (SELECT * FROM T1 WHERE T1.A = a) AS temp1
      ,(SELECT * FROM T2 WHERE T2.C = c) AS temp2,
```

ergibt sich als erwarteter Output die Anzahl Zeilen

$$(Z(T1) / W(T1.A)) \cdot (Z(T2) / W(T2.C)) = Z(T1) \cdot Z(T2) / (W(T1.A) \cdot W(T2.C)).$$

Daher ist in diesem Falle $FF(T1.A = a \text{ AND } T2.C = c) = FF(T1.A = a) \cdot FF(T2.C = c)$, was der Definition der **Unabhängigkeit** der Bedingungen 'T1.A = a' und 'T2.C = c' voneinander entspricht.

Als nächstes betrachten wir das andere Extrem, nämlich eine Abfrage

```
SELECT  *
FROM  T1,T2
WHERE  T1.B = T2.B,
```

die nur ein Join Prädikat und keine lokalen Teilprädikate in der WHERE Bedingung hat.

Aus denselben Gründen wie schon im Falle von $a \in adom(T1.A)$ bei $T1.A = a$ müssen wir hier bei der Join Bedingung $T1.B = T2.B$ ebenfalls ein Passen der Wertebereiche annehmen, nämlich

wenn $W(T1.B) \leq W(T2.B)$ ist, dann nehmen wir $adom(T1.B) \subseteq adom(T2.B)$ an, und sonst nehmen wir $adom(T1.B) \supseteq adom(T2.B)$ an.

Zudem brauchen wir die **Annahme von Gleichverteilung**, und zwar wenn $W(T1.B) \leq W(T2.B)$ ist, brauchen wir die Gleichverteilung von $adom(T2.B)$, im anderen Falle diejenige von $adom(T1.B)$. Es sei hier angemerkt, dass im Falle eines Fremdschlüssel Primärschlüssel Join, der bei ästhetischem Design der häufigste Join sein wird, diese strengen Annahmen ohne weiteres stets erfüllt sind.

Im Falle $W(T1.B) \leq W(T2.B)$ wird jede Zeile von T1 mit $Z(T2.B) / W(T2.B)$ Zeilen von T2 zusammenpassen, sodass die erwartete Anzahl Zeilen des Output der Query $Z(T1) \cdot Z(T2) / W(T2.B)$ ist und die Selektivität $FF(T1.B = T2.B) = 1 / W(T2.B)$. Aus Symmetriegründen ist dann in jedem Falle die erwartete Output Zeilen Anzahl

$$Z(T1) \cdot Z(T2) / \max\{W(T1.B), W(T2.B)\}$$

und die Selektivität der Join Bedingung

$$FF(T1.B = T2.B) = 1 / \max\{W(T1.B), W(T2.B)\}.$$

Aufgabe 3:

Unter Beachtung von $\max\{x, y\} = x \cdot y / \min\{x, y\}$ verallgemeinere man die angegebene Selektivität von $T1.B = T2.B$ auf den Fall

WHERE $T_1.B = T_2.B$ AND $T_2.B = T_3.B$ AND ... AND $T_{n-1}.B = T_n.B$.

Des weiteren formuliere man das notwendig anzunehmende Passen der Wertebereiche.

Nach einem Beispiel aus rein lokalen und einem aus reinen Join Prädikaten betrachten wir nun den gemischten Fall. Gegeben sei die Abfrage

```
SELECT *
FROM T1,T2
WHERE φ AND T1.B = T2.B,
```

wobei φ ein lokales Teilprädikat für T1 sei. Trennen wir wiederum die lokale Auswertung vom Join,

```
SELECT *
FROM T2, (SELECT * FROM T1 WHERE φ ) AS temp
WHERE temp.B = T2.B ,
```

dann hat man $Z(temp) = FF(\varphi) \cdot Z(T1)$, somit wie oben als erwartete Anzahl Zeilen Output der Abfrage

$$Z(temp) \cdot Z(T2) / \max\{W(temp.B), W(T2.B)\}$$

und als Selektivität der ganzen WHERE Bedingung

$$FF(\varphi \ \ AND \ \ T1.B = T2.B) = FF(\varphi) / \max\{W(temp.B), W(T2.B)\}.$$

Es stellt sich nun nur noch die Frage, wie sich $W(temp)$ abschätzen lässt. Nebenbei sei hier bemerkt, dass im Falle von $W(T1.B) \leq W(T2.B)$ das $W(temp)$ nicht geschätzt werden muss, da dann sowieso $\max\{W(temp.B), W(T2.B)\} = W(T2.B)$ ist.

Die Grösse $W(T1.B)$ bewegt sich zwischen 1 und $Z(T1)$ (den Fall $Z(T1) = 0$ lassen wir weg). Ist $W(T1.B) = 1$, dann ist auch $W(temp.B) = 1$ (auch hier betrachten wir den Fall $W(temp.B) = 0$ nicht). Ist im anderen Extrem $W(T1.B) = Z(T1)$, dann ist $W(temp.B) = FF(\varphi) \cdot Z(T1)$. Interpoliert man dazwischen linear, so ergibt sich als Ansatz

$$W(temp.B) = (1 + (FF(\varphi) \cdot Z(T1) - 1) \cdot (W(T1.B) - 1) / (Z(T1) - 1)).$$

Diese Schätzung funktioniert ganz gut für das Grössenverhältnis von $W(T1.B)$ und $Z(T1)$, aber sie berücksichtigt die Grössenordnung von $FF(\varphi)$ zuwenig, vor allem für kleine $FF(\varphi)$, wie man sich leicht überzeugt.

Eine bessere Schätzung ist die folgende (Swami 1994, Formel von Cardenas 1975):

$$W(temp.B) = (1 - (1 - 1 / W(T1.B))^{FF(\varphi) \cdot Z(T1)}) \cdot W(T1.B).$$

Hier wird Gleichverteilung der Werte von $adom(T1.B)$ angenommen.

Aufgabe 4:

Man begründe diese Schätzfunktion von Swami/Schiefer.

Als nächstes Beispiel betrachten wir

```
SELECT  *
FROM  T1, T2, T3
WHERE  T1.B = T2.B  AND  T2.C = T3.C.
```

An sich könnte man auch hier gemäss der Aufteilung

```
SELECT  *
FROM  T1, (SELECT * FROM T2, T3 WHERE  T2.C = T3.C) AS  temp
WHERE  T1.B = temp.B
```

analog zum vorherigen Beispiel vorgehen, indem man die Bedingung $T2.C = T3.C$ als lokales Teilprädikat des Kreuzprodukts von T2 und T3 auffasst und anschliessend, falls nötig, $W(temp.B)$ schätzt durch lineare Interpolation oder durch die Funktion von Swami/Schiefer.

Das hätte aber den schweren Nachteil, dass die Schätzung der Selektivität der ganzen WHERE Bedingung abhängig wäre davon, ob man T2 und T3 auf diese Art zuerst zusammenfasst oder aber zuerst T1 und T2.

Daher greift man an dieser Stelle zu noch drastischeren Modellannahmer als bisher schon, nämlich man nimmt an, die Bedingungen T1.B = T2.B und T2.C = T3.C seien unabhängig voneinander, sowie dass passende Wertebereiche vorliegen. Wie stark diese Annahmen sind, sieht man am Uebergang zum allgemeinen Fall. Zuerst nochmals ein komplizierteres Beispiel:

$$
\begin{aligned}
\text{WHERE} \quad & \text{T1.A} = \text{T2.A} \\
\text{AND} \quad & \text{T3.B} = \text{T4.B} = \text{T5.B} \\
\text{AND} \quad & \text{T2.C} = \text{T6.C} \\
\text{AND} \quad & \text{T2.D} = \text{T6.D} \\
\text{AND} \quad & \text{T3.E} = \text{T4.E} = \text{T5.E} = \text{T6.E}
\end{aligned}
$$

Hier ist T3.B = T4.B = T5.B natürlich eine Abkürzung für T3.B = T4.B AND T4.B = T5.B, gewählt, um die Struktur der Zerlegung in Teile sichtbar zu machen, welche äquivalent sind zu einer Teilkonjunktion (k steht für die k-te Teilkonjunktion, M abhängig von k)

$$
\text{AND}_{i,j \, \in \, M} \ \ T_i.A_k = T_j.A_k \ ,
$$

für welche wir die Selektivität weiter oben schon ermittelt haben (in einer Aufgabe) als

$$
\text{FF}(\text{AND}_{i,j \, \in \, M} \ T_i.A_k = T_j.A_k) = \min\{W(T_j.A_k) \mid j \in M\} \, / \, (\text{Produkt aller } W(T_j.A_k) \text{ für } j \in M).
$$

Da man annimmt, dass diese Teilkonjunktionen voneinander unabhängig sind, ergibt sich die Selektivität der ganzen WHERE Bedingung als Produkt der Selektivitäten der Teilkonjunktionen.

Drastischer als die Unabhängigkeitsannahme ist aber die Annahme passender Wertebereiche. Da man möchte, dass **die Schätzung nicht von der Reihenfolge der Zusammenfassung zu Teiljoins abhängt** (beachte in diesem Zusammenhang auch die Identität $\min\{x, \min\{y,z\}\} = \min\{\min\{x,y\}, z\}$), muss man für jede der Teilkonjunktionen verlangen, dass

$$
\forall \ i,j \in M \ (\ W(T_i.A_k) \leq W(T_j.A_k) \rightarrow \text{adom}(T_i.A_k) \subseteq \text{adom}(T_j.A_k) \ )
$$

gilt, was darauf hinausläuft, dass die $\text{adom}(T_i.A_k)$ für alle $i \in M$ Anfangsteile einer festen Sequenz $a_1, a_2, \ldots.$ von Werten sind (Garcia-Molina 2000).

Aufgabe 5:

Man berechne die Selektivität der WHERE Bedingung

$$
\begin{aligned}
\text{WHERE} \quad & \text{T1.A} = \text{T2.A} \\
\text{AND} \quad & \text{T3.B} = \text{T4.B} = \text{T5.B} \\
\text{AND} \quad & \text{T2.C} = \text{T6.C} \\
\text{AND} \quad & \text{T2.D} = \text{T6.D} \\
\text{AND} \quad & \text{T3.E} = \text{T4.E} = \text{T5.E} = \text{T6.E}.
\end{aligned}
$$

Weitere Selektivitäten lokaler Teilprädikate

Nachdem wir Selektivitäten von (Equi-)Join Prädikaten betrachtet haben sowie das Zusammenspiel der Join Prädikate mit den lokalen, betrachten wir noch ein paar weitere Beispiele lokaler Prädikate.

Als erstes nehmen wir **T.A > a**.

Viele Lehrbücher und angeblich auch Systeme beschreiten hier einen komplizierten Weg, indem eine ordnungserhaltende Hashfunktion von adom(T.A) in einen Zahlenbereich gewählt wird,

$$h: adom(T.A) \rightarrow \text{Zahlenbereich, sodass } a < b \rightarrow h(a) \leq h(b) \text{ gilt für alle } a, b.$$

Falls dom(A) selber schon ein Zahlenbereich ist, Integer oder Real usw, kann als Hashfunktion die Identität gewählt werden.

Dann nimmt man an, dass die Werte von adom(T.A) nicht nur gleichverteilt sind im oben bereits angetroffenen Sinne dass jeder der Werte **gleich oft** vorkommt, sondern darüber hinaus dass sie auch noch **gleichmässig verteilt** sind, das heisst dass mit

$$\mathbf{max_A} := \max\{x \mid x \in adom(T.A)\} \text{ und}$$
$$\mathbf{min_A} := \min\{x \mid x \in adom(T.A)\}$$

für alle $x, y \in adom(T.A)$ mit $x < y$ gelte

$$card(\{z \mid z \in adom(T.A) \wedge x < z \leq y\}) = (h(y) - h(x)) / (h(max_A) - h(min_A)).$$

Unter dieser starken Annahme gilt dann natürlich

$$FF(T.A > a) = (h(max_A) - h(a)) / (h(max_A) - h(min_A)).$$

Statt der grösste und der kleinste Wert von adom(T.A) wird manchmal der zweitgrösste und der zweitkleinste genommen, aus der Erfahrung heraus, dass Programmierer gerne den grösstmöglichen Wert und/oder den kleinstmöglichen Wert eines Bereiches für spezielle Zwecke verwenden, zum Beispiel für anwendungsbezogene NULL Werte, sodass die Verwendung in der angegeben Formel zu Verzerrungen führen würde.

Als anderen Ansatz kann man FF(T.A > a) einfach von der Grösse Z(T) abhängig machen als

$$FF(T.A > a) = Z(T)^{-1/2}, \text{ mit kleinen Anpassungen für kleine } Z(T).$$

Noch einfacher und deshalb nicht unbedingt schlechter ist der Phantasie Ansatz

$$FF(T.A > a) = 1/3.$$

Aufgabe 6:

Man schlage Schätzfunktionen vor für FF(**T.A BETWEEN x AND y**).

Als nächstes betrachten wir **T1.A = (subquery)**. Ist die Subquery nicht korreliert wie zum Beispiel in

        SELECT * FROM T1
        WHERE T1.A = (SELECT MAX(A) FROM T2),

dann macht $FF(T1.A = (subquery)) = FF(T1.A = a)$ Sinn, weil die Auswertung der Subquery eine Konstante ist. Bei der korrelierten Subquery

        SELECT * FROM T1 AS x
        WHERE T1.A = (SELECT MAX(A) FROM T1 AS y WHERE y.A ≤ x.A)

müsste eigentlich $FF(T1.A = (subquery)) = 1$ herauskommen, und bei der fast gleichen

        SELECT * FROM T1 AS x
        WHERE T1.A = (SELECT MAX(A) FROM T1 AS y WHERE y.A < x.A)

müsste $FF(T1.A = (subquery)) = 0$ herauskommen. Da aber keine Chance besteht, im Allgemeinen Fall solche Fälle auseinanderzuhalten oder gar ein für die gesuchte Selektivität hilfreiches Mass der Korreliertheit zu definieren, bleibt nichts anderes übrig, als auch im allgemeinen Fall

$$FF(T1.A = (subquery)) = FF(T1.A = a)$$

zu nehmen.

Als nächstes betrachten wir **boole'sche Kombinationen**. Es liegt nahe,

$$FF(\varphi_1 \text{ AND } \varphi_2) = FF(\varphi_1) \cdot FF(\varphi_2),$$

$$FF(\varphi_1 \text{ OR } \varphi_2) = FF(\varphi_1) + FF(\varphi_2) - FF(\varphi_1) \cdot FF(\varphi_2), \text{ und}$$

$$FF(\text{NOT}(\varphi_1)) = 1 - FF(\varphi_1)$$

zu wählen. Allerdings steckt da natürlich die Annahme der Unabhängigkeit von φ_1 und φ_2 drin. Als Beispiel rechnen wir damit die Bedingung der lexikografischen Ordnung

$$FF(A < a \text{ OR } ((A = a \text{ AND } B < b)) = FF(A < a) + FF(A = a) \cdot FF(B < b) \cdot (1 - FF(A < a)).$$

Das scheint Sinn zu machen, weil $FF(A < a)$ herauskommt und noch etwas kleineres dazu. Geht man jedoch von der logisch äquivalenten konjunktiven Normalform der gegebenen Bedingung aus, dann ergibt sich etwas von der Grössenordnung $(FF(A < a))^2$, statt von $FF(A < a)$, wie man leicht nachrechnet.

Aufgabe 7:

Man vergleiche $FF(A \text{ BETWEEN } x \text{ AND } y)$ mit $FF(x \leq A \text{ AND } A \leq y)$ unter Anwendung dieser Regeln der boole'schen Kombinationen.

Ein interessanter Fall ist **EXISTS(subquery)**. Hier kann man die Fälle separat behandeln, in denen die EXISTS Subquery durch das System erkennbar in einen gleichwertigen Join verwandelt werden kann. Dies sind aber in der Welt der Tabellen, also der Bags, leider weniger als es in der Welt der Relationen wären, wie wir im Kapitel SQL gesehen haben. Ansonsten kann man eine Phantasiegrösse zwischen 1/2 und 1 wählen, je nachdem wie optimistisch man ist, ob nun die Subquery korreliert ist oder nicht.

Nun betrachten wir noch **T1.A IN (subquery)**. Als Beispiel nehmen wir

> SELECT * FROM T1
> WHERE T1.A IN (SELECT B FROM T2 WHERE φ).

Hier macht die Annahme adom(T1.A) $\subseteq$ adom(T2.B) Sinn, weshalb (unter weiteren Unabhängigkeitsannahmen) FF(φ) genommen werden kann, das heisst

> FF(T1.A IN (subquery)) = FF(WHERE Bedingung der subquery).

Fällt jedoch die WHERE Bedingung der Subquery weg, dann ist die Annahme adom(T1.A) $\subseteq$ adom(T2.B) weniger sinnvoll, und es muss zu einem Phantasiewert gegriffen werden.

Aufgabe 8:

Man schlage eine Schätzfunktion vor für FF(**T.A IN (value-list)**).

Genauere Häufigkeitsverteilung

Wir betrachten eine Tabelle mit Z Zeilen und darin eine Spalte mit W verschiedenen Werten. Die Werte v_k der Spalte seien, zusammen mit ihren relativen Häufigkeiten f_k,

$$(v_1, f_1), (v_2, f_2), \ldots, (v_W, f_W),$$

und zwar so angeordnet, dass $f_1 \geq f_2 \geq \ldots \geq f_W$. Der Wert v_1 kommt also $f_1 \cdot Z$ mal vor, der Wert v_2 kommt $f_2 \cdot Z$ mal vor in der Spalte usw, und die Summe aller relativen Häufigkeiten f_k ist gleich 1.

Aus der beschreibenden Statistik ist bekannt, dass man die Werteverteilung auf ganz verschiedene Arten durch diskrete Häufigkeitsverteilungen näherungsweise darstellen kann. Die verschiedenen Arten ergeben sich dadurch, dass man die Werte v_k verschieden gruppieren kann. Eine Art kennen wir schon, nämlich dass man eine einzige Gruppe macht, mit der konstanten relativen Häufigkeit 1/W.

Man kann aber die Gruppen auch so gestalten, dass sie je gleich viele Elemente haben, dass deren "Längen" gleich sind, oder dass die jeweiligen relativen Häufigkeiten ihrer Werte möglichst nahe beieinander liegen, usw. Die verschiedenen Möglichkeiten der Gruppenbildung sind intensiv untersucht worden in unserem Zusammenhang der Selektivitäten (Poosala 1996).

Es hat sich aber herausgestellt, dass unter Beachtung der beiden widersprüchlichen Ziele der Genauigkeit einerseits und der Praktikabilität (Rechenaufwand) anderseits diejenige Art der Gruppierung optimal ist, welche die Werte grösster relativer Häufigkeit einzeln nimmt und den Rest in eine Gruppe dann gleichförmiger Verteilung stellt (Ioannidis 1995).

In der Verteilung

$$(v_1,f_1),\ (v_2,f_2),....,\ (v_H,f_H),\ (v_{H+1},f_{H+1}),......,\ (v_W,f_W)$$

betrachtet man also die ersten $(v_1,f_1),\ (v_2,f_2),....,\ (v_H,f_H)$ als gegeben, als gemessen (nebst Z und W), und schätzt

$$f(v_k) = f_k \quad \text{für} \quad 1 \le k \le H, \text{ und}$$
$$f(v_k) = (1 - \Sigma_{1 \le j \le H}\ f_j) / (W - H) \quad \text{für} \quad H < k \le W.$$

Aufgabe 9:

Man gebe eine Schranke für den Fehler von $FF(A=a)$ bei Verwendung dieser Statistik der relativen Häufigkeiten.

Aufgabe 10:

Unter Verwendung dieser Statistik der relativen Häufigkeiten schätze man die Selektivität in der folgenden ("self-join") Query:

    SELECT * FROM T AS x, T AS y WHERE x.A = y.A.

Man schätze den Fehler ab und vergleiche mit dem Gleichverteilungsmodell anhand eines Zahlenbeispieles.

Aufgabe 11:

Man beweise, dass die Anzahl Zeilen des Output der self-join Query

    SELECT * FROM T AS x, T AS y WHERE x.A = y.A

am kleinsten ist bei Gleichverteilung der Werte in adom(T.A).

Aufgabe 12:

Gegeben sei für eine Spalte einer Tabelle die Statistik der relativen Häufigkeiten $(v_1,0.01)$, $(v_2,0.01),....,(v_{10},0.01)$. Was lässt sich für das entsprechende W dieser Spalte schliessen?

Aufgabe 13:

Wann liegt in einer gegebenen Statistik der relativen Häufigkeiten $(v_1,f_1),\ (v_2,f_2),....,(v_H,f_H)$ Gleichverteilung vor?

Es ist natürlich auch möglich, eine solche Statistik der relativen Häufigkeiten **multidimensional** zu betrachten. In einem solchen Fall wären zum Beispiel für drei Dimensionen, das heisst für drei Attribute A, B und C, die relativen Häufigkeiten $((a_1,b_1,c_1),f_1)$, $((a_2,b_2,c_2),f_2)$, ..., $((a_H,b_H,c_H),f_H)$ gegeben.

Schätzungen bei GROUP und DISTINCT

Die Gruppierung 'GROUP BY' und der Duplicate Elimination Operator 'DISTINCT' sind keine Prädikate. Trotzdem ist es interessant, Ergebnisgrössen auch für diese Konstrukte zu schätzen. Da man 'DISTINCT' durch 'GROUP BY' ausdrücken kann, betrachten wir hier nur letzteres.

Es ist klar, dass das Konstrukt

GROUP BY T.A1, T.A2, ..., T.An

mindestens $\max\{W(T.Ak) \mid k \le n\}$ und höchstens $\min\{Z(T), \Pi_{1 \le k \le n} W(T.Ak)\}$ Zeilen liefert. Deshalb kann man für die "Selektivität" dieses 'GROUP BY' Konstruktes die Mitte

$$(1/2) \cdot (\max\{W(T.Ak) \mid k \le n\} + \min\{Z(T), \Pi_{1 \le k \le n} W(T.Ak)\}) \,/\, Z(T)$$

nehmen (Chaudhuri 1994).

Aufgabe 14:

Man schätze die Anzahl Zeilen des Output der Abfrage

```
SELECT  Verkaufsstelle, Produktnummer, SUM(Betrag)
FROM  Bestellungen
WHERE  Datum  =  '8.5.2002'
GROUP BY  Verkaufsstelle, Produktnummer
```

bei gegebenen $Z(\text{Bestellungen}) = 100'000$, $W(\text{Verkaufsstelle}) = 30$, $W(\text{Datum}) = 2000$, $W(\text{Produktnummer}) = 1000$.

Der Systemkatalog

Wir haben bisher ein paar Statistikgrössen kennengelernt, $Z(T)$, $W(T.A)$, $\max_A$, $\min_A$, die relativen Häufigkeiten (v_1,f_1), (v_2,f_2),....., (v_H,f_H) für die H häufigsten Werte einer Tabellenspalte, sowie ein paar Formeln, mit denen das Datenbanksystem Selektivitäten und Umfang von Ergebnissen und Teilergebnissen schätzen kann.

Diese Statistikgrössen können durch Hilfsprogramme ermittelt oder vor allem im Falle der relativen Häufigkeiten auch geschätzt werden, wonach sie im Systemkatalog abgelegt werden.

Dabei lässt sich eine Schätzung durch Betrachtung einer Stichprobe von Tabellenzeilen mit wenig Aufwand machen, dank einem Satz von Kolmogoroff (Lehn 2000, Seite 99), aus dem folgt, dass die Genauigkeit der Schätzung im Mittel nicht von der Anzahl Zeilen der Tabelle abhängt, sondern nur von der Stichprobengrösse. Eine Stichprobengrösse von 1024 Zeilen zum Beispiel ergibt mit Wahrscheinlichkeit von 99% einen relativen Fehler kleiner als 10% (Piatetsky-Shapiro 1984). Dies gilt natürlich nur, wenn die Stichprobe zufällig ausgewählt wird, wobei allerdings kein Mensch weiss, wann eine Stichprobe zufällig ist (Chaitin 2000).

Natürlich ist das Ergebnis eines Statistikermittlungslaufes eingefroren bis zum nächsten Lauf, und es ist Sache eines Datenbankadministrators, zu entscheiden, wie oft in welcher Datenbank solche Läufe stattzufinden haben.

Im folgenden werden wir noch weitere Statistikgrössen kennenlernen, die im Systemkatalog abgelegt sind, und zwar solche, die näher an der physischen Implementierung des Datenbanksystems liegen als die bisher betrachteten. Wir wenden uns nun dieser physischen Seite zu.

Zugriffspfad

Der Optimizer eines DBMS sucht für eine gegebene Query einen möglichst günstigen Zugriffspfad, nämlich ein möglichst effizient ablaufendes Programm, welches kein SQL mehr enthält, sondern Aufrufe von Routinen die vom Betriebssystem zur Verfügung gestellt werden oder eventuell von einem separaten Filemanagement System.

Wenn die Daten einer Tabelle T in einem File F liegen, dann könnte die Abfrage

$$\text{SELECT} \ * \ \text{FROM} \ T \ \text{WHERE} \ \varphi$$

zum Beispiel übersetzt werden in

```
Open File F;
Repeat  Read next Page p of F; Initialize p;
            Repeat  Read next Row t of T;
                          If  φ(t) then Return t
            Until p exhausted
Until F exhausted;
Close File F.
```

Dieser Zugriffspfad heisst **tablespace scan** ("Tabellenfile abtasten"). Es ist klar, dass er wenig effizient ist, wenn der Anteil der Zeilen t, welche $\varphi(t)$ erfüllen, klein ist, das heisst wenn $FF(\varphi)$ klein ist.

Hat die Tabelle T eine Spalte A, und ist die WHERE Bedingung φ zum Beispiel von der Form $A = a$, so wäre eine Zusammenstellung der Werte 'a' die in Zeilen t von T in der Spalte A vorkommen, zusammen mit Angaben darüber, in welchen Pages (und darin wo genau) des File F die entsprechenden Tabellenzeilen liegen, sehr nützlich. Dabei stellen wir uns vor, dass eine **Page** (Seite) eines File gerade diejenige (minimale) Einheit ist, welche bei gegebener Pagenummer durch einen Aufruf vom festen Speichermedium in einen Hauptspeicherbereich transferiert werden kann.

Indexes als Zugriffshilfen

Eine solche Zusammenstellung der Werte 'a', zusammen mit Verweisen **RID** auf Pages und sogar Plätzen innerhalb der Pages, ist also eine Menge von Paaren (a,RID), die man sich vorstellen kann in einem separaten File, dem Indexfile, welches selber aus Pages besteht (RID heisst 'Row Identification' und besteht aus einer Pagenummer und einer relativen Positionsnummer innerhalb der Page).

Im Index eines Buches sind die Stichworte alphabetisch geordnet. Das kann man sich auch hier vorstellen. Wenn a_1, a_2,.... die geordnete Folge der vorkommenden Werte ist, dann liegt vielleicht in einer bestimmten Indexpage die Teilfolge a_{315}, a_{316},....., a_{421}. Sucht man darin einen bestimmten Wert, zum Beispiel a_{370}, so wäre es nützlich, wenn man die betreffende Indexpage direkt anzielen könnte statt das ganze Indexfile durchzulesen.

Das wird dadurch möglich, dass ein weiteres Verzeichnis über das eigentliche Verzeichnis gelegt wird, welches Informationen enthält über die kleinsten und/oder grössten Werte a_i der einzelnen Pages des eigentlichen Verzeichnisses.

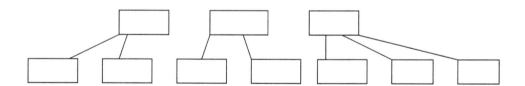

Unsere Suche nach a_{370} würde also zuerst die zweite Schicht durchkämmen und käme so auf die Information, dass in einer gewissen Indexpage der kleinste der Werte a_{315} ist und/oder der grösste der Werte a_{421}. Dadurch wird die Suche rascher erfolgreich, denn die zweite Schicht wird aus viel weniger Pages bestehen als die erste.

Die zweite Schicht kann aber immer noch sehr gross sein. Deshalb wird dieses Prinzip des Schichtens von Verzeichnissen für Verzeichnisse solange wiederholt, bis eine einzige Page genügt. Das entstehende Gebilde ist dann ein B-Baum (B-tree, das 'B' steht für 'balanced'), in einer Zeichnung meist dargestellt mit den Blätterseiten (**leaf pages**) unten und der Wurzelseite (**root page**) oben.

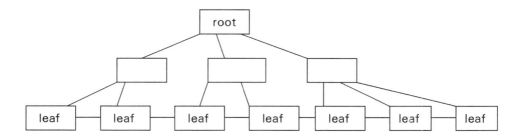

Die Leafpages sind dann auch noch untereinander vorwärts und rückwärts verkettet, damit man in der lexikographischen Ordnung entlang diesen Leafpages hangeln kann (wegen dieser zusätzlichen Verkettung heisst unser B-Baum eigentlich B^+-Baum).

Nehmen wir vorerst an, jeder Wert 'a' käme höchstens einmal vor (ein solcher Index ist ein **Unique Index**). Lautet dann die WHERE Bedingung also A = a, dann genügen im Beispiel unserer Zeichnung etwa vier Pagezugriffe, um die betreffende Zeile der Tabelle zu finden. Es wird mit der Rootpage begonnen und gezielt in Richtung der Leafpages vorgestochen, auf jedem **Level** eine Page konsultiert. Findet man dann in einer Leafpage einen Eintrag (a,RID), so ist der Wert 'a' vorhanden und zwar an der Stelle RID des Tabellenfile, was den letzten der Pagezugriffe bedingt, diesmal auf das Tabellenfile. Ein solcher Zugriffspfad heisst **matching unique index scan**.

Bei drei Indexleveln eines Unique Index genügen demnach vier Pagezugriffe garantiert für jeden gegebenen Wert 'a'. Ein Pagezugriff als Transfer vom festen in den flüchtigen Speicher ist teuer, braucht viel Zeit, und das System versucht, deren Anzahl nicht nur so gering wie möglich zu halten sondern auch so berechenbar wie möglich. Deshalb ist es wichtig, dass der Baum balanciert ist. Alle Wege von Root zu Leaf sind gleich lang.

Ist jedoch der Index über die Spalte A der Tabelle T nicht unique, dann können die Leafpage Einträge die Form $(a, RID_1, RID_2, \ldots, RID_n)$ haben, anstelle von $(a, RID_1), (a, RID_2), \ldots, (a, RID_n)$, falls der Wert 'a' n-mal vorkommt. Dieser Unterschied spielt jedoch für unsere weiteren Betrachtungen keine Rolle.

Betrachten wir als Beispiel eine Tabelle 'Person', welche unter anderem die Spalten 'Name' und 'Vorname' enthält, und einen Unique Index auf (Name,Vorname), der durch

    CREATE UNIQUE INDEX Xperson1 ON Person (Name,Vorname)

entstanden sein könnte (in einem realen System wird diese Anweisung noch Angaben enthalten über das Indexfile, das dadurch entsteht).

Die Leafpage Einträge (Name,Vorname,RID) sind dann **lexikographisch geordnet**, das heisst wenn $(Name_1, Vorname_1) \prec (Name_2, Vorname_2)$, dann steht $(Name_1, Vorname_1, RID_1)$ in der Verkettung der Leafpages sowie auf den Leafpages selber vor $(Name_2, Vorname_2, RID_2)$. Dies ist eine logische Sicht. Physisch auf dem Indexfile muss das nicht gelten, weil durch

INSERT und UPDATE Bewegungen auf der Tabelle die physische Reihenfolge der Indexpages sich ändern kann.

Dabei ist $(x,y) \prec (a,b)$ definiert als $(x < a) \lor (x = a \land y < b)$. Allgemeiner ist

$$(x_1, x_2, \ldots, x_n) \prec (a_1, a_2, \ldots, a_n)$$

rekursiv definiert als

$$(x_1 < a_1) \lor (x_1 = a_1 \land (x_2, \ldots, x_n) \prec (a_2, \ldots, a_n))$$

und natürlich mit der Verankerung $(x_1) \prec (a_1)$ als $x_1 < a_1$.

Diese beiden Prinzipien, dass alle Wege von Root zu Leaf Pages gleich lang sind, und die lexikografische Reihenfolge der Einträge, werden vom System aufrechterhalten auch während allgemeiner Update Aktivität. Dies kann natürlich bedeuten, dass ein einzelner Tupel INSERT zur Notwendigkeit führt, zwischen zwei Leafpages eine dritte neu einzufügen (Leafpagesplit), oder gar einen weiteren Index Level (Rootpagesplit).

Dann ist klar, dass in dieser logischen Sicht der lexikografischen Ordnung zum Beispiel der Bereich der Müllers zusammenhängend ist, das heisst der Bereich der Einträge (Name,Vorname,RID), bei denen Name = 'Müller' ist.

Wie findet man am einfachsten alle Müllers? Indem man zuerst gezielt von der Rootpage des Index auf diejenige Leafpage heruntersticht, die den kleinsten Eintrag (Name,Vorname,RID) mit Name = 'Müller' enthält, und im zweiten Schritt sich der Verkettung der Leafpages entlang hangelt, bis man zum grössten Eintrag (Name,Vorname,RID) mit Name = 'Müller' gelangt ist. In der Zeichnung ist dies ein Herunterstechen und nach rechts fahren.

Dieses Grundmuster von Indexzugriff nennt man **matching index scan** (davon ist das bereits erwähnte matching unique index scan ein Spezialfall).

Aufgabe 15:

Man skizziere einen Algorithmus, der die kleinste Leafpage liefert, welche einen Eintrag 'Müller' enthält, oder den kleinsten Namen grösser als 'Müller', falls es keine 'Müller' gibt.

Wir bezeichnen die Anzahl Levels des Index I mit **D(I)** und die Anzahl Leafpages mit **L(I)**. Diese Grössen werden in einem Statistik Ermittlungslauf gemessen und im Systemkatalog abgelegt. Dabei handelt es sich auch bei diesen mehr "physikalischen" Grössen um Momentaufnahmen, wie schon bei den "logischen" Grössen Z(T), W(T.A), usw.

Aufgabe 16:

Gegeben ist eine Tabelle T und auf irgendeiner Spaltenkombination der Index I. Wenn wir annehmen, dass die Pages des Index gleichmässig gefüllt sind mit (Werte,RID) Einträgen, dann sind es pro Leafpage des Index $\alpha = Z(T)/L(I)$ solche Einträge. Man schätze den prozentualen Anteil der Nonleafpages im Vergleich zu den Leafpages in Abhängigkeit von α.

Die Lösung der Aufgabe zeigt, dass wenn die Indexspalten insgesamt nicht mehr als zwei Dutzend Bytes benötigen (bei angenommener Pagegrösse von 4 kilobytes), was in der Praxis meist der Fall ist, ein Zuschlag von ca zehn Prozent zur Platzanforderung für die Leafpages genügt, um auch die Nonleafpages unterzubringen.

Aufgabe 17:

Was kann über die Mindestgrösse von D(I) gesagt werden bei gegebenen Z(T) und L(I)?

Ein matching index scan kann nur gemacht werden, wenn das Prädikat das "matching" zulässt, also zum Beispiel bei

    WHERE A = a AND B = b AND C BETWEEN c1 AND c2,

wenn die Tabelle einen Index I(A,B,C) hat auf den Spalten A, B und C, in dieser Reihenfolge. Würde die Bedingung aber lauten

    WHERE B = b AND C BETWEEN c1 AND c2,

dann müssten bei Indexzugriff via I(A,B,C) natürlich alle Leafpages konsultiert werden. Ein solcher Zugriffspfad, bei dem im Index nicht von der Rootpage her eine Start Leafpage lokalisiert wird, sondern wo einfach alle Leafpages inspiziert werden (in lexikografischer Reihenfolge), heisst **leaf page scan** (oder auch nonmatching index scan).

Aufgabe 18:

Gegeben ist die Tabelle 'Person' mit einem Index auf der Spalte 'Strasse'. Man gebe eine SQL Abfrage, für welche ein Index leaf page scan ideal ist.

Abschätzung des Aufwandes für den Zugriff

Der Optimizer vergleicht den geschätzten Aufwand für verschiedene Zugriffspfade und wählt einen möglichst günstigen. Man spricht deshalb auch von "cost based" Optimizern, aber das ist etwas irreführend, weil für die Uebersetzung von SQL in einen Zugriffspfad jeder Algorithmus, welcher eine Zielgrösse optimiert, als cost based bezeichnet werden kann. Ein non cost based Optimizer kann gar kein Optimizer sein, sondern ist nur ein Uebersetzer.

An Aufwand fällt vor allem Page I/O ins Gewicht. Der Transfer einer Page vom Disk in den Hauptspeicher ist wie vor 30 Jahren immer noch etwa tausendmal Zeit aufwendiger als ein paar Rechnungen und Vergleiche, die im Hauptspeicher stattfinden. Wir lassen deshalb vorerst den Aufwand an CPU Zeit weg und konzentrieren uns auf die **Anzahl GETPAGE** als Zielfunktion oder Kostenfunktion, die der Optimizer zu minimieren trachtet.

In diesem Sinne sind die (geschätzten) Kosten eines matching unique index scan D(I) + 1. Damit wir vergleichen können mit den Kosten eines tablespace scan, brauchen wir eine weitere physikalische Statistikgrösse, nämlich die Anzahl Pages **P(T)** des Tabellenfile, auf denen die Zeilen der Tabelle T liegen. Dabei nehmen wir an, dass auf diesen Pages **keine** Zeilen von **anderen** Tabellen sind, und dass die Pages **gleichmässig belegt** sind.

Betrachten wir nun **die Kosten eines allgemeinen matching index scan**, bei dem ein ganzer Bereich von Index Leafpages konsultiert werden muss. Als allgemeinen Fall betrachten wir denjenigen eines Index $I(A_1, A_2, \ldots, A_n)$ auf der Tabelle T und einer WHERE Bedingung

$$\text{WHERE} \quad \varphi_1(A_1) \text{ AND } \varphi_2(A_2) \text{ AND } \ldots \text{ AND } \varphi_n(A_n) \text{ AND } \text{Restprädikat.}$$

Dabei ist $\varphi_j(A_j)$ eine atomare Bedingung für die Spalte A_j wie zum Beispiel $A_j = a$, $A_j > a$, A_j BETWEEN a1 AND a2, usw (gemischte oder kompliziertere Bedingungen wie zum Beispiel $A_j + A_k = $ konstant oder A_j CONCAT $A_k = $ konstant betrachten wir nicht, da sie bei einem matching index scan nicht gebraucht werden können für das "Herunterstechen" von der Rootpage zur ersten in Frage kommenden Leafpage). Um die Allgemeinheit nicht zu gefährden, lassen wir auch den Fall $\varphi_j(A_j) \equiv A_j = A_j$ zu (mit der Bedeutung, dass in diesem Fall in der wirklichen WHERE Bedingung $\varphi_j(A_j)$ gar nicht vorkommt).

Der Bereich der Leafpages mit Einträgen die

$$B(k+1) \equiv \varphi_1(A_1) \text{ AND } \varphi_2(A_2) \text{ AND } \ldots \text{ AND } \varphi_k(A_k) \text{ AND } \varphi_{k+1}(A_{k+1})$$

erfüllen, ist im Allgemeinen echt kleiner als der entsprechende Bereich für

$$B(k) \equiv \varphi_1(A_1) \text{ AND } \varphi_2(A_2) \text{ AND } \ldots \text{ AND } \varphi_k(A_k).$$

Nun gibt es aber Kombinationen von solchen atomaren Bedingungen, bei denen dies nicht der Fall ist. Zum Beispiel muss ich im Telefonbuch gleich viele Einträge konsultieren für die Bedingung (Name > 'Müller') wie für die Bedingung (Name > 'Müller' AND Vorname = 'Hans'), das heisst im Falle eines Index bringt die zweite atomare Bedingung (Vorname = 'Hans') keine zusätzliche Einschränkung der zu konsultierenden Leafpages.

Man bezeichnet das maximale k für welches im Allgemeinen weder die obere Grenze der Leafpages von $B(k+1)$ kleiner ist als bei $B(k)$ noch die untere Grenze grösser, als **Anzahl einschränkender Indexspalten** (index **matching columns**). Dabei muss man sich den lexikografischen Aufbau des Index vor Augen halten, dessen Spalten eine bestimmte Reihenfolge haben ($I(A,B)$ ist ein anderer Index als $I(B,A)$). Bringt eine weitere Spaltenbedingung $\varphi_{k+1}(A_{k+1})$ keine Einschränkung im Vergleich zu den vorherigen, dann kann auch keine spätere Spaltenbedingung ($j > k+1$) weitere Einschränkungen (der oberen oder unteren Grenze des zu konsultierenden Leafpage Bereiches) bringen.

Aufgabe 19:

Gegeben ist eine Tabelle T und ein Index(A,B,C) auf Spalten von T. Wie viele matching columns gibt es bei den folgenden WHERE Bedingungen

```
WHERE  A = a  AND  B = b  AND  C BETWEEN c1 AND c2
WHERE  A BETWEEN a1 AND a2  AND  B = b  AND  C = c
WHERE  A = a  AND  B BETWEEN b1 AND b2  AND  C = c
WHERE  B = b  AND  C = c,
```

wenn jeweils via Index zugegriffen wird? Zugriffspfad beim vierten Beispiel?

Damit sind die Kosten des matching index scan

$$D(I) - 1 + FF(\varphi_1(A_1) \text{ AND } \varphi_2(A_2) \text{ AND } \dots \text{ AND } \varphi_k(A_k)) \cdot L(I),$$

wobei $k = $ Anzahl matching columns. Dabei wird angenommen, dass die Belegung der Leafpages mit Einträgen gleichmässig ist.

Verlangt die Query keine anderen Spalten als solche die im Index vorkommen, muss gar nicht mehr auf das Tabellenfile zugegriffen werden, wie zum Beispiel im Falle eines Index I(A,B,C) auf Tabelle T und der Abfrage

SELECT A, B, C FROM T WHERE A = a AND B > b.

In diesem Falle ist der Zugriff **indexonly**. Dies ist ein einfacher Fall, auch für die Kostenschätzung, weil die Einträge im Index lexikografisch geordnet sind.

Wesentlich komplizierter wird es, wenn nach oder mit dem Zugriff auf den Index auch auf die Pages des Tabellenfile zugegriffen werden muss, weil in der Abfrage nach Spalten von T gefragt wird, die nicht im Index sind.

Ordnung im Tabellenfile?

Wir betrachten die oben gegebene WHERE Bedingung

WHERE $\varphi_1(A_1)$ AND $\varphi_2(A_2)$ AND ... AND $\varphi_n(A_n)$ AND Restprädikat

einer Abfrage auf T mit dem Index $I(A_1, A_2, \dots , A_n)$, wobei jetzt auch noch auf das Tabellenfile zugegriffen werden soll (wegen dem Restprädikat oder wegen der SELECT Liste der Abfrage). Der Zugriffspfad sei also matching index scan mit k matching columns und zusätzlichem Tabellenfilezugriff.

Durch den matching index scan ergibt sich eine Folge von Einträgen

$$(a_1^{(1)}, a_2^{(1)}, \dots , a_n^{(1)}, RID^{(1)}),$$
$$(a_1^{(2)}, a_2^{(2)}, \dots , a_n^{(2)}, RID^{(2)}),$$
$$(a_1^{(3)}, a_2^{(3)}, \dots , a_n^{(3)}, RID^{(3)}),$$
$$\dots\dots\dots$$
$$(a_1^{(N)}, a_2^{(N)}, \dots , a_n^{(N)}, RID^{(N)})$$

mit geschätzten $N = FF(\varphi_1(A_1) \text{ AND } \varphi_2(A_2) \text{ AND } \dots \text{ AND } \varphi_n(A_n)) \cdot Z(T)$ Gliedern (alle Index Bedingungen $\varphi_j(A_j)$ können geprüft werden, obwohl eventuell $k < n$ ist). Der Aufbau des Index garantiert lexikografische Reihenfolge der Indexspaltenvektoren, das heisst

für $i < j$ gilt $(a_1^{(i)}, a_2^{(i)}, \dots , a_n^{(i)}) \prec (a_1^{(j)}, a_2^{(j)}, \dots , a_n^{(j)})$.

Die Vektoren $(a_1^{(j)}, a_2^{(j)}, \dots , a_n^{(j)})$ sind also geordnet, **aber die RID$^{(j)}$ im Allgemeinen nicht**. Die RID ist eine Kombination von Tabellenfile Pagenummer, **page(RID)**, und relativer Position, **pos(RID)**, innerhalb dieser Page, also RID = (page(RID), pos(RID)).

Eine Situation absoluter Unordnung wäre gegeben wenn $page(RID^{(j+1)}) \neq page(RID^{(j)})$ für alle $j < N$. Dann müsste für jede folgende Zeile auf eine andere Tabellenfile Page gegriffen werden, und es wären

$$N = FF(\varphi_1(A_1) \text{ AND } \varphi_2(A_2) \text{ AND } ... \text{ AND } \varphi_n(A_n)) \cdot Z(T)$$

Pagezugriffe nötig. Dabei kann es sein, dass dieselbe Page mehrmals verlangt wird, aber nicht kurz genug hintereinander, als dass sie noch im Buffer (Pufferspeicher) wäre.

Eine Situation absoluter Ordnung hingegen wäre gegeben, wenn $page(RID^{(j+1)}) = page(RID^{(j)})$ für fast alle j (alle ausser ca $P \cdot (N/Z)$ Seitenwechseln). In diesem Falle wären

$$FF(\varphi_1(A_1) \text{ AND } \varphi_2(A_2) \text{ AND } ... \text{ AND } \varphi_n(A_n)) \cdot P(T)$$

Zugriffe auf Tabellenfile Pages nötig.

Beim Unterschied zwischen diesen beiden Extremen absoluter Ordnung und absoluter Unordnung kann es sich um Grössenordnungen handeln, deshalb führen wir ein Mass der Ordnung ein (auf das ganze Tabellenfile bezogen, nicht nur unsere N Zeilen).

Sei $d := card(\{j \mid page(RID^{(j+1)}) \neq page(RID^{(j)})\})$ und die **clusterratio** $\gamma(I) := (Z-d)/(Z-P)$. Ist $\gamma(I) = 0$, haben wir $d = Z$, also völlige Unordnung, und ist $\gamma(I) = 1$, haben wir $d = P$, also völlige Ordnung. Im Falle der völligen Ordnung sagt man auch, der Index sei 'clustered'. Diese clusterratio $\gamma(I)$ kann ebenfalls in einem Statistiklauf ermittelt und im Systemkatalog abgelegt werden. Man kann sich auch andere Definitionen von $\gamma(I)$ vorstellen, die nicht nur die Verschiedenheit von $page(RID^{(j+1)})$ und $page(RID^{(j)})$ berücksichtigen, sondern deren Distanz voneinander, oder Definitionen, die von den RIDs nicht nur die $page(RID)$, sondern auch noch die $pos(RID)$ berücksichtigen.

Wie auch immer das Mass der Ordnung, die clusterratio $\gamma(I)$, gemessen oder geschätzt wird, man kann sie benutzen, um eine lineare Interpolation zu machen zwischen dem geordneten und dem ungeordneten Fall für die Schätzung der Anzahl Zugriffe auf Tabellenfile Pages:

$$FF(\varphi_1(A_1) \text{ AND } \varphi_2(A_2) \text{ AND } ... \text{ AND } \varphi_n(A_n)) \cdot (\gamma(I) \cdot P(T) + (1 - \gamma(I)) \cdot Z(T)).$$

Die beiden Extreme $\gamma(I) = 0$ und $\gamma(I) = 1$ ergeben dann die oben gegebenen Ausdrücke, und dazwischen wird linear interpoliert.

Wenn $\gamma(I)$ nahe bei 0 ist, kann es sich für das System lohnen, die durch den Index Zugriff gelieferte Folge $RID^{(1)}, RID^{(2)}, ... , RID^{(N)}$ statt einzeln für Tabellenfile Zugriff zu benutzen, **zuerst als ganzes zu sortieren**, um dann der sortierten Folge entlang die Tabellenfile Pages zu holen (mit einer erwarteten Anzahl Pages, die der Formel mit $\gamma(I) = 1$ entspricht). Allerdings wird ein solches Vorgehen unwahrscheinlich, wenn die Folge der Vektoren $(a_1^{(j)}, a_2^{(j)}, ..., a_n^{(j)})$ geordnet geliefert werden sollte, zum Beispiel weil in der Abfrage 'ORDER BY $A_1, A_2, ... , A_n$' verlangt worden ist. Um in jedem Fall die Kosten genauer schätzen zu können, muss das System die Kosten der Sortierung berücksichtigen. Das bedingt aber, dass CPU Kosten plötzlich doch ins Gewicht fallen im Vergleich zu I/O Kosten, und zur Angleichung der Masseinheiten braucht man deshalb einen **CPU - I/O - Umrechnungsfaktor**, der abhängig sein wird von der Maschinenumgebung, in welcher das Datenbanksystem läuft.

In unserem oben diskutierten Fall kämen für die Sortierung der Folge von RIDs Kosten in der Grössenordnung von $0.001 \cdot N \cdot \log_2(N)$ I/O Masseinheiten dazu.

RID-Sort lohnt sich fast immer

Wir gehen davon aus, dass für die Bedingung

$$\text{WHERE } \varphi_1(A_1) \text{ AND } \varphi_2(A_2) \text{ AND ... AND } \varphi_n(A_n) \text{ AND Restprädikat}$$

einer Abfrage auf T mit dem Index $I(A_1, A_2, \ldots, A_n)$ zugegriffen wird via diesen Index und fragen, wann sich RID-Sort bei dem Indexzugriff lohnt. Es geht darum, wann

$$D - 1 + FF(\text{AND}_{1 \le j \le k} \, \varphi_j(A_j)) \cdot L + FF(\text{AND}_{1 \le j \le n} \, \varphi_j(A_j)) \cdot P + \text{RID-Sort-Kosten} <$$
$$D - 1 + FF(\text{AND}_{1 \le j \le k} \, \varphi_j(A_j)) \cdot L + FF(\text{AND}_{1 \le j \le n} \, \varphi_j(A_j)) \cdot (\gamma \cdot P + (1 - \gamma) \cdot Z)$$

ist (k ist die Anzahl matching columns). Dies ist genau dann der Fall, wenn

$$\text{RID-Sort-Kosten} < FF(\text{AND}_{1 \le j \le n} \, \varphi_j(A_j)) \cdot (Z - P) \cdot (1 - \gamma).$$

Daraus ist sofort ersichtlich, dass sich RID-Sort bei Indexzugriff nicht lohnt, wenn $Z = P$ ist oder wenn $\gamma = 1$ ist, das heisst wenn nur eine Tabellenzeile pro Page vorhanden ist oder wenn die Clusterratio, das heisst das Mass der Ordnung der Tabellenzeilen inbezug auf den Index, 100% ist.

Wir nehmen nun an, dass mindestens zwei Tabellenzeilen auf einer Page liegen und weiter dass $\gamma \le 95\%$ ist (es macht keinen Sinn, für γ genauere Werte zu betrachten als 0%, 5%, 10%, ..., 90%, 95%, 100%). Dann ist $Z - P \ge 0.5 \cdot Z$ und $1 - \gamma \ge 5\%$, also $(Z - P) \cdot (1 - \gamma) \ge 2.5\% \cdot Z$. Damit ist man erst recht auf der sicheren Seite wenn

$$\text{RID-Sort-Kosten} < FF(\text{AND}_{1 \le j \le n} \, \varphi_j(A_j)) \cdot Z \cdot 2.5\%.$$

Bezeichnen wir wiederum wie oben $N := FF(\text{AND}_{1 \le j \le n} \, \varphi_j(A_j)) \cdot Z$, die erwartete Anzahl Tabellenzeilen, die die Indexbedingungen erfüllen, dann lautet die Ungleichung

$$\text{RID-Sort-Kosten} < N \cdot 2.5\%.$$

Setzen wir hier die RID-Sort-Kosten an zu $0.001 \cdot N \cdot \log_2(N)$, dann lautet die Bedingung

$$0.001 \cdot N \cdot \log_2(N) < N \cdot 2.5\%, \text{ oder } N < 2^{25} \approx 33 \text{ Mio.}$$

Das heisst insgesamt, dass sich RID-Sort bei Indexzugriff praktisch immer lohnt, und die Gesamtzugriffskosten sind höchstens

$$D - 1 + FF(\text{AND}_{1 \le j \le k} \, \varphi_j(A_j)) \cdot L + FF(\text{AND}_{1 \le j \le n} \, \varphi_j(A_j)) \cdot P + \text{RID-Sort-Kosten}.$$

Aufgabe 20:

Gegeben Tabelle T, der Index I(A,B) und die Abfrage

SELECT * FROM T WHERE A > a AND B BETWEEN b1 AND b2,

sowie D(I) = 3, L(I) = 90, P(T) = 900 und Z(T) = 9000. Lohnt sich der Zugriff via Index?

Aufgabe 21:

Gegeben Tabelle T, der Index I(A,B) und die Abfrage

SELECT * FROM T WHERE B > b,

sowie D(I) = 3, L(I) = 200 und P(T) = 300. Lohnt sich der Zugriff via Index?

Zugriff via mehrere Indexes gleichzeitig

In einer Bedingung

WHERE A > a OR B BETWEEN b1 AND b2

der Abfrage einer Tabelle, die zwar einen Index I1(A) auf A und einen Index I2(B) auf B, aber keinen Index auf der Kombination (A,B) hat, müsste auf Tablespace scan zurückgegriffen werden, wenn nur einer der Indexes als Zugriffshilfe gebraucht werden könnte.

Nun besteht aber die Möglichkeit, dass das Datenbanksystem beide Indexes benutzt. Es werden aus dem Zugriff via I1 diejenigen RIDs geholt, deren Tabellenzeilen der Bedingung (A > a) genügen, und gleichzeitig via I2 diejenigen RIDs, deren Zeilen der Bedingung (B BETWEEN b1 AND b2) genügen. Dann werden die beiden so erhaltenen Mengen von RIDs vereinigt (und gleichzeitig sortiert), um für den gezielten Zugriff auf das Tabellenfile zu dienen. Dieses Prinzip ist auch anwendbar bei (Bed1 AND Bed2), und sogar bei (Bed1 AND NOT(Bed2)), sowie mit mehreren Indexes bei komplizierteren booleschen Kombinationen (Mohan 1990a).

Die allgemeine Situation ist die einer Tabelle T mit den Indexes $I1(A_1, A_2, \ldots, A_n)$ und $I2(B_1, B_2, \ldots, B_m)$, wobei wir annehmen, dass die A_i verschieden von den B_j sind, sowie einer Bedingung

WHERE $(\text{AND}_{1 \le i \le n} \varphi_i(A_i)$ AND/OR $\text{AND}_{1 \le j \le m} \psi_j(B_j))$ AND Restprädikat.

Dann sind die Kosten der Zugriffe auf die Indexpages

$D(I1) - 1 + FF(\text{AND}_{1 \le i \le k1} \varphi_i(A_i)) \cdot L(I1)$, mit k1 = Anzahl matching columns I1, und

$D(I2) - 1 + FF(\text{AND}_{1 \le j \le k2} \psi_j(B_j)) \cdot L(I2)$, mit k2 = Anzahl matching columns I2.

Aus diesen Zugriffen ergeben sich

$$N1 := FF(AND_{1 \le i \le n} \; \varphi_i(A_i)) \cdot Z(T) \quad \text{RIDs aus dem ersten Index und}$$

$$N2 := FF(AND_{1 \le j \le m} \; \psi_j(B_j)) \cdot Z(T) \quad \text{RIDs aus dem zweiten.}$$

Das jeweilige Sortieren dieser RID Mengen und anschliessende Vereinigungs- oder Durchschnittsbildung setzen wir zu insgesamt

$$0.001 \cdot (N1 \cdot \log_2(N1) \; + \; N2 \cdot \log_2(N2) \; + \; N1 \; + \; N2)$$

(0.001 nehmen wir als CPU - I/O - Umrechnungsfaktor). Die Vereinigung/der Durchschnitt liefern

$$FF(AND_{1 \le i \le n} \; \varphi_i(A_i) \; AND/OR \; AND_{1 \le j \le m} \; \psi_j(B_j)) \cdot Z(T)$$

RIDs, welche, da diese RID Menge sortiert ist, schliesslich noch zu

$$FF(AND_{1 \le i \le n} \; \varphi_i(A_i) \; AND/OR \; AND_{1 \le j \le m} \; \psi_j(B_j)) \cdot P(T)$$

Pagezugriffen auf dem Tabellenfile führen. Insgesamt ergeben sich bei diesem sogenannten **Index ANDing** respektive **Index ORing** an Kosten

$$D(I1) - 1 + FF(AND_{1 \le i \le k1} \; \varphi_i(A_i)) \cdot L(I1) +$$

$$D(I2) - 1 + FF(AND_{1 \le j \le k2} \; \psi_j(B_j)) \cdot L(I2) +$$

$$0.001 \cdot (N1 \cdot \log_2(N1) \; + \; N2 \cdot \log_2(N2) \; + \; N1 \; + \; N2) -$$

$$FF(AND_{1 \le i \le n} \; \varphi_i(A_i) \; AND/OR \; AND_{1 \le j \le m} \; \psi_j(B_j)) \cdot P(T),$$

mit $k1(k2) =$ Anzahl matching columns Index $I1(I2)$.

Anstelle einer Verallgemeinerung dieser Kostenformel auf mehr als zwei Indexes, welche einfach zu verstehen wäre, aber mühsam aufzuschreiben, betrachten wir ein Beispiel:

Aufgabe 22:

Gegeben ist die Tabelle T mit den Indexes I1(A), I2(B) und I3(C) sowie die Abfrage

$$\text{SELECT * FROM T WHERE A} > \text{a AND B} > \text{b OR C} = \text{c.}$$

Man berechne die Kosten des Zugriffs, der alle drei Indexes benutzt.

Aufgabe 23:

Gegeben ist die Tabelle T mit den Indexes I1(A,B,C), I2(B) und I3(C) sowie die Abfrage

$$\text{SELECT * FROM T WHERE B} = \text{b AND C} = \text{c.}$$

Es sei $D(I1) = D(I2) = D(I3) = 3$, $L(I1) = 100$, $L(I2) = L(I3) = 50$, $P(T) = 500$ und $Z(T) = 50'000$. Es kann $FF(B = b) = FF(C = c) = 0.04$ und $FF(B = b\ AND\ C = c) = FF(B = b) \cdot FF(C = c) = 0.0016$ angenommen werden. Man vergleiche die Kosten des Zugriffes via Index I1 mit denjenigen des Zugriffes via I2 ANDing I3. Was würde sich ändern, wenn der Index I1 als I1(B,C) definiert wäre statt I1(A,B,C)?

Aufgabe 24 (der Vollständigkeit und "Allgemeinbildung" halber):

Man plausibilisiere unsere oft gebrauchte Annahme, dass die Anzahl elementarer Schritte zum Sortieren von N Records höchstens proportional zu $N \cdot \log_2(N)$ ist.

Sortierung mit Disk I/O

Die Sortierungen von RID Mengen finden alle im Hauptspeicher statt ("RID-pool"), darauf beruhen auch die betrachteten Kostenformeln. Bei einem Overflow des für RID Sort allozierten Speichers muss zu Runtime auf eine andere, oft weniger günstige Zugriffsstrategie gewechselt werden, aber das ist hier nicht das Thema.

Im Hinblick auf die Diskussion von Zugriffspfaden für Join Queries wollen wir hier eine Modellvorstellung entwickeln für die Sortierung von grossen Mengen von Tabellenzeilen, die nicht mehr im Hauptspeicher Platz finden.

Es seien eine gewisse Menge von Zeilen zu sortieren, die in P Pages auf Disk liegen. Wir nehmen an, dass wir genügend Platz auf Disk zur Verfügung haben, um Zwischenergebnisse sowie die sortierten Zeilen abzulegen ("sort work space", $2 \cdot P$ Pages genügen). Weiterhin nehmen wir an, dass **im Buffer während des ganzen Prozesses $B \geq 2$ Pages zur Verfügung stehen** (je grösser B, desto besser).

Im ersten Schritt werden je B Pages hereingelesen, sortiert und auf Sort work space geschrieben. Dann sind $\lceil P/B \rceil$ sortierte Teile zu je B Pages dort ($\lceil x \rceil$: aufgerundet). Im zweiten Schritt werden je B dieser Teile des ersten Schrittes in einen einzigen Teil der Grösse B^2 gemerged (mit einem Buffer von B Pages können B Files gemerged werden). Danach hat man noch $\lceil P/B^2 \rceil$ sortierte Teile der Grösse B^2. Und so weiter. Nach dem k-ten Schritt hat man $\lceil P/B^k \rceil$ sortierte Teile der Grösse B^k. Der Prozess endet, wenn $\lceil P/B^k \rceil \leq 1$, das heisst wenn $k \geq \log(P)/\log(B)$ ist (Beispiel: mit $B = 2$ und $P = 1000$ wären es 10 Schritte, mit $B = 10$ und $P = 1000$ wären es drei Schritte).

An Kosten betrachten wir nur das Lesen der Pages, weil das Schreiben asynchron stattfinden kann und weil die im Hauptspeicher jeweils stattfindende Sortierung der Zeilen aus B Pages klein ist im Vergleich zu unserer Masseinheit (Beispiel: mit 10 Zeilen pro Page ist der Sortanteil ca 1% des I/O Anteils, bei 100 Zeilen pro Page etwas mehr als 10%, beachte dass bei 100 Zeilen/Page eine Zeile nur noch höchstens ca 40 Bytes haben kann). Da jeder der Schritte je P Pages gelesen hat, haben wir also an Kosten für diesen ausgelagerten Sort mit $B \geq 2$ Bufferpages und P Pages zu sortierender Zeilen

$$P \cdot \lceil \log(P)/\log(B) \rceil, \text{ also } \textbf{höchstens } \mathbf{P \cdot \lceil \log_2(P) \rceil}$$

(man beachte die Aehnlichkeit mit dem oben gebrauchten $N \cdot \log_2(N)$).

Join Algorithmen

Wir betrachten zuerst den einfachen Fall eines Equijoin zweier Tabellen T1 und T2,

SELECT * FROM T1, T2 WHERE T1.A = T2.A.

Grundsätzlich kann man unterscheiden, ob die Zeilen von T1 und T2 in den Join Attributen **sortiert oder unsortiert** daherkommen (bei mehr als einem Join Attribut ist eine lexikografische Sortierung gemeint, bei beiden Tabellen in derselben Attributreihenfolge).

Wir nehmen wiederum an, dass für den Join Prozess im Buffer $B \geq 2$ Pages zur Verfügung stehen.

Die einfachste Form des Join Processing besteht darin, dass vom einen Tabellenfile, sagen wir der Tabelle T1, Stücke zu je (B - 1) Pages in den Buffer gelesen werden. Während so ein Stück von T1 im Buffer ist, wird in einer inneren Schlaufe das andere Tabellenfile Page um Page in die verbleibende Bufferpage gelesen und während es drin ist, verglichen mit dem Stück der ersten Tabelle. Der Vergleich des (B - 1) Pages grossen Stückes von T1 mit der einen Page von T2 besteht darin, diejenigen Zeilenkombinationen von T1 und von T2 zu identifizieren, welche die Join Bedingung erfüllen. Die passenden Zeilenkombinationen werden als Zeilen des Join Output herausgegeben. Es ist klar, dass in diesem **nested loop** Join Algorithmus insgesamt

$$P(T1) + [P(T1) / (B - 1)] \cdot P(T2)$$

Pages gelesen werden. In diesem Fall ist T1 die **äussere** und T2 die **innere** Tabelle im nested loop Join. Meistens ist es günstiger, wenn die Tabelle mit dem kleineren Tabellenfile die äussere ist (zum Beispiel immer wenn B = 2 ist), aber nicht in jedem Fall:

Aufgabe 25:

Man gebe Fälle, in denen es im nested loop Join Algorithmus günstiger ist, die Tabelle mit dem grösseren File als äussere zu nehmen.

Wären die Tabellenzeilen auf den Inputfiles von T1 und T2 aber sortiert (in den Equijoin Attributen), so könnten sie für den Join "gemerged" werden, was dann heisst, dass jede der Pages der beiden Tabellen nur je einmal gelesen werden müsste. Es kann zwar nie damit gerechnet werden, dass die Zeilen auf dem Tabellenfile sortiert sind, hingegen kann es sich lohnen, sie vor dem Mergeprozess zu sortieren. Die Kosten dieses zweistufigen **sort merge** Join Algorithmus sind dann

$$P(T1) \cdot [\log(P(T1)) / \log(B)] + P(T2) \cdot [\log(P(T2)) / \log(B)] + P(T1) + P(T2).$$

In einer verfeinerten Form dieses Algorithmus wird der letzte Mergeschritt der Sortierung verbunden mit dem Merge der Zeilen von T1 und T2 für den Join, womit einmal Lesen aller P(T1) + P(T2) Pages wegfällt und als Kosten noch verbleiben

$$P(T1) \cdot [\log(P(T1)) / \log(B)] + P(T2) \cdot [\log(P(T2)) / \log(B)].$$

Aufgabe 26:

Man vergleiche diese Kostenformeln des sort merge und des nested loop Join.

Es gibt noch weitere Join Algorithmen, zum Beispiel solche, die Hashing einsetzen. Wir wollen uns aber etwas anderem zuwenden, nämlich der Verwendung von Indexes in Join Algorithmen, denn dadurch wird die Performance des Join durch den Benutzer des Datenbanksystems beeinflussbar.

Verwendung von Indexes in Join Algorithmen

Wir betrachten die Abfrage

$$\text{SELECT * FROM T1, T2 WHERE T1.A} = \text{T2.A,}$$

wobei T2 einen Index I2(A) hat. Der **nested loop mit indexierter innerer Tabelle** liest das Tabellenfile von T1 Page um Page und sucht zu jedem ankommenden T1.A Wert den oder die passenden Zeilen von T2 via matching index scan. Die Kosten sind also

$$P(T1) + Z(T1) \cdot (D(I2) - 1 + FF(T2.A = a) \cdot L(I2) + FF(T2.A = a) \cdot Z(T2)).$$

Diese Kosten sind in jedem Fall $\geq$ den Kosten bei unique I2, denn dann ist $W(T2.A) = Z(T2)$, deshalb mit $FF(T2.A = a) = 1/W(T2.A)$ der Klammerausdruck $(D(I2) - 1 + 1 + 1) = (D(I2) + 1)$. Man beachte dass auch hier gerundet werden muss. Die Kosten sind also

$$\text{mindestens } P(T1) + Z(T1) \cdot (D(I2) + 1).$$

Aufgabe 27:

Man vergleiche bei obiger Abfrage 'nested loop mit indexierter innerer Tabelle' jeweils mit nested loop und sort merge (je ohne Index), am Beispiel $Z(T1) = Z(T2) = 100'000$, $P(T1) = P(T2) = 1000$, $L(I2) = 50$, $D(I2) = 3$.

Bei **sort merge mit indexierter innerer Tabelle** würde die äussere Tabelle, in unserem Fall T1, zuerst sortiert, und dann 'gemerged' mit den durch Indexzugriff sortierten Zeilen der inneren Tabelle. Die Kosten sind

$$P(T1) \cdot [\log(P(T1)) / \log(B)] + L(I2) + W(T1.A).$$

Hierbei wird $\text{adom}(T1.A) \subseteq \text{adom}(T2.A)$ angenommen, sodass $W(T1.A)$ mal im Tabellenfile von T2 Zeilen geholt werden müssen. Es kann sein, dass etwas weniger Pages geholt werden müssen als $W(T1.A)$, wie in der Formel angenommen, wenn der Index I2 stark 'geclustered' ist. Bei Berücksichtigung der clusterratio γ könnte man $W(T1.A)$ durch

$$\gamma \cdot (W(T1.A) / W(T2.A)) \cdot \min\{P(T2), W(T1.A)\} + (1 - \gamma) \cdot W(T1.A) \quad \text{ersetzen.}$$

Jedenfalls sind die Kosten von sort merge mit indexierter innerer Tabelle damit

$$\text{höchstens} \quad P(T1) \cdot \log_2(P(T1)) + L(I2) + W(T1.A),$$

da wir ja auch noch $B \geq 2$ annehmen können. Man beachte, dass in der Kostenformel von sort merge mit indexierter innerer Tabelle die Selektivität des Indexprädikates nicht einfliesst, im Gegensatz zu nested loop mit indexierter innerer Tabelle.

Aufgabe 28:

Man betrachte die obige Abfrage

$$\text{SELECT * FROM T1, T2 WHERE T1.A} = \text{T2.A},$$

wobei T2 einen Index I2(A) hat, und gehe von folgenden ziemlich schwachen zusätzlichen Bedingungen aus: $D(I2) \geq 2$ (praktisch immer erfüllt), und $L(I2) \leq P(T1) < 4^{\alpha}$, wobei $\alpha = Z(T1)/P(T1)$ ist (meistens erfüllt). Man zeige, dass dann sort merge mit indexierter innerer Tabelle günstiger ist als nested loop mit indexierter innerer Tabelle.

Aufgabe 29:

Mit der obigen Abfrage sei das extreme Beispiel $Z(T1) = Z(T2) = 2000$, $P(T1) = 1000$, $L(I2) = 50$, $D(I2) = 3$, $W(T1.A) = W(T2.A) = 2000$, $\gamma = 0$ (clusterratio des Index I2), gegeben. Ab welcher Buffergrösse B lohnt sich sort merge mit indexierter innerer Tabelle im Vergleich zu nested loop mit indexierter innerer Tabelle?

Da sich hier grundsätzlich die Frage stellt, ob sich der Indexzugriff lohnt allein deshalb, weil man sortierte Werte haben möchte (im Vergleich zur Sortierung des ganzen Tabellenfile), hat sich ein weiterer Join Algorithmus entwickelt, der sogenannte **hybrid join** (Cheng 1991). Hier wird wie bei sort merge mit indexierter innerer Tabelle die äussere Tabelle zuerst sortiert, dann im Mergeprozess mit den Werten in den Indexleafpages von I2 verglichen, aber dann statt Zeile um Zeile von T2 geholt, werden zuerst die RIDs, die sich aus dem Matchingprozess ergeben, sortiert (die passenden Zeilen von T1 angehängt gelassen), um erst dann geordnet auf das Tabellenfile von T2 zuzugreifen. Die Kosten sind also

$$P(T1) \cdot [\log(P(T1)) / \log(B)] + L(I2) + \text{Sort} + (W(T1.A) / W(T2.A)) \cdot P(T2),$$

mit einem Sort Anteil von $P' \cdot [\log(P') / \log(B)]$, $P' = (W(T1.A) / W(T2.A)) \cdot P(T1)$, wenn Sortierung mit Disk I/O gemacht werden muss, und dem Sort Anteil von $0.001 \cdot N \cdot \log_2(N)$, $N = (W(T1.A) / W(T2.A)) \cdot Z(T1)$, wenn die Sortierung im flüchtigen Speicher stattfinden kann. Dabei stammt der Faktor $(W(T1.A) / W(T2.A))$ überall von der Annahme, dass zwar $\text{adom}(T1.A) \subseteq \text{adom}(T2.A)$ sei, aber nicht unbedingt auch umgekehrt.
In jedem Fall kann man annehmen, dass der Sort Anteil höchstens nochmals den Betrag $P(T1) \cdot [\log(P(T1)) / \log(B)]$ ausmacht, sodass die Kosten des Hybrid Join höchstens

$$2 \cdot P(T1) \cdot [\log(P(T1)) / \log(B)] + L(I2) + (W(T1.A) / W(T2.A)) \cdot P(T2) \quad \text{sind.}$$

Aufgabe 30:

Im Beispiel obiger Abfrage sei $P(T1) = P(T2) = 1024$ und $W(T1.A) = 20'000$. Man zeige, dass sich hybrid Join lohnt im Vergleich zu sort merge mit indexierter innerer Tabelle. Beachte dass aus der Annahme $adom(T1.A) \subseteq adom(T2.A)$ im hybrid Join $W(T1.A) \leq W(T2.A)$ folgt.

Aufgabe 31:

Im Beispiel obiger Abfrage zeige man, dass sich hybrid Join nicht lohnt im Vergleich zu sort merge mit indexierter innerer Tabelle, wenn die äussere Tabelle sehr gross ist im Vergleich zur Anzahl verschiedener Werte des Join Attributes der inneren Tabelle.

Aufgabe 32:

Gegeben sei die Abfrage

$$\text{SELECT} \ * \ \text{FROM} \ T1, T2 \ \text{WHERE} \ T1.A = T2.A \ \text{AND} \ T2.B = b$$

und die Statistikinformation $Z(T1) = Z(T2) = 100'000$, $P(T1) = P(T2) = 1000$, $W(T1.A) = W(T2.B) = 50'000$. Man habe die Wahl, als Performance unterstützende Massnahme auf T2 einen Index zu definieren und zwar entweder auf dem Attribut A oder auf B. Welcher Index ist besser?

Geordnete Antwort

Der Benutzer wünscht sehr oft eine geordnete Antwort, denn fast zwei Drittel aller programmierten oder ad hoc formulierten Queries enthalten 'ORDER BY' (Lu 1993). Die Anwesenheit von 'ORDER BY' kann den Zugriffspfad beeinflussen. Wir betrachten dazu ein einfaches Beispiel. Die Abfrage

$$\text{SELECT} \ A, B, C \ \text{FROM} \ T \ \text{WHERE} \ A > a \ \text{OR} \ B > b$$

mit $Z(T) = 30'000$, $P(T) = 900$, und einem clustered ($\gamma = 1$) Index $I(A,B)$ mit $L(I) = 450$, würde zu Tablespace scan führen, denn mit $f := FF(A > a \ \text{OR} \ B > b) = 1/3 + 1/3 - 1/9 = 5/9$ kostet Index Leafpage scan $L(I) + f \cdot P(T) = 950 > P(T)$, den Kosten des Tablespace scan. Wird jedoch Sortierung der Antwort verlangt,

$$\text{SELECT} \ A, B, C \ \text{FROM} \ T \ \text{WHERE} \ A > a \ \text{OR} \ B > b \ \text{ORDER BY} \ A, B,$$

dann zahlt es sich bei Index Leafpage scan aus, dass die Zeilen durch die Indexordnung bedingt bereits geordnet daherkommen, denn die Kosten von Tablespace scan mit anschliessender Sortierung wären $P + 0.001 \cdot f \cdot Z(T) \cdot \log_2(f \cdot Z(T)) = 900 + 0.001 \cdot 16'667 \cdot \log_2(16'667) = 1134 > 950$, den Kosten des Index Leafpage scan.

Mit 'ORDER BY' wird hier also der Index genommen, und sonst nicht.

Aufgabe 33:

Man zeige, dass 'ORDER BY' auch die Wahl des Join Algorithmus beeinflussen kann, anhand eines einfachen Beispieles.

Die Frage der geordneten Antwort kann sich aber auch auf Zwischenergebnisse beziehen. Wenn zum Beispiel für einen Join von drei Tabellen zuerst zwei davon mit sort merge verbunden werden, so ist es für die weiteren Schritte unter Umständen vorteilhaft, dass das Zwischenergebnis bereits sortiert vorliegt respektive daherkommt. Deshalb kennt schon (Selinger 1979) den Begriff der **'interesting orders'**, das heisst beim Ersteller der 'Query evaluation plans', deren Kosten verglichen werden, wird für jedes Zwischenergebnis markiert, welche Attributskombinationen allenfalls sortiert sind.

Batch versus Online

Wir betrachten nochmals dasselbe Beispiel

$$\text{SELECT A, B, C FROM T WHERE A} > \text{a OR B} > \text{b ORDER BY A, B}$$

mit anderer Statistik, nämlich $Z(T) = 90'000$, $P(T) = 1000$, und dem Index $I(A,B)$ mit $L(I) = 300$, der jetzt aber völlig unclustered ist ($\gamma = 0$). Wie oben können wir mit $f := FF(A > a \text{ OR } B > b) = 5/9$ die Kosten berechnen für Index Leafpage scan mit zeilenweisem Zugriff auf das Tabellenfile, nämlich $L(I) + f \cdot Z(T) = 50'300$ (beachte dass $\gamma = 0$ ist). Und die Kosten für den alternativen Zugriffspfad, Tablespace scan mit anschliessender Sortierung, sind $P + 0.001 \cdot f \cdot Z(T) \cdot \log_2(f \cdot Z(T)) = 1000 + 50 \cdot \log_2(50'000) = 1781$.

Hier würde also ganz klar Tablespace scan mit Sortierung des Output gewählt. Dies ist die richtige Entscheidung im Sinne der Optimierung für die gesamte durch die Abfrage definierte Resultatmenge. Dies ist gut für **Batch** Verarbeitung. In einer **Online** Anwendung ist man aber üblicherweise nicht an allen 50'000 erwarteten Zeilen des Output interessiert, sondern zum Beispiel an einem Bildschirm voll. Für Online möchte man deshalb den Zugriff via Index Leafpage scan, da die Zeilen dann geordnet daherkommen und die ersten ausgegeben werden können, bevor alle gelesen sind und als ganzes geordnet.

Die Hersteller von Datenbanksystemen haben dieser Unterscheidung Rechnung getragen, der SQL Standard nicht. In realen Systemen kann dem SQL Statement der Hinweis mitgegeben werden, dass man den Zugriff auf die erste Zeile der Antwort möglichst rasch haben möchte oder auf die letzte, das heisst auf alle ('FIRST_ROW','FIRSTFASTROW' oder ähnlich), oder aber einen Hinweis auf eine Anzahl Zeilen ('FAST (25)', 'OPTIMIZE FOR 25 ROWS' oder ähnlich besagt, dass man die ersten 25 Zeilen möglichst rasch haben möchte).

Algebraisches Preprocessing

In den Paragrafen über die Selektivitäten haben wir bereits festgestellt, dass das Datenbanksystem als eine Form von algebraischem Preprocessing bei Vorliegen von zum Beispiel 'A = B AND B = C' das Prinzip des 'transitive closure' anwenden und 'A = C' hinzufügen kann.

Auch mögliche Umformulierungen boole'scher Ausdrücke in beispielsweise konjunktive Normalformen kann man als algebraisches Preprocessing bezeichnen.

Eine schwierigere Art, die gegebene Abfrage in eine äquivalente umzuwandeln (in der Hoffnung, auf einen günstigeren Zugriffspfad zu stossen), ist **die Verwandlung von Subqueries in Joins**. Wir betrachten die Abfrage (Seshadri 1996)

```
SELECT  Abt.Name
FROM  Abteilung AS  Abt
WHERE  Abt.Budget < 100'000
   AND  Abt.AnzahlMA > (SELECT COUNT(*)
                        FROM  Mitarbeiter AS  MA
                        WHERE  Abt.Abteilungssitz = MA.Bürogebäude)
```

("Namen von Abteilungen mit kleinem Budget und mehr Mitarbeitern als im Gebäude des Abteilungssitzes ihr Büro haben")

Eine mögliche Umwandlung in einen Join ist die folgende:

```
SELECT  Abt.Name
FROM  Abteilung AS  Abt
        LEFT OUTER JOIN
        (SELECT  Bürogebäude, COUNT(*) AS  AnzahlMA
         FROM  Mitarbeiter
         GROUP BY  Bürogebäude) AS  MA
        ON  Abt.Abteilungssitz = MA.Bürogebäude
WHERE  Abt.Budget < 100'000
   AND  Abt.AnzahlMA > COALESCE(MA.AnzahlMA,0)
```

Aufgabe 34:

Die vielleicht zuerst naheliegende Umwandlung der betrachteten Query in

```
SELECT  Abt.Name
FROM  Abteilung AS  Abt
        ,(SELECT  Bürogebäude, COUNT(*) AS  AnzahlMA
          FROM  Mitarbeiter
          GROUP BY  Bürogebäude) AS  MA
WHERE  Abt.Abteilungssitz = MA.Bürogebäude
   AND  Abt.Budget < 100'000
   AND  Abt.AnzahlMA > MA.AnzahlMA
```

ist falsch. Wieso? Dieser in (Kim 1982) aufgetauchte und vielzitierte Fehler wird in der Literatur als '**count bug**' bezeichnet.

Aufgabe 35:

Man formuliere eine zur folgenden Abfrage äquivalente mit einem Join:

```
SELECT  *  FROM  T1
WHERE  T1.A > a  AND  EXISTS (SELECT '' FROM  T2
                            WHERE  T2.B > b  AND  T2.C = T1.C)
```

Vergleiche die Zugriffskosten ({T2.C} sei ein Schlüssel von T2).

Algebraisches Preprocessing bietet interessante Möglichkeiten, sogar auch heute noch für die Forschung. Allerdings gibt es gewisse theoretische (sehr wahrscheinlich) unüberwindbare Grenzen des zu hohen Rechenaufwandes für solche Umformungen bereits bei boole'schen Kombinationen von elementaren Vergleichsoperationen (Rosenkrantz 1980).

Join Heuristik

Bei einem Join über mehrere Tabellen ist es im Allgemeinen unmöglich, alle denkbaren Zugriffspfade zu betrachten um deren Kosten zu vergleichen. Selbst wenn man nur die Fälle betrachtet, in denen je eine Tabelle an ein Zwischenresultat zugefügt wird,

$$(\ldots((T1 \bowtie T2) \bowtie T3) \bowtie \ldots) \bowtie Tn,$$

und als Join Algorithmus nur nested loop, und eine einfache Kostenformel, ist es beweisbar rechenaufwendig ('NP-hard'), die optimale Reihenfolge zu bestimmen (Ibaraki 1984). Vom Benutzer von Hand geschriebene Abfragen mit mehr als 10 Join verknüpfter Tabellen sind zwar selten, doch durch Mausklick generierte Queries aus 'decision support' Programmen neigen zur Grosszügigkeit in dieser Hinsicht.

Aber schon 10 Tabellen im Join sind zuviel, um alle möglichen der $10! = 3'628'800$ Reihenfolgen zu untersuchen. Deshalb verwendet der Optimizer sogenannte Join Heuristik, um den Suchraum einzuschränken.

Eine Heuristik besteht darin, nur 'von links nach rechts' $(((T1 \bowtie T2) \bowtie T3) \bowtie T4$ vorzugehen, und andere Beklammerungen wie zum Beispiel $(T1 \bowtie T2) \bowtie (T3 \bowtie T4)$ gar nicht in Betracht zu ziehen.

Eine andere zieht Tabellen mit stark auswählenden lokalen Prädikaten nach links (Spezialfall: Ist eine Tabelle dabei, deren lokales Prädikat mit Sicherheit höchstens eine Zeile liefert, kommt diese Tabelle für die weitere Untersuchung "fest fixiert" an erste Stelle).

Eine weitere Heuristik schiebt Kreuzprodukte möglichst nach rechts. Wenn zum Beispiel die drei Tabellen T1, T2 und T3 verbunden werden sollen und die WHERE Bedingung verknüpft eine Kolonne von T1 mit einer Kolonne von T2 sowie auch eine andere Kolonne von T2 mit einer Kolonne von T3, dann fallen die Join Reihenfolgen T1-T3-T2 sowie T3-T1-T2 von vornherein ausser Betracht.

Dann werden bei der Frage der 'interesting orders' nur Teilzugriffspfade in diesem Suchraum weiterverfolgt, welche schon für sich gesehen günstiger sind als andere (dh ohne auf den

Zusammenhang der Gesamtrechnung zu warten). Nicht mehr weiterverfolgt werden Wege im Suchraum, bei denen man rasch sieht, dass die Kosten ins Unermessliche wachsen.

Und schliesslich ist es unter Umständen möglich, dass wenn der Suchraum bis zu einer gewissen Grenze durchmessen ist, dass es ab da weder auf die Join Methode noch auf die Reihenfolge ankommt (wenn die noch zu verbindenden Tabellen vergleichbare Umstände in bezug auf den Join haben). Dann wird die Suche abgebrochen. Abgebrochen wird die Suche auch, wenn ersichtlich wird, dass ein Zugriffspfad sehr billig ist oder wird.

Die Komplexität des Suchraumes hängt von der Form des 'Query Graph' ab (Tabellen sind Knoten, Joinbedingungen Verbindungen). Ein linearer Query Graph ist auch noch für 100 am Join beteiligte Tabellen in vernünftiger Zeit optimierbar, ein Star Join Query Graph hingegen nicht (Ono 1990).

Explain

Es ist deshalb bei Joins über viele Tabellen schwierig, sich mit Formeln Gewissheit zu verschaffen über den Zugriffspfad, den der Optimizer wählen wird.

Datenbanksysteme bieten dafür oft eine "explain facility" an, die für gegebene Abfragen erklärt, welchen Zugriffspfad das System wählt (DB2 und Oracle kennen 'EXPLAIN PLAN', Microsoft SQL Server 'SHOWPLAN'). Es kann sein, dass man dann "von aussen" besser sieht, dass ein gewählter Zugriffspfad nicht wirklich optimal ist (zB weil man bessere Einsicht hat in die wahre Verteilung der Daten als der Optimizer).

Man kann dann versuchen, mit Definitionen von neuen Indexes, vielleicht mit Löschen von alten sowie durch Neuformulierung der Abfrage einen günstigeren Zugriffspfad zu ergattern. Unter Umständen kann man dem Optimizer sogar 'Hints' geben, das heisst Angaben oder Empfehlungen für den zu wählenden Zugriffspfad.

Für gewisse Datenbanksysteme gibt es auch Hilfsprogramme, die für einzelne Queries oder ganze 'workloads' von Queries Vorschläge für Indexdefinitionen generieren. Allerdings sollte es eines sein, welches den Optimizer des Systems wirklich anzapft, und nicht nur ein analytisches Modell desselben implementiert hat. Ein solches ist erstmals vorgestellt worden in (Finkelstein 1988). Eine interessante Weiterentwicklung davon ist in (Valentin 2000) beschrieben.

Hilft alles nichts, so bleibt noch der schwierige Weg der Manipulation derjenigen Systemtabellen, welche Statistik enthalten über die an der Query beteiligten Tabellen und deren Files und Indexes. Wer dieses Kapitel verstanden hat, sollte in der Lage sein zu einer intelligenten Manipulation der Systemtabellen (Achtung: sehr oft greift mehr als eine Query auf dieselbe Tabelle).

Der Optimizer als regelbasiertes Expertensystem

Der Optimizer ist ein Stück Datenbanksystem, das aus Programmcode besteht. Es wurde aber bald klar, Mitte der Achtzigerjahre, dass es besser wäre, dieses Programm möglichst stark zu parametrisieren, dh änderbare Grössen in Kontrolldatenstrukturen auszulagern (dies ist ein normaler Prozess in grossen Programmsystemen, die gepflegt werden). Denn Aenderungen mussten dauernd gemacht werden zum Beispiel weil SQL sich änderte, weil neue data access Möglichkeiten auftauchten, weil neue interne Processingmethoden kamen wie neue Join Methoden usw, oder weil neue Query Transformationen sich zeigten wie komplizierte Formen von algebraischem Preprocessing, weil es möglich werden sollte, dass der Benutzer dem Optimizer 'hints' mitgeben können sollte, usw.

Es wurde ein ganz neuer Ansatz entwickelt, Abfragen zu optimieren, der so abstrakt ist, dass er sogar gestattet, Query Umwandlungsregeln (Freytag 1986, Pirahesh 1992) in Kontrolldatenstrukturen auszulagern (Lohman 1988).

Mit diesen Prinzipien ist es auch möglich, Regeln zu definieren, die dem Optimizer gestatten, weitere Strukturinformation zu verwenden. Als Beispiel betrachten wir eine Tabelle T1 mit einem unique Index I1(A) und eine Tabelle T2 mit einem unique Index I2(B), das heisst also {A} ist ein Schlüssel von T1 und {B} ein Schlüssel von T2, sowie die Abfrage

SELECT T1.A,T2.C FROM T1,T2 WHERE T1.A = T2.B ORDER BY T1.A,T2.C.

Die Regeln, welche davon handeln, wie funktionale Abhängigkeiten sich über SQL hinweg übertragen (auf Resultate und Zwischenresultate), gestatten zu schliessen, dass die Resultatstabelle die Abhängigkeit T1.A $\rightarrow$ T2.C erfüllt, und dass deshalb, wenn beim Zugriff auf T1 die Ordnung von I1(A) übernommen wird, für ORDER BY nicht mehr sortiert werden muss.

Es ist für den Benutzer nicht einfach, zu beurteilen, ob der Optimizer in einem vorliegenden Fall "merken" sollte, dass nicht sortiert werden muss. **Man kann aber davon ausgehen, dass es in jedem Falle günstig ist, zu jeder Tabelle (mindestens) einen unique Index zu definieren.** Damit hat auch jede Tabelle mindestens einen Superschlüssel, was ja schliesslich vom relationalen Modell auch so verlangt wird.

Schlussbemerkungen zum Kapitel Optimizer

Dieses Kapitel sollte den Leser befähigen, bei konkreten Performance Problemen von Queries erste Hilfe zu leisten. Dabei mögen in einer konkreten relationalen Datenbank noch weitere Statistikgrössen zur Verfügung stehen, die wir hier nicht besprochen haben. Zum Beispiel kann auch noch die Anzahl verschiedener Werte Vektoren $(a_1,a_2,...,a_n)$ für jeden Superschlüssel $(A_1,A_2,...,A_n)$ oder sogar für jeden Index $I(A_1,A_2,...,A_n)$ einer Tabelle, auch wenn er nicht unique ist, zur Verfügung stehen (**full key cardinality**). Vielleicht gibt es auch Statistik über die Verteilung der Zeilen in den Pages, usw. Wie sich solche zusätzliche Angaben auf die vorgestellten Formeln auswirken könnten, ist nicht schwer zu beurteilen und sei dem Leser überlassen.

Schwieriger wird das Urteil nicht nur für den Leser sondern auch für das System bei **benutzerdefinierten Prädikaten**. Wenn zum Beispiel in einer Abfrage das lokale Prädikat 'Kreditrate(Kundennummer) > kr' mit der benutzerdefinierten Funktion 'Kreditrate' vorkommt, die zu ihrer Ausführung viel Ressourcen braucht, dann ist es unter Umständen nicht mehr sinnvoll, lokale Prädikate vor Joins auszuwerten (Chaudhuri 1999).

Ein weiteres Problemfeld liegt in der **Unterscheidung zwischen statischem und dynamischem SQL**. Bei der Einbettung von SQL in Programme werden oft Variable gebraucht statt konstanter Werte. Beim statischen Binden wählt der Optimizer einen Zugriffspfad, welcher derselbe ist für alle folgenden Abläufe des Programms, unabhängig von der Grösse der Werte dieser Variablen in einem konkreten Lauf. Dieser Zugriffspfad müsste also optimal sein für alle Variablenbelegungen, was oft nicht der Fall ist. Dafür muss zur Laufzeit des Programmes nicht mehr optimiert werden, und der Zugriffspfad ist stabil. Um diesem Dilemma zu begegnen, haben Systeme begonnen, verschiedene Pläne (gebundene Zugriffspfade) zu generieren, von denen einer zur Laufzeit gewählt wird. Oder es werden gar gewisse Optimierungsentscheide verlagert in die Laufzeit (Graefe 1989, Cole 1994, Kabra 1998).

Zur sorgfältigen Behandlung von Performance Aspekten gehört auch die Beachtung der **Gesamtlogik eines Programmes**, nicht nur einzelner SQL Anweisungen. Es gibt für alle prominenten Datenbanksysteme Sekundärliteratur zur Performanceunterstützung, die sich zu konsultieren lohnt. Des weiteren muss im Einzelfall beurteilt werden, wie oft die Statistikermittlungs und die Reorganisations Programme angewandt werden müssen (täglich, monatlich, usw).

Wir sind in diesem Kapitel auch nicht eingegangen auf spezifische Eigenschaften des Betriebssystems oder dem Datenbanksystem zugrundeliegenden File Managementsystems, wie zum Beispiel das Lesen mehrerer zusammenhängender Pages in einem Stück (**page prefetch**), das sich vor allem bei extentbasierten Filesystemen auszubezahlen scheint, da dort die grössere Chance besteht, dass logisch benachbarte Filepages auch auf Disk benachbart sind (Harris 1996). Auch eine mögliche Datenkompression muss vom Optimizer berücksichtigt werden. Ein weites Feld auch für die aktuelle Forschung ist das Gebiet der **Parallelisierung** von Abfragen (Hasan 1996).

Vollständig vernachlässigt haben wir auch die Optimierung von SQL Abfragen in **verteilten Datenbanksystemen**. Dort ist nicht das Disk I/O Processing der dominierende Kostenfaktor, sondern die Datentransmission zwischen den beteiligten lokalen Systemen. In der Optimierung von verteiltem SQL häufen sich die beweisbar schwierigen ('NP-hard') Ressourcenprobleme (Wang 1996).

Was bringt die Zukunft? Vielleicht lernende Optimizer (Stillger 2001), die ihre Fehlannahmen und Fehlschlüsse zu Runtime entdecken und in spätere Optimierungen einfliessen lassen. Allerdings wird es sich für den Leser bis auf weiteres trotzdem noch lohnen, sich selber mit der Sache zu beschäftigen und die folgenden Aufgaben zu lösen.

Weitere Aufgaben

Aufgabe 36:

Gegeben sind die Tabellen T1(A,B,C,D) und T2(E,F,G,H) und die Abfrage

    SELECT A,B,C,D FROM T1, T2 WHERE A = E AND B = F AND G = 'g'

Die Abfrage läuft schlecht trotz beliebig grossem zur Verfügung stehenden Bufferspace. Was für Indexes könnten helfen? Man diskutiere das Problem in Abhängigkeit der Anzahl verschiedener Werte beteiligter Spalten.

Aufgabe 37:

Gegeben ist eine Tabelle T(A,B,C,D,E) sowie ein unique clustered Index I(A,B,C). Ab welcher Grösse von W(T.C) lohnt sich in der Abfrage

SELECT * FROM T WHERE C = 'c'

schätzungsweise der Zugriff via Index, wenn man annimmt, dass die (fixen) Längen der Spalten D und E zusammen etwa halb so gross sind wie diejenigen von A, B und C zusammen? Wie würde sich die Sache verhalten, wenn C die erste Spalte des Index wäre?

Aufgabe 38:

Wir nehmen an, die Tabelle 'Person' habe nur einen unique Index auf (Name,Vorname) und dürfe keine weiteren haben. Wie kann man auf einfache Art die Performance der folgenden Abfrage verbessern?

```
SELECT * FROM Person AS x
WHERE NOT EXISTS(SELECT '' FROM Person AS y
                 WHERE x.Strasse = y.Strasse  AND  y.Name = 'Meierhans')
  AND NOT EXISTS(SELECT '' FROM Person AS z
                 WHERE x.Ort = z.Ort  AND  z.Name = 'Meier')
```

Aufgabe 39:

Gegeben sind Tabellen 'Buchung(B#,Klasse,Hkto,Skto,Dat,..)' und 'Erlaubt(Uid,Klasse,Was)'. Welche Massnahmen würden die Performance der folgenden Abfrage unterstützen?

```
SELECT * FROM Buchung AS x
WHERE  EXISTS(SELECT '' FROM Erlaubt AS y
              WHERE  x.Klasse = y.Klasse AND y.Uid = CURRENT USERID
              AND  y.Was = 'Lesen')
  AND  x.Dat = CURRENT DATE
```

Aufgabe 40:

Gegeben eine Tabelle T(A,B,C,D) sowie zwei Indexes I1(A,B) und I2(B,A,C). Das Tabellenfile hat 100 Pages, die Tabelle 10'000 Zeilen, der Index I1 ist 100% clustered und hat 60 Leafpages, der Index I2 ist 30% clustered und hat 90 Leafpages. Welcher der Indexes wird genommen bei folgenden Queries?

SELECT * FROM T WHERE A = a AND B = b, und
SELECT C FROM T WHERE A = a AND B = b

Aufgabe 41:

Gegeben eine Tabelle T(A,B,C,D) mit 10'000 Zeilen und 100 Tabellenfilepages, der Index I1(A) und der Index I2(B), beide 50% clustered und mit je 30 Leafpages, und ein weiterer Index I3(C,A,B) mit 80 Leafpages. Welcher Zugriff wird für die Abfrage

$$\text{SELECT C,A,B FROM T WHERE A} = \text{a OR B} = \text{b}$$

gewählt, wenn W(T.A) = W(T.B) = 200 ist?

Aufgabe 42:

Gegeben zwei Tabellen T1(A,B,C,D,E) und T2(A,B,C,D,E), jeweils alle Domänen vom gleichen Datentyp, sowie die Abfrage

```
SELECT T1.*, T2.*  FROM  T1, T2
WHERE  T1.A = T2.A
   AND  T1.B = b1  AND  T1.C = c1
   AND  T2.B = b2  AND  T2.C ≥ c2.
```

Gesucht sind zwei Indexes, je einen pro Tabelle, zur Unterstützung der Performance der Abfrage. Für welchen dieser Indexes ist es wichtiger, dass er 100% clustered ist (zumindest nach Datenbankreorganisation)?
Information aus dem Systemkatalog: P(T1) = P(T2) = 10'000, Z(T1) = Z(T2) = 1'000'000, W(T1.A) = W(T1.B) = W(T1.C) = W(T2.A) = W(T2.B) = WT2.C) = 100. FF(T2.C ≥ 'c2') kann als 1/3 genommen werden.

Aufgabe 43:

Gegeben zwei Tabellen T1(A,B,...) und T2(A,C,...) mit Z(T1) = 10'000, P(T1) = 100, Z(T2) = 15'000, P(T2) = 200, und die Query

$$\text{SELECT T1.*,T2.* FROM T1,T2 WHERE T1.A} = \text{T2.A AND T1.B} = \text{b AND T2.C} > \text{c,}$$

sowie Indexes I1(T1.A) mit L(I1) = 20, D(I1) = 3 und clusterratio = 100%, I2(T1.B) mit L(I2) = 30, D(I2) = 3 und clusterratio = 20%, I3(T2.C) mit L(I3) = 40, D(I3) = 3 und clusterratio = 90%. Es ist W(T1.A) = 500, W(T1.B) = 1000, und der Selektivitätsfaktor FF(T2.C > 'c') kann als 1/3 angenommen werden. Welcher Zugriffspfad wird gewählt?

Lösungen der Aufgaben

Lösung Aufgabe 1:

Wir schreiben Z statt Z(T) und W statt W(T.A).
Nehmen wir an, Z und W seien gemessen. Ist $Z = W$, so wäre die effektive Selektivität

$FF = 1$. Ist hingegen $Z > W$, so liegt FF zwischen $\max\{0, 2 \cdot W - Z\} / Z$ (wenn soviele Werte wie möglich mehrfach auftreten) und $(W - 1) / Z$ (wenn nur einer der Werte mehrfach vorkommt).
Eine Schätzfunktion für FF wäre dann zum Beispiel das arithmetische Mittel dieser beiden

Grenzwerte, nämlich $(\max\{0, 2 \cdot W - Z\} + W - 1) / (2 \cdot Z)$.

Lösung Aufgabe 2:

Die erste WHERE Bedingung ist äquivalent zu

$T1.A = b$ AND $T1.C$ IN (c1,c2,c3) AND $T2.B = b$ AND $T1.A = T2.B$

somit ist $T1.A = b$ AND $T1.C$ IN (c1,c2.c3) ein lokales Teilprädikat für T1, $T2.B = b$ ein lokales Teilprädikat für T2, und $T1.A = T2.B$ ein Join Prädikat.

Die zweite WHERE Bedingung ist äquivalent zu

$T1.A < a$ AND $T2.A < a$ AND $T1.A = T2.A$ AND $T2.B = T3.B$,

somit ist $T1.A < a$ ein lokales Teilprädikat für T1, $T2.A < a$ ein lokales Teilprädikat für T2, und $T1.A = T2.A$ AND $T2.B = T3.B$ ein Join Prädikat.

Lösung Aufgabe 3:

Da natürlich auch bei den gegebenen (Equi-) Join Bedingungen das Transitivgesetz
$x = y$ AND $y = z$ $\rightarrow$ $x = z$ angewendet werden kann (und überflüssige Bedingungen wieder weggestrichen werden können), dürfen wir ohne Beschränkung der Allgemeinheit annehmen, die gegebenen (verschiedenen) $T_1, T_2, ..., T_n$ seien gerade so angeordnet, dass
$W(T_1.B) \leq W(T_2.B) \leq .... \leq W(T_n.B)$ ist. Dann müssen wir, abgesehen von Annahmen über Gleichverteilungen weiter das Passen der Wertebereiche
$adom(T_1.B) \subseteq adom(T_2.B) \subseteq ... \subseteq adom(T_n.B)$ voraussetzen. Dann ergibt sich als Verallgemeinerung des Falles $n = 2$

$FF(T_1.B = T_2.B$ AND $T_2.B = T_3.B$ AND ... AND $T_{n-1}.B = T_n.B) =$

$\min\{W(T_1.B), W(T_2.B),...., W(T_n.B)\} / (W(T_1.B) \cdot W(T_2.B) \cdot .... \cdot W(T_n.B))$.

Lösung Aufgabe 4:

$(1 - (1 - 1 / W(T1.B))^{FF(\varphi) \cdot Z(T1)})$ ist die Wahrscheinlichkeit, dass ein beliebig gegebenes $b \in adom(T1.B)$ in $adom(temp.B)$ vorkommt (als eins minus die Wahrscheinlichkeit, dass es nirgends unter den $FF(\varphi) \cdot Z(T1)$ Zeilen von temp vorkommt).

Lösung Aufgabe 5:

Sei s_A = min{W(T1.A), W(T2.A)} / (W(T1.A) $\cdot$ W(T2.A)),

s_B = min{W(T3.B), W(T4.B), W(T5.B)} / (W(T3.B) $\cdot$ W(T4.B) $\cdot$ W(T5.B)),

s_C = min{W(T2.C), W(T6.C)} / (W(T2.C) $\cdot$ W(T6.C)),

s_D = min{W(T2.D), W(T6.D)} / (W(T2.D) $\cdot$ W(T6.D)),

s_E = min{W(T3.E), W(T4.E), W(T5.E), W(T6.E)} / (W(T3.E) $\cdot$ W(T4.E) $\cdot$ W(T5.E) $\cdot$ W(T6.E))

Dann ist die Selektivität der WHERE Bedingung = $s_A \cdot s_B \cdot s_C \cdot s_D \cdot s_E$.

Lösung Aufgabe 6:

$$FF(T.A \ BETWEEN \ x \ AND \ y) = \max\{0, (h(y) - h(x)) / (h(\max_A) - h(\min_A))\}, \text{ oder}$$

$$FF(T.A \ BETWEEN \ x \ AND \ y) = (1/3) \cdot Z(T)^{-\frac{1}{2}} \ (\text{Grössenordnung}), \text{ oder}$$

$$FF(T.A \ BETWEEN \ x \ AND \ y) = 1/10.$$

Lösung Aufgabe 7:

Bei den angegebenen Varianten von Schätzfunktionen kommt nur im Falle des Phantasie Ansatzes annähernd dasselbe heraus für die beiden Prädikate.

Lösung Aufgabe 8:

$$FF(T.A \ IN \ (\text{value-list})) = FF(T.A = a) \cdot (\text{Anzahl Elemente in (value-list)})$$

Lösung Aufgabe 9:

Für $a = v_k$ mit $1 \leq k \leq H$ ist der Fehler $= 0$, und für $k > H$ ist der Fehler $\leq 1/H$, denn nach Konstruktion ist $f(v_k) \leq f_H$, und $1 \geq \Sigma_{1 \leq j \leq H} f_j \geq \Sigma_{1 \leq j \leq H} f_H = H \cdot f_H$, dh $f_H \leq 1/H$.

Lösung Aufgabe 10:

Die richtige Selektivität wäre $\Sigma_{1 \leq j \leq W} f_j^2$, wie man leicht sieht durch Betrachtung der Zeilenbilanz. Ebenso gelangt man im Modell der relativen Häufigkeiten zur Schätzung

$$FF(x.A = y.A) = \Sigma_{1 \leq j \leq H} f_j^2 + (1 - \Sigma_{1 \leq j \leq H} f_j)^2 / (W - H).$$

Der Unterschied dieser Schätzung zum richtigen Wert entspricht dem Unterschied der Ausdrücke $\Sigma_{H < j \leq W} f_j^2$ und $(\Sigma_{H < j \leq W} f_j)^2 / (W - H)$. Durch Abschätzung nach oben (f_H)

und nach unten (f_W) sieht man leicht, dass beide Ausdrücke zwischen $f_W \cdot \Sigma_{H < j \leq W}\, f_j$ und

$f_H \cdot \Sigma_{H < j \leq W}\, f_j$ liegen, deshalb ist der gesuchte Fehler $\leq (f_H - f_W) \cdot \Sigma_{H < j \leq W}\, f_j =$

$= (f_H - f_W) \cdot (1 - \Sigma_{1 \leq j \leq H}\, f_j)$.

Als Zahlenbeispiel nehmen wir $Z = 1000$, $W = 101$, $H = 11$, $f_1 = 0.9$, und $f_k = 0.001$ für $2 \leq k \leq 101$. Dann ergibt dieses Modell die richtige Selektivität von 0.8101 (es ist ja auch $f_{11} - f_{101} = 0$), wohingegen das Modell der Gleichverteilung $1/W = 0.0099$ ergibt, also eine krasse Fehleinschätzung.

Lösung Aufgabe 11:

Die Anzahl Zeilen des Output ist $Z(T)^2 \cdot \Sigma_{1 \leq j \leq W}\, f_j^2$. Setze $f_j := 1/W + \varepsilon_j$. Dann ist $1 = \Sigma_{1 \leq j \leq W}\, f_j = \Sigma_{1 \leq j \leq W}\, (1/W + \varepsilon_j) = 1 + \Sigma_{1 \leq j \leq W}\, \varepsilon_j$, also $\Sigma_{1 \leq j \leq W}\, \varepsilon_j = 0$. Deshalb ist $\Sigma_{1 \leq j \leq W}\, f_j^2 = \Sigma_{1 \leq j \leq W}\, (1/W + \varepsilon_j)^2 = 1/W + 2/W \cdot \Sigma_{1 \leq j \leq W}\, \varepsilon_j + \Sigma_{1 \leq j \leq W}\, \varepsilon_j^2 = 1/W + \Sigma_{1 \leq j \leq W}\, \varepsilon_j^2$. Dies ist aber $\geq 1/W$ und $= 1/W$ genau dann, wenn alle $\varepsilon_j = 0$ sind, was Gleichverteilung bedeutet.

Lösung Aufgabe 12:

Aus $(1 - \Sigma_{1 \leq j \leq H}\, f_j) / (W - H) \leq f_H$ folgt $W \geq H + (1 - \Sigma_{1 \leq j \leq H}\, f_j) / f_H = 100$.

Lösung Aufgabe 13:

Genau dann wenn $f_1 = 1/W$.

Lösung Aufgabe 14:

Wir betrachten zuerst den Einfluss des WHERE Prädikates auf W(Verkaufsstelle) und W(Produktnummer). Die Query ist äquivalent zu

```
SELECT Verkaufsstelle, Produktnummer, SUM(Betrag)
FROM  (SELECT * FROM Bestellungen WHERE Datum = '8.5.2002') AS T
GROUP BY  T.Verkaufsstelle, T.Produktnummer
```

Es ist FF(Datum = '8.5.2002') = 1/W(Bestellungen.Datum) = $1/2000 = 0.0005$,

$Z(T) = 1/2000 \cdot Z(\text{Bestellungen}) = 50$. Mit den Bezeichnungen Wv: = W(Bestellungen.Verkaufsstelle) und Wp: = W(Bestellungen.Produktnummer) wird

dann W(T.Verkaufsstelle) = $(1 - (1 - 1/Wv)^{Z(T)}) \cdot Wv = 25$ (gerundet), und

W(T.Produktnummer) = $(1 - (1 - 1/Wp)^{Z(T)}) \cdot Wp = 49$ (gerundet). Damit ergibt die angegebene Schätzung für die Anzahl Zeilen

$$(1/2) \cdot (\max\{W(T.Ak) \mid k \leq n\} + \min\{Z(T), \Pi_{1 \leq k \leq n}\, W(T.Ak)\}) =$$

$$= (1/2) \cdot (\max\{25, 49\} + \min\{50, 25 \cdot 49\}) = 50 \text{ (gerundet)}.$$

Lösung Aufgabe 15:

```
Initialize rootpage;
repeat
   initialize x; --Einträge
   repeat
      get next Eintrag x in page
   until Name(x) ≥ 'Müller' or page exhausted;
   if not leaflevel then GETPAGE(Pagepointer(x)) --get page des nächstunteren levels
until leaflevel reached or not found
```

(Bemerkung: Ist die grösste Leafpage mit der Eigenschaft gesucht, müsste im obigen Algorithmus nur " ≥ " durch " > " ersetzt werden.)

Lösung Aufgabe 16:

Wir zählen die Anzahl (Werte,RID) Einträge in jedem Level des Index:

Leafpagelevel	$Z(T)$
Leafpagelevel-1	$Z(T) \cdot (1/\alpha)$
Leafpagelevel-2	$Z(T) \cdot (1/\alpha) \cdot (1/\alpha) = Z(T) \cdot (1/\alpha)^2$
Leafpagelevel-3	$Z(T) \cdot (1/\alpha)^2 \cdot (1/\alpha) = Z(T) \cdot (1/\alpha)^3$

usw
Insgesamt hat der Index also

$Z(T) \cdot (1 + (1/\alpha) + (1/\alpha)^2 + (1/\alpha)^3 + ...) = Z(T) \cdot (1 + 1/(\alpha-1))$ Einträge. Damit ist der Anteil der Nonleafpages inbezug auf die Leafpages $(1/(\alpha-1))$, in Tabellenform für ein paar Beispiele

α	2	3	4	5	10	20	50	100
$1/(\alpha-1)$ in %	100	50	33	25	11	5	2	1

Gleichzeitig sieht man auch, dass der Extremfall von 100% Nonleafoverhead dann eintritt, wenn nur 2 Einträge mit Verweisen pro Page möglich sind. Bei nur einem Eintrag pro Page fällt das ganze Prinzip zusammen, ein System wird diesen Fall also nicht zulassen können.

Lösung Aufgabe 17:

Wir verwenden die Ueberlegungen und Bezeichnungen der vorherigen Aufgabe. Man ist mit Leafpagelevel-k bei der Rootpage angelangt, wenn $Z(T) \cdot (1/\alpha)^k \leq \alpha$ ist, anders geschrieben $Z(T) \leq \alpha^{(k+1)}$, oder $\log(Z(T)) / \log(\alpha) \leq (k+1)$. Beachte dass die Anzahl Levels bei dieser Art der Zählung dann $(k+1)$ ist (und nicht k). Damit ist das minimale $D(I) = \min\{ \text{integer} \mid \text{integer} \geq \log(Z(T)) / \log(Z(T)/L(I))\}$.

Lösung Aufgabe 18:

```
SELECT DISTINCT Strasse FROM Person WHERE Strasse LIKE '%bach%'
```

Lösung Aufgabe 19:

3, 1, 2 und 0 matching columns. Leaf page scan.

Lösung Aufgabe 20:

Die Zugriffskosten via Index sind höchstens

$$D - 1 + FF(A > a) \cdot L + FF(A > a \text{ AND } B \text{ BETWEEN } b1 \text{ AND } b2) \cdot P + \text{RID-Sort-Kosten.}$$

Wir nehmen an, dass die Indexspalten Bedingungen voneinander unabhängig sind, und wählen für die Selektivitäten die Phantasiewerte $FF(>) = 1/3$ und $FF(\text{BETWEEN}) = 0.1$. Dann sind die Kosten höchstens $3 - 1 + 1/3 \cdot 90 + 1/30 \cdot 900 + \text{RID-Sort-Kosten} = 62 + \text{RID-Sort-Kosten}$. Dies ist zu vergleichen mit den Kosten eines Tablespace Scan, also $P = 900$. Der Indexzugriff lohnt sich also, wenn RID-Sort-Kosten < 838 ist. Nun ist $N = FF(A > a \text{ AND } B \text{ BETWEEN } b1 \text{ AND } b2) \cdot Z = 1/30 \cdot 9000 = 300$, also die RID-Sort-Kosten $= 0.001 \cdot N \cdot \log_2(N) = 0.3 \cdot \log_2(300) < 3$. Indexzugriff lohnt sich also.

Lösung Aufgabe 21:

Die Indexzugriffskosten sind (eventuell wegfallende Summanden in Klammer)

$$(D - 1) + L + FF(B > b) \cdot P + (\text{RID-Sort-Kosten}).$$

Dies ist $\geq L + FF(B > b) \cdot P = 200 + 1/3 \cdot 300 = 300 \geq P$. Demnach lohrt sich der Zugriff via Index nicht.

Lösung Aufgabe 22:

$D(I1) - 1 + FF(A > a) \cdot L(I1) + D(I2) - 1 + FF(B > b) \cdot L(I2) + D(I3) - 1 - FF(C = c) \cdot L(I3) +$

$0.001 \cdot (N1 \cdot \log_2(N1) + N2 \cdot \log_2(N2) + N3 \cdot \log_2(N3) + N1 + N2 + N4 + N3) +$

$FF(A > a \text{ AND } B > b \text{ OR } C = c) \cdot P(T)$, mit

$N1 := FF(A > a) \cdot Z(T)$, $N2 := FF(B > b) \cdot Z(T)$, $N3 := FF(C = c) \cdot Z(T)$, und der erwarteten Anzahl RIDs nach der ersten Durchschnittsbildung $N4 := FF(A > a \text{ AND } B > b) \cdot Z(T)$.

Lösung Aufgabe 23:

Sei $N1 := FF(B = b \text{ AND } C = c) \cdot Z(T) = 80$,

$\qquad N2 := FF(B = b) \cdot Z(T) = 2000$, und

$\qquad N3 := FF(C = c) \cdot Z(T) = 2000$.

Zugriff via I1: $D(I1) - 1 + L(I1) + 0.001 \cdot N1 \cdot \log_2(N1) + FF(B = b \text{ AND } C = c) \cdot P(T) =$ (gerundet) $3 - 1 + 100 + 0.001 \cdot 80 \cdot \log_2(80) + 1 = 104$ (gerundet).

Zugriff via I2 ANDing I3: D(I2) - 1 + FF(B=b) · L(I2) + D(I3) - 1 + FF(C=c) · L(I3) +

$0.001 \cdot (N2 \cdot \log_2(N2) + N3 \cdot \log_2(N3) + N2 + N3) + FF(B=b \text{ AND } C=c) \cdot P(T) =$
(gerundet) 3 - 1 + 2 + 3 - 1 + 2 + 48 + 1 = 57.

Zugriff via I2 ANDing I3 ist also günstiger als via I1. Beide sind günstiger als Tablespace scan.

Wäre aber I1 als I1(B,C) definiert, so könnte beim Zugriff via I1 der Kostenanteil L(I1) ersetzt werden durch FF(B=b AND C=c) · L(I1) = 0.0016 · 100 = 1 (gerundet), weil dann zwei matching columns vorhanden wären, statt leaf page scan. Die Gesamtkosten wären dann 5 statt 104 für diesen Zugriff, womit er klar vorzuziehen wäre.

Lösung Aufgabe 24:

Wir teilen die N zu sortierenden Records in zwei Hälften zu je N/2 Records, sortieren die Hälften und mergen diese sortierten Hälften zusammen. Damit können wir einen rekursiven Ansatz für die Kosten K(N) machen: $K(N) = 2 \cdot K(N/2) + N$. Der Anteil N ergibt sich hier aus dem Mergeprozess, der aus höchstens N/2 + N/2 Elementarschritten besteht (zwei Records vergleichen und eventuell miteinander austauschen). Die Auflösung der rekursiven Formel ergibt $K(N) = 2 \cdot (2 \cdot K(N/4) + N/2) + N = 4 \cdot K(N/4) + 2 \cdot N = 8 \cdot K(N/8) + 3 \cdot N = \ldots = 2^k \cdot K(N/2^k) + k \cdot N$. Wählen wir $k = \log_2(N)$, dann ergibt der letzte Ausdruck $N \cdot K(1) + \log_2(N) \cdot N$. Wegen $K(1) = 0$ haben wir damit das Gewünschte.

Lösung Aufgabe 25:

Sei $P(T1) = (k+1) \cdot (B - 1)$ und $P(T2) = k \cdot (B - 1) + 1$. Dann ist $[P(T1) / (B - 1)] = [P(T2) / (B - 1)] = k + 1$, und

$P(T1) + [P(T1) / (B - 1)] \cdot P(T2) < P(T2) + [P(T2) / (B - 1)] \cdot P(T1)$

genau dann wenn $B - 2 < (B - 2) \cdot (k+1)$.

Ist nun $B > 2$, so ist diese Ungleichung erfüllt, und trotzdem $P(T1) > P(T2)$.

Lösung Aufgabe 26:

Ist $B = 2$, so ist mit $P(T1) \cdot \log_2(P(T1)) + P(T2) \cdot \log_2(P(T2))$ sort merge offensichtlich bei zunehmenden Filegrössen günstiger als nested loop mit $P(T1) + P(T1) \cdot P(T2)$. Mit zunehmender Buffergrösse nimmt dieser Vorteil aber ab, und bei $B = \min\{P(T1), P(T2)\} + 1$ wird nested loop günstiger als sort merge, sobald das Grössere von P(T1) und P(T2) etwa doppelt so gross ist wie das kleinere (sonst sind die Kosten dann etwa gleich gross).

Lösung Aufgabe 27:

Nested loop mit indexierter innerer Tabelle kostet mindestens $P(T1) + Z(T1) \cdot (D(I2) + 1) = 1000 + 100'000 \cdot 4 = 401'000$. Nested loop kostet $P(T1) + [P(T1) / (B - 1)] \cdot P(T2) = 1000 + [1000/(B - 1)] \cdot 1000$, lohnt sich also gegenüber ersterem sobald $400 > [1000/(B - 1)]$, das heisst $B \geq 4$ (4 Bufferpages zur Verfügung stehen).

Sort merge kostet $P(T1) \cdot [\log(P(T1)) / \log(B)] + P(T2) \cdot [\log(P(T2)) / \log(B)] =$

$2000 \cdot [\log(1000) / \log(B)] = 2000 \cdot [3 / \log_{10}(B)]$, was kleiner ist als 401'000, sobald $B \geq 2$. Es lohnt sich also nicht, den Index als Zugriffspfad zu wählen.

Lösung Aufgabe 28:

Die Kosten von sort merge mit indexierter innerer Tabelle sind höchstens

$P(T1) \cdot \log_2(P(T1)) + L(I2) + W(T1.A) \leq P(T1) \cdot \log_2(P(T1)) + L(I2) + Z(T1) \leq$

$P(T1) \cdot \log_2(P(T1)) + P(T1) + Z(T1) < P(T1) \cdot 2 \cdot \alpha + P(T1) + Z(T1) =$

$P(T1) + 3 \cdot Z(T1) \leq P(T1) + Z(T1) \cdot (D(I2) + 1)$, welches die Mindestkosten sind für nested loop mit indexierter innerer Tabelle.

Lösung Aufgabe 29:

Kosten nested loop mit indexierter innerer Tabelle $= 1000 + 2000 \cdot (3 - 1 + 1 + 1) = 9000$, die

Kosten sort merge mit indexierter innerer Tabelle $= 1000 \cdot (\log(1000)/\log(B)) + 50 + 2000$. Letztere sind grösser als erstere sobald $\log(1000)/\log(B) > 6.95$, dh $B < 2.7$, das heisst sort merge lohnt sich sobald $B \geq 3$.

Lösung Aufgabe 30:

Vergleich der Formeln zeigt dass sich hybrid Join gegenüber sort merge mit indexierter innerer Tabelle lohnt sobald

$$\text{Sort} + (W(T1.A) / W(T2.A)) \cdot P(T2) < W(T1.A).$$

Der Sort Anteil ist höchstens $P(T1) \cdot (\log(P(T1))/\log(B)) \leq P(T1) \cdot \log_2(P(T1))$, und es ist

$W(T1.A) \leq W(T2.A)$. Deshalb lohnt es sich sobald $P(T1) \cdot \log_2(P(T1)) + P(T2) < W(T1.A)$. Dies

ist für die gegebenen Zahlen aber der Fall weil $11 \cdot 1024 < 20'000$.

Lösung Aufgabe 31:

Vergleich der Formeln zeigt dass sich hybrid Join gegenüber sort merge mit indexierter innerer Tabelle nicht lohnt sobald

$$\text{Sort} + (W(T1.A) / W(T2.A)) \cdot P(T2) > W(T1.A).$$

Die Sortkosten sind mindestens

$\min\{(W(T1.A) / W(T2.A)) \cdot P(T1), 0.001 \cdot (W(T1.A) / W(T2.A)) \cdot Z(T1)\}$ (die jeweiligen Faktoren mit den Logarithmen sind je ≥ 1). Zur Erfüllung der Ungleichung genügt zum Beispiel $P(T1) \geq W(T2.A)$ und $Z(T1) \geq 1000 \cdot W(T2.A)$.

Lösung Aufgabe 32:

Index I2 auf T2.B ist besser, denn damit kann via I2 mit der Bedingung B=b auf T2 zugegriffen werden, was eine gewisse kleine Anzahl Zeilen liefert, die verglichen werden können mit allen Zeilen von T1 via Tablespace scan. Vergleicht man die Kosten D(I2) + Z(T2)/W(T2.B) + P(T1) dieses Zugriffes mit den Formeln der verschiedenen Join Algorithmen, sieht man sofort, dass alles andere viel teurer wäre.

Lösung Aufgabe 33:

Betrachte die Abfrage

  SELECT * FROM T1, T2 WHERE T1.A = T2.A {ORDER BY A},

mit P(T1) = 1000, P(T2) = 2000, Z(T1) = Z(T2) = 50'000, W(T1.A) = W(T2.A) = 1000, ohne irgendwelche Indexes. Nimmt man an, dass ein Bufferspace von 1024 Pages zur Verfügung steht, so ist dann mit 3000 Pagezugriffen nested loop billiger als sort merge mit 5000 Zugriffen (ohne ORDER BY). Wird aber ORDER BY verlangt, dann wären 2.5 Mio Zeilen zu sortieren ($\max\{1/W(T1.A), 1/W(T2.A)\} \cdot Z(T1) \cdot Z(T2)$), mit geschätzten Kosten von $0.001 \cdot 2.5\text{Mio} \cdot \log_2(2.5\text{Mio}) = 53'134$. Nested loop + Zeilensort wäre dann 56'134 Getpage teuer, wohingegen bei sort merge (Kosten 5000) die Zeilen schon sortiert sind.

Lösung Aufgabe 34:

Es könnte eine Abteilung geben mit mindestens einem Mitarbeiter und kleinem Budget, deren Abteilungssitz in einem Gebäude lokalisiert ist, wo keine Mitarbeiter das Büro haben. Diese Abteilung erscheint in der originalen Abfrage, nicht aber in der falschen Join Version.

Lösung Aufgabe 35:

  SELECT T1.* FROM T1,T2 WHERE T1.A>a AND T2.B>b AND T1.C = T2.C

Die Zugriffskosten der ursprünglichen Abfrage sind $P(T1) + 1/3 \cdot Z(T1) \cdot (D(I2)+1)$, wenn wir annehmen, dass ein unique Index I2(T2.C) existiert, der die Schlüsseleigenschaft unterstützt.
Bereits ein gewöhnlicher sort merge Join ergibt bei der umformulierten Abfrage aber Kosten von höchstens $P(T1) + P(T2) + 1/3 \cdot P(T1) \cdot \log_2(1/3 \cdot P(T1)) + 1/3 \cdot P(T1) \cdot \log_2(1/3 \cdot P(T1))$, ein klarer Vorteil im Allgemeinen.

Lösung Aufgabe 36:

Hilfreich wären wahrscheinlich zwei Indexes, I1(A,B) auf T1, und I2(G,E,F) auf T2. Dann könnte mit der Bedingung T2.G=g matching via I2 indexonly zugegriffen werden, was eine Menge von (E,F) Kombinationen bringt (Z(T2)/(W(T2.G) Stück, die Swami/Schiefer Korrektur lassen wir weg), mit denen als gegebene (A,B) Werte via I1 matching auf T1 gegriffen werden könnte. Die Kosten wären

D(I2) - 1 + L(I2)/W(T2.G) +

(Z(T2)/(W(T2.G))· (D(I1) - 1 + 1/(W(T1.A)·W(T1.B)) · (L(I1) + P(T1))) + RID-Sort,

wobei der RID-Sort (Z(T2)/W(T2.G)) · (Z(T1)/(W(T1.A)·W(T1.B))) RIDs betrifft.
Da bei beliebig grossem zur Verfügung stehenden Bufferspace ein klassischer nested loop

etwa P(T1) + P(T2) kostet, wird der Vergleich kritisch, wenn W(T2.G) und W(T1.A)·W(T1.B)
klein sind (eines von W(T1.A) und W(T1.B) darf klein sein, aber nicht beide).

Lösung Aufgabe 37:

Wenn der Index genommen wird, kommt nur Leafpage Scan in Frage (wegen der
Spaltenlängenverhältnisse ist L(I) etwa = 2/3 · P(T)), also ist die Frage wann

$$2/3 \cdot P(T) + 1/W(T.C) \cdot P(T) < P(T) \text{ ist.}$$

Dies ist der Fall sobald W(T.C) > 3. Ist C die erste Spalte des Index, so ist die Frage, wann

$$1/W(T.C) \cdot (2/3 \cdot P(T) + P(T)) < P(T)$$

ist (Nonleaf Pages vernachlässigt). Dies ist der Fall sobald W(T.C) > 1.

Lösung Aufgabe 38:

Durch Vertauschen der Reihenfolge der Bedingungen, da die zweite sehr viel stärker filtert:

```
SELECT * FROM Person AS x
WHERE NOT EXISTS(SELECT '' FROM Person AS z
                 WHERE x.Ort = z.Ort  AND  z.Name = 'Meier')
   AND NOT EXISTS(SELECT '' FROM Person AS y
                 WHERE x.Strasse = y.Strasse  AND  y.Name = 'Meierhans')
```

(dabei unterstellt, das System werte in "α AND β" den Teilausdruck β nur dann aus, wenn α
schon richtig ist).

Lösung Aufgabe 39:

In erster Linie ein unique Index auf (Uid,Klasse,Was). Das muss möglich sein, sonst stimmt
mit dem Datendesign etwas nicht. In zweiter Linie könnte man gleich selber schon die
EXISTS Subquery in einen Join verwandeln (bevor das System das **vielleicht** macht).

Lösung Aufgabe 40:

Die Anzahl Levels der Indexes vernachlässigen wir, sie wird bei vernünftiger Grösse der
Spalten der Tabelle sowieso bei beiden Indexes 2 sein. Mit f: = FF(A = a AND B = b) benötigt
der Zugriff via I1 mit 2 matching columns

$$f \cdot (60 + 100)$$

Pagezugriffe mit dem aus den Angaben nicht berechenbaren Selektivitätsfaktor f, und der analoge Zugriff via I2

$$f \cdot (90 + 100 \cdot 30\% + 10'000 \cdot 70\%) = f \cdot 7120$$

Zugriffe. Die erste Query benutzt also den Index I1. Die zweite Query aber braucht das Tabellenfile nicht beim Zugriff via I2, welcher $f \cdot 90$ Pagezugriffe verlangt. Sie wird also I2 mit indexonly benutzen.

Lösung Aufgabe 41:

Bei Index ORing mit I1 und I2 ist die Anzahl Zugriffe auf das Tabellenfile

$$D(I1) - 1 + FF(A=a) \cdot L(I1) + D(I2) - 1 + FF(B=b) \cdot L(I2) +$$
$$0.001 \cdot (N1 \cdot \log_2(N1) + N2 \cdot \log_2(N2) + N1 + N2) + FF(A=a \text{ OR } B=b) \cdot P(T),$$

mit $N1 = FF(A=a) \cdot Z(T) = 1/W(T.A) \cdot Z(T) = 10'000/200 = 50$ und $N2 = FF(B=b) \cdot Z(T) = 1/W(T.B) \cdot Z(T) = 10'000/200 = 50$. Das ergibt (Einzelterme jeweils aufgerundet) $D(I1) - 1 + 1/200 \cdot 30 + D(I2) - 1 + 1/200 \cdot 30 + 0.001 \cdot (50 \cdot 6 + 50 \cdot 6 + 50 + 50) + (1/200 + 1/200) \cdot 100$, wobei für $FF(A=a \text{ OR } B=b)$ das leicht grössere $FF(A=a) + FF(B=b)$ genommen wurde. Das ergibt $D(I1) + D(I2) + 2$. $D(I1)$ und $D(I2)$ sind zwar nicht bekannt, aber kaum grösser als 3, sodass dieser Zugriffspfad so günstig ist, dass er durch die anderen denkbaren Möglichkeiten nicht unterboten werden kann.

Lösung Aufgabe 42:

Index I1(B,C,A) auf T1 und Index I2(A,B,C) auf T2. Sei γ_1 die clusterratio von I1 und γ_2 diejenige von I2. Dann ist die Anzahl Getpage für Zugriff auf T1 mit B, C matching

$$D(I1) - 1 + 1/100 \cdot 1/100 \cdot (10'000 \cdot \gamma_1 + 1\text{Mio} \cdot (1 - \gamma_1) + 3/5 \cdot 10'000) = D(I1) + 100 - 99 \cdot \gamma_1$$

(da alle Spalten gleiche Domäne haben und die Tabellen gleich viele Zeilen, sind $L(I1)$ und $L(I2)$ beide ca = $3/5 \cdot P(T1) = 6000$). Dieser Zugriff lässt $1/100 \cdot 1/100 \cdot 1\text{Mio} = 100$ Zeilen erwarten, welche nun praktisch zu Nullkosten sortiert werden nach (A,B,C), damit im Falle von nested loop mit indexierter innerer Tabelle T2 mit A, B und C als 3 matching columns nur einmal via Rootpage von I2 zugegriffen werden muss, mit Kosten für den Indexzugriff von $D(I2) - 1 + 100 \cdot (1/100 \cdot 1/100 \cdot 1/3 \cdot 6000) = D(I2) + 19$ und für den Tabellenfilezugriff von $100 \cdot 1/100 \cdot 1/100 \cdot 1/3 \cdot (10'000 \cdot \gamma_2 + 1\text{Mio} \cdot (1 - \gamma_2)) = 3333 - 3300 \cdot \gamma_2$, insgesamt also $D(I1) + D(I2) + 3452 - 99 \cdot \gamma_1 - 3300 \cdot \gamma_2$. Demzufolge ist es wichtiger, dass I2 möglichst stark clustered ist. Ist das allerdings nicht der Fall, dann kann man den zeilenweisen Zugriff auf T2 ersetzen durch eine Sortierung von $100 \cdot 1/100 \cdot 1/100 \cdot 1/3 \cdot 1\text{Mio} = 3333$ RIDs, zu Kosten von $0.001 \cdot 3000 \cdot \log_2(3000) = 39$, und anschliessendem Zugriff auf $100 \cdot 1/100 \cdot 1/100 \cdot 1/3 \cdot 10'000 = 33$ Pages von T2. Insgesamt hat man in diesem Fall $D(I1) + D(I2) + 191 - 99 \cdot \gamma_1$. RID-Sort vor T2 Zugriff lohnt sich also sobald $\gamma_2 < 0.99$ ist, praktisch also immer. Eine analoge Ueberlegung könnte auch beim Zugriff auf T1 angestellt werden.

Lösung Aufgabe 43:

Der Zugriff auf T1 via I2 und der Bedingung T1.B = b kostet nur $2 + 1/1000 \cdot 30 +$

$1/1000 \cdot 100 =$ (Einzelterme gerundet) 4 Pagezugriffe (mit Sort von $1/1000 \cdot 10'0000 = 10$ RIDs). Wüsste man sicher, dass nur 10 Zeilen qualifizieren, so könnte der Rest mit einem tablespace scan von T2 abgewickelt werden. Deshalb werden diese Zeilen sortiert nach A (zu erwartungsgemäss praktisch null Kosten), um in einen sort merge Join einzufliessen. Dazu müssen die in 200 Getpage gelesenen $1/3 . 15'000 = 5000$ Zeilen (mit T2.C > c) von

T2 sortiert werden zu Kosten von $0.001 \cdot 5000 \cdot \log_2(5000) = 62$. Insgesamt ergibt sich

$4 + 200 + 62 = 266$. Man überlegt sich leicht, dass alle anderen Zugriffspfade teurer wären, insbesondere lohnt es sich in keinem der Fälle, auf T2 via I3 zuzugreifen.

Concurrency

Vorbemerkungen

Die Theorie der Gleichzeitigkeit, Concurrency, ist um einiges älter als die Datenbanken, da bereits in den Betriebssystemen der sechziger Jahre gleichzeitig ablaufende Prozesse möglich waren. Für Datenbanken ist rund um das Problem der Gleichzeitigkeit eine Theorie der Serialisierbarkeit entstanden (Bernstein 1987, Papadimitriou 1986, Weikum 2002). Obwohl es die verschiedensten Serialisierbarkeitsbegriffe gibt (Lechtenbörger 2000), handeln alle von der Vorstellung, dass ein realer Ablauf von Aktionen verschiedener Transaktionen in Ordnung ist, wenn ein serieller Ablauf der beteiligten Transaktionen denkbar wäre, der gewisse Abhängigkeiten derselben untereinander bestehen lässt. Zieht man aber die Effekte, welche die Transaktionen auf der Datenbank hinterlassen, in die Definition dieser Abhängigkeiten hinein, so ist fast kein realer Ablauf serialisierbar, denn die meisten Transaktionen moderner Anwendungen hinterlassen Timestamps in der Datenbank, die sie einer Betriebssystemuhr entnommen haben. Zudem ist das Phantom Problem, das jeder Programmierer kennen muss, schlecht bis gar nicht darstellbar in dieser klassischen Serialisierbarkeitstheorie.
Im Hinblick darauf, dass in diesem Kapitel sowieso nur soviel dargestellt werden soll, wie ein Praktiker, der Programme schreibt oder analysiert, wissen sollte, wollen wir deshalb stattdessen von den Effekten ausgehen, die man vermeiden möchte.

Worum geht es?

Herr und Frau Meier gehen, ohne voneinander zu wissen, mit verschiedenen Absichten gleichzeitig zu zwei verschiedenen Filialen derselben Bank. Frau Meier möchte Fr. 100.- aufs Familienkonto einlegen, während Herr Meier Fr. 100.- vom Konto abheben möchte.

Der Wunsch von Frau Meier führt zur Transaktion

R_1 : Lesen Konto Meier
W_1: Schreiben Konto Meier mit Saldo: $=$ Saldo $+ 100$

Der Wunsch von Herr Meier führt zur Transaktion

R_2 : Lesen Konto Meier
W_2: Schreiben Konto Meier mit Saldo: $=$ Saldo $- 100$

Wenn das Datenbanksystem und die es umgebenden Programme, **Transaktionen**, keinen Isolierschutz hätten, dann könnten die einzelnen Teile der Transaktionen $T_1 = <R_1, W_1>$ und $T_2 = <R_2, W_2>$ zum Beispiel in der Reihenfolge $<R_1, R_2, W_1, W_2>$ ablaufen. Betrachten wir, was dann mit dem Saldo passiert:

Die Transaktionen T_1 und T_2 mögen als Programme dieselben sein oder auch nicht, wir nehmen jedenfalls an, dass T_1 eine Variable für den Saldo hat deren Wert wir mit S_1 bezeichnen, und dass T_2 eine Variable für den Saldo hat deren Wert wir mit S_2 bezeichnen.

Wir betrachten die Werte von S_1 und S_2 im zeitlichen Ablauf und nehmen dabei an, dass vor T_1 und T_2 der wirkliche Wert des Saldo b sei (mit $b > 100$):

	S_1	S_2
R_1	b	
R_2	b	b
W_1	$b + 100$	b
W_2		b - 100

Der Effekt ist der, dass nachher der Saldo des Meier Konto um Fr. 100.- kleiner ist als vorher, obwohl er eigentlich gleich wie vorher sein müsste. Und die Kasse der Bank stimmt auch nicht, sie enthält Fr. 100.- zuviel.

Aufgabe 1:

Hätte es auch sein können, dass die Bank zu kurz gekommen wäre? Man zähle alle denkbaren Varianten auf und verfolge den Saldo.

Lesen ist problemlos, Schreiben weniger

Wenn alle Transaktionen nur Daten *lesen* würden, gäbe es keine Probleme der Reihenfolge von Einzelaktionen. Probleme gibt es aber beim Schreiben, beim Aendern der Dateninhalte, was vom Programmierer aus gesehen INSERT, UPDATE oder DELETE sein kann, welche wir unter **WRITE** zusammenfassen und **READ** gegenüberhalten.

Die Frage, *was* gelesen und geschrieben wird, halten wir vorläufig etwas schwammig, sagen wir mal Objekte x,y, usw. Dann braucht es mindestens zwei verschiedene Transaktionen, T_1 und T_2, die miteinander in Konflikt geraten können. Wenn die Transaktion T_1 das Objekt x schreibt oder auf das Objekt x schreibt, bezeichnen wir dies mit $W_1(x)$, liest die Transaktion T_2 vom Objekt y, so bezeichnen wir dies mit $R_2(y)$, und so weiter.

Damit ergibt sich folgende Kategorisierung von Konfliktsituationen:

.....$R_1(x)$.....$R_2(x)$........T_1end.....	no problem
.....$R_1(x)$.....$W_2(x)$.......T_1end.....	**non repeatable read**
.....$W_1(x)$....$R_2(x)$.......T_1end.....	**dirty read**
.....$W_1(x)$....$W_2(x)$.......T_1end.....	**dirty write**

Diese Darstellung zeigt die prinzipiell möglichen Fälle, in denen die eine Transaktion, hier T_2, vor dem Ende der anderen auf ein gemeinsames Objekt x greift.

Die Bezeichnung 'non repeatable read' meint, dass T_1 sehr wahrscheinlich ein verändertes Objekt x vorfinden würde, wenn sie vor T_1end, aber nach $W_2(x)$, nochmals mit $R_1(x)$ auf x zugreifen würde. Die Bezeichnungen 'dirty read' und 'dirty write' meinen, dass die Transaktion T_2 auf das "noch unsichere" Objekt x zugreift, nachdem T_1 es geschrieben hat, aber bevor T_1 zu Ende ist.

Den ersten und den letzten Fall können wir in diesem Kapitel auf der Seite lassen, den ersten weil er problemlos ist, und den letzten, dirty write, aus folgendem Grund:

Das Ende von Transaktion T_1, T_1end, kann ein normales Ende sein, so dass alles in Ordnung ist (nach einem funktionierenden **COMMIT** verpflichtet sich das System, die gemachten Aenderungen sorgfältig zu bewahren, 'commit' heisst anvertrauen, sich verpflichten).
Es kann aber auch ein abnormales Ende sein, ausgelöst durch das System selber oder durch den Programmierer (**ROLLBACK**). Diese Dinge werden genauer unter die Lupe genommen im Kapitel 'Recovery/Restart'.

Jedenfalls muss das System im Falle von ROLLBACK alle Aenderungen von T_1 rückgängig machen, sodass die Daten nachher wieder so sind, wie wenn die Transaktion T_1 nie gelaufen wäre. Es muss also $W_1(x)$ wieder rückgängig gemacht werden. Das macht aber bei 'dirty write' nur Sinn wenn auch $W_2(x)$ wieder rückgängig gemacht wird, was dann den ROLLBACK auch der Transaktion T_2 nach sich ziehen müsste (**'cascading abort'**). Weil dies höchst unerwünscht ist, lässt das System den Fall von 'dirty write' schon gar nicht zu (wie es diesen Fall verhindert, sehen wir weiter unten).

Es verbleiben also noch die beiden Fälle

$$\ldots\ldots R_1(x)\ldots\ldots W_2(x)\ldots\ldots\ldots T_1\text{end}\ldots\ldots \qquad \text{non repeatable read}$$
$$\ldots\ldots W_1(x)\ldots\ldots R_2(x)\ldots\ldots\ldots\ldots T_1\text{end}\ldots\ldots \qquad \text{dirty read,}$$

mit denen wir uns genauer beschäftigen müssen.

Der Fall von dirty read kann für die Transaktion T_2 insofern gefährlich sein, als dass sie nicht sicher sein kann, ob der gelesene Wert des Objektes x auch bestehen bleibt. Eventuell wird er ja rückgängig gemacht.
Nun ist es aber so, dass dies für gewisse Transaktionen nicht so wichtig ist. Wenn T_2 zum Beispiel eine statistische Auswertung ist, die erst noch lange läuft, dann ist sowieso anzunehmen, dass bei grosser Aenderungsrate durch Schreibaktivitäten anderer Transaktionen die Einzelwerte dauernd ändern.

Der SQL Standard (SQL2, 1992, und auch SQL:1999) sowie die realen Datenbank Systeme lassen deshalb diesen Fall auf ausdrücklichen Wunsch zu, auf eigene Verantwortung des Anwenders sozusagen.

Wie das im einzelnen angegeben wird, ist aber ziemlich uneinheitlich, und es macht keinen Sinn, dass wir hier ins Detail gehen, man muss sich in die Manuals des betreffenden Datenbanksystems vertiefen. Es sei nur gesagt, dass in realen Systemen unter Umständen auf Einzel-SQL-Ebene Angaben möglich sind wie 'WITH UR', wobei UR für 'uncommitted read' steht, und dass im Standard auf Transaktionsebene gesagt werden kann **'SET TRANSACTION...ISOLATION LEVEL READ UNCOMMITTED'**. Der Standard verlangt in diesem Fall, dass die Transaktion read-only ist, dh nicht schreibt.

Der Normalfall wird aber der sein, dass man den Fall von 'dirty read' ausgeschlossen haben möchte.

Non repeatable read und das Phantom Problem

Der weitaus interessanteste Fall ist

$$.....R_1(x).....W_2(x).......T_1 end.....$$ non repeatable read.

An dieser Stelle müssen wir über das Objekt x, das wir oben etwas schwammig gelassen haben, etwas genauer nachdenken, im Hinblick vor allem auf die Frage, *wie* das System den Fall von 'non repeatable read' verhindern kann, wenn man dies wünscht.

Wenn der READ von Transaktion T_1, $R_1(x)$, zum Beispiel lautet

    SELECT * FROM Person WHERE Personennummer = 17,

und wenn die Tabelle 'Person' die Spalte 'Personennummer' als Schlüssel hat, und die Person mit der Nummer 17 tatsächlich vorkommt, dann handelt es sich beim Objekt x um eine tatsächlich *vorkommende* Zeile einer Tabelle, welche allenfalls vor der Transaktion T_2 und ihrem $W_2(x)$ geschützt werden muss.

Schwieriger wird es bereits dann, wenn die Zeile gar nicht existiert, dann zieht die Transaktion T_1 vielleicht Schlüsse aus der Nichtexistenz, und es wäre eventuell unpassend, wenn T_2 eine Zeile mit Personennummer 17 einfügen würde, noch bevor T_1 fertig ist.

Noch schwieriger wird es, wenn R1(x) nicht aus einer Abfrage stammt, die eine genau lokalisierbare Zeile will, sondern einen ganzen Bereich, zum Beispiel

    SELECT COUNT(*) FROM Person WHERE Name = 'Müller'.

Jetzt müsste das System also für T_1 alle vorhandenen Zeilen schützen, bei denen Name = 'Müller' ist, aber auch alle diejenigen, die T_2 und weitere Transaktionen schreiben wollen, und die zum Zeitpunkt der Leseaktionen von T_1 noch gar nicht da sind, wenigstens solange, bis T_1 fertig ist. Weil der erwünschte Schutz sich auch auf *nicht* existierende Objekte bezieht, ist dieses Phänomen als **Phantom Effekt** bezeichnet worden (Eswaran 1976).

Das Phantom Problem spielt in der Praxis eine grössere Rolle als die Literatur glauben macht. Besteht kein Schutz gegen das Phantom Problem, so ist es beispielsweise in einem Buchungssystem ohne besondere Vorkehrungen nicht einmal möglich, die genaue Summe aller bis zu einem exakten aktuellen Zeitpunkt gebuchten Beträge zu ermitteln.

Aufgabe 2:

Man diskutiere das Phantom Problem anhand dieses Buchungsbeispiels.

Wie stellt sich der SQL Standard zu 'non repeatable read' und zum Phantom?

Der Command **ISOLATION LEVEL REPEATABLE READ** , den man am Beginn einer Transaktion absetzen kann, verhindert unseren Fall von 'non repeatable read' für Objekte x, welche beim R1(x) wirklich da sind, und der Command **ISOLATION LEVEL SERIALIZABLE** verhindert das 'non repeatable read' auch für den Phantom Effekt.

Da im Standard der Isolation Level Serializable der Default ist, muss man etwas aufpassen, denn wenn man selber weiss, dass nichts Schlimmes passieren kann, möchte man vielleicht nicht, dass wegen der Transaktion T_1 alle anderen Transaktionen zu stark an ihrer Arbeit gehindert werden.

Es gibt im SQL Standard noch einen vierten Grad der Isolierung, **ISOLATION LEVEL READ COMMITTED**. Die folgende Uebersicht zeigt für alle vier Grade, welche Effekte damit verhindert werden (markiert x):

	dirty read	non repeatable read	Phantom Effekt
SERIALIZABLE	x	x	x
REPEATABLE READ	x	x	.
READ COMMITTED	x	.	.
READ UNCOMMITTED	.	.	.

Reale Datenbank Systeme stellen aber viele Parameter zur Verfügung, mit denen man die Grade der Isolation von Transaktionen beeinflussen kann, deshalb müssen wir uns auch ein wenig mit der Frage befassen, *wie* ein System es typischerweise bewerkstelligt, die Grade der Isolation zu garantieren.

Wie garantiert das System die Grade der Isolation?

Es gibt verschiedene Methoden der Verwaltung paralleler Datenzugriffe (Gray 1993), von denen wir hier aber nur die in kommerziellen Datenbanksystemen am häufigsten verwendete besprechen, nämlich die Isolierung von Objekten durch Sperrungen, durch **Locks**. Locks sind typischerweise Eintragungen in einer separat verwalteten systeminternen Datenstruktur, welche von parallel laufenden Prozessen konsultiert werden muss.

Damit das System aber Locks unterbruchsfrei schreiben kann, muss das Betriebssystem gewisse noch elementarere Parallelisierungshilfen bereitstellen. Wenn ein Prozess mitten in der Berechnung des Zinses für das Konto der Meiers unterbrochen wird, macht das nichts, er kann Bruchteile von Sekunden später, wenn er wieder CPU Ressourcen kriegt, an genau derselben Stelle weiterfahren, an der er unterbrochen wurde. Gewisse heikle System Verwaltungs Prozesse wie eben das Schreiben von Lock Eintragungen (und viele andere) dürfen aber nicht unterbrochen werden, da sonst leicht Inkonsistenzen entstehen.

Deshalb sind in den frühen sechziger Jahren sogenannte **Semaphore** entwickelt worden (Dijkstra 1965), einfache gekapselte Datenstrukturen, die zB nur 0,1 oder 0,1,2,3,... enthalten können und als Schnittstelle für Prozesse Lese- und Schreiboperationen zur Verfügung stellen, **welche nicht unterbrochen werden können** (zum Beispiel 'lies n und schreibe anschliessend n + 1'). Semaphore kann man nur implementieren, wenn schon die CPU eine nichtunterbrechbare Anweisung **'test and set'** (oder ähnlich, zB auch 'compare and swap') besitzt, welche garantiert ohne Unterbrechung ein Flag lesen und je nach Inhalt ein eventuell anderes so oder so schreiben kann. Deshalb ist nicht jede CPU für Multitasking geeignet. Dies gehört aber zur Theorie der Betriebssysteme und war bereits ausgereift bevor die ersten Datenbanken kamen.

In der Datenbankwelt nennt man Semaphore oft **Latches** (Schnappschlösser), und der Lockmanager, oder auch Buffermanager, Logmanager (Kapitel Recovery) haben Unmengen davon (Gray 1977).

Letztlich auf solchen Latches und ihrer Hardwareunterstützung beruht die Möglichkeit, Isolationskontrolle auf dem höheren Systemlevel des Locking zu implementieren, welchem wir uns nun zuwenden wollen.

Locking

Das Datenbanksystem verlangt für eine Transaktion T_1, bevor diese in ein Objekt x schreibt, $W_1(x)$, eine Sperrung von x für's Schreiben, einen **Write-Lock**, auch **Exclusive Lock** genannt. Wir bezeichnen dieses Stück Datenbanksystemcode mit **X-Lock$_1$(x)**. Es wird aus einigen hundert CPU-Anweisungen bestehen. Latches garantieren, dass es von der Ebene aus gesehen, in der wir uns befinden, atomar ist. Das heisst, es wird logisch als Ganzes ablaufen (wird es unterbrochen, kann nichts schiefgehen) und als Ergebnis der Transaktion zurückmelden, dass der Lock gewährt worden ist oder aber, dass sie, die Transaktion T_1, in die **Warteschlange** eingereiht worden ist derjenigen Transaktionen, welche einen Lock auf dem Objekt x haben möchten. Gerät X-Lock$_1$(x) in eine Warteschlange, so gerät natürlich die ganze Transaktion T_1 in einen Wartezustand.

Eine Transaktion T_1 kann auch einen **Read-Lock** auf dem Objekt x verlangen, der auch als **Share Lock** bezeichnet wird, **S-Lock$_1$(x)**.

Zwei Locks von verschiedenen Transaktionen sind genau dann **verträglich**, wenn beide Share Locks sind. Zum Beispiel sind S-Lock$_1$(x) und S-Lock$_2$(x) verträglich, nicht aber X-Lock$_1$(x) und S-Lock$_2$(x), usw.

Eine Warteschlange ergibt sich, sobald eine Transaktion bereits einen Lock auf x hat und eine zweite verschiedene Transaktion einen zum schon bestehenden Lock unverträglichen verlangt. Hat T_1 selber schon einen Lock, ist zum Beispiel S-Lock$_1$(x) vorher erfolgreich abgelaufen, und hat keine weitere Transaktion einen Lock auf x, so wird bei X-Lock$_1$(x) der für T_1 bestehende Share Lock von x in einen Exclusive Lock verwandelt. Die Umwandlung eines Lock in einen (meist) stärkeren desselben Objektes für dieselbe Transaktion nennt man **Lock Promotion**.

Da jede Transaktion vor dem Schreiben in ein Objekt x einen Exclusive Lock auf x verlangt und diesen auch behält bis zum Ende der Transaktion (das heisst bis zu COMMIT oder erfolgreich zu Ende geführtem ROLLBACK), dann kann der Fall

     .....$W_1(x)$....$W_2(x)$........T_1end.....   dirty write

nicht vorkommen (womit auch cascading Abort vermieden ist).

Der Fall

     .....$W_1(x)$....$R_2(x)$........T_1end.....   dirty read ist wie bereits beschrieben, auf spezielles Verlangen des Programmierers hin möglich, hier setzt Transaktion T_2 auf eigene Verantwortung einfach gar keine Locks.

Verlangt man aber nicht ausdrücklich ISOLATION LEVEL READ UNCOMMITTED für eine Transaktion (die dann read-only sein muss), so wird sie auch für jeden Lesevorgang Locks verlangen. Varianten bestehen hier noch in der Frage, wie lange diese Share Locks aufrechterhalten werden.

Der Fall

$$.....R_1(x).....W_2(x).......T_1 end.....$$ non repeatable read

wird natürlich dann verhindert, wenn die Transaktion T_1 auch die Share Locks bis zum Ende der Transaktion aufrechterhält (wegen der Unverträglichkeit mit $X\text{-Lock}_2(x)$, das für $W_2(x)$ notwendig wäre).

Dass T_1 die Share Locks bis zum Ende behält, erreicht man durch Angabe von ISOLATION LEVEL REPEATABLE READ (im SQL Standard, oder durch etwas Analoges in einem realen Datenbanksystem).

Bei ISOLATION LEVEL READ COMMITTED würden zwar Share Locks aquiriert, aber wieder losgelassen, sobald sie nicht mehr gebraucht werden, also unter Umständen schon vor dem Ende der Transaktion. Der Fall von 'non repeatable read' wäre dann natürlich möglich.

Die Verhinderung des 'non repeatable read' Effektes für Phantome macht das Locking eines grösseren Bereiches erforderlich, im Falle unserer Phantom Müllers also nicht nur ein Locking von vorhandenen Müllers, sondern des ganzen Bereiches, in welchen Müllers auch künftig allenfalls aufgenommen werden könnten. Der tiefere Grund hierfür ist der, dass es keinen Algorithmus geben kann, der für zwei beliebig vorgegebene WHERE Bedingungen prüft, ob sie sich überlappen.

Locking Granularity

Damit also der Phantom Effekt verhindert wird, dh die Transaktion ISOLATION LEVEL SERIALIZABLE hat, müssen ganze Tabellen im Share oder Exclusive Modus gesperrt werden. Dies ist in SQL möglich, im Standard eben durch Angabe von 'Isolation Level Serializable', in realen Systemen zum Beispiel durch **'LOCK TABLE** Person IN SHARE MODE' oder etwas ähnlichem.

Wenn man aber aufgrund der selber geschriebenen Transaktions Logik weiss, dass das Phantom Problem keinen Schaden anrichten kann, möchte man vielleicht mehr Parallelität zulassen als möglich wäre, wenn die ganze Tabelle in Exclusive Modus gesperrt wird.

Trotzdem hat das Locking einer ganzen Tabelle den Charme, dass das System weit weniger Overhead verarbeiten muss als wenn jede Page oder gar jede Tabellenzeile separat gesperrt wird. Deshalb ist ein Kompromiss ausgearbeitet worden zwischen dem Sperren der ganzen Tabelle in Share oder Exclusive Modus und dem ausschliesslichen Sperren kleinerer Einheiten wie Pages oder Tabellenzeilen (Gray 1975). Dieser kann auch als Kompromiss zwischen möglichst grosser Parallelität und möglichst kleinem Systemaufwand gesehen werden.

Die Grundidee ist die, dass grössere Einheiten zwar gesperrt werden, aber nicht nur in Share oder Exclusive Modus, sondern noch mit weiteren teils schwächeren Sperrungen, die gleichzeitig mit den Sperrungen der kleineren Einheiten einhergehen. **Locking Granularity** meint den Grad der Feinheit der zu sperrenden Objekte (granular = körnig). Wir bleiben bei der Vorstellung von Tabellenfile und den Pages daraus als zwei Granularities, die in direkter Hierarchie stehen.

Hat die Transaktion T_1 einen S-Lock *auf einer Page*, so kann eine andere Transaktion T_2 sinnvollerweise keinen X-Lock *auf dem File* haben. Dies wird verhindert indem man einen schwachen weiteren Lock auf dem File definiert, mit Namen **'Intent Share'**, **IS-Lock**, der vor dem S-Lock$_1$(Page) verlangt werden muss. Dann sagt man, dass auf File-Level IS und X nicht verträglich seien, das heisst es kann nicht T_1 IS-Lock$_1$(File) haben und gleichzeitig T_2 einen X-Lock$_2$(File).

Eine analoge Ueberlegung, beginnend mit X-Lock$_1$(Page), führt zur Einführung eines weiteren Lock Modus auf der grösseren Einheit, **IX-Lock**(File), zusammen mit der Bedingung der Unverträglichkeit von IX und S (IX heisst **'Intent Exclusive'**).

IS und S müssen natürlich verträglich sein sowie IS und IX, und ebenso IS und IS (ebenfalls von verschiedenen Transaktionen, zum Beispiel IS-Lock$_1$(File) und IS-Lock$_2$(File)), sowie IX und IX.

Insgesamt ergibt sich bis jetzt die folgende Verträglichkeitsmatrix für File-Locks (**Compatibility Matrix**):

	IS	S	IX	X
IS	y	y	y	n
S	y	y	n	n
IX	y	n	y	n
X	n	n	n	n

Betrachtet man die Struktur dieser Verträglichkeitsmatrix ein wenig, und definiert 'Stärke' eines Locks durch das was er ausschliesst, so kann man zum Beispiel sagen, dass der X-Lock der stärkste ist, oder dass S-Lock stärker ist als IS-Lock.

Aufgabe 3:

Man beschreibe die gegenseitigen Stärkeverhältnisse, zB IS < S, usw.

Aufgabe 4:

Definiert man für Lockmodi A,B die Beziehung **compatible(A,B)** auf die offensichtliche Weise, nämlich dass es zutrifft wenn in der Matrix im Kreuzpunkt ein 'y' steht, so kann man sich fragen, ob 'compatible' transitiv ist oder nicht (transitiv würde heissen, dass für alle Lockmodi A,B,C gilt: wenn compatible(A,B) und compatible(B,C), dann compatible(A,C)). Man beweise oder widerlege die Transitivität.

Wir haben schon gesehen, dass es durchaus möglich ist, dass eine Transaktion einen bereits bestehenden Lock erweitern möchte. Auf diesem File-Level könnte das der Fall sein, wenn IS oder IX schon besteht und die Transaktion an einer gewissen Stelle selber einen S-Lock verlangt, oder wenn derart viele S-Locks auf Pages bestehen (und ein IS-Lock auf dem File), dass das System versucht, IS-Lock(File) in S-Lock(File) zu verwandeln (und dafür aufhören, weitere S-Lock(Page) zu verlangen), was man 'Lock Escalation' nennt, oder wenn die Transaktion beschliesst, ein Objekt das sie gelesen hat nun auch noch zu verändern, usw.

Hat die Transaktion bereits den Lockmodus A, und möchte noch den Modus B haben, so wäre es natürlich ideal, wenn sie einen Modus C erhalten würde, der genau denselben Effekt hat wie A und B zusammen (die Verwaltung gleichzeitig bestehender verschiedener Modi derselben Transaktion auf demselben Objekt wäre für das System unvorteilhaft), dh man möchte einen Modus C sodass

> für alle Modi D gilt
> compatible(D,C) $\leftrightarrow$ compatible(D,A) und compatible(D,B).

Wir betrachten zuerst die Fälle von Lockmodi A und B mit A < B. Wird A durch den Zeilenvektor $<a_1,a_2,a_3,a_4>$ der Lockcompatibility Matrix repräsentiert und B durch $<b_1,b_2,b_3,b_4>$, so ist natürlich (mit y < n)

> A $\leq$ B genau dann wenn $(a_1 \leq b_1$ und $a_2 \leq b_2$ und $a_3 \leq b_3$ und $a_4 \leq b_4)$.

Anders ausgedrückt,

> A $\leq$ B genau dann wenn für alle C gilt (compatible(C,B) $\rightarrow$ compatible(C,A)).

Damit haben wir aber im Falle A < B dass

> für alle Modi D gilt
> compatible(D,B) $\leftrightarrow$ compatible(D,A) und compatible(D,B).

Ist also A < B, so hat B genau denselben Effekt wie A und B zusammen. Das war auch zu erwarten, der Einstieg ins Formale diente nur der Vorbereitung der folgenden

Aufgabe 5:

Man beweise, dass es (bisher) keinen Lockmodus gibt, der genau denselben Effekt hat wie S und IX zusammen.

Es wäre äusserst ungeschickt, wenn in der Lock Promotion in bezug auf ein Objekt einer Transaktion von S-Lock zu (S und IX)-Lock dafür ein X-Lock gewählt werden müsste, was die Lösung der letzten Aufgabe nahelegt. Deshalb wird einfach ein weiterer Lockmodus eingeführt, 'Share Intent Exclusive', SIX, der denselben Effekt haben soll wie S und IX zusammen.

Dadurch wird unsere Lockcompatibility Matrix um eine Zeile und eine Kolonne grösser. In bezug auf die alte Matrix mit ihren IS,S,IX,X können wir sofort sagen, wie der neue Modus SIX aussehen muss. Ist nämlich $<y,y,n,n>$ die Zeile von S der alten Matrix, und $<y,n,y,n>$ diejenige von IX, so muss die neue Zeile von SIX in bezug auf diese alten vier Modi $<y,n,n,n>$ sein (an jeder Stelle das Maximum genommen im Sinne von y < n).

Wir haben uns nur noch zu überlegen, ob compatible(SIX,SIX) sein soll oder nicht. Die Antwort ergibt sich sofort aus der Beobachtung, dass zum Beispiel compatible(S,SIX) nicht gilt, somit darf compatible(SIX,SIX) erst recht nicht gelten (wegen $S < SIX$).

Damit haben wir eine neue, erweiterte Lockcompatibility Matrix, die nun **Lock Promotion vollständig** ist, dh in der es zu je zwei Lockmodi einen weiteren gibt der genau gleich stark ist wie die beiden gegebenen zusammen:

	IS	S	IX	SIX	X
IS	y	y	y	y	n
S	y	y	n	n	n
IX	y	n	y	n	n
SIX	y	n	n	n	n
X	n	n	n	n	n

Aufgabe 6:

Man überlege sich, was die Transaktionen der Familie Meier für Locks verlangen, für verschiedene Isolation Levels (das Loslassen eines Locks bezeichnen wir beispielsweise mit $S\text{-Unlock}_1(x)$, usw.).

Deadlock

Wir betrachten die Transaktionen der Familie Meier im Falle des Isolation Levels Repeatable Read, des am häufigsten gebrauchten, und entnehmen der Lösung der vorherigen Aufgabe den Ablauf für Frau Meier:

bei ISOLATION LEVEL REPEATABLE READ

T_1 begin
IS-Lock$_1$(Kontotabelle);
S-Lock$_1$(betreffende Page(s)); (eventuell mehrere Pages)
Lesen Konto Meier;
IX-Lock$_1$(Kontotabelle); (Lock Promotion IS zu IX)
X-Lock$_1$(betreffende Page(s)); (eventuell mehrere Pages)
Schreiben Konto Meier
T_1 end
Loslassen aller (noch nicht freigegebenen) Locks der Transaktion T_1

Ein Ablauf für Herr Meier sieht ähnlich aus, mit einer Transaktionsbezeichnung T_2 statt T_1 (vom System aus gesehen sind das zwei verschiedene Transaktionen).

Nun nehmen wir an, dass beide Transaktionen etwa gleichzeitig beginnen und die einzelnen Aktionen in ihrer zeitlichen Durchmischung etwa folgenden Ablauf haben:

T_1begin

IS-Lock$_1$(Kontotabelle);

   T_2begin

S-Lock$_1$(betreffende Page(s)); (eventuell mehrere Pages)

   IS-Lock$_2$(Kontotabelle);

Lesen Konto Meier;

   S-Lock$_2$(betreffende Page(s)); (dieselben Pages Konto Meier)

IX-Lock$_1$(Kontotabelle); (Lock Promotion IS zu IX)

   Lesen Konto Meier;

X-Lock$_1$(betreffende Page(s)); (eventuell mehrere Pages)

An dieser Stelle, wo T_1 den X-Lock verlangt, muss sie warten, weil bereits ein S-Lock auf derselben Page von einer anderen Transaktion, nämlich T_2, besteht. Herr Meiers Transaktion kann aber weiterfahren:

   IX-Lock$_2$(Kontotabelle); (Lock Promotion IS zu IX)

   X-Lock$_2$(betreffende Page(s))

Jetzt kommt auch T_2 ins Stocken, denn das System muss ihr den gewünschten X-Lock verweigern, da auf demselben Objekt bereits ein S-Lock einer anderen Transaktion, nämlich T_1, besteht.

Somit hat man nun die Situation, dass die Transaktion T_1 darauf wartet, bis T_2 den Lock wieder freigibt, damit sie ihren gewünschten selber erhalten kann, und umgekehrt. Das heisst, T_1 und T_2 warten gegenseitig aufeinander.

Eine solche Situation nennt man **Deadlock**.

Wie wehrt sich das System dagegen? Es gibt natürlich Algorithmen für periodisches Nachprüfen, ob irgendwo ein Deadlock vorliegt (die, wenn sie einen solchen entdecken, meist die jüngste Transaktion abschiessen oder diejenige, die weniger geschrieben hat, da muss am wenigsten rückgängig gemacht werden). Ein Deadlock kann auch aus einem längeren Zyklus bestehen als wie in unserem Falle aus einem Zweierzyklus, dh es können drei, vier oder mehr Transaktionen gegenseitig aufeinander warten (meist sind es aber zwei). Nun ist es aber so, dass **Deadlock Detection Algorithmen** aufwendig sind (Beeri 1981) und bei verteilten Systemen fast nicht zu realisieren (weil zuviele Messages über Systemgrenzen hinweg kommuniziert werden müssten, Systemgrenzen bedeuten dann oft auch Herstellergrenzen, standardisiert sind entsprechende Austauschprotokolle nicht).

Deshalb begnügen sich viele reale Systeme mit **Timeout**, das heisst, es wird grundsätzlich vom System jede Transaktion abgeschossen, die länger als eine bestimmte Zeit auf eine Ressource wartet. Die erlaubte Wartezeitdauer (zB 15 Sekunden, oder 4 Minuten, usw) kann als Systemparameter definiert oder eventuell bis zu einem gewissen Grade vom Programm selber bestimmt werden.

Das Programm kann natürlich die Deadlockwahrscheinlichkeit auch beeinflussen. Als Beispiel nehme man die Lösung der vorherigen Aufgabe im Falle von Isolation Level Serializable. So wie die Lösung jetzt steht, ist Deadlock ebenfalls möglich, da auf der Kontotabelle zuerst ein S-Lock verlangt wird und erst später ein X-Lock. Würde von Anfang an ein X-Lock verlangt, käme ein Deadlock sicher nicht vor (hingegen wäre es trotzdem möglich, dass die

Transaktion abgeschossen wird, wenn zB tausend andere vor ihr auch noch darauf warten, einen X-Lock zu erhalten, und der Timeout Parameter zu klein ist).

Irgendwelche Programm oder System Massnahmen zur Verringerung der Deadlockwahrscheinlichkeit gehen immer zulasten der Concurrency. Da die meisten Deadlocks aus Lock Promotion resultieren, bieten einige Systeme noch einen weiteren Lockmodus an, **U-Lock** oder **Update-Lock**.

Ein U-Lock liegt zwischen S-Lock und X-Lock und ist nur mit S-Lock verträglich. Die Idee ist die einer Reservierung für späteres Schreiben, sodass keine andere Transaktion dieselbe Reservierung machen kann, hingegen darf sie noch Lesen, solange die Transaktion, welche den U-Lock besitzt, diesen noch nicht in einen X-Lock verwandelt hat.

Die Frage, ob und wann das System U-Locks anwendet, hängt von diversen Parametern des Programms beziehungsweise von dessen Einbettung ins System sowie vom verwendeten SQL ab.

Aufgabe 7:

Man zeige, dass die Wahrscheinlichkeit, dass zu einem gegebenen Zeitpunkt ein Deadlock besteht, im Allgemeinen klein ist im Vergleich zur Wahrscheinlichkeit, dass zu diesem Zeitpunkt eine gegebene Transaktion auf eine andere warten muss (Gray 1993).

Es ist möglich, dass sich zwei Prozesse in einen Deadlock verwickeln, der nur eine Tabelle und einen ihrer Indexes betrifft. Allerdings ist das bei Verwendung modernerer Index Locking Methoden (Mohan 1990b, Srinivasan 1993) nicht mehr möglich, die unter Ausnutzung der Redundanz zwischen Tabelle und Index die Concurrency generell erhöhen.

Two Phase Locking Protocol (2PL)

Eine Transaktion erfüllt das **Two Phase Locking Protocol (2PL)** (Eswaran 1976), wenn sie ihre Locks quasi in zwei Phasen handhabt, in der ersten Phase aquiriert sie bloss neue Locks (oder verstärkt bereits erhaltene), und in der zweiten Phase lässt sie diese wieder los. Anders gesagt, nachdem ein Lock losgelassen worden ist, werden keine neuen mehr aquiriert. Weil nicht voraussehbar ist, ob in einer laufenden Transaktion weitere neue Lockrequests auftauchen werden, realisieren die Systeme 2PL in Form des sogenannten **strict 2PL**, wo alle Locks erst nach dem Ende der Transaktion losgelassen werden, das heisst nach dem Commit Zeitpunkt oder nach zuende geführtem Abort Prozess (durch die leichte Verstärkung der 'Striktheit' wird gleichzeitig der Ablauf 'recoverable', das heisst, cascading Aborts werden vermieden).

An dieser Stelle kann leicht eine Verwirrung über die Begriffe der 'Serialisierbarkeit' entstehen. Die klassische Serialisierbarkeitstheorie (Bernstein 1987, Weikum 2002) definiert zum Beispiel Konflikt-Serialisierbarkeit eines Ablaufes wie folgt.

Zwei Abläufe sind konflikt-äquivalent, wenn der eine in den anderen überführt werden kann durch eine Folge von erlaubten Vertauschungen benachbarter Aktionen (nicht erlaubt ist eine Vertauschung, wenn die Aktionen von derselben Transaktion stammen oder beide Aktionen dasselbe Objekt betreffen und mindestens eine davon eine Write Aktion ist). Ein Ablauf heisst nun konflikt-serialisierbar, wenn er konflikt-äquivalent zu einem seriellen Ablauf ist (wo keine Aktion zwischen den Aktionen einer anderen Transaktion liegt).

Dann wird das intuitiv ziemlich klare Theorem bewiesen, dass ein durch 2PL kontrollierter Ablauf konflikt-serialisierbar ist (wir gehen nicht auf Details ein).

Nun ist es aber so, dass **2PL nur den Isolation Level Repeatable Read garantiert, nicht aber die Vermeidung des Phantom Problems**. Der SQL Standard hingegen vermeidet bei Isolation Level Serializable auch das Phantom Problem (ANSI 1999, k = 2, Seite 84). Deshalb klaffen die Serialisierbarkeitsbegriffe der klassischen Theorie und des Standards auseinander.

Erwähnt sei auch noch der nicht im Standard definierte Isolationslevel **Cursor Stability** (Berenson 1995, Date 2000). Er entspricht dem Standard Isolation Level Read Committed, indem zwar die Write Locks bis Transaktionsende aufrechterhalten werden, aber die Read Locks nur solange wie die Verarbeitung lesenderweise 'auf dem Objekt sitzt' (mit einem Cursor, der dazu dient, Tabellen zeilenweise zu lesen). Die Idee hier ist, das 'lost update' Problem zu verhindern wenigstens für Zeilen, die mit einem Cursor gelesen und gleich anschliessend geändert werden. Insofern ist Cursor Stability etwas stärker als Read Committed (aber der Standard lässt zu, dass Read Committed durch Cursor Stability realisiert wird).

Datendesign und Concurrency

Wir haben an einem Beispiel gesehen, dass das Design einer Operation sehr viel mit dem Concurrency Problem zu tun haben kann. Weil auch das Datendesign eng an mögliche Operations (und Constraints) geknüpft ist, braucht kaum extra gesagt zu werden, dass es auch schon im Daten Design von Vorteil ist, das **Lock Contention Problem** im Hinterkopf zu haben.
Allgemeine Regeln oder gar Checklists, wie man es am besten machen soll, kann man kaum formulieren, weil jeder Fall wieder anders ist. Es ist besser, wenn der Daten Designer ganz einfach eine Ahnung hat vom Concurrency Problem und davon, was Massnahmen dagegen im System allenfalls bewirken können, also quasi wie das System funktioniert in dieser Hinsicht.

Allenfalls liesse sich vielleicht sagen, dass wenn alles mit allem irgendwie verbunden ist (implementiert mit referential integrity), dass dann Concurry mehr leidet als bei isolierteren Tabellenstrukturen (es ist sowieso ein typisches Zeichen für einen Anfänger im Datendesign, wenn bei grösserer Anzahl Entitätstypen alles mit allem irgendwie verbunden ist; krasses Beispiel wäre ein System mit 200 Tabellen, wo alles was passiert, ein Geschäftsvorfall ist, der als Entitätstyp implementiert wird an welchem alles andere hängt).
Mit unserer Entity Relationship Sprache ist die Versuchung natürlich kleiner, alles mit allem zu verbinden, als mit binärem Entity Relationship.

Ebenfalls eine Beachtung wert ist die Bemerkung, dass Locking CPU kostet (**Row Locking** statt **Page Locking** kann bis zu 50% CPU-cycles teurer sein).
Sowie dass man Transaktionseinheiten bilden kann zum Beispiel in Batch Programmen, welche im Hintergrund ablaufen, welche viel kleiner sind als das ganze Programm (durch öfter abgesetzte COMMITs), welche als solche die zwischenzeitlich aquirierten Locks wieder freigeben. Natürlich muss in diesem Fall die Frage, was eine (logische) Einheit in einem Programm sein kann (als ganzes gemacht oder gar nicht), sorgfältig untersucht werden, denn was committed ist, ist in der Datenbank 'zementiert', aber das ist Gegenstand des nächsten Kapitels.

Weitere Aufgaben

Aufgabe 8:

Eine Transaktion liest hintereinander zweimal die Anzahl der Müllers in je eine Programmvariable, zählt anschliessend die Werte der Variablen zusammen und füllt die Summe in eine andere Tabelle. Eine zweite Transaktion fügt einen neuen Müller ein. Was kann bei verschiedenen Isolation Levels passieren? Insbesondere auch, wenn beide Transaktionen das Two Phase Locking Protokoll erfüllen?

Aufgabe 9:

Ein Auskunftssystem besteht aus (Instanzen) einer Transaktion, welche viel liest, und gleichzeitig dem Benutzer sagt, der wievielte Auskunftssucher er sei. Man diskutiere das Concurrency Problem um die mögliche Struktur der Transaktion.

Lösungen der Aufgaben

Lösung Aufgabe 1:

Weil die Reihenfolge $<R_1,W_1>$ der Aktionen der Transaktion T_1 unter sich feststeht und analog für die Aktionen von T_2, sind nur die folgenden gemischten Abläufe beider Transaktionen zu untersuchen: $<R_1,W_1,R_2,W_2>$, $<R_1,R_2,W_1,W_2>$, $<R_1,R_2,W_2,W_1>$, $<R_2,R_1,W_1,W_2>$, $<R_2,R_1,W_2,W_1>$, $<R_2,W_2,R_1,W_1>$.
In den Fällen $<R_1,W_1,R_2,W_2>$ und $<R_2,W_2,R_1,W_1>$ sind die Transaktionen T_1 und T_2 serialisiert, da ist alles in Ordnung, und der Schlusssaldo gleich b, dem Anfangssaldo.
Den Fall $<R_1,R_2,W_1,W_2>$ haben wir schon besprochen, da war der Schlusssaldo b-100.
Es verbleiben $<R_1,R_2,W_2,W_1>$, $<R_2,R_1,W_1,W_2>$ und $<R_2,R_1,W_2,W_1>$. In allen diesen drei Fällen bestehen die ersten beiden Aktionen aus dem Lesen von S_1 und S_2 (als b). Es kommt also nur darauf an, wer zuletzt schreibt, somit ist bei $<R_1,R_2,W_2,W_1>$ und $<R_2,R_1,W_2,W_1>$ der Schlusssaldo b + 100 und bei $<R_2,R_1,W_1,W_2>$ ist er b - 100.
Zusammengefasst kann man also sagen, dass in den Fällen $<R_1,R_2,W_2,W_1>$ und $<R_2,R_1,W_2,W_1>$ die Bank zu kurz kommt und in den Fällen Fällen $<R_1,R_2,W_1,W_2>$ und $<R_2,R_1,W_1,W_2>$ die Meiers. Die anderen beiden Fälle $<R_1,W_1,R_2,W_2>$ und $<R_2,W_2,R_1,W_1>$ laufen korrekt.

Lösung Aufgabe 2:

Wir nehmen an, dass in der Transaktion, welche die Summe der Buchungen ermitteln soll, der aktuelle Zeitpunkt t_0 sei, bis zu welchem Buchungen berücksichtigt werden sollen. Das

System legt sich einen Zugriffspfad zurecht, auf dem alle Buchungen $< t_0$ zu finden sind und wandert sozusagen diesem Pfad entlang. Ist gleichzeitig eine andere Transaktion unterwegs, die eine Buchung machen will und den Buchungszeitpunkt als $t_1 < t_0$ bereits der Systemuhr entnommen hat, kann es durchaus sein, dass sie den eigentlichen INSERT der Buchung erst zu einem Zeitpunkt und an einer Stelle machen will, wo die Summenermittlungs Transaktion sozusagen schon vorbei ist oder gar nicht vorbeikommt.

Lösung Aufgabe 3:

In der Verträglichkeitsmatrix

	IS	S	IX	X
IS	y	y	y	n
S	y	y	n	n
IX	y	n	y	n
X	n	n	n	n

sieht man zB dass IS < S ist dadurch, dass der Zeilenvektor von S, $< y,y,n,n >$, dadurch aus dem Zeilenvektor für IS, $< y,y,y,n >$, hervorgeht, dass man an dritter Stelle das 'y' durch das stärkere respektive ausschliessendere 'n' ersetzt.
Dieses Spiel kann man weiterführen (beachte, dass aus diesem Zeilenvektorspiel die Transitivität der 'Stärkerrelation' hervorgeht, das heisst, gilt für drei Lockmodi A,B,C
A < B und B < C, so folgt daraus A < C).
Man gelangt zu IS < S < X und IS < IX < X.
S und IX sind unvergleichbar, dh es gilt weder S < IX noch IX < S.

Lösung Aufgabe 4:

Transitivität für 'compatible' gilt nicht, weil compatible(IX,IS) und compatible(IS,S) gilt, nicht aber compatible(IX,S).

Lösung Aufgabe 5:

Wir müssen zeigen, dass es keinen Lockmodus C gibt sodass
    für alle Modi D gilt
    compatible(D,C) $\leftrightarrow$ compatible(D,S) und compatible(D,IX).
Gäbe es ein solches C, so müsste wegen
E $\leq$ F genau dann wenn für alle G gilt (compatible(G,F) $\rightarrow$ compatible(G,E))
S $\leq$ C und IX $\leq$ C sein.
Dafür käme aber nur C := X in Frage. Nun ist aber
compatible(IS,S) und compatible(IS,IX), aber nicht compatible(IS,X).

Lösung Aufgabe 6:

Wir nehmen der Einfachheit halber an, alle Kontoinhalte seien in einer einzigen Tabelle enthalten, genannt Kontotabelle. Dann ist das Locking Verhalten der beiden Transaktionsabläufe von Herrn und Frau Meier dasselbe, beispielhaft bei Frau Meier (Transaktion T_1):

bei ISOLATION LEVEL READ UNCOMMITTED

(dieser Fall ist nicht zugelassen, weil die Transaktion auch schreibt, dh nicht read-only ist)

bei ISOLATION LEVEL READ COMMITTED

> T_1 begin
> IS-Lock$_1$(Kontotabelle);
> S-Lock$_1$(betreffende Page(s)); (eventuell mehrere Pages)
> Lesen Konto Meier;
> S-Unlock$_1$(betreffende Page(s)); (eventuell mehrere Pages)
> IS-Unlock$_1$(Kontotabelle);
> IX-Lock$_1$(Kontotabelle);
> X-Lock$_1$(betreffende Page(s)); (eventuell mehrere Pages)
> Schreiben Konto Meier
> T_1 end
> Loslassen aller (noch nicht freigegebenen) Locks der Transaktion T_1

bei ISOLATION LEVEL REPEATABLE READ

> T_1 begin
> IS-Lock$_1$(Kontotabelle);
> S-Lock$_1$(betreffende Page(s)); (eventuell mehrere Pages)
> Lesen Konto Meier;
> IX-Lock$_1$(Kontotabelle); (Lock Promotion IS zu IX)
> X-Lock$_1$(betreffende Page(s)); (eventuell mehrere Pages)
> Schreiben Konto Meier
> T_1 end
> Loslassen aller (noch nicht freigegebenen) Locks der Transaktion T_1

bei ISOLATION LEVEL SERIALIZABLE

> T_1 begin
> S-Lock$_1$(Kontotabelle);
> Lesen Konto Meier;
> X-Lock$_1$(Kontotabelle); (Lock Promotion S zu X)
> Schreiben Konto Meier
> T_1 end
> Loslassen aller (noch nicht freigegebenen) Locks der Transaktion T_1

(beachte, dass das Loslassen vor allem aller Exclusive Locks nach dem Transaktionsende erfolgt)

Lösung Aufgabe 7:

Seien zum betrachteten Zeitpunkt n Transaktionen aktiv und p die Wahrscheinlichkeit, dass eine bestimmte Transaktion T_1 auf eine andere T_2 wartet. Die Wahrscheinlichkeit, dass T_2 ebenfalls wartet, ist auch p, und die Wahrscheinlichkeit, dass sie auf T_1 wartet, ist $p/(n - 1)$.

Deshalb ist die Wahrscheinlichkeit, dass T_1 und T_2 aufeinander warten, $p \cdot p/(n - 1)$. Dies ist auch die Wahrscheinlichkeit, dass T_1 in einen Deadlock mit einer weiteren Transaktion verwickelt ist (Deadlock der Zykellänge 2). Die Wahrscheinlichkeit, dass irgendeine

Transaktion in einen Deadlock der Zykellänge 2 verwickelt ist, ist demnach $n \cdot p \cdot p/(n - 1)$, also ca p^2. Die Wahrscheinlichkeit, dass irgendeine Transaktion in einen Deadlock der Zykellänge 3 verwickelt ist, ist proportional zu p^3, usw. In erster Näherung ist deshalb die Wahrscheinlichkeit, dass zum betrachteten Zeitpunkt ein Deadlock besteht, p^2, welches im Allgemeinen kleiner ist als p.

Lösung Aufgabe 8:

Wenn die zweite, die Müller einfügende Transaktion nichts anderes macht, erfüllt sie sowieso das 2PL, weil die Write-Locks bis nach Ende der Transaktion aufrechterhalten werden (und Phantom Reads erlebt sie sowieso nicht). Also müssen wir hauptsächlich nach Isolation Levels der ersten Transaktion unterscheiden.
Isolation Level Read Uncommitted kommt nicht in Frage, da sie auch schreibt. Isolation Level Read Committed bedeutet, dass sie die Read-Locks sofort nach dem Lesen wieder loslässt. Die zweite Transaktion kann zwischen den beiden Lesevorgängen dazwischenfunken, sodass die beiden Zählungen der Müllers verschiedene Anzahlen ergeben können, und deren Summe allenfalls auch ungerade sein kann.
Bei Isolation Level Repeatable Read kann dasselbe passieren, denn das dazwischen funkende Einfügen eines neuen Müllers durch die zweite Transaktion (es können auch mehrere Müllers aus mehreren parallel laufenden Transaktionen der zweiten Sorte sein) kann an ganz anderer Stelle der Tabelle passieren, als die erste Transaktion gelesen hat und somit den Leselock hat. Dieser Fall entspricht 2PL.
Erst Isolation Level Serializable (für die erste Transaktion) garantiert, dass die doppelt gelesenen Anzahlen der Müllers immer gerade Zahlen sind (zB durch LOCK TABLE Person IN SHARE MODE am Anfang der Transaktion).
Hätte das System nur Transaktionen der beiden angegeben Sorte, würde es natürlich auch genügen, bei der zweiten den Isolation Level Serializable anzugeben, aber das ist unsicher, weil dies sich ja auch in Zukunft ändern kann (also ist es besser, wenn jede Transaktion sich selber schützt).

Lösung Aufgabe 9:

Wir nehmen an, die Anzahl bisheriger Besucher werde in (der Tabelle und Spalte) Zaehlung(Anzahl) festgehalten, und die Inhalte für die Auskunft seien in der Tabelle T. Dann unterscheiden wir Blöcke, welche die Transaktion haben muss:

B1: Read Anzahl from Zaehlung into :N (eine Programmvariable)
B2: Write Anzahl neu
B3: Read T gemäss Anforderungen und zeige Inhalt zusammen mit (N + 1)

Die erste Beobachtung ist, dass B1 vor B3 kommen muss da die Grösse von N gebraucht wird in B3. Es geht noch darum, ob B2 vor oder nach B3 kommen soll sowie um den Isolation Level.

Einerseits möchte man den Effekt vermeiden, dass zwei (Instanzen) der Transaktion denselben Wert lesen und anschliessend den um 1 erhöhten Wert neu schreiben (womit ein Besucher verloren wäre), was mit Isolation Level Repeatable Read garantiert wäre. Damit wären aber Deadlocks programmiert (die zum Abschuss von Transaktionen führen würden), und sowieso will man den Isolation Level möglichst niedrig halten für maximale Concurrency (die Konkurrenz schläft nicht).

Beides ist möglich, als Isolation Level den schwächsten zu wählen der hier (wegen dem Schreiben) noch zugelassen ist (Read Committed), und trotzdem die Sache so zu gestalten, dass kein Besucher verloren geht. Man muss nur beachten, dass beim Schreibvorgang ein Fall vorliegt, der sozusagen kommutativ (bei verschiedenen Transaktionen spielt die Reihenfolge keine Rolle) gemacht werden kann, indem man statt 'delete old value/insert new' einfach + 1 rechnet (update...set Anzahl = Anzahl + 1).

Gäbe es überhaupt nur kommutative Schreiboperationen, sähe die gesamte Theorie wesentlich einfacher aus.

Recovery/Restart

Vorbemerkungen

Recovery/Restart und allgemein Fehlertoleranz in Systemen hat nichts Besonderes mit relationalen Datenbanksystemen zu tun. Es ist ebenfalls ein riesiges Gebiet, in welchem vor allem die grossen Hersteller ab den sechziger Jahren viel Erfahrung gewonnen haben, durch ihre Systemprogrammierer, die in den Anfängen aber ausser vielen internen Reports wenig publizieren wollten oder eventuell auch durften, weil das Gebiet sehr nahe an der Hardware Architektur angrenzt, und die Hersteller ursprünglich nur deshalb Software produzierten, damit sie die Hardware besser verkaufen konnten.

Später wurde mehr publiziert, und heutiger 'state of the art' für Datenbanksysteme ist ein Modell mit Namen **ARIES (Algorithm for Recovery and Isolation Exploiting Semantics)**, oder eines seiner vielen Erweiterungen für spezielle Situationen (Mohan 1999). ARIES wurde erstmals in übersichtlicher Zusammenfassung publiziert in (Mohan 1992a). Der Artikel macht auch aufmerksam auf Fehler und Begrenzungen früherer Recovery Paradigmen (zum Beispiel im Zusammenhang mit record level granularity locking).

Es gibt auch mathematische Formulierungen von ARIES (Kumar 1998), aber hierzu lässt sich dasselbe sagen wie zu allen mathematischen Beschreibungen von Software Systemen, nämlich dass sie nützlich sind, wenn sie *vor* der Programmierung formuliert werden.

In diesem Kapitel geht es allerdings nicht darum, ein Recovery/Restart Modell im Detail zu verstehen, sondern um die Skizze von ein paar wichtigen Grundgedanken eines solchen, die ein professioneller Datenbankanwender begreifen sollte. Es kann sein, dass die Applikationslogik selber auch stark durch Fragen der Fehlertoleranz bedingt wird, vor allem wenn der verwendete Transaktionsbegriff nicht klassisch ist. Umso wichtiger ist es zu begreifen, was ein Datenbanksystem zur Fehlertoleranz beitragen kann.

Transaktionen

Es gibt wohl wenige Begriffe in der Datenverarbeitung, die so viele verschiedene Bedeutungen haben wie das Wort Transaktion. Für CAD/CAM, Office Automation, Publikationsumgebungen, Softwareentwicklungs Umgebungen, Workflow Anwendungen usw wurden die verschiedensten Sorten von Transaktionsbegriffen und zugehörige Modelle kreiert (Jajodia 1997, Fischer 2002). In der Umgebung des Datenbank Management Systems hat der Begriff der ACID-Transaktion die grösste Bedeutung (Härder 1983).

ACID heisst 'Atomicity, Consistency, Isolation, Durability'. Es ist klar, dass man eine Bank Transaktion als ganzes oder gar nicht haben will (Atomicity), dass die Datenbank wieder in konsistentem Zustand sein soll nach der Transaktion (Consistency), dass sie nicht gestört werden soll durch andere Transaktionen (Isolation), und dass die Datenbank den durch die Transaktion veränderten Zustand nicht verlieren soll (Durability).

Welchen Transaktionsbegriff auch immer man verwendet oder verwenden muss für eine
Applikation, die Spur, welche eine Transaktion in einem einzelnen Datenbanksystem
hinterlässt, besteht in jedem Fall aus einer bis mehrerer sogenannter **Logical Unit of
Recovery, LUR**. Eine einzelne LUR für sich entspricht aus der Sicht der Datenbank der
Modellvorstellung der ACID-Transaktion. Damit wollen wir uns zuerst beschäftigen.

Logical Unit of Recovery (LUR)

Eine LUR wird begrenzt durch Begin und End Transaction sowie durch Commit oder Rollback
(zum Beispiel Rollback zum letzten Commit point) und soll ACID Eigenschaften haben. In
Zeichen kann man sich eine LUR vorläufig vorstellen als

$$\dots\dots BeginLUR_1;R_1(x_1);W_1(x_2);R_1(x_3);W_1(x_4);EndLUR_1\dots\dots$$

(Schreibweise analog Kapitel Concurrency)

Zwischen die einzelnen Aktionen von LUR_1 werden andere LURs ihre Aktionen schieben,
insoweit es der Concurrency Level zulässt (dies betrifft die Isolation von ACID, man sieht
hier bereits, dass Concurrency und Restart/Recovery eng zusammenhängen).

Betrachten wir zuerst die Durability von ACID, und nehmen an, dass ein Tabellenfile, auf
welches LUR_1 geschrieben hat, nicht mehr zugänglich ist (zB wegen Hardware Problemen).
Die einzige Möglichkeit, den Zustand des Tabellenfile vor dem Crash wiederherzustellen,
besteht darin, die Schreibaktionen von LUR_1 und von anderen LURs die darauf geschrieben
haben, zu wiederholen. Dazu muss aber irgendwo (redundant) festgehalten sein, was
geschrieben worden ist. Dies ist der Fall im sogenannten **Log-File**, das unter anderem
Informationen über alle Schreibaktionen enthält, die im System stattfinden.

Es ist zu hoffen, dass der Systemadministrator das Logfile nicht auf denselben Disk gelegt
hat wie das kaputte Tabellenfile. Wahrscheinlich werden es auch zwei oder mehrere Logfiles
sein, die mit denselben Inhalten parallel beschrieben werden und auf verschiedenen Disks
liegen, welche eventuell sogar via verschiedenen Kanäle adressiert werden. Damit handelt es
sich also nur um eine relative Sicherheit für Durability, da das Logfile nicht in Stein
gemeisselt wird und auch höchst selten ausgedruckt.

Schreibt das System also Informationen über die Write Aktionen der LURs in das Logfile,

$$\dots\dots Log(W_1(x_2));Log(W_1(x_4));\dots;Log(W_{17}(x_{39}));\dots ,$$

so können diese wiederholt werden. Es handelt sich sozusagen um **REDO-Informationen**.

Es können aber nicht bei jedem Verlust eines Tabellenfile alle Aktionen seit Anbeginn
wiederholt werden, das würde viel zu lange dauern. Deshalb werden von den Tabellenfiles
periodisch (täglich, wöchentlich, monatlich oder wie auch immer) Backups gezogen,
sogenannte **Image Copies**.

Das System kann im Verlustfall die letzte Image Copy nehmen und braucht nur noch
diejenigen Aktionen aus dem Logfile zu wiederholen, die seither gemacht worden sind.

Aufgabe 1:

Wie weit zurück muss das Logfile aufbewahrt werden?

Nun soll aber natürlich auch bei einem solchen **'Recover Table Space'** die Atomizität von ACID für die LURs eingehalten werden, dh jede LUR soll als ganzes oder gar nicht am Wiederherstellungsprozess teilnehmen. Dies geht nur, wenn im Logfile zumindest auch die EndLURs festgehalten werden. Die BeginLURs wären nicht nötig, aber wir lassen uns nicht auf Feinheiten ein, und nehmen an, dass das Logfile für unsere LUR_1 folgendes enthält:

$$....Log(W_1(x_2));Log(BeginLUR_2);Log(W_1(x_4));Log(W_2(x_5));Log(EndLUR_1);Log(W_2(x_6)).$$

Weil $Log(EndLUR_1)$ im Logfile enthalten ist, wird der Wiederherstellungsprozess die LUR_1 auch als ganzes wiederherstellen (können und müssen).

Ist $Log(W_2(x_6))$ der letzte Eintrag im Logfile, also kein $Log(EndLUR_2)$ vorhanden, wird LUR_2 nicht ausgeführt beim Wiederherstellungsprozess. Eventuell wird LUR_2 auch gar nicht beachtet in unserem Fall von 'recover tablespace', da LUR_2 vielleicht mit unserem Tabellenfile nichts zu tun hat.

Der Log Eintrag definiert, wann eine LUR abgeschlossen ist

Man sieht anhand dieses Beispiels von **'media failure recovery'** sehr schön, dass die Frage, ob eine LUR abgeschlossen ist, aus dem Logfile allein beantwortet werden können muss. Die Frage ist deshalb nicht ganz trivial, weil es überhaupt um die Definition geht, wann genau eine LUR abgeschlossen ist.

Ein Datenbanksystem hat einen Puffer (Buffer) für die Daten, mit eigener Verwaltung, die zum Beispiel einer sogenannten **No-force** Politik genügen kann, das heisst, dass die Pages erst auf Disk (nonvolatile storage) geschrieben werden, wenn ein vernünftiger Anlass dazu besteht, nicht aber unbedingt bei EndLUR, wodurch die Gesamtperformance des Systems gesteigert werden kann (Buffermanagement versucht zum Beispiel, Disk-I/O für mehrere Pages gleichzeitig zu machen).

Deshalb ist es sehr gut möglich, dass bei EndLUR die geschriebenen Tabellen Daten erst im Buffer sind, und noch nicht auf Disk. Daher wird EndLUR definiert als *der Zeitpunkt, in welchem Log(EndLUR) auf dem (nichtflüchtigen) Logfile geschrieben ist.*

Daraus ergibt sich als Konsequenz, dass spätestens beim Commit Zeitpunkt (End of Transaction oder durch Userprozess ausgelöstes Commit) auch alle zugehörigen vorherigen Log-Records auf das Logfile geschrieben sein oder werden müssen (aus dem Log-Buffer, der Log selber hat auch einen Buffer).

Die Einträge im Logfile tragen eine Reihenfolge, auf die der Wiederherstellungsprozess sich stützt, daher erhalten die Log-Records fortlaufende Nummern (mit oder ohne Lücken, sogenannte **LSN, Log Sequence Number**(s)), deren Reihenfolge mit der physischen Reihenfolge der Records auf dem Logfile übereinstimmen soll. Deshalb werden anlässlich eines Commits alle Log-Records mit einer LSN kleiner oder gleich der LSN von Log(EndLUR) hinausgeschrieben (vom Log Buffer auf Disk), auch wenn sie anderen LURs zugeordnet sind.

Zurücksetzen

Gehen wir zurück zum obigen Beispiel eines (Endes eines) Logfile:

....Log($W_1(x_2)$);Log(BeginLUR$_2$);Log($W_1(x_4)$);Log($W_2(x_5)$);Log(EndLUR$_1$);Log($W_2(x_6)$).

Es kann sein, dass der oben besprochene 'Recover Table Space' mit den Einträgen

.................Log(BeginLUR$_2$);.................;Log($W_2(x_5)$);....................;Log($W_2(x_6)$),

welche zur LUR$_2$ gehören, nichts anfängt. LUR$_2$ ist begonnen, aber nicht abgeschlossen.

Wäre aber das System selber abgestürzt oder auch nur der User-Prozess welcher (evtl unter anderem) LUR$_2$ verursacht hat, so müsste LUR$_2$ wegen Atomicity von ACID rückgängig gemacht werden (dies könnte auch aus dem User-Prozess selber durch programmiertes ROLLBACK ausgelöst sein). In unserem Beispiel müsste also unter anderem der Effekt der Schreibaktion $W_2(x_5)$ rückgängig gemacht werden.

Das geht aber nur, wenn der Log auch Informationen enthält darüber, wie das Objekt x_5 ausgesehen hat vor $W_2(x_5)$. Weil es um das Zurücksetzen geht, wird solche Information als **UNDO-Information** bezeichnet (wir hatten es bis jetzt nur mit REDO-Informationen zu tun).

Die UNDO-Information kann im selben Log-Record stehen, in Zeichen Log(x_5;$W_2(x_5)$), oder eventuell in zwei verschiedenen.

Aufgabe 2:

Wenn die REDO und die UNDO Information für ein Objekt aus einer LUR in zwei verschiedenen Log Records abgelegt wird, was ist dann über deren Reihenfolge auf dem Logfile zu sagen?

Write Ahead Log (WAL)

Die letzte Aufgabe handelte von Massnahmen des Systems zur Vermeidung eines Verlustes von UNDO Information. Diese könnte aber auch verloren gehen wenn die geänderten Daten aus $W_2(x_5)$ auf den festen (Daten-) Speicher zurückgeschrieben worden wäre, und das System abstürzen würde bevor die UNDO Information aus Log(x_5;$W_2(x_5)$) auf das Logfile auf festen Speicher hinausgeschrieben wäre.

Dies darf natürlich nicht sein. Deshalb gibt es eine Regel für das System, welche **Write Ahead Log Protocol (WAL)** genannt wird (Peterson 1983, dort als LWA abgekürzt) und welche besagt, dass für jede Schreibaktion die UNDO Information auf festem Logspeicher sein muss, bevor die eigentlichen Tabellen Daten aus dieser Schreibaktion auf festen Datenspeicher geschrieben werden dürfen.

Dies entspricht der ersten Definition von WAL in IMS anfang der Siebziger. Heute wird meist auch noch verlangt, dass vor dem Commit auch alle REDO Log Records auf festem Speicher sein müssen (und so realisiert dass bei jedem Log Buffer Flush wegen eines zu schreibenden Log Records auch alle früheren geflushed werden, falls sie es nicht schon sind).

Natürlich, wenn man's genau nimmt, steckt hier noch eine bisher nicht erwähnte Voraussetzung mit drin, nämlich dass *Pages*, die vom Datenspeicher geholt werden, nach dem Update *wieder an denselben Platz zurückgeschrieben werden* von dem sie geholt worden sind (relativ zum zugrundeliegenden Filemanagementsystem).

Es gibt nämlich grundsätzlich noch andere Recovery Paradigmen wie zum Beispiel die **'Shadow Page Technique'**, bei der die UNDO Information in einer alten Version der Page eine Weile festgehalten wird. Diese Technik hat sich nicht durchgesetzt, ist aber in der Literatur viel zitiert worden, weil sie eine der ersten öffentlich dargestellten Recovery Paradigmen war anlässlich des IBM 'System R' Prototyps für relationale Datenbanken. Wir lassen uns hier aber nicht auf Details ein.

Ein Kuriosum am Rande: Während heutige Systeme einen aktiven Log auf Disk und den älteren Teil auf Tape (archive log) haben, wurde in den ersten Versionen von IMS das Logfile direkt auf Tape geschrieben. Da dies eine enorme Verlangsamung bedeutet im Falle von WAL, bestand dann die Möglichkeit, das WAL Verhalten des Systems auszuschalten zum Preis von äusserst mühsamem Recovery-Restart, bei welchem unter Umständen sogar Operating System Dumps von IMS Adressräumen ('von Hand') zu Rate gezogen werden mussten. WAL hiess entsprechend anfangs WALT (Write Ahead Log Tape), ein Acronym, das von einem Kunden von IBM erfunden wurde, wie Ron Obermarck schreibt, einer der IMS Pioniere der sechziger und siebziger Jahre.

Jetzt können wir also eine Situation vor Augen haben mit den Daten einerseits und dem Log anderseits, von denen beide einen festen (nonvolatilen) Speicher haben sowie je einen (flüchtigen) Bufferspeicher, welcher verloren ist bei einem Systemabsturz. Das System köchelt vor sich hin oder auch brodelt, und es gibt Zwänge, Inhalte des flüchtigen Bufferspeichers auf festen Speicher hinauszuschreiben, aber wegen WAL (und anderen Gründen) auch solche, die das Hinausschreiben (vorläufig) verbieten.

Wie wird WAL nun koordiniert in dieser Beziehung? Indem jedesmal, wenn ein Log-Record entsteht, der sich auf eine Page bezieht, die LSN, die Log Sequence Number, dieses Log-Records, in die entsprechende Page geschrieben wird . So können die Buffermanager sicherstellen, dass Datenpages erst dann auf festen Speicher hinausgeschrieben werden, wenn die Log-Records bis zur LSN der Page schon draussen sind.

Das bedeutet dann auch, dass eine Daten Page auf festem Speicher, wenn sie keine aktuellere Version ihrer selbst im Buffer hat, höchstens zu tun hat mit Log Records bis zur Nummer ihrer LSN.

Nebenbei sei hier erwähnt, dass wenn diese **"Page LSN"** kleiner ist als die kleinste Beginn LSN der Update Transaktionen die noch laufen, dann genügt Latching der Page für eine (der häufig vorkommenden) Cursor Stability read-only Query, Locking ist dann nicht nötig (Mohan 1992d).

Natürlich muss der Log Buffermanager sich darauf verlassen können, dass eine Page auch wirklich auf "festem", vor allem sicheren, Speicher liegt, wenn er vom zugrundeliegenden Betriebssystem eine entsprechende Rückmeldung erhält. Da das Betriebssystem oder das Disksystem seinerseits Buffermanagement betreiben kann, ist das nicht ganz selbstverständlich, wie ein entsprechender lange unentdeckter Bug in 'Starburst' zeigt (Cabrera 1993).

Aufgabe 3:

Wäre es eine gute Idee, als LSN (log sequence number) einen geeigneten Timestamp zu nehmen (zB Timestamp zum Zeitpunkt des Erstellens des Log-Records)?

Die in der Lösung der Aufgabe erwähnte Möglichkeit, als LSN die RBA zu nehmen, die logische Adresse des Log Record auf dem Logfile, erweist sich als ungünstig in einer **shared disk** Umgebung (Mohan 1992b). Eine shared disk Umgebung besteht aus mehreren Instanzen desselben Datenbank Management Systems mit je lokalen Logfiles und Bufferpools, aber nur einer, von allen lokalen Systemen geteilten, Instanz der Datenfiles auf Disk (oft auch einfach **data sharing** genannt). Da die Page LSN, welche den Log Record eines Updates reflektieren, auch pro Page in der Zeit monoton zunehmen müssen, wird für einen neuen Update eine LSN gewählt, die grösser ist als die vor dem Update bestehende Page LSN, und zugleich grösser als das Maximum der zurzeit aktuellen LSN der lokalen DBMS Instanz, welche den Update macht (und die lokalen maximalen LSN werden erst noch von Zeit zu Zeit unter den Instanzen ausgetauscht und einander angepasst, damit nicht zu grosse Unterschiede entstehen).

Rollback

Beim oben betrachteten Ende eines Logfiles

$$....\text{Log}(x_2,W_1(x_2));\text{Log}(\text{BeginLUR}_2);\text{Log}(x_4,W_1(x_4));\text{Log}(x_5,W_2(x_5));\text{Log}(\text{EndLUR}_1);$$
$$\text{Log}(x_6,W_2(x_6))$$

(die Logeinträge jetzt als UNDO/REDO Records gestaltet)

haben wir gesehen, dass der System Restart Prozess die LUR_2 als nicht fertig erkennen kann und notwendigen Backout veranlassen wird. Diese Situation entspringt einem System Crash, der verschiedene Ursachen haben kann.

Aufgabe 4:

Man phantasiere ein wenig über mögliche Ursachen eines System Crash.

Das ist aber nicht der Normalfall eines Backout von einer LUR. Der Normalfall des Rollback einer nicht abgeschlossenen LUR ist vielmehr der, dass der Rollback vom Userprozess erzwungen oder erlitten wird, und vom Datenbanksystem gehandhabt wird, ohne dass dieses selber abstürzt.

Durch den Userprozess *erzwungen* wird ein Rollback explizit durch Verlangen aus dem Programm heraus (EXEC SQL ROLLBACK oder ähnlich), hoffentlich in einer Situation wo es Sinn macht. Ein Beispiel könnte eine Transaktion sein, die im Prinzip aus einer einzigen LUR besteht und mehrere Tabellen befruchten möchte, aber in einem konkreten Ablauf bei der letzten Tabelle auf einen Widerspruch stösst (irgendeine notwendige Bedingung kann nicht eingehalten werden).

Durch den Userprozess *erlitten* wird ein Rollback zum Beispiel wenn das Programm abstürzt (bei Programmierern immer noch beliebt ist die Division durch Null und ähnliches), wenn sich andere Systemkomponenten für einen gewünschten Commit respektive normales Transaktionsende nicht unter einen Hut bringen lassen (dazu mehr weiter unten), oder wenn das Programm durch Eingriff von aussen abgeschossen wird.

Es kann sich aber auch um einen **partiellen Rollback** handeln, in welchem vom Datenbanksystem nicht die ganze LUR zurückgesetzt wird, sondern zum Beispiel nur das letzte SQL UPDATE (wegen einer unique key violation beispielsweise). In diesem Fall wird das Programm einen entsprechenden Error Code zurückerhalten und somit die Gelegenheit, etwas anderes zu versuchen. Das Programm kann dann immer noch Rollback der ganzen LUR verlangen, kann aber auch tatsächlich etwas anderes machen und zu einem normalen Abschluss kommen, womit das System dann die Spur einer LUR im Logfile hat, die ein normales Ende hat aber zwischen Begin und End einen partiellen Rollback.

Diese **Statement Level Atomicity**, die durch die Möglichkeit partieller Rollbacks unterstützt wird, gibt es intern schon lange in den Systemen. Im neuen SQL Standard wird ausserdem verlangt, dass das System die **Savepoints**, die vor jedem manipulativen SQL Statement gesetzt werden, auch dem Benutzer im Programmlevel zur Verfügung stellt (SAVEPOINT x/ ROLLBACK TO SAVEPOINT x), eine Selbstverständlichkeit in vorrelationalen Systemen.

Wir gehen zwar auf dieses Thema nicht vertieft ein, aber am Rande sei erwähnt, dass der partielle Rollback einer der heiklen Punkte ist, bei denen das Zusammenspiel von Recovery/Restart und Concurrency Logik dazu geführt haben, dass gewisse in der Literatur besprochene Concurrency Paradigmen wie zum Beispiel **optimistic concurrency control** keine Bedeutung in praktischen Systemen erlangt haben (Mohan 1992c).

Nachdem das System den Rollback einer LUR erfolgreich abgeschlossen hat, gilt die LUR als abgeschlossen (sobald Log(EndLUR) auf festem Logspeicher ist), und im (Recovery) Restart oder Media Recover Fall kann das System auf dem Logfile mehrere LURs vorfinden, die durch Rollback abgeschlossen worden sind, also zum Beispiel

$$....Log(BeginLUR_2);...;Log(x_7,W_2(x_7));...;Log(x_8,W_2(x_8));.....$$
$$.....;Log(RollbackLUR_2);......Log(Rollbackaktionen).......;Log(EncLUR_2);.......$$

Nun stellt sich die Frage, wie '...Log(Rollbackaktionen)...' aussehen könnte respektive ob überhaupt nebst 'Log(RollbackLUR$_2$)' noch weitere Logeinträge nötig sind.

Nehmen wir an, das System stürzt ab, nachdem Log(EndLUR2) hinausgeschrieben ist, aber bevor die entsprechenden Datenpages, welche wegen Rollback verändert worden sind, alle auf festem Datenspeicher sind.

Wie soll das System entscheiden, welche Rollbackaktionen gemacht sind (dh auf festem Speicher) und welche nicht? Würde es sich bei LUR$_2$ um eine normal abgeschlossene LUR handeln, könnte das System die LSN der entsprechenden Pages konsultieren und wegen WAL wissen, welche der im Log verzeichneten Aktionen gemacht sind (diejenigen, bei welchen die Log-Record-LSN kleiner oder gleich der Page LSN ist). Hat aber eine (in Frage kommende) Page eine LSN, welche grösser ist als die LSN von Log(EndLUR$_2$), könnte sie aus einer anderen LUR stammen, und das System wüsste nicht, ob eine Rollbackaktion von LUR$_2$ gemacht worden ist oder nicht.

Es sei denn, die Rollbackaktionen würden behandelt wie andere Schreibaktionen auf Pages auch und als solche mit Logeinträgen versehen.

Compensation Log Record (CLR)

Tatsächlich werden Rollbackaktionen ebenfalls mit Logeinträgen gemacht (welche auch WAL genügen müssen), die im ARIES Paradigma *als reine REDO Log Records* gestaltet sind. Frühere Systeme hatten ihre Log Records von Rollbackaktionen, die **Compensation Log Records (CLRs)** genannt werden, zum Teil auch mit UNDO-Informationen ausgestattet und dementsprechend konnte die Restart Logik des Systems unter Umständen dazu führen, dass Rollbacks zurückgesetzt wurden mit weiteren entsprechenden Logeinträgen, sodass im Pechfall, wenn das System bei Recovery Restart wiederum abstürzte bevor es einen normalen Zustand erreichte, der nächste Restart länger wurde und wenn es wieder abstürzte wurde der nächste Restart noch länger usw. Mit der Zeit wurde dann ein sogenannter **Cold Restart** nötig, bei dem der Inhalt des Logfile praktisch ganz vernachlässigt wurde, mit den entsprechenden äusserst unangenehmen Folgen für die Wiederherstellung von Benutzerdaten.

Die obigen Logeinträge mit der LUR_2, die zurückgesetzt aber abgeschlossen wurde noch während normalem Systemprocessing, könnten mit den CLR also in Zeichen etwa so aussehen:

$$....Log(BeginLUR_2);...;Log(x_7,W_2(x_7));...;Log(x_8,W_2(x_8));.....$$
$$.....;Log(RollbackLUR_2);...;Log(LUR_2,x_8);...Log(LUR_2,x_7);...;Log(EndLUR_2);.......$$

Damit sieht die Spur von LUR_2 im Logfile fast gleich aus wie die Spur einer normal abgeschlossenen LUR, mit gewissen REDO Logeinträgen und gewissen UNDO Logeinträgen. Und das System wird bei (Recovery) Restart analog zu allen anderen *abgeschlossenen* LURs (die zur Behandlung bei Restart in Frage kommen) *nur die REDO-Information* verwenden.

Checkpoints

Wir haben gesehen, dass bei (Recovery) Restart das System bei den erfolgreich abgeschlossenen LURs, das heisst bei denen, die einen Log(EndLUR) Eintrag auf dem (festen) Logspeicher haben (ob sie normal zu Ende gekommen sind oder durch Rollback), einen REDO Lauf macht und falls nötig (wenn eine in Frage kommende Page einen LSN hat der kleiner ist als ein sich auf sie beziehender LSN eines REDO Log Records) den REDO auch ausführt.

Es wäre aber verheerend, wenn das System zu diesem Zwecke den ganzen zur Verfügung stehenden Logspace checken müsste mit eventuell Millionen von REDO Log Records.

Deshalb legt sich das System von Zeit zu Zeit (zum Beispiel alle fünf Minuten oder so, das ist einstellbar) spezielle Informationen in das Logfile ab, welche helfen, den Restart Prozess drastisch zu verkürzen.

Dies geschieht in Form von sogenannten **Checkpoint Log Records** (beginnend mit einem BeginCheckpointLogRecord), welche eine Liste der gerade aktiven Transaktionen (und/oder zugehöriger LURs) mit deren Status, deren kürzlich geschriebenen LSNs, deren zugehörigen Listen von Pages die im Buffer sind aber noch nicht hinausgeschrieben (**dirty pages list**), eventuell File Informationen (welche Files gerade offen sind), und eventuell Locking Informationen enthalten. Die dirty pages list enthält für jede Page, die mit Schreibabsicht in den Buffer geholt wurde, die PageID und den **Recovery LSN**. Recovery LSN ist jeweils die aktuellste LSN, die als nächstes zum Gebrauch im Log in Frage kommt (beim Zeitpunkt des Hereinholens der Datenpage) und besagt somit, ab welcher LSN die Log Records Updates dieser Page enthalten können, die noch nicht auf festen Datenspeicher hinausgeschrieben sind.

Die Locking Information kann von Vorteil sein für LURs, welche an Transaktionen beteiligt sind, die ausser dieser Datenbank noch andere Subsysteme betreffen und entsprechend koordiniert sein müssen, nämlich wenn sie diesbezüglich gerade in einem Warte Status sind, damit beim Restart Prozess die Locks wieder aktiviert werden können, die diese Transaktionen brauchen während ihres Wartens.

Nachdem der EndCheckpoint Log Record auf festem Logspeicher liegt, legt das System die LSN des zugehörigen BeginCheckpoint Log Record in ein separates **Master Record File** auf festem Speicher ab, von welchem jeder Restart Prozess seinen Anfang nimmt.

Restart

Für den Restart nimmt das System die LSN des Beginns des letzten erfolgreichen Checkpoints und beginnt mit einer Analyse Phase des Log ab dieser LSN bis zum Schluss des vorhandenen festen Logspace (analysiert wird also der Checkpoint selber sowie alles was seither auf das Logfile gelangt ist). Diese Analysephase ergibt erstens eine Uebersicht über Transaktionen und/oder LURs, die eventuell ein REDO nötig haben, zweitens über diejenigen, die ein UNDO nötig haben, und schliesslich einen für REDO und UNDO kleinsten nötigen LSN Wert.

An die Analysephase schliesst sich die REDO Phase an. Wie wir gesehen haben, geht es bei REDO nur darum, diejenigen Datenschreibaktionen zu wiederholen, die zwar im Log vermerkt sind, aber eventuell noch nicht auf festen Datenpages (Auskunft darüber gibt die dirty pages list des Checkpoint, die eventuell laufend, das heisst schon während Restart, angepasst und in weiteren Checkpoints festgehalten wird, sodass bei wiederholtem Restart, nach Absturz eines Restart, von bereits gemachter Arbeit möglichst wenig verloren geht, sonstige Log Records für Schreibaktionen sind hier aber nicht nötig). Wenn es keine Pages gibt welche im Daten Buffer aber noch nicht auf festem Datenspeicher waren (dirty pages list empty), dann macht die REDO Phase nichts. In ARIES macht REDO ein Wiederholen von allen Schreibaktionen aus der dirty pages list, *ob sie zu abgeschlossenen LURs gehören oder nicht*, im Gegensatz zu früheren Restart Modellen. Nach der REDO Phase hat das System im Prinzip wieder den Zustand erreicht, den es bei Systemabsturz hatte.

An die REDO Phase schliesst sich die UNDO Phase an, welche im Prinzip dasselbe macht wie ein Rollback während normalem Processing, nämlich rückwärts gehend Schreibaktionen wieder rückgängig machen (jeder Logeintrag einer LUR hat einen Rückwärtspointer zum letzten Log Record derselben LUR, das heisst enthält dessen LSN als Datenfeld, sodass die zu einer LUR gehörenden Log Records schnell rückwärts gefunden werden).
Normales und zur UNDO Phase von Restart gehörendes Backout schreibt CLRs, und um die Effizienz des Rückwärtsgehens beim Backout weiter zu erhöhen, enthalten die CLRs, die Compensation Log Records, Rückwärtspointer *zum nächsten rückgängig zu machenden Log*

Record derselben LUR (das ist der Vorgänger derjenigen Aktion, die mit dem betrachteten CLR selber rückgängig gemacht wird). So geht keine Restart Arbeit verloren, wenn das System während dem Restart abstürzt (ausser vielleicht solcher, die beim nächsten Restart in der REDO Phase wiederholt werden muss), und jede Aktion hat höchstens eine kompensierende CLR.

Damit ist die Arbeit bei Restart im Prinzip festgeschrieben, und das Wiederholen von Restarts als solches gibt keine zusätzliche Arbeit für das System (ausser vielleicht ein wenig mehr Checkpoints). Dies steht im Gegensatz zu früheren Restart Modellen, wo jeder Restart erneute Arbeit für einen späteren Restart generieren konnte.

Im Prinzip können beim Restart schon nach der REDO Phase und nach dem Aquirieren der für Backout nötigen Locks neue Benutzer Prozesse zugelassen werden. Trotzdem kann es sein, dass ein Restart Prozess so lange dauert, dass man ihn abbrechen möchte und die betroffenen Tabellenfiles separat bearbeiten (zB wegen einer zu langen LUR, die abgebrochen wurde). Dann kann man mit **'deferred restart'** dem System sagen, es solle die Restart Logik auf diese oder jene Daten nicht anwenden. Die Idee hingegen, einen nicht fertig werdenden Restart durch Systemherunterreissen zu unterbrechen, war vor ARIES sehr schlecht, denn es bedeutete, dass der nächste Restart einiges mehr zu machen hatte als der unterbrochene zu machen gehabt hätte.

Die letzte Aktion von Restart ist wiederum das Schreiben eines Checkpoint. Nun kann man sich auch vorstellen, dass die Restart Logik dieselbe ist, ob das System vorher abgestürzt ist oder wurde, oder ob vorher ein normaler **System Shut Down** stattgefunden hat. Ein anständiger System Shut Down wird aktive LURs zuende laufen lassen (insoweit möglich), den Datenbuffer leeren und als letztes einen Checkpoint schreiben. Restart in diesem Fall wird daher sehr rasch gehen. Als einziges wird ein solcher Restart, wie oben angetönt, Locks wieder aktivieren, die zu wartenden LURs gehören. Warten muss eine LUR allenfalls wegen der Umgebung, womit wir beim nächsten Thema wären.

ACID-Transaktionen in grösserem Umfeld

Wir haben eingangs dieses Kapitels Recovery/Restart gesehen, dass eine LUR in einem Datenbanksystem, Teil sein kann einer Spur, welche eine Transaktion im System hinterlässt (eventuell besteht die Transaktion nur aus einer LUR).

Eine Transaktion kann sich aber über mehr als ein einziges Datenbankmanagement System erstrecken (die auch von verschiedenen Herstellern sein können), sowie auch noch über Kommunikationssysteme. Unter Umständen will man Messages, die bei einer Transaktion hin und her gehen, genausowenig verlieren wie geschriebene Daten in der Datenbank (wenigstens nicht anlässlich eines Transaktions oder Systemabsturzes).

Wenn die Transaktion als ganzes (nicht nur deren Spur als Folge von LURs im Datenbanksystem) ACID Eigenschaften haben soll (insbesondere 'alles oder nichts'), dann braucht es im Allgemeinen so etwas wie ein Transaktionsverwaltungssystem (**transaction monitor, TP-monitor**), der in Zusammenarbeit mit den beteiligten Ressourcenmanagern (Datenbanken und Kommunikationssysteme) dieses ACID zu erzwingen sucht.

Two Phase Commit (2PC)

Zur Fixierung der Gedanken stellen wir uns vor, dass wir einen TP-monitor haben und zwei Ressourcenmanager (zum Beispiel zwei Datenbanksysteme oder ein Datenbanksystem und ein Message Driving System). Der TP-monitor ist dann der **Koordinator** (mit eigenem Log) und die Ressourcenmanager (es können auch mehr als zwei sein) die **Teilnehmer.**

Möchte die Transaktion einen Savepoint (Commit) setzen, was bei ACID Transaktionen natürlich mit deren normalem Ende gleichzusetzen ist, so macht das der TP-monitor in zwei Phasen (daher **Two Phase Commit, 2PC**). Es gibt etwa zwei Dutzend Varianten dieses Protokolls (Chrysanthis 1998). Im folgenden ist eine Basisvariante kurz skizziert.

In der ersten Phase setzt der Koordinator einen Begin Commit Record in seinen Log und meldet allen Teilnehmern, sie sollen sich zum Commit bereit machen (**prepare to commit**). Die Teilnehmer schreiben einen Prepare Commit Record in ihren Log, melden dem Koordinator Bereitschaft, behalten die Locks und warten (in bezug auf die beteiligte LUR). Muss ein Teilnehmer aber Rollback machen, so macht er dies (mit den entsprechenden Log Einträgen) und meldet dies dem Koordinator.

Nun gibt es zwei Möglichkeiten: Entweder erhält der Koordinator von allen Teilnehmern die Meldung, dass sie für Commit bereit seien, oder eben nicht. Eventuell kommt von einem Teilnehmer keine Antwort zurück, was der Koordinator nach einer gewissen Zeit als Nichtbereitschaft interpretiert.

Jedenfalls beginnt dann die zweite Phase des Protokolls, nämlich wenn der Koordinator die Commit Bereitschaft von allen Teilnehmern gemeldet erhalten hat, schreibt er einen Commit Record in seinen Log (ab diesem Zeitpunkt gilt die Transaktion als committed), und meldet allen Teilnehmern, dass sie committen sollen.

Im anderen Fall, wenn ein Teilnehmer Abort gemeldet hat, oder zu lange keine Antwort gibt, befiehlt der Koordinator allen Teilnehmern, Rollback zu machen. In beiden Fällen machen die Teilnehmer alle dasselbe (commit oder rollback), und melden dies an den Koordinator zurück, der dann als krönenden Abschluss noch einmal einen Log Record ins eigene Logfile schreibt.

Man sieht, dass von einem beteiligten Datenbanksystem aus gesehen in bezug auf eine LUR, die an einem 2PC beteiligt ist, eine gewisse Zeit lang Unsicherheit herrschen kann, nämlich nachdem sie Prepared for Commit an den Koordinator gesendet hat, aber bevor dieser mit dem Commit oder Rollbackbefehl geantwortet hat. Während dieser Zeit des Wartens befindet sich die entsprechende LUR in einem Wartestatus mit Namen **'indoubt'** (im Zweifel). Stürzen dann mehrere beteiligte Komponenten ab, kann es sein, dass man nach dem Restart von Hand eingreifen muss. Solche Fälle lassen sich auch durch bessere Protokolle nicht ganz ausschliessen, höchstens unwahrscheinlicher machen (zu gut darf ein Protokoll in dieser Beziehung auch nicht sein, weil das mit Performance Verlusten erkauft werden müsste).

Erweiterte Transaktionsbegriffe

Zum Abschluss dieses Kapitels stellen wir das über ACID und LUR Gesagte in ein grösseres Umfeld. Wir unterscheiden zwischen **Batch** Programmen (ohne Benutzer Interaktion) und **Online** Programmen (mit Benutzer Interaktionen).

Ein Batch Programm kann eine ACID Transaktion sein, auch wenn es mehrere Datenbank Systeme benutzt, aber zur Schonung der Recovery Problematik ist es empfehlenswert, mehrere LURs aus dem Programm zu machen, das heisst alle paar Momente (zB nach je 100 verarbeiteten Records) einen Savepoint zu setzen (oder Commit abzusetzen). Läuft das Programm im Hintergrund parallel zu Online Zugriffen auf dieselben Daten, sollte der Savepoint jeweils auch die Locks freigeben. Meist wird das Programm Information in eine separate Tabelle ablegen, die es ihm ermöglicht, bei einem Restart inhaltlich beim letzten Savepoint aufzusetzen (sodass man das Batch Programm beliebig 'abschiessen' und wieder restarten kann).

Bei den Online Programmen kann man unterscheiden zwischen **konversationeller** Online Verarbeitung und **transaktioneller** Online Verarbeitung. Beim konversationellen Programm hat dieses die Kontrolle, bedient den Bildschirm, wartet auf Input des Benutzers, macht Datenbankzugriffe, wartet wieder auf den Benutzer, usw. Die Locks müssen gemäss gewähltem Locking Protokoll eventuell während der ganzen Dauer des Programms aufrechterhalten werden. Transaktionelle Online Programme hingegen sind typischerweise ACID Transaktionen, wobei im Falle eines Browsers als Client und eines Applikationsservers als dem Webserver nachgelagerte Komponente bis heute gewisse Teile der Message Komponenten aus dem Bereich der Two Phase Commit Kontrolle herausfallen, aber das kann sich ändern in der Zukunft (Mohan 2001).

Es ist klar, dass in einem Mehrbenutzerbetrieb die konversationelle Online Verarbeitung in den meisten Fällen nicht in Frage kommt (wegen den Locks auf den Daten). Anderseits bestand aber schon in den Anfängen der transaktionellen Online Verarbeitung ein typischer Geschäftsvorfall aus mehreren Einzeltransaktionen, die nur zusammen im Sinne des Geschäftes Sinn machten.

Daher ist bereits in den siebziger Jahren das Paradigma der **pseudokonversationellen** Online Verarbeitung entwickelt worden. Technisch gesehen handelt es sich um transaktionelle Verarbeitung, hingegen wird dem Benutzer vorgespiegelt, es handle sich um konversationelle. Dies bedingt natürlich, dass mit jeder Einzeltransaktion Kontext Information an das System mitgeliefert wird, welche es möglich macht, die Spur des übergeordneten Geschäftsvorfalles wieder aufzunehmen (meist technische Umgebungsinformation, eventuell sogar erneute Authentifizierung des Benutzers, sowie zum Beispiel eine Kennung zur Identifizierung des begonnenen Geschäftsvorfalles, dessen inhaltliche Fortententwicklung in einer beteiligten Datenbank abgelegt ist). Natürlich besteht ein Unterschied zum echten konversationellen Paradigma. Deshalb gibt es Ueberbuchungen von Fluggastplätzen, kriegt man das letzte Buch im Lager dann doch nicht, usw.

Das pseudokonversationelle Online Paradigma hat eine weite Verbreitung und in Zeiten des World Wide Web sogar eine Art Renaissance erlebt, und es ist ohne weiteres implementierbar in neu hergestellten Anwendungen. Aber der oben skizzierte Wunsch, Einzelaktionen zu grösseren Geschäftsvorfällen zusammenzufassen, betrifft auch Einzelaktionen, die je durch separate *bereits bestehende* Anwendungen abgedeckt sind, wie zum Beispiel das Buchen von Geldvorfällen zusammen mit der Verwaltung von Vertragsinformation. An dieser Stelle wird es schwieriger.

Die Theorie hat zwar schon seit längerer Zeit verschiedene Lösungsansätze bereitgestellt, wie zum Beispiel geschachtelte Transaktionen (Moss 1981), Sagas (Garcia-Molina 1987), das ConTract Modell (Wächter 1992) und andere (Elmagarmid 1992).

Das Sagas Modell zum Beispiel versucht, eine Sequenz von Einzeltransaktionen dadurch atomar zu machen (im Sinne des 'alles oder nichts'), indem zu jeder Einzeltransaktion eine weitere diese inhaltlich kompensierende Transaktion bereitgestellt werden muss, sodass die

Sagas Kontrolle im Falle des Schiefgehens einer Einzeltransaktion diese sowie alle vorherigen rückgängig machen kann. Allerdings befindet man sich sofort in inhaltlichen Diskussionen (soll eine Buchung echt rückgängig gemacht oder durch eine Storno Buchung aufgehoben werden?).

Wie das Sagas Modell ist ConTracts scriptbasiert mit einer Sprache zur Kontrolle des Flusses der beteiligten Einzeltransaktionen, wobei allgemeine bedingungsabhängige Verzweigungen sowie parallele Ausführungen möglich sind. Daneben gibt es in der Theorie noch viele andere Kontrollsysteme für erweiterte Transaktionsbegriffe, welche jedoch nicht scriptbasiert sind, sondern eventbasiert.

Aber leider hat sich keines derjenigen theoretischen Modelle, die auch implementiert worden sind, in der kommerziellen Welt durchsetzen können, wahrscheinlich weil die Systemlandschaft in den neunziger Jahren bereits zu heterogen war.

Es ist aber denkbar, dass sich das Paradigma der **Workflow Systeme** (Becker 2002) noch weiter von seinen Ursprüngen emanzipiert, welche in der Büro Automatisierung der siebziger Jahre liegen (Zisman 1977), und seine Annäherung an Konzepte erweiterter Transaktionen vertieft (Alonso 1996). Hoffnungsvolle Ansätze in Form von Software sind vorhanden (es soll hier keine Reklame gemacht werden), vor allem aber in Form eines Gremiums (Workflow Management Coalition, Fischer 2002), welches erkannt hat, dass angesichts der Notwendigkeit, Workflow Systeme mit anderen Systemen zu verbinden, Standardisierung eines der wichtigsten Anliegen sein muss.

Weitere Aufgaben

Aufgabe 5:

Bei Image Copies sind zwei Fälle denkbar, nämlich einerseits dass während dem Ziehen der Image Copy gleichzeitig für andere nur Lesezugriff erlaubt ist, und anderseits dass gleichzeitig auch Schreibaktionen erlaubt sind (letzteres erbringt eine sogenannte 'fuzzy image copy'). Man diskutiere die Unterschiede, auch im Hinblick auf media recovery.

Aufgabe 6:

ARIES überlässt dem Buffer Manager ziemlich viele Freiheiten (ausser zum Beispiel, dass WAL eingehalten werden muss usw). Bei welchen Gelegenheiten würde man dem Buffer Manager empfehlen, Pages hinauszuschreiben (auch ohne dass eine durch Transaktionen verursachte Notwendigkeit gegeben ist wie zum Beispiel dass der Platz gebraucht wird)?

Aufgabe 7:

Wie werden cascading rollbacks vermieden? (man versteht nach diesem Kapitel, was für einen immensen Aufwand dies bedeuten würde für das System)

Aufgabe 8:

Bezieht sich die UNDO und REDO Information eines Pageupdate direkt auf relatives Offset innerhalb der Page (im Sinne von Before-Image und After-Image), so kann sich bald eine mühsame Fragmentierung der Page ergeben (ungleichmässige Verteilung der Daten und des freien Platzes), welche durch regelmässig zu laufende Utilities defragmentiert werden muss. Man überlege sich einen Vorschlag zur Abhilfe.

Aufgabe 9:

Man erkläre, wann es möglich ist, auch eine Wiederherstellung einer einzelnen Page zu gewährleisten.

Aufgabe 10:

Angenommen, man hätte zwei Tabellen, T1 und T2, so dass sich T2 mit referential integrity auf T1 bezieht. Beide sind kaputt. Welche der beiden sollte man zuerst wiederherstellen (mit media recovery, dh recover tablespace)?

Aufgabe 11:

Würde es Sinn machen, eine durch eine Transaktion notwendig gewordene und durch diese verursachte 'File Extension' auch wieder rückgängig zu machen, wenn die entsprechende LUR einen Rollback erleidet?

Aufgabe 12:

Wir nehmen an, dass in einem System zum End of LUR Processing ein Bufferflush aller diese LUR betreffenden Daten Pages stattfinden würde. Vorteile? Nachteile? Konsequenzen?

Aufgabe 13:

Wir nehmen an, dass das Logfile logisch aufgespalten werden kann (zum Beispiel ein Logfile für diese Daten, eins für jene, usw) in mehrere Teile, wie das in Systemen der Fall ist, die schon länger da sind. Was bedeutet das für das Commit Processing?

Aufgabe 14:

Natürlich hat ein Datenbanksystem nicht nur eine INSERT Schnittstelle, um Daten zu empfangen, sondern auch ein Load Utility. Soll bei Load ein Logging stattfinden?

Lösungen der Aufgaben

Lösung Aufgabe 1:

Etwas länger als die längste Image Copy Periode (die nicht alle gleich lang zu sein brauchen, bei Files, deren Tabellen viel geschrieben und/oder rasch wiederhergestellt werden müssen, wird man die Image Copy Periode kleiner wählen als bei anderen). Weil Image Copies selber aber auch kaputt sein können, behält man oft zwei oder drei Generationen davon. Entsprechend länger sollte dann die Logfile Behaltedauer sein.

Lösung Aufgabe 2:

Die UNDO Information muss vor der REDO Information auf dem Logfile sein (oder spätestens gleichzeitig), weil wenn zum Beispiel zu einem bestimmten Zeitpunkt das System abstürzt, und der Log nur REDO Information hätte, und das Datenfile auch schon geschrieben wäre (auf Disk), dann wäre die UNDO Information verloren.

Lösung Aufgabe 3:

Nicht unbedingt, da die System Clock von aussen beeinflusst werden kann, und dadurch die Monotonie der LSN gefährdet sein kann (aufsteigende log sequence numbers). Sehr einfach als Wahl der LSN ist eine RBA, eine relative byte address, innerhalb des linearen Logspace (der Log beginnt bei Byte 0 und hört vielleicht auf bei Byte zwei hoch achtundvierzig minus eins, wenn die RBA aus sechs Bytes besteht).

Lösung Aufgabe 4:

Stromausfall, falls kein Notstromaggregat vorhanden, das sich unterbruchsfrei selber aktiviert.
Operator Interaction, das heisst Abschuss des Datenbanksystems mit Betriebssystem Commands, aus irgendwelchen Gründen (wird allerdings nicht gerne gesehen).
Abschuss eines eng verflochtenen Partnersystems durch Operator Interaction.
Das System kann sich sogar selber verabschieden wenn es sich verheddert hat, was nicht oft aber doch vorkommen kann.
Das System trifft auf einen Programmfehler im eigenen Code.
Ein Partnersystem mit genügend starkem Authorisierungslevel auf Betriebssystemebene kann Fehler haben, welche das Datenbanksystem zum Absturz bringen.
Bei weniger geschützten Datenbank/Transaction Monitor/Programmierumgebungen kann sogar ein Userprogramm (hoffentlich unabsichtlich) den Absturz verursachen.

Lösung Aufgabe 5:

Eine non fuzzy Image Copy braucht einen Share Lock auf dem ganzen Tabellenfile, muss deshalb eventuell warten, damit (andere) LURs ausgeschlossen sind, wenn diese schreiben wollen (diese müssen also dann ihrerseits auch warten). Sie hat den Vorteil, dass media recovery von der gezogenen Kopie und vom Log LSN ausgehen kann, der dem Ende der Utility Image Copy entspricht. Allerdings bedeutet das, dass die Utility sobald sie zum Zuge kommt, die neuesten Bilder der Pages braucht und deshalb entweder via Buffer diese Pages liest oder aber zuerst den Buffermanager dazu bringen muss, Pages die zum Tabellenfile gehören, hinauszuschreiben. Beides bedeutet einen gewissen Umweg.

Viel schneller ist deshalb eine fuzzy image copy, da sie nicht über den Buffermanager zu gehen braucht und deshalb sogar die 'Device Geometrie' des Disk ausnutzen kann um schneller zu lesen. Sie kann dann dafür 'uncommited updates' enthalten sowie Pages welche ein REDO nötig haben. Auch die fuzzy image copy wird diejenige LSN im System festhalten, ab der es genügt, im Recoverfall den Log zu lesen. Diese LSN ergibt sich folgendermassen (man erinnere sich das bei Checkpoint gesagte): Der letzte abgeschlossene Checkpoint vor Begin fuzzy image copy (also wo EndCheckpoint Log auf festem Logspeicher ist) wird genommen und aus dessen dirty pages table das Minimum aller Recovery LSN, die sich auf Pages des Tabellenfile beziehen. Die gesuchte LSN ist dann das Minimum von diesem Minimum und der LSN des BeginCheckpoint Log Records.

Lösung Aufgabe 6:

Zum Beispiel bei 'hot spot pages' ab und zu, das sind Pages, die immer wieder von Transaktionen gebraucht werden und ansonsten die Tendenz hätten, selten oder nie hinausgeschrieben zu werden (je länger sie nicht auf festen Diskspace hinausgeschrieben werden, desto mehr Log Records müssen im Recover Fall angewendet werden).
Zweitens sollte Buffermanager darauf achten, dass er dirty pages nicht auf ewig bei sich behält. Man könnte sich zum Beispiel vorstellen, dass er dafür sorgt, dass jede geschriebene Page pro Tag oder pro Stunde einmal hinausgeschrieben wird (kann asynchron passieren). Das ewige Behalten ohne Flush könnte im Extremfall dazu führen, dass der aufbewahrte Log und die fuzzy image copies nicht mehr ausreichen für media oder system crash recovery (bei nonfuzzy image copies sollte dies allerdings nicht passieren).

Lösung Aufgabe 7:

Durch Locking. Siehe Kapitel Concurrency.

Lösung Aufgabe 8:

Wie immer in solchen Situationen, wo man einen Freiheitsgrad mehr braucht: Man hängt einen Level von Indirection dazwischen.
Man stelle sich vor, dass jede Page in ihrem Verwaltungsteil eine Tabelle hat für Offsetangaben innerhalb der Page. Der erste Tabelleneintrag zeigt auf den ersten Slot der Page, der zweite auf den zweiten usw.
Das gesamte Logging (und Locking) kann sich dann auf diese Slots beziehen (page#,slot#), und wo genau die Daten auf der Page liegen ergibt sich erst durch Konsultation des entsprechenden Sloteintrages.
Auf diese Weise kann jeder Prozess Verschiebungen innerhalb der Page veranlassen, wenn er nur die Inhalte der Tabelle mit den Pointers auf die Slots richtig anpasst, ohne die Logik von Logging oder Locking von anderen Prozessen zu stören.
So ein Indirection Mechanismus ist besonders wichtig, wenn die Datenbank auch Datenfelder variabler Länge speichert.

Lösung Aufgabe 9:

Wenn man sich im klaren ist darüber, bis zu welchem Punkt die Wiederherstellung gehen soll, das heisst zum Beispiel bis zu welchem LSN, oder aber dass man nur die Effekte von LURs haben möchte, welche Commited sind, oder ähnlich.
Utilities stellen diese Möglichkeit unter Umständen zur Verfügung, aber die Sache ist etwas heikel.
Das System selber macht eventuell interne recover page (bis zum Zeitpunkt des Entdeckens dass die page 'broken' ist), ohne dass der Benutzer etwas merkt.

Lösung Aufgabe 10:

T1, da T2 von T1 abhängt. Eventuell muss nachher noch eine sogenannte Check Utility prüfen, ob referential integrity in Ordnung ist (unter Umständen macht das schon die Recovery Logik, besonders dann ist natürlich die Reihenfolge wichtig).
Nebenbei gesagt: Wenn es sich um Tabellen handelt, welche Systeminformationen tragen, kann die Frage der richtigen Reihenfolge eine halbe Wissenschaft sein, was bedeutet, dass Vorkehrungen für Disaster Recovery sehr sorgfältig geplant sein müssen.

Lösung Aufgabe 11:

Nein. Das zugrundeliegende Operating System stellt eventuell sogar nicht einmal entsprechende Services zur Verfügung (die Software der Hardwarehersteller ist sowieso besser im nehmen von Diskspace als im Zurückgeben).
Allgemein kann man sagen, dass Operating System Services keine Chance haben, in die ACID Welt einer LUR eingebunden zu werden, wenn das Operating System nicht an einem Two Phase Commit Protocol mit der Datenbank teilnehmen kann, was äusserst selten der Fall sein dürfte.

Lösung Aufgabe 12:

Beginnen wir mit den Konsequenzen. Das Logging von EndLUR müsste aus zwei Teilen bestehen, Log(BeginEndLUR), welches den logischen Zeitpunkt definieren würde, ab welcher die LUR als Commited gilt. Dann Bufferflush und anschliessend Log(EndEndLUR). Der Vorteil wäre, dass Recovery Processing nur REDO machen müsste für LURs, bei denen Log(BeginEndLUR) da ist aber Log(EndEndLUR) nicht (analog bei rollbacked...). Der Nachteil wäre eine Einbusse in der Performance, vor allem bei von hot spot pages betroffenen Transaktionen.

Lösung Aufgabe 13:

Es muss einem Two Phase Commit Protocol genügen, auch wenn kein weiteres Subsystem am Transaktionsprozessing beteiligt ist. Deshalb muss auch eines der Logfiles als Master Log File deklariert werden, welches die Rolle des Koordinators übernimmt bei 2PC.

Lösung Aufgabe 14:

Bei einem Load ohne Logging sind die Daten nicht recoverable (und als solche deklariert im System Katalog). Dies kann vollständig genügen wenn die Daten nur gelesen werden sollen. Sollen sie aber recoverable sein (dh es wird anschliessend auch geschrieben), muss entweder bei Load ein Logging stattfinden, oder was noch mehr zu empfehlen wäre, Load ohne Logging und anschliessend Ziehen einer Image Copy (wodurch die Daten recoverable werden).

Zitierte Literatur

(Aho 1979)
Aho, A.V., Ullman, J.D., Universality of Data Retrieval Languages, Proc. ACM Symposium on Principles of Programming Langauges, 1979, pp 110 - 120

(Albert 1991)
Albert, J.,Algebraic Properties of Bag Data Types, Proc. 17th Int'l Conf. on Very Large Data Bases, 1991, pp 211 - 219

(Alonso 1996)
Alonso, G., Agrawal, D., El Abbadi, A., Kamath, M., Günthör, R., Mohan, C., Advanced Transaction Models in Workflow Contexts, Proc. 12th Intl. Conf. on Data Engineering, IEEE Computer Society 1996, pp 574 - 581

(ANSI 1999)
American National Standards Institute, American National Standard for Information Technology, Database Languages, SQL, ANSI/ISO/IEC 9075-k-1999 (k = 1,2,3,4,5), approved Dec 8, 1999 (IEC heisst International Electrotechnical Commission)

(Astrahan 1976)
Astrahan, M.M., Blasgen, M.W., Chamberlin, D.D., Eswaran, K.P., Gray, J.N., Griffiths, P.P., King, W.F., Lorie, R.A., McJones, P.R., Mehl, J.W., Putzolu, G.R , Traiger, I.L., Wade, B.W., Watson, V., System R: Relational Approach to Database Management, ACM TODS 1(2), June 1976, pp 97 - 137

(Atzeni 1993)
Atzeni, P., de Antonellis, V., Relational Database Theory. Benjamin/Cummings 1993, p193, Lemma 5.3

(Bachman 1964)
Bachman, C.W., Williams, S.B., A General Purpose Programming System for Random Access Memories, Proc. 1964 FJCC, AFIPS vol 26, pp 411 - 422

(Bachman 1969)
Bachman,C.W., Data Structure Diagrams, ACM SIGMIS DATA BASE 1(2),1969,pp 4 - 10

(Bachman 1983)
Bachman, C.W., The Structuring Capabilities of the Molecular Data Model, in Davis, C.G. et al (Eds), Proc. 3rd Int. Conf. on Entity-Relationship Approach, North Holland 1983, pp 55 -68

(Becker 2002)
Becker, J., zur Muehlen, M., Gille, M., Workflow Application Architectures: Classification and Characteristics of Workflow-based Information Systems, in (Fischer 2002)

(Beeri 1977)
Beeri, C., Fagin, R., Howard, J.H., A Complete Axiomatization for Functional and Multivalued Dependencies in Database Relations, SIGMOD Conference 1977, 47 - 61

(Beeri 1981)
   Beeri, C., Obermarck, R., A Resource Class Independent Deadlock Detection Algorithm,
   Proc. 7th Intl. Conf. on Very Large Data Bases, 1981, pp 166 - 178

(Berenson 1995)
   Berenson, H., Bernstein, P., Gray, J.N., Melton, J., O'Neil, E., O'Neil, P., A Critique of
   ANSI SQL Isolation Levels, , Proc. of the 1995 ACM SIGMOD Int. Conf. on the Mgt. of
   Data, SIGMOD RECORD 24(2), 1995, pp 1 - 10

(Bernstein 1987)
   Bernstein, P.A., Hadzilacos, V., Goodman, N., Concurrency Control and Recovery in
   Database Systems, Addison-Wesley 1987

(Boyce 1975)
   Boyce, R.F., Chamberlin, D.D., King, W.F., Hammer, M.M., Specifying Queries as
   Relational Expressions: The SQUARE Data Sublanguage, in Comm. ACM 18(11),1975,
   pp 621 - 628

(Buff 1988)
   Buff, H.W., Why Codd's Rule No 6 must be reformulated, ACM SIGMOD RECORD 17(4),
   Dec 1988 (Codd's response in derselben Nummer)

(Buff 1989)
   Buff, H.W., Datenmanagement, Vorlesungsmanuskript HSG St. Gallen, Sommer 1989

(Buff 1991a)
   Buff, H.W., Entity Relationship for Relational Database, Broschüre der Schweizerischen
   Rückversicherung AG, 1998 (erste Auflage 1991)

(Buff 1991b)
   Buff, H.W., A complete identity set for Codd algebras, SIGMOD RECORD 20(3), Sept
   1991

(Buff 1993)
   Buff, H.W., Remarks on two new theorems of Date and Fagin, SIGMOD RECORD vol. 22
   no 1, March 1993

(Cabrera 1993)
   Cabrera, L.F., McPherson, J.A., Schwarz, P.M., Wyllie, J.C., Implementing Atomicity in
   Two Systems: Techniques, Tradeoffs, and Experience, IEEE Transactions on Software
   Engineering, Vol 19, No 10, 1993, pp 950 - 961

(Cardenas 1975)
   Cardenas, A.F., Analysis and Performance of Inverted Data Base Structures,
   Communications of ACM 18(5), pp 253-263 (1975)

(Chaitin 2000)
   Chaitin, G.J., Exploring Randomness, Springer 2000

(Chamberlin 1974)
   Chamberlin, D.D., Boyce, R.F., SEQUEL: A Structured English Query Language, in
   Proceedings of 1974 ACM-SIGMOD workshop on data description, access and control,
   Ann Arbor, Michigan, May 1-3, 1974, pp 249 - 264

(Chamberlin 1976)
Chamberlin, D.D., Astrahan, M.M., Eswaran, K.P., Griffiths, P.P., Lorie, R.A., Mehl, J.W., Reisner, P., Wade, B.W., SEQUEL 2: A Unified Approach to Data Definition, Manipulation and Control, IBM Journal of R&D 20(6), November 1976, pp 560 - 575

(Chandra 1985)
Chandra, A.K., Vardi, M.Y., The Implication Problem for Functional and Inclusion Dependencies is Undecidable, SIAM Journal on Computing 14(3), pp 671 - 677 (1985)

(Chaudhuri 1994)
Chaudhuri, S., Shim, K., Including Group-By in Query Optimization, in Proceedings 20th International Conference on Very Large Data Bases, (VLDB'94), 1994, pp 354 - 366

(Chaudhuri 1999)
Chaudhuri, S., Shim, K., Optimization of Queries with User-Defined Predicates, ACM TODS 24(2), 1999, pp 177 - 228

(Chen 1976)
Chen, P.P., The Entity-Relationship Model - Toward a Unified View of Data, ACM TODS 1(1), 9-36

(Chen 1977)
Chen, P.P., Data Base Management, The Entity Relationship Approach to Logical Data Base Design, QED Monograph Series No 6, Wellesley 1977

(Chen 1979)
Chen, P.P., Entity Relationship Diagrams and English Sentence Structures, in Chen, P.P., Entity-Relationship Approach to Systems Analysis and Design, North Holland 1979

(Chen 1997)
Chen, P.P., From Ancient Egyptian Language to Future Conceptual Modeling, in Chen, P.P. et al (Eds), Conceptual Modeling, Current Issues and Future Directions, Selected Papers from the Symposium on Conceptual Modeling, Los Angeles, California, Springer LNCS vol 1565 (1999)

(Cheng 1991)
Cheng, J.M., Haderle, D.J., Hedges, R., Iyler, B.R., Messinger, T., Mohar, C.,Wang, Y., An Efficient Hybrid Join Algorithm: A DB2 Prototype, Proc. 7th Intl. Conf. on Data Engineering, IEEE Computer Society 1991

(Christodoulakis 1984)
Christodoulakis, S., Implications of Certain Assumptions in Database Performance Evaluation, ACM TODS 9(2), 1984, pp 163-186

(Chrysanthis 1998)
Chrysanthis, P.K., Samaras, G., Al-Houmaily, Y.J., Recovery and Performance of Atomic Commit Processing in Distributed Database Systems, in Kumar, V., Hsu, M., Recovery Mechanisms in Database Systems, Prentice Hall 1998, pp 370 - 416

(Codasyl 1974)
ACM SIGMOD Workshop on Data Description, Access and Control, Data Models: Data-Structure-Set versus Relational, May 1974

(Codasyl 1975)
Interim report ANSI/X3/SPARC Study Group on Data Base Management Systems 75-02-08, in FDT Bulletin of ACM SIGMOD, vol. 7, no. 2, pp IV-28/29

(Codd 1970)
Codd, E.F., A Relational Model of Data for Large Shared Data Banks, Communications of ACM 13(6), pp 377 - 387 (Juni 1970)

(Codd 1971a)
Codd, E.F., Further Normalisation of the Data Base Relational Model, in Randall, R. (Ed), Data Base Systems, Prentice-Hall 1972, pp 33 - 64. Courant Computer Science Symposium 6, 24.-25. May 1971

(Codd 1971b)
Codd, E.F., Relational Completeness of Data Base Sublanguages, in Randall, R. (Ed), Data Base Systems, Prentice-Hall 1972, pp 65 - 98. Courant Computer Science Symposium 6, 24.-25. May 1971

(Codd 1971c)
Codd, E.F., A data base sublanguage founded on the relational calculus, in Codd, E.F., Dean, A.L., Proceedings of 1971 ACM-SIGFIDET workshop data description, access and control, San Diego November 11-12, 1971, pp 35 - 68

(Codd 1979)
Codd, E.F., Extending the Database Relational Model to Capture More Meaning, ACM TODS 4(4), Dec 1979

(Codd 1985)
Codd, E.F., Is your DBMS really relational?, in Computerworld, Oct 14 and Oct 21, 1985

(Codd 1990)
Codd, E.F., The Relational Model for Database Management: Version 2, Addison-Wesley 1990

(Codd 1993)
Codd, E.F., Providing OLAP (On-line Analytical Processing) to User-Analysts: An IT Mandate, E.F.Codd & Associates 1993

(Cole 1994)
Cole, R.L., Graefe, G., Optimization of Dynamic Query Evaluation Plans, Proc. of the 1994 ACM SIGMOD Int. Conf. on the Mgt. of Data, SIGMOD RECORD 23(2), 150 - 160

(Date 1986)
Date, C.J., Relational Database:Selected Writings, Addison-Wesley, 1986

(Date 1992a)
Date, C.J., Relational Database:Writings 1989 - 1991, Addison-Wesley, 1992

(Date 1992b)
Date, C.J., Fagin, R., Simple Conditions for Guaranteeing Higher Normal Forms in Relational Databases, ACM TODS vol 17, no 3, Sept 1992

(Date 1997)
Date, C.J., Darwen, H., The SQL standard, fourth edition, Addison-Wesley 1997, p 134

(Date 2000)
   Date, C.J., An Introduction to Database Systems (7.Auflage), Addison Wesley 2000.

(Dayal 1982)
   Dayal, U., Goodman, N., Katz, R.H., An Extended Relational Algebra with Control Over
   Duplicate Elimination, Proc. ACM Symp. Principles of Database Systems, 1982,
   pp 117 - 123

(Dijkstra 1965)
   Dijkstra, E.W., Solutions of a Problem in Concurrent Programming Control,
   Communications of the ACM 8(9), 1965, p 569

(Elmagarmid 1992)
   Elmagarmid, A.K., Ed., Database Transaction Models for Advanced Applications, Morgan
   Kaufmann Publishers, 1992

(Eswaran 1976)
   Eswaran, K.P.,Gray, J.N., Lorie, R.A., Traiger, I.L., The Notions of Consistency and
   Predicate Locks in a Database System, Communications of the ACM 19(11), 1976,
   pp 624 - 633

(Fagin 1977)
   Fagin, R., Multivalued Dependencies and a New Normal Form for Relational Databases,
   ACM TODS 2(3), pp262-278 (1977)

(Fagin 1979)
   Fagin, R., Normal Forms and Relational Database Operators, SIGMOD Conference 1979,
   153 - 160

(Finkelstein 1988)
   Finkelstein, S.J., Schkolnick, M., Tiberio, P., Physical Database Design for Relational
   Databases, ACM TODS 13(1), 1988, pp 91 - 128

(Fischer 2002)
   Fischer, L., Ed., Workflow Handbook 2002, Future Strategies Inc., Florida, 2002

(Freytag 1986)
   Freytag, J.Ch., Goodman, N., Rule-Based Translation of Relational Queries into Iterative
   Programs, Proc. of the 1986 ACM SIGMOD International Conf. on Management of Data,
   SIGMOD RECORD 15(2), 1986, pp 206 - 214

(Galindo-Legaria 1997)
   Galindo-Legaria, C., Rosenthal, A., Outerjoin Simplification and Reordering for Query
   Optimization, ACM TODS 22(1), 1997, 43 - 74

(Garcia-Molina 1987)
   Garcia-Molina, H., Salem, K., SAGAS, Proc. of the 1987 ACM SIGMOD International
   Conf. on Management of Data, SIGMOD RECORD 16(3), 1987, pp 249 - 259

(Garcia-Molina 2000)
   Garcia-Molina, H., Ullman, J.D., Widom, J., Database System Implementation, Prentice
   Hall, 2000

(Graefe 1989)
Graefe, G., Ward, K., Dynamic Query Evaluation Plans, Proc. of the 1989 ACM SIGMOD International Conf. on the Management of Data, SIGMOD RECORD 18(2), 358 - 366

(Gray 1975)
Gray, J.N., Lorie, R.A., Putzolu, G.R., Granularity of Locks in a Shared Database, Proc. Intl. Conf. on Very Large Data Bases, Sept. 1975, pp 428 - 451

(Gray 1977)
Gray, J.N., Notes on Data Base Operating Systems, in Bayer, R., et al, Operating Systems, Springer 1979, Advanced Course on Operating Systems, München 28.7. bis 5.8.1977, pp 393 - 481

(Gray 1993)
Gray, J.N., Reuter, A., Transaction Processing: Concepts and Techniques, Morgan Kaufmann Publishers 1993

(Härder 1983)
Härder, T., Reuter, A., Principles of Transaction-Oriented Database Recovery, ACM Computing Surveys 15(4), Dec 1983, 287 - 317

(Harris 1996)
Harris, E.P., Ramamohanarao, K., Join algorithm costs revisited, The VLDB Journal Vol. 5, Springer Verlag 1996, pp 64 - 84

(Hasan 1996)
Hasan, W., Optimization of SQL Queries for Parallel Machines, Springer Lecture Notes in Computer Science Vol. 1182, 1996

(Ibaraki 1984)
Ibaraki, T., Kameda, T., On the Optimal Nesting Order for Computing N-Relational Joins, ACM TODS 9(3), 1984, pp 482 - 502

(Inmon 1992)
Inmon, W.H., Building the Data Warehouse, Wiley 1992

(Ioannidis 1995)
Ioannidis, Y.E., Poosala, V., Balancing Histogram Optimality and Practicality for Query Result Size Estimation, Proc. 1995 ACM SIGMOD Int. Conf. on Mgt. of Data, SIGMOD RECORD 24(2), 1995, pp 233 - 244

(Jajodia 1997)
Jajodia, S., Kerschberg, L., Eds., Advanced Transaction Models and Architectures, Kluwer Academic Publishers, 1997

(Jastrowski 1994)
Jastrowski, W., Eine formale Beschreibung des Entity Relationship Modells, Diplomarbeit, Institut für Informationssysteme, ETH Zürich, 1994, Leitung Prof. Robert Marti

(Kabra 1998)
Kabra, N., DeWitt, D.J., Efficient Mid-Query Re-Optimization of Sub-Optimal Query Execution Plans, , Proc. 1998 ACM SIGMOD Int. Conf. on Mgt. of Data, SIGMOD RECORD 27(2), 1998, pp 106 - 117

(Kandzia 1980)
Kandzia, P., Mangelmann, M., On Covering Boyce-Codd Normal Forms, Information Processing Letters 11(4/5): 218 - 223 (1980)

(Kim 1982)
Kim, W., On Optimizing an SQL-like Nested Query, ACM TODS 7(3) pp 443 - 469, 1982

(Kumar 1998)
Kumar, V., Son, S.H., Database Recovery, Kluwer Academic Publishers, 1998

(Lechtenbörger 2000)
Lechtenbörger, J., Vossen, G., On Herbrand Semantics and Conflict Serializability of Read-Write Transactions, Proc. Symposium on Principles of Database Systems, 2000, pp 187 - 194

(Lehn 2000)
Lehn, J., Wegmann, H., Einführung in die Statistik, B.G.Teubner Stuttgart Leipzig 2000

(Lohman 1988)
Lohman, G.M., Grammar-like Functional Rules for Representing Query Optimization Alternatives, Proc. of the 1988 ACM SIGMOD International Conference on Management of Data, SIGMOD RECORD 17(3), 1988, pp 18 - 27

(Lu 1993)
Lu, H., Chan, H.C., Wei, K.K., A Survey on Usage of SQL, ACM SIGMOD RECORD 22(4),1993

(Maier 1983)
Maier, D., The Theory of Relational Databases, Computer Science Press 1983

(Mannila 1986)
Mannila, H., Räihä, K.J., Inclusion Dependencies in Database Design, Proc. ICDE 1986, pp 713 - 718

(Mannila 1992)
Mannila, H., Räihä, K.J., The Design of Relational Databases, Addison-Wesley 1992

(Markowitz 1987)
Markowitz, V.M., Entity-Relationship Consistency for the Relational Model of Databases, Dissertation am Technion-Israel Institute of Technology, Juni 1987, Haifa, Israel, bei Prof. Johann A. Makowsky.

(Markowitz 1989)
Markowitz, V.M., Shoshani, A., On the Correctness of Representing Extended Entity-Relationship Structures in the Relational Model, SIGMOD Conference, SIGMOD RECORD 18(2), Juni 1989

(Mohan 1990a)
Mohan, C., Haderle, D.J., Wang, Y., Cheng, J.M., Single Table Access Using Multiple Indexes: Optimization, Execution, and Concurrency Control Techniques, in EDBT'90, Springer LNCS 416, pp 29- 43, 1990

(Mohan 1990b)
Mohan, C., ARIES/KVL: A Key-Value Locking Method for Concurrency Control of Multiaction Transactions Operating on B-Tree Indexes, Proc. 16th Intl. Conf. on Very Large Data Bases, 1990, pp 392 - 405

(Mohan 1992a)
Mohan, C., Haderle, D.J., Lindsay, B.G., Pirahesh, H. und Schwarz, P.M., ARIES: A Transaction Recovery Method Supporting Fine-Granularity Locking and Partial Rollbacks Using Write-Ahead Logging, ACM TODS, vol. 17(1), March 1992

(Mohan 1992b)
Mohan, C., Narang, I., Data Base Recovery in Shared Disks and Client-Server Architectures, IBM Research Report RJ8685, IBM Almaden Research Center, 1992

(Mohan 1992c)
Mohan, C., Less Optimism About Optimistic Concurrency Control, IBM Research Report RJ8686, IBM Almaden Research Center, 1992

(Mohan 1992d)
Mohan, C., Interactions Between Query Optimization and Concurrency Control, IBM Research Report RJ8681, IBM Almaden Research Center, 1992

(Mohan 1999)
Mohan, C., Repeating History Beyond ARIES, Proceedings 25th International Conference on Very Large Data Bases, (VLDB'99), 1999, pp 1 - 17

(Mohan 2001)
Mohan, C., Application Servers: Born-Again TP Monitors for the Web?, Proc. of the 2001 ACM SIGMOD International Conf. on Management of Data, SIGMOD RECORD 30(2), 2001, p 622

(Moss 1981)
Moss, J.E.B., Nested Transactions: An Approach to Reliable Distributed Computing, Massachusetts Institute of Technology 1981

(NATO 1968)
Naur, P., Randell, J.N. (Eds), Software engineering: concepts and techniques: proceedings of the NATO conferences, New York, Petrocelli/Charter 1976, vor allem diejenige vom 7. bis 11. Oktober 1968 in Garmisch-Partenkirchen

(Nummenmaa 1990)
Nummenmaa, J., Thanisch, P., Yet Another Note on Minimal Covers, SIGMOD RECORD vol. 19, no 3, Sept 1990

(Ono 1990)
Ono, K., Lohman, G.M., Measuring the Complexity of Join Enumeration in Query Optimization, Proc. 16th VLDB Conference, 1990, pp 314 - 325

(Papadimitriou 1986)
Papadimitriou, C., The Theory of Database Concurrency Control, Computer Science Press 1986.

(Peterson 1983)
Peterson, R.J., Strickland, J.P., LOG Write-Ahead Protocols and IMS/VS Logging, Proc. of the Second ACM SIGACT-SIGMOD Symposium on Principles of Database Systems, 1983, pp 216 - 242

(Petrov 1989)
Petrov, S.V., Finite axiomatisation of languages for representation of system properties: axiomatisation of dependencies, Information Sciences 47 (1989), 339 - 372

(Piatetsky-Shapiro 1984)
Piatetsky-Shapiro, G., Connell, C., Accurate Estimation of the Number of Tuples satisfying a Condition, in SIGMOD'84, Proc. of Annual Meeting, 1984, SIGMOD RECORD 14(2), pp 256 - 276

(Pirahesh 1992)
Pirahesh, H., Hellerstein, J.M., Hasan, W., Extensible/Rule Based Query Rewrite Optimization in Starburst, Proc. of the 1992 ACM SIGMOD International Conf. on Management of Data, SIGMOD RECORD 21(2), 1992, pp 39 - 48

(Poosala 1996)
Poosala, V., Ioannidis, Y.E., Haas, P.J., Shekita, E.J., Improved Histograms for Selektivity Estimation of Range Predicates, Proc. 1996 ACM SIGMOD Int. Conf. on Mgt. of Data, SIGMOD RECORD 25(2), 1996, pp 294 - 305

(Rosenkrantz 1980)
Rosenkrantz, D.J., Hunt, H.B., Processing Conjunctive Predicates and Queries, in Sixth International Conference on Very Large Data Bases, Proceedings, pp64 - 72, 1980

(Selinger 1979)
Selinger, P., Astrahan, M.M., Chamberlin, D.D., Lorie, R.A., Price, T., Access path selection in a relational database system, Proceedings of the 1979 ACM SIGMOD International Conference on Management of Data, pp 23 - 34, June 1979

(Seshadri 1996)
Seshadri, P., Pirahesh, H., Cliff Leung, T.Y., Complex Query Decorrelation, in Proceedings of the Twelfth International Conference on Data Engineering, pp 450 - 458, 1996

(Srinivasan 1993)
Srinivasan, V., Carey, M.J., Performance of B^+ Tree Concurrency Control Algorithms, VLDB Journal 2 (1993), pp 361 - 406

(Stillger 2001)
Stillger, M., Lohman, G.M., Markl, V., Kandil, M., LEO - DB2's LEarning Optimizer, Proceedings of the 27th VLDB Conference 2001, pp 19 - 28

(Swami 1994)
Swami, A.N., Schiefer, K.B., On the Estimation of Join Result Sizes, EDBT'94, 4th International Conference on Extending Database Technology, Cambridge, United Kingdom, March 28-31, 1994, Proceedings, pp 287 - 300, Springer LNCS 779, 1994

(Thalheim 1999)
Thalheim, B., The strength of ER modeling, in Chen, P.P. et al, Eds, Conceptual Modeling, LNCS No 1565, Springer 1999

(Thalheim 2000)

Thalheim, B., Entity Relationship Modeling, Foundations of Database Technology, Springer 2000

(Türker 2003)

Türker, C., SQL:1999 & SQL:2003, Objektrelationales SQL, SQLJ & SQL/XML, dpunkt.verlag 2003

(Valentin 2000)

Valentin, G., Zuliani, M., Zilio, D.C., Lohman, G.M., Skelley, A., DB2 Advisor: An Optimizer Smart Enough to Recommend Its Own Indexes, Proc. of the 16th International Conf. on Data Engineering, IEEE Computer Society 2000, pp 101 - 110

(Vincent 1993a)

Vincent, M.W., Srinivasan, B., A Note on Relation Schemes which are in 3NF but not in BCNF. Information Processing Letters 48(6): 281 - 283 (1993)

(Vincent 1993b)

Vincent, M.W., Srinivasan, B., Redundancy and the Justification for Fourth Normal Form in Relational Databases. International Journal of Foundations of Computer Science 4(4): 355 - 365 (1993)

(Vincent 1997)

Vincent, M.W, A corrected 5NF definition for relational database design, Theoretical Computer Science 185(2), 379 - 391, 1997

(Wächter 1992)

Wächter, H., Reuter, A., The Contract Model, in (Elmagarmid 1992)

(Wang 1996)

Wang, C., Chen, M.S., On the Complexity of Distributed Query Optimization, IEEE Transactions on Knowledge and Data Engineering 8(4), 1996, pp 650 - 662

(Weikum 2002)

Weikum, G., Vossen, G., Transactional Information Systems, Theory, Algorithms, and the Practice of Concurrency Control and Recovery, Morgan Kaufmann Publishers 2002

(Zehnder 1981)

Zehnder, C.A., Informationssysteme und Datenbanken, Teubner vdf 1998 (1. Auflage 1981)

(Zisman 1977)

Zisman, M.D., Representation, specification and automation of office procedures, Penn dissertations, Managerial Science and Applied Economics, University of Pennsylvania, 1977

Stichwortverzeichnis

310

www.ingramcontent.com/pod-product-compliance
Lightning Source LLC
LaVergne TN
LVHW062307060326
832902LV00013B/2087